Pascal-Kurs

technisch orientiert

Band 2: Anwendungen

von
Prof. Dipl.-Ing. Günter Schmitt

2., verbesserte Auflage

R. Oldenbourg Verlag München Wien 1995

Die Deutsche Bibliothek - CIP-Einheitsaufnahme

Schmitt, Günter:
Pascal-Kurs technisch orientiert / von Günter Schmitt. -
München ; Wien : Oldenbourg.

Bd. 2. Anwendungen. - 2., verb. Aufl. - 1995
  ISBN 3-486-23279-7

© 1995 R. Oldenbourg Verlag GmbH, München

Gesamtherstellung: R. Oldenbourg Graphische Betriebe GmbH, München

ISBN 3-486-23279-7

Inhaltsverzeichnis

Vorwort

Der vorliegende zweite Band des Werkes *Pascal Kurs – technisch orientiert*
behandelt schwerpunktmäßig Anwendungen aus dem technischen Bereich.
Er setzt die Grundlagen der Pascalprogrammierung als bekannt voraus.
Besondere Vorkenntnisse der Digital- und Mikrocomputertechnik sind
nicht unbedingt erforderlich.

Turbo Pascal gestattet mit seinen vielfältigen Möglichkeiten einen Zugriff
auf fast alle Bereiche des Betriebssystems und der Rechnerhardware, die
früher ausschließlich der Maschinensprache (Assembler) vorbehalten
waren. Und wenn es aus zeitlichen Gründen einmal gar nicht anders geht,
so lassen sich ab Version 6.0 des Turbo Pascal auch Assemblerbefehle
direkt in das Pascalprogramm einbauen. Daher beschäftigen sich die drei
ersten Kapitel mit der Hardware, der Maschinensprache und dem Betriebssystem des PC in Verbindung mit Pascalprogrammen.

Die in jedem PC vorhandenen Standardschnittstellen (Paralleldrucker,
Serienschnittstelle und Spieleadapter) lassen sich auf vielfältige Weise
für technische Anwendungen nutzen. Daher behandeln die drei folgenden
Kapitel den Aufbau und die Programmierung dieser Schnittstellen mit
Turbo Pascal Programmen. Reichen diese Standardschnittstellen nicht aus,
so wird man besonders in industriellen Anwendungen spezielle Peripheriekarten einsetzen oder hochgenaue Meßsysteme über den IEC-Meßgerätebus
betreiben. Daher sind diesen Gebieten und ihrer Verbindung mit Pascal
zwei besondere Kapitel gewidmet.

Das 9. Kapitel zeigt eine Vielzahl von Anwendungsbeispielen aus der Digitaltechnik, der Mikrocomputertechnik und der analogen Meßtechnik, die
sich mit einfachen Mitteln an den Standardschnittstellen realisieren lassen. Einem technisch interessierten Leser sei daher empfohlen, diese Beispiele nicht nur theoretisch durchzuarbeiten, sondern auch praktisch zu
erproben. Das Literaturverzeichnis liefert weitere Anregungen zu selb-
ständiger Weiterarbeit.

Ab Version 5.5 definiert Turbo Pascal den Datentyp OBJECT, der im abschließenden 10. Kapitel für die Beschreibung und graphische Darstellung
von logischen Speicherschaltungen verwendet wird. Mit dieser Einführung
in die Objektorientierte Programmierung basiert das Gesamtwerk nunmehr
auf der Turbo Pascal Version 7.0

Günter Schmitt

1. Einführung in die Hardware

Die Bezeichnung **PC** für *Personal Computer* kennzeichnet heute eine Klasse
von Rechnern mit folgenden gemeinsamen Merkmalen:
- Bedienung über eine Tastatur und einen Bildschirm,
- externer magnetischer Speicher (Floppydisk, Harddisk),
- Druckeranschluß,
- leistungsfähiger Mikroprozessor (z.B. der 80x86-Familie),
- komfortables Betriebssystem (z.B. DOS),
- Programmierung in Hochsprachen (z.B. Turbo Pascal) und
- eine Fülle von Anwendungssoftware (z.B. Textverarbeitung).

1.1   Systemübersicht

Der ursprünglich von einem Hersteller (IBM) entwickelte und auch auf dem
Markt eingeführte PC (Personal Computer) wurde fortlaufend weiter ver-
bessert, auch von anderen Herstellern, so daß heute eine Vielzahl von Bauformen auf dem Markt zu finden ist. *Bild 1-1* zeigt den allgemeinen Aufbau
eines Personal Computers.

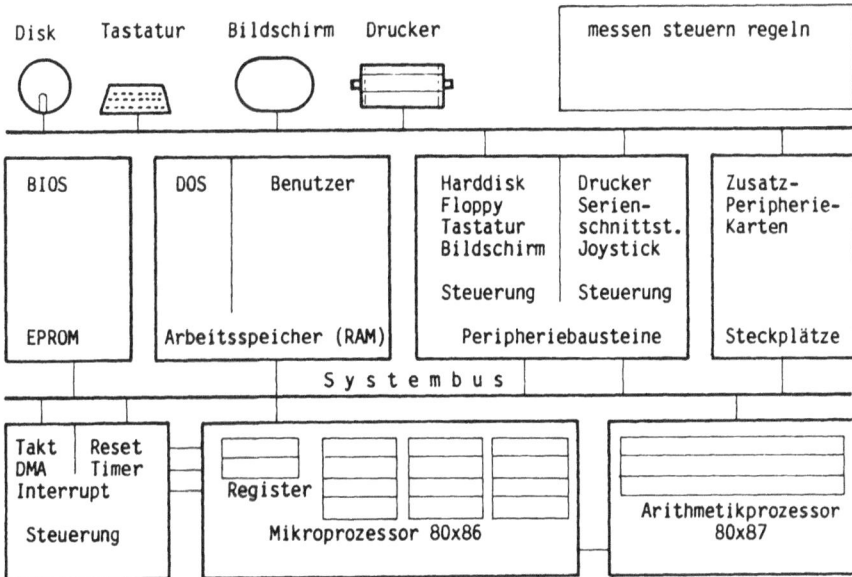

Bild 1-1: Blockschaltplan eines Personal Computers

Der *Mikroprozessor* z.B. aus der Familie der 80x86-Prozessoren besteht aus
dem Steuerwerk, dem Rechenwerk und Speichern, die Register genannt
werden. Er kann wahlweise durch einen Arithmetikprozessor (z.B. 80x87)
ergänzt werden, der dann die arithmetischen Operationen und mathematischen Funktionen wesentlich schneller als durch Software ausführt. Eine
Systemsteuerung leitet Programmunterbrechungen (Interrupts) an den
Prozessor weiter und steuert zusammen mit einem Zeitgeber (Timer) den
direkten Speicherzugriff (DMA). Nach dem Einschalten der Versorgungsspannung bzw. nach einem Zurücksetzen des Systems (Reset) wird ein
Basisbetriebssystem (BIOS) gestartet. Es befindet sich in einem Festwertspeicher (EPROM). Es bringt das System in eine Grundstellung und lädt ein
diskettenorientiertes *Betriebssystem* (DOS) von einer Festplatte (Harddisk) oder Wechselplatte (Floppydisk) in den *Arbeitsspeicher* (RAM). Eine
wesentliche Aufgabe des Betriebssystems besteht in einer Kontrolle der
Datenübertragung zwischen dem Arbeitsspeicher und den angeschlossenen Peripheriegeräten. Dies geschieht über besondere Peripheriebausteine, die auch dem Benutzer in seinen Programmen zur Verfügung stehen.
Über besondere Steckplätze (Slots) lassen sich zusätzliche Karten z.B. für
Speichererweiterungen oder hochauflösende Grafik oder Peripherieschaltungen anschließen. In diesem Buch, das sich im wesentlichen mit Turbo
Pascal unter dem Betriebssystem DOS und mit technischen Anwendungen
beschäftigt, werden Systeme mit den Bezeichnungen PC bzw. XT und AT
behandelt.

Ein Personal Computer mit der Bezeichnung **PC** bzw. **XT** zeichnet sich
durch folgende Merkmale aus:
- Mikroprozessor 8088 oder 8086 (16 bit),
- maximal 1 MByte Speicher (Max. 640 KByte unter DOS),
- ein Interruptsteuerbaustein (8 Leitungen),
- ein DMA-Steuerbaustein (4 Kanäle),
- ein Timer und eine Parallelschnittstelle und
- Erweiterungssteckplätze mit 2x31 Busleitungen.

Personal Computer der Bauform **AT** (Advanced Technology) haben allgemein folgende Merkmale:
- Mikroprozessor 80286 (16 bit) oder 80386 (32 bit),
- über 16 MByte Speicher (Max. 640 KByte unter DOS),
- zwei Interruptsteuerbausteine (15 Leitungen),
- zwei DMA-Steuerbausteine (7 Kanäle),
- ein Timer und eine Ein/Ausgabeschnittstelle,
- batteriegepufferter Uhrenbaustein und
- Steckplätze wie PC/XT mit zusätzlicher Buserweiterung.

Die Programmiersprache Turbo Pascal sowie das Betriebssystem DOS sind
unabhängig von der Bauform des Personal Computers für alle Mikropro-
zessortypen vom 8088 bis zum 80386 und 80486 verwendbar. Die Unter-
schiede liegen im wesentlichen in der Arbeitsgeschwindigkeit.

1.2 Interne Darstellung der ordinalen Datentypen

Für den Pascalprogrammierer, der sich vorwiegend mit numerischen Problemen oder mit der Verarbeitung von Texten beschäftigt, ist die interne Darstellung seiner Daten von untergeordneter Bedeutung. Der Einsatz von Pascal für die Lösung von technischen Aufgabenstellungen wie z.B. die Ausgabe von digitalen Steuersignalen oder das Abtasten von Signalleitungen erfordert auch vom Pascalprogrammierer ein "Bitdenken", wie es in der Maschinenorientierten Programmierung üblich ist. Daher ist es notwendig, näher auf die interne Darstellung der ordinalen Datentypen einzugehen, die vorzugsweise im Zusammenhang mit technischen Aufgabenstellungen verwendet werden.

Datentyp	Länge	Speicheraufbau	Bereich dezimal
BYTE	8 bit	dual	0 .. 255
WORD	16 bit	dual	0 .. 65535
SHORTINT	8 bit	Vz dual	-128 .. +127
INTEGER	16 bit	Vz dual	-32768 .. +32767
LONGINT	32 bit	Vz dual	-2147483648 .. +2147483647
CHAR	8 bit	code	ASCII-Code mit Blockgraphik
BOOLEAN	8 bit	0/1	0 = FALSE 1 = TRUE

Bild 1-2: Die ordinalen Datentypen

Zu den ordinalen Datentypen *(Bild 1-2)* gehören die vorzeichenlosen ganzen Zahlentypen BYTE und WORD, die vorzeichenbehafteten ganzen Zahlentypen SHORTINT, INTEGER und LONGINT, der Zeichentyp CHAR und der logische Datentyp BOOLEAN. Der oberste Grundsatz lautet: Alle Daten (Zahlen, Zeichen und sonstige Zustände) werden intern binär gespeichert und verarbeitet. In der Datenverarbeitung drückt man dies durch die Zeichen 0 und 1 aus, in der Digitaltechnik durch die elektrischen Potentiale Low und High. Besonders im Hinblick auf technische Anwendungen soll nun die interne Darstellung der ganzen Zahlen näher erläutert werden.

Aus digitaltechnischen und rechentechnischen Gründen werden ganze und auch reelle Zahlen maschinenintern als Dualzahlen dargestellt. Der Addierer als Bestandteil des Rechenwerks ist zunächst nur in der Lage, vorzeichenlose Dualzahlen der Datentypen BYTE und WORD zu addieren. Bei der Einführung vorzeichenbehafteter Dualzahlen (Datentypen SHORTINT, INTEGER und LONGINT) wird aus praktischen Gründen eine Zahlendarstellung gewählt, die es erlaubt, den gleichen Addierer wie für vorzeichenlose Dualzahlen zu verwenden. Bei positiven Zahlen ist das Vorzeichenbit in der linkesten Bitposition eine 0, in den restlichen Bitpositionen steht der duale

Zahlenwert. Das folgende Beispiel zeigt die Dezimalzahl +13 in der vorzeichenbehafteten INTEGER-Darstellung mit einem positiven Vorzeichen und
15 Dualstellen. Jeweils vier Bitpositionen wurden zu einer Gruppe zusammengefaßt.

+13 dezimal = 0000 0000 0000 1101 dual

Negative Zahlen werden im *Zweierkomplement* dargestellt. Dabei wird durch
die Addition eines Verschiebewertes das negative Vorzeichen beseitigt.
Wählt man als Verschiebewert die größtmögliche vorzeichenlose Dualzahl,
so entsteht das *Einerkomplement*, das sich rechentechnisch durch einen
einfachen Negierer (in Pascal durch eine NOT-Operationen) für jede Dual-
stelle verwirklichen läßt. Wegen der besseren Korrekturmöglichkeit (Ver-
nachlässigung des Übertrags) nimmt man einen um 1 größeren Verschiebewert und erhält aus dem Einerkomplement durch Addition einer 1 das *Zweierkomplement*. Dabei ergibt sich automatisch eine 1 in der linkesten Bitposition als negatives Vorzeichen. Das folgende Beispiel zeigt die Darstellung
der Dezimalzahl -13 = -01101 dual in einem 16-bit-Wort vom Datentyp
INTEGER.

```
Verschiebewert:   +1111 1111 1111 1111
-----------------------------------------
   -13 dezimal:   -0000 0000 0000 1101 dual
-----------------------------------------
Einerkomplement:   1111 1111 1111 0010
Addition von 1 :                    +1
-----------------------------------------
Zweierkomplement:  1111 1111 1111 0011
```

Negative Zahlen sind also durch eine 1 im Vorzeichenbit gekennzeichnet.
Die Rückkomplementierung einer derartigen Zweierkomplementzahl in eine
reine Dualzahl mit Vorzeichen geschieht nach dem gleichen Verfahren: erst
bitweise negieren und dann eine 1 addieren. Beispiel:

```
Zweierkomplement:  1111 1111 1111 0011
-----------------------------------------
Einerkomplement:   0000 0000 0000 1100
Addition von 1 :                    +1
-----------------------------------------
       Dualzahl:  -0000 0000 0000 1101
     Dezimalzahl: -13
```

Die Rechenoperation *Subtrahiere* wird vom Rechenwerk nach der Formel
"a - (+b) = a + (-b)" auf eine *Addition* des negativen Zahlenwertes
zurückgeführt. Dabei wird der abzuziehende Operand bitweise negiert
(Einerkomplement), und es wird zusätzlich eine 1 in der letzten Stelle
addiert (Zweierkomplement). Das Rechenwerk stellt Additions- und Sub-
traktionsbefehle für 8-bit-Operanden (Datentypen BYTE, SHORTINT und
CHAR) und für 16-bit-Operanden (Datentypen WORD und INTEGER) zur
Verfügung. Operationen für 32-bit-Operanden (Datentyp LONGINT) werden auf 16-bit-Operationen unter Berücksichtigung eines Zwischenüber-
trags zurückgeführt. Bei der Multiplikation und Division gibt es getrennte
Befehle für die vorzeichenlose und die vorzeichenbehaftete Zahlendarstel-

lung. Der Abschnitt 2.4 Bild 2-20 zeigt die Darstellung der REAL-Daten-
typen. Benutzerdefinierte Aufzählungstypen werden in Pascal wie vorzeichenlose Zahlen (BYTE bzw. WORD) behandelt.

Binäre Speicherinhalte werden üblicherweise in der Maschinenorientierten
Programmierung - jedoch nicht in Pascal - durch ein vorangestelltes Zeichen % oder durch einen abschließenden Buchstaben B bzw. b gekennzeichnet. Beispiel:

13 dezimal = %00001101 = 00001101B = 00001101b

Zwecks Verkürzung der Darstellung werden Speicheradressen und Speicherinhalte fast immer *hexadezimal* angegeben, auch wenn es sich nicht um
Zahlen, sondern ganz allgemein um Bitmuster handelt. Das hexadezimale
oder sedezimale Zahlensystem arbeitet mit 16 Ziffern und Stellenwertigkei-
ten zur Basis 16. Es entsteht aus dem dualen Zahlensystem durch eine
Zusammenfassung von vier Dualstellen. *Bild 1-3* zeigt die hexadezimalen
Ziffern von 0 bis 9 und A bis F als Zusammenfassung von vier Binärstellen.

Bitmuster	hexdezimal	dezimal
0 0 0 0	$0 = 0H	0
0 0 0 1	$1 = 1H	1
0 0 1 0	$2 = 2H	2
0 0 1 1	$3 = 3H	3
0 1 0 0	$4 = 4H	4
0 1 0 1	$5 = 5H	5
0 1 1 0	$6 = 6H	6
0 1 1 1	$7 = 7H	7
1 0 0 0	$8 = 8H	8
1 0 0 1	$9 = 9H	9
1 0 1 0	$A = 0AH	10
1 0 1 1	$B = 0BH	11
1 1 0 0	$C = 0CH	12
1 1 0 1	$D = 0DH	13
1 1 1 0	$E = 0EH	14
1 1 1 1	$F = 0FH	15

Bild 1-3: Hexadezimale (sedezimale) Darstellung

Pascal kennzeichnet hexadezimale Darstellungen sowohl als Zahlenkonstan-
ten im Programm als auch bei der Eingabe von ganzen Zahlen durch ein
vorangestelltes Zeichen $. Beispiel:

```
VAR  i,x : INTEGER;
BEGIN
i := $1234;    (* 1*4096 + 2*256 + 3*16 + 4 = 4660 *)
ReadLn(x);
WriteLn('i=',i,' x=',x);
END.
```

Eingabezeile: $1234 cr

In der Maschinenorientierten Programmierung der 80x86-Prozessoren und
in den Handbüchern des Betriebssystems DOS werden Hexadezimalzahlen
durch den Kennbuchstaben H bzw. h hinter der Ziffernfolge gekennzeichnet. Erscheint in der vordersten Stelle der Hexadezimalzahl ein Buchstabe
(A-F bzw. a-f), so wird eine führende Null vorangestellt. Beispiele für
16-bit-Darstellungen (INTEGER):

```
+13 = %0000 0000 0000 1101 = $000D =  000DH =  000dh
-13 = %1111 1111 1111 0011 = $FFF3 = 0FFF3H = 0fff3h
```

Da es in Pascal standardmäßig keine Möglichkeit gibt, Speicherinhalte
binär oder hexadezimal *auszugeben*, werden in diesem Buch die in *Bild 1-4*
zusammengefaßten benutzerdefinierten Ausgabeprozeduren der Benutzer-
Unit Aushexbi verwendet. Der Anhang enthält die Pascalprogramme
dieser Unit.

Prozedurdefinition	Ausgabe
Ausnib(x : BYTE)	rechtes Halbbyte hexadezimal
Ausbyte(x : BYTE)	Byte zweistellig hexadezimal
Ausbhex(x : BYTE)	$ 2 Hexadezimalstellen Leerzeichen
Auswhex(x : WORD)	$ 4 Hexadezimalstellen Leerzeichen
Ausdhex(x : LONGINT)	$ 8 Hexadezimalstellen Leerzeichen
Ausbin(x : BYTE)	Byte achtstellig binär
Ausbbin(x : BYTE)	% 8 Binärstellen Leerzeichen
Auswbin(x : WORD)	% 16 Binärstellen Leerzeichen
Ausdbin(x : LONGINT)	% 32 Binärstellen Leerzeichen
Ausreg(x : Register)	alle Prozessorregister hexadezimal
Ausmem(p:POINTER s:WORD)	Speicheradresse und Speicherinhalt

Bild 1-4: Prozeduren der benutzerdefinierten Unit Aushexbi

In den Ausgabeprozeduren werden binäre Werte durch ein vorangestelltes
%-Zeichen und hexadezimale Werte wie in Pascal durch ein $-Zeichen ge-
kennzeichnet. Das in *Bild 1-5* dargestellte Programmbeispiel zeigt die Ausgabe von INTEGER-Zahlen, die als Variablen dezimal oder hexadezimal ein-
gelesen werden. Die Ausgabe erfolgt in der "natürlichen" Darstellung, in
der die Werte z.B. in den Registern des Prozessors erscheinen. Die Prozedur Ausmem wird mit einem Zeiger (Addr) und einer Längenangabe
(SizeOf) der INTEGER-Variablen aufgerufen und liefert die Adresse und
den Inhalt der Variablen im Arbeitsspeicher. Dabei zeigt es sich, daß im
Speicher zuerst das niederwertige Byte und dann das höherwertige Byte
angeordnet ist.

Besonders im Bereich der technischen Anwendungen sollte man sich auch
als Pascalprogrammierer darüber im klaren sein, daß alle Daten letztlich
nur aus Bitmustern bestehen und daß man ein und dasselbe Bitmuster ver-
schiedenartig interpretieren kann. Als Beispiel diene hier das Muster $81
= 81H = %10000001 = 10000001B. Als vorzeichenlose Dualzahl vom
Datentyp BYTE ist es die Dezimalzahl 129, als vorzeichenbehaftete Dualzahl
vom Datentyp SHORTINT ist es die Dezimalzahl -127 und als Datentyp
CHAR ist es das Zeichen ü.

```
PROGRAM prog1p2; (* Bild 1-5: INTEGER-Zahlendarstellung *)
USES Aushexbi;   (* enthält Auswhex, Auswbin, Ausmem    *)
VAR  i : INTEGER;
BEGIN
REPEAT
  WriteLn;
  Write('   Eingabe -> '); ReadLn(i);
  Write('    Dezimal: ',i); WriteLn;
  Write('      Binaer: '); Auswbin(i); WriteLn;
  Write(' Hexadezimal: '); Auswhex(i); WriteLn;
  Write('    Speicher: '); Ausmem(Addr(i),SizeOf(i));
  WriteLn;
UNTIL i = 0;
END.
```

```
   Eingabe -> +13
     Dezimal: 13
      Binaer: %0000000000001101
 Hexadezimal: $000D
    Speicher: $61C1 : $003E = $0D $00
```

Bild 1-5: Binäre und hexadezimale Ausgabe von INTEGER-Zahlen

Auf die ganzzahligen Datentypen BYTE, WORD, SHORTINT, INTEGER und LONGINT lassen sich die logischen Operatoren NOT, AND, XOR und OR zur Ausführung von Bitoperationen anwenden. Dabei werden alle Bitpositionen logisch miteinander verknüpft. SHR und SHL verschieben die Bits.

Der NOT-Operator dient zur bitweisen Negation (aus 1 mach 0 und aus 0 mach 1) des Operanden. Beispiel:
```
NOT $0F ergibt $F0
Operand:  %0000 1111
Ergebnis: %1111 0000
```

Der AND-Operator bildet bitweise das logische UND der beiden Operanden und dient zum Löschen von Bitpositionen durch eine Maske. Das Ergebnis wird in den Bitpositionen auf 0 gesetzt, in denen die Maske 0 ist, und in den Bitpositionen unverändert übernommen, in denen die Maske 1 ist. Das folgende Beispiel löscht alle Bitpositionen bis auf die letzte durch die Maske $01.
```
$0F AND $01 ergibt $01
Operand:  %0000 1111
Maske:    %0000 0001
Ergebnis: %0000 0001
```

Der OR-Operator bildet bitweise das logische ODER der beiden Operanden und dient zum Setzen von Bitpositionen. Das Ergebnis wird in den Bitpositionen auf 1 gesetzt, in denen die Maske 1 ist, und in den Bitpositionen unverändert übernommen, in denen die Maske 0 ist. Das folgende Beispiel setzt die links stehende Bitposition auf 1.
```
$0F OR $80 ergibt $8F
Operand:  %0000 1111
Maske:    %1000 0000
Ergebnis: %1000 1111
```

Der XOR-Operator bildet bitweise das logische EODER bzw. das exklusive ODER der beiden Operanden und wird dazu verwendet, bestimmte Bitpositionen zu komplementieren. Im Gegensatz zum NOT-Operator werden nur die Positionen komplementiert, in denen die Maske 1 ist. Das folgende Beispiel komplementiert (negiert) nur die letzte Bitposition und läßt die anderen unverändert.

```
$0F XOR $01 ergibt $0E
Operand:  %0000 1111
Maske:    %0000 0001
Ergebnis: %0000 1110
```

Der SHL-Operator schiebt ein Bitmuster um n bit nach links. Frei werdende Bitpositionen werden durch 0 aufgefüllt, herausgeschobene gehen verloren. Beispiel:

```
$0F SHL 2 ergibt $3C
Operand:  %0000 1111
Ergebnis: %0011 1100
```

Der SHR-Operator schiebt ein Bitmuster um n bit nach rechts. Frei werdende Bitpositionen werden durch 0 aufgefüllt, herausgeschobene gehen verloren. Beispiel:

```
$0F SHR 2 ergibt $03
Operand:  %0000 1111
Ergebnis: %0000 0011
```

1.3   Die Prozessoren der 80x86-Familie

Als 80x86-Familie bezeichnet man die Mikroprozessoren des Herstellers Intel mit den Typenbezeichnungen 8086, 8088, 80186, 80188, 80286, 80386 und neuerdings auch 80486. In Turbo Pascal unter dem Betriebssystem DOS gilt für alle Prozessoren das in *Bild 1-6* dargestellte Registermodell der Prozessoren 8088/8086. Alle Erweiterungen des Registersatzes sowie zusätzliche Betriebsarten der Prozessoren ab 80286 sind in Pascal nur über eingebaute Maschinenbefehle oder Assemblerunterprogramme verfügbar.

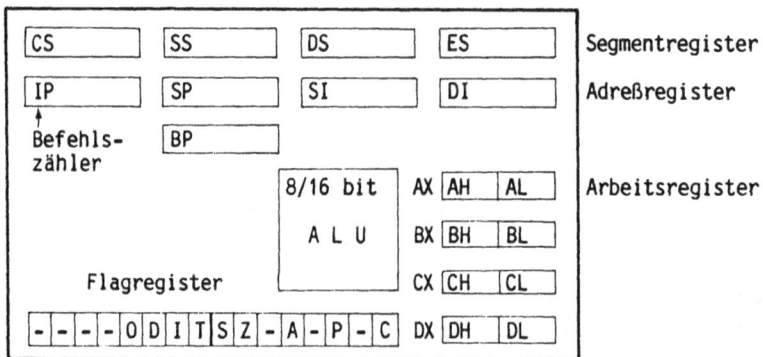

Bild 1-6: Das Registermodell der 80x86-Prozessoren

Alle Register sind 16 bit lang. Die vier Segmentregister CS (Code Segment), SS (Stapel Segment), DS (Daten Segment) und ES (Extra Segment) dienen zur Adressierung von vier Bereichen des Arbeitsspeichers. Die vier Adreßregister SP (Stack Pointer oder Stapelzeiger), BP (Base Pointer oder Basiszeiger), SI (Source Index oder Quellindex) und DI (Destination Index oder Zielindex) werden zur indirekten Adressierung verwendet. Der Befehlszähler (IP oder Instruction Pointer) ist in Pascal nicht verfügbar. Die vier 16-bit-Arbeitsregister AX (Akkumulator), BX (Basisadreßregister), CX (Zählregister) und DX (Hilfsregister) können auch als 8-bit-Register byteweise verwendet werden. Das Flagregister (Flag = Flagge) enthält Anzeigebits für bedingte Sprungbefehle (z.B. Null oder Zahlenüberlauf) und für besondere Prozessorzustände (z.B. Interrupt).

Name	Typ	Unit	Anwendung
Registers	RECORD	Dos	Datenstruktur der Register DS,ES,BP,SI,DI,FL.
FCarry	CONST	Dos	Maske $0001 für Carryflag (Übertrag)
FParity	CONST	Dos	Maske $0004 für Parityflag (Parität)
FAuxiliary	CONST	Dos	Maske $0010 für Auxiliarycarry (Hilfsübertrag)
FZero	CONST	Dos	Maske $0040 für Zeroflag (Nullanzeige)
FSign	CONST	Dos	Maske $0080 für Signflag (Vorzeichen)
FOverflow	CONST	Dos	Maske $0800 für Overflowflag (Überlauf)
Intr(n,r)	Prozedur	Dos	Interrupt Nr. "n" mit Registersatz "r"
MsDos(r)	Prozedur	Dos	Interrupt $21 mit Registersatz "r"
CSeg	Funktion		: WORD liefert Inhalt des CS-Registers
DSeg	Funktion		: WORD liefert Inhalt des DS-Registers
SSeg	Funktion		: WORD liefert Inhalt des SS-Registers
SPtr	Funktion		: WORD liefert Inhalt des SP-Registers
Hi(wort)	Funktion		: BYTE liefert das High-Byte eines Wortes
Lo(wort)	Funktion		: BYTE liefert das Low-Byte eines Wortes
Swap(wort)	Funktion		: WORD liefert High-Byte vertauscht mit Low-By.

Bild 1-7: Vordefinierte Vereinbarungen und Unterprogramme

Die vordefinierte Unit Dos enthält eine Reihe von Definitionen und Unterprogrammen *(Bild 1-7)*, die es gestatten, von Pascal aus direkt mit dem Betriebssystem DOS zu verkehren. Da dabei die Register des Prozessors zur Übergabe von Parametern verwendet werden, definiert die Unit Dos unter dem Bezeichner R e g i s t e r s eine Record-Datenstruktur mit den Prozessorregistern entsprechend dem Registermodell Bild 1-6. Die Wortregister mit den Bezeichnungen DS, ES, BP, SI, DI, Flags, AX, BX, CX und DX sind vom Datentyp WORD. Die Byteregister mit den Bezeichnungen AH, AL, BH, BL, CH, CL, DH und DL sind vom Datentyp BYTE und identisch mit den entsprechenden Teilen der Wortregister; AL ist das niederwertige Byte von AX. Mit den vordefinierten Masken können die einzelnen Bitpositionen des Flagregisters untersucht werden. Das folgende Beispiel testet das Carrybit:

```
USES Dos;
VAR  reg : Registers;  (* Datentyp RECORD in Dos! *)
(* Aufruf des Betriebssystems mit Intr oder MsDos *)
IF (reg.Flags AND FCarry) = 0 THEN Write('C=0');
```

Die Datenstruktur Registers kann nur im Zusammenhang mit den vordefinierten Prozeduren Intr bzw. MsDos verwendet werden. Dabei dienen
Prozessorregister zur Übergabe von Eingabeparametern an die Prozedur
und zur Rückgabe von Ergebnisparametern. Die Prozeduren werten nur
bestimmte Register aus und ändern auch nur bestimmte Register; alle anderen Werte der Datenstruktur sind bedeutungslos und oft zufällig. Ein
Beispiel ist die vordefinierte Prozedur MsDos. Übergibt man im AH-Regi-
ster die Funktionsnummer $30, so liefert sie in den Byteregistern AL und
AH die Nummer der DOS-Version zurück.

```
USES Dos;
VAR   reg : Registers;              (* RECORD def. in Dos !    *)
BEGIN
reg.ah := $30;                      (* Wertzuweisung an AH     *)
MsDos(reg);                         (* Betriebssystem aufrufen *)
WriteLn(reg.al,'.',reg.ah)          (* AL und AH auswerten     *)
END.
```

Die Inhalte der Register CS, DS, SS und SP lassen sich durch Aufruf der
entsprechenden vordefinierten Funktionen lesen, aber nicht ändern. Die
Funktionen Hi, Lo und Swap vereinfachen die Arbeit mit den Registern. In
der benutzerdefinierten Unit Aushexbi (Bild 1-4) befindet sich eine
Prozedur Ausreg, mit der die Prozessorregister wie in dem Testhilfesystem *DEBUG* ausgegeben werden können. *Bild 1-8* zeigt dazu ein Programmbeispiel. Die mit kleinen Buchstaben gekennzeichneten Registerinhalte (z.B. ax) stammen aus dem vordefinierten Record Registers, das
möglicherweise unbestimmte Werte übergeben kann. Die mit großen Buchstaben gekennzeichneten Register SP, DS, SS und CS werden durch den
Aufruf von vordefinierten Funktionen gewonnen und enthalten immer aktuelle Werte.

```
PROGRAM prog1p3; (* Bild 1-8: Register des Prozessors *)
USES  Dos, Aushexbi; (* enthalten Registers, Ausreg   *)
VAR   reg : Registers; (* RECORD definiert in Dos        *)
BEGIN
Intr($12,reg);          (* liefert Speichergröße in ax   *)
Write(reg.ax,' KByte ');
reg.ah := $30;                  (* ah = Funktionsnummer *)
MsDos(reg);         (* liefert DOS-Version in al und ah *)
WriteLn('DOS-Version ',reg.al,'.',reg.ah);
Ausreg(reg);            (* Ausgabe der Prozessorregister *)
END.

640 KByte  DOS-Version 3.30
ax=$1E03 bx=$0000 cx=$0000 dx=$0000 SP=$3FE0 bp=$01B5 si=$0009 di=$0010
DS=$61A7 es=$01BE SS=$61D3 CS=$60CC IP=$xxxx Flags= %01110010 %10010010
                                            ----ODIT  SZ-A-P-C
```

Bild 1-8: DOS-Funktionen und Registerausgabe

1.4 Die Adressierung des Arbeitsspeichers

Die Adreßregister des Prozessors und der Adreßteil der Maschinenbefehle sind 16 bit lang, damit läßt sich jedoch nur ein Speicherbereich von 64 KByte adressieren. Zur Erweiterung des adressierbaren Speicherbereiches auf 1 MByte (1024 KByte) durch 20 Adreßleitungen dienen die vier Segmentregister des Prozessors. *Bild 1-9* zeigt, wie sich eine 20 bit lange *Physikalische Speicheradresse* aus den beiden Anteilen *Segment* (Segmentregister) und *Offset* (Adreßregister bzw. Adreßteil des Befehls) zusammensetzt. Offset bedeutet soviel wie Verschiebewert oder Abstand.

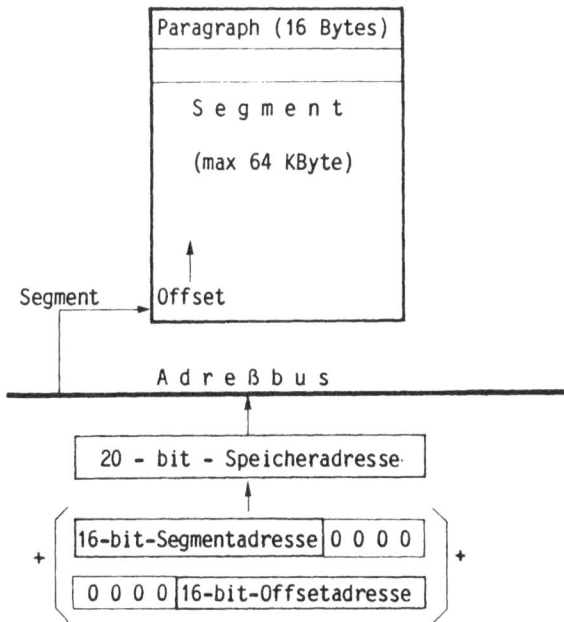

Bild 1-9: Bildung der Physikalischen Speicheradresse

Die Segmentadresse wird durch Anhängen von vier Nullen mit 16 multipliziert und zur Offsetadresse addiert, die durch vier führende Nullen erweitert wurde. Die Summe ist die 20 bit lange Physikalische Speicheradresse. Diese Adreßrechnung führt der Prozessor automatisch bei jedem Speicherzugriff durch. Für den Befehlsbereich wird immer das Codesegmentregister, für den Datenbereich wird das Datensegmentregister und für den Stapelbereich wird das Stapelsegmentregister verwendet. Beim Start eines Pascalprogramms lädt das Betriebssystem diese drei Segmentregister mit den Adressen freier Speichersegmente und legt damit fest, auf welchen physikalischen Adressen sich das Programm, die Daten und der Stapel befinden. Für jede Variable legt der Pascalcompiler den Offset innerhalb des maximal 64 KByte großen Datenbereiches fest. Zeigervariablen werden

ebenfalls im Datensegment angelegt. Bezugsvariablen erhalten durch die
Prozeduren New und GetMem vom Betriebssystem besondere Datensegmen-
te zugewiesen. Bei einem Vergleich von Zeigern ist zu beachten, daß ein
und dieselbe Physikalische Speicheradresse durch eine Vielzahl von Kombinationen von Segment und Offset gebildet werden kann. Beispiele:

```
Segment $0000      Segment $0123      Segment $0111
Offset    $1234    Offset    $0004    Offset    $0124
---------------    ---------------    ---------------
Adresse $01234     Adresse $01234     Adresse $01234
```

Auch in Pascal können anstelle von symbolischen Bezeichnern Zahlenwerte
als Adressen von Daten verwendet werden. Die Angabe

```
segment : offset
```

dient in Pascal zur Adressierung von Speicherbereichen, die sich außerhalb des Datenbereiches auf bestimmten Adressen befinden. segment und
offset sind dezimale oder hexadezimale Konstanten bzw. Variablen oder
Ausdrücke vom Datentyp WORD. Die Festlegung der Speicheradressen kann
bereits bei der Definition von Variablen vorgenommen werden.

```
VAR bezeichner : datentyp ABSOLUTE segment : offset

VAR bezeichner : datentyp ABSOLUTE bezeichner
```

Erscheint bei einer Variablendefinition hinter dem Kennwort ABSOLUTE
eine Angabe in der Form segment : offset, so liegt die Variable nicht
im Datensegment des Programms, sondern auf einer festen Speicheradresse. Das folgende Beispiel legt eine Variable mit dem Bezeichner ram vom
Datentyp WORD auf die absolute Adresse $0040:$0013, auf der das Betriebssystem normalerweise die Größe des Arbeitsspeichers in der Einheit
KByte ablegt. Auf dieses Wort greift die Prozedur Intr($12,register)
des Beispiels Bild 1-8 zu.
VAR   ram : WORD ABSOLUTE $0040:$0013

Erscheint hinter dem Kennwort ABSOLUTE der Bezeichner einer bereits
definierten Variablen, so weist der Pascalcompiler beiden Variablen die
gleiche Speicheradresse (Offset) zu.

Der direkte *Speicherzugriff* durch Angabe einer Adresse und nicht über
einen Bezeichner geschieht in Pascal über Ausdrücke, die wie ein Feld
(Array) aufgebaut sind und daher Pseudofelder genannt werden. Für
diesen Zweck sind die drei Pseudofelder Mem vom Datentyp BYTE, MemW
vom Datentyp WORD und MemL vom Datentyp LONGINT vordefiniert. Sie
werden durch den Pseudoindex segment:offset zur Adressierung von
Bytes, Wörtern (2 Bytes) und Doppelwörtern (4 Bytes) verwendet.

```
Mem [segment : offset]
MemW [segment : offset]
MemL [segment : offset]
```

Die Pseudofelder werden wie Datenfelder (ARRAYs) verwendet. Erscheint das Pseudofeld auf der linken Seite einer Wertzuweisung, so wird der alte Speicherinhalt überschrieben. Erscheint es in einem Ausdruck, so wird mit dem augenblicklichen Speicherinhalt gearbeitet. Das folgende Beispiel gibt von der Adresse $0040:$0013 ein Wort mit der Größe des Arbeitsspeichers aus. Eine Variablendefinition ist durch Verwendung des vordefinierten Pseudofeldes nicht erforderlich.
WriteLn(MemW[$0040:$0013],' KByte');

Name	Typ	Unit	Anwendung
Seg(x)	Funktion		: WORD liefert die Segmentadresse
Ofs(x)	Funktion		: WORD liefert den Offset (Abstand)
Addr(x)	Funktion		: Zeiger liefert Adresse als Zeiger (a)
Ptr(s,o)	Funktion		: Zeiger Segment "s" + Offset "o"
SizeOf(x)	Funktion		: WORD liefert Speicherlänge in Bytes

Bild 1-10: Vordefinierte Funktionen zur Speicheradressierung

Mit den in *Bild 1-10* zusammengestellten vordefinierten Funktionen ist es möglich, in Pascal Adressen anstelle von Bezeichnern zu verwenden. Die Funktion Ptr setzt eine Zeigervariable auf eine durch (segment,offset) gegebene Adresse und kann dazu dienen, vorgegebene feste Speicherbereiche über Zeiger zu adressieren. Das folgende Beispiel gibt den Inhalt des Wortes auf der Adresse $0040:$0013 mit der Größe des Arbeitsspeichers aus.
```
VAR     point : ^WORD;
BEGIN
point := Ptr($0040,$0013);
WriteLn(point^,' KBytes');
```

Das in *Bild 1-11* dargestellte Testprogramm zeigt die verschiedenen Möglichkeiten der Speicheradressierung. Durch Bezeichner gekennzeichnete Variablen und Zeigervariablen liegen in einem maximal 64 KByte großen Datensegment, dessen Lage das Betriebssystem durch Laden des Datensegmentregisters festlegt. Bezugsvariablen, die mit den Prozeduren New und GetMem angefordert werden, können jeweils maximal 64 KByte umfassen. Sie liegen in besonderen Datensegmenten, die ebenfalls vom Betriebssystem zugeteilt werden. Mit dem Zusatz ABSOLUTE sowie mit den Pseudofeldern Mem, MemW und MemL und mit der Zeigerfunktion Ptr kann man von Pascal aus auf jede Speicherstelle des Arbeitsspeichers zugreifen. In den Beispielen wurden diese Speicherstellen aus "Sicherheitsgründen" nur gelesen, es ist aber auch ein Beschreiben z.B. des Bildumlaufspeichers möglich.

```
PROGRAM prog1p4;  (* Bild 1-11: Speicheradressierung *)
USES  Aushexbi;  (* enthält Auswhex, Ausdhex, Ausmem *)
VAR   ram : WORD ABSOLUTE $0040:$0013;
        x : LONGINT;
    point : ^WORD;
   zeiger : ^LONGINT;
BEGIN
Write(ram,' KByte = ');
Write(MemW[$0030:$0113],' KByte = ');
point := Ptr($0020,$0213); WriteLn(point^, ' KByte');
x := $12345678;
Write(' Wert von x hexadezimal = '); Ausdhex(x); WriteLn;
Write('  Speicheradresse von x = ');
Auswhex(Seg(x)); Write(': '); Auswhex(Ofs(x)); WriteLn;
Write('  Speicherinhalt  von x = '); Ausmem(Addr(x),SizeOf(x));
WriteLn; Write('Datensegmentregister DS = '); Auswhex(DSeg);
WriteLn;
GetMem(zeiger,4);
zeiger^ := $FEDCBA98;
Write('Zeigervariable Adresse und Inhalt = ');
Ausmem(Addr(zeiger),SizeOf(zeiger)); WriteLn;
Write('Bezugsvariable Adresse und Inhalt = ');
Ausmem(Addr(zeiger^),SizeOf(zeiger^)); WriteLn;
END.


640 KByte  =  640 KByte  =  640 KByte
 Wert von x hexadezimal = $12345678
   Speicheradresse von x = $61F2 : $003E
   Speicherinhalt  von x = $61F2 : $003E = $78 $56 $34 $12
Datensegmentregister DS = $61F2
Zeigervariable Adresse und Inhalt = $61F2 : $0046 = $00 $00 $1D $66
Bezugsvariable Adresse und Inhalt = $661D : $0000 = $98 $BA $DC $FE
```

Bild 1-11: Die Adressierung des Arbeitsspeichers

Besonders interessant ist die Anordnung der Daten im Arbeitsspeicher. Die benutzerdefinierte Prozedur Ausmem der Unit Aushexbi gibt Speicherinhalte byteweise aus. Dabei zeigt es sich, daß Wörter und Doppelwörter mit dem Low-Byte zuerst auf der niedrigeren Speicheradresse angeordnet sind. Zeigervariablen enthalten ein Doppelwort; zuerst wird die Offsetadresse und dann die Segmentadresse abgelegt, wobei jedes Wort wieder mit dem Low-Byte zuerst im Speicher liegt. Beispiele:

```
       Wort: $1234       im Speicher: $34 $12
 Doppelwort: $12345678   im Speicher: $78 $56 $34 $12
     Zeiger: $1234:5678  im Speicher: $78 $56 $34 $12
```

1.5   Die Adressierung der Peripherie

Als *Peripherie* bezeichnet man alle Geräte (z.B. den Drucker), die an den PC angeschlossen sind und die zur Eingabe und Ausgabe von Daten dienen. Die elektrische Verbindung geschieht über Peripheriebausteine, auch Schnittstellen genannt, die auf der einen Seite am Systembus des Rechners liegen und auf der anderen Seite an das Gerät angeschlossen sind (Bild 1-1). Sie enthalten Schaltungen, die Register, Kanäle oder Ports genannt werden. Der Zugriff erfolgt in den meisten Fällen byteweise (8 bit). Bei den Rechnern mit 80x86-Prozessoren liegen die Adressen der Peripheriebausteine vorzugsweise in einem besonderen Peripheriebereich, der von den Adressen des Arbeitsspeichers getrennt ist. Der Zugriff auf die Peripherie erfolgt über die Maschinenbefehle IN und OUT.

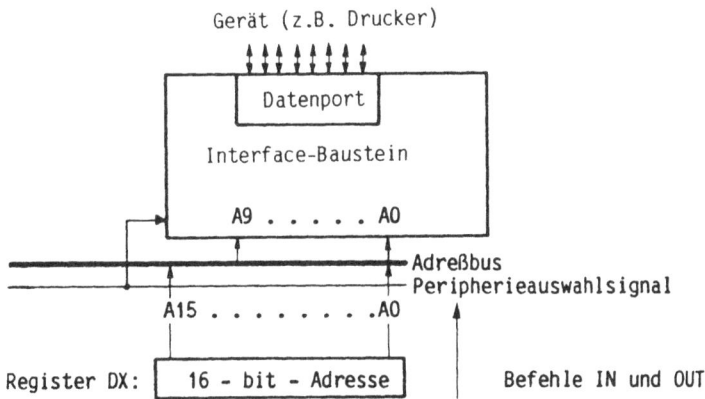

```
                    Gerät (z.B. Drucker)
                    ↑↑↑↑↑↑↑↑↑
              ┌─────┴┴┴┴┴┴┴┴┴──────────┐
              │    ┌──────────────┐    │
              │    │  Datenport   │    │
              │    └──────────────┘    │
              │   Interface-Baustein   │
              │                        │
              │    A9 . . . . . A0     │
            → └──────┬─────────────────┘
    ━━━━━━━━━━━━━━━━━┿━━━━━━━━━━━━━━●──Adreßbus
    ─────────────────────────────────┬─Peripherieauswahlsignal
              A15 . . . . . . . .A0   │
                                      ↑
            ┌──────────────────────┐  │
 Register DX:│   16 - bit - Adresse │  │  Befehle IN und OUT
            └──────────────────────┘  │
```

Bild 1-12: Peripherieadressierung

Die Adressierung des Peripheriebereiches *(Bild 1-12)* geschieht durch ein besonderes Auswahlsignal und eine 16-bit-Portadresse, die direkt auf den Adreßbus gegeben wird. Eine Adreßumsetzung mit einem Segmentregister findet nicht statt. Sind die Peripheriebausteine nur an den unteren Datenbus angeschlossen, so geschieht der Zugriff byteweise. Dies gilt für die Systembausteine des PC wie z.B. den Timer, den Interrupt- und den DMA-Steuerbaustein sowie für die seriellen und die parallelen Schnittstellen. Die aktuellen Peripherieadressen eines Rechners können den Unterlagen des Geräteherstellers entnommen werden. Beim Start des Betriebssystems werden die Anfangsadressen (Basisadressen) der angeschlossenen Serienschnittstellen (COM) und parallelen Druckerschnittstellen (LPT) in acht Wörter ab Adresse $0040:$0000 eingetragen. Sie können durch das in *Bild 1-13* dargestellte Programm ausgegeben werden. Eine Adresse $0000 bedeutet, daß die Schnittstelle in der Schaltung des Rechners nicht vorhanden ist.

```
PROGRAM prog1p5;  (* Bild 1-13: Peripherieadressen *)
USES Aushexbi;     (* enthält Auswhex             *)
VAR  abst : WORD;
BEGIN
FOR abst := 0 TO 3 DO
BEGIN
  Write(' COM',abst+1,': '); Auswhex(MemW[$0040:abst*2])
END;
WriteLn;
FOR abst := 4 TO 7 DO
BEGIN
  Write(' LPT',abst-3,': '); Auswhex(MemW[$0040:abst*2])
END;
WriteLn
END.


  COM1: $03F8   COM2: $02F8   COM3: $0000   COM4: $0000
  LPT1: $0378   LPT2: $0278   LPT3: $0000   LPT4: $0000
```

Bild 1-13: Ausgabe der Schnittstellenadressen

Die Ports oder Register der Peripherieschnittstellen sind in Pascal über zwei Pseudofelder zugänglich:

```
Port[portadresse]
PortW[portadresse]
```

Das Pseudofeld Port überträgt Bytes von und zu einem Peripherieport. Das Pseudofeld PortW überträgt Wörter. Als Portadresse (Pseudoindex) dient eine Konstante, Variable oder ein Ausdruck vom Datentyp WORD. Üblicherweise werden bei einem PC für die Peripherieadressierung von den 16 Adreßbits nur die unteren 10 zur Auswahl der Ports verwendet. Damit stehen anstelle der möglichen 64 Kbit nur 1 Kbit (1024 dezimal) Portadressen zur Verfügung. Werden die oberen sechs Adreßbits wie in Bild 1-14 dargestellt nicht zur Bausteinauswahl verwendet, so lassen sich für einen Port 2 hoch 6 = 64 mögliche Adressen angeben.

Adresse	n i c h t					verwendet	10-bit-Portadresse		
hexadez.	A15	A14	A13	A12	A11	A10	A9	A8	A7 . . . A0
$03FF	0	0	0	0	0	0	1	1	$ F F
$07FF	0	0	0	0	0	1	1	1	$ F F
$0BFF	0	0	0	0	1	0	1	1	$ F F
$0FFF	0	0	0	0	1	1	1	1	$ F F
$13FF	0	0	0	1	0	0	1	1	$ F F
⋮	⋮	⋮	⋮	⋮	⋮	⋮	⋮	⋮	⋮
$FFFF	1	1	1	1	1	1	1	1	$ F F

Bild 1-14: Mehrfachadressierung des Ports $03FF

Das folgende Beispiel schreibt den Zahlenwert 85 ($55) in den Port $03FF
(Scratch Pad von COM1) und liest ihn von allen möglichen 64 Portadressen
wieder zurück. Mit diesem Testprogramm läßt sich das Verhalten eines
Rechners bezüglich der Mehrfachadressierung von Peripherieports überprüfen.

```
VAR    i : WORD;
BEGIN
Port[$03FF] := $55;
FOR i := 0 TO 63 DO Write(Port[$03FF+$0400*i],'  ');
Write('Weiter -> ');  ReadLn
```

Das folgende Beispiel zeigt den Zugriff auf die Serienschnittstelle 8250
des PC, die üblicherweise für den Anschluß der Maus oder eines Modems
verwendet wird. Diese Geräte müssen vor der Ausführung des in Bild 1-16
dargestellten Testprogramms entfernt werden! Stattdessen werden entsprechend Bild 1-15 ein Voltmeter und ein Taster angeschlossen. Das Bild
zeigt die Stiftbelegungen des 9poligen bzw. des 25poligen Steckers an der
Rückwand des Rechners. Das Voltmeter dient zur Ausgabe eines Signals;
mit dem Taster wird ein Steuersignal eingegeben. Das Programm Bild 1-13
prüft, welche Schnittstellen vorhanden sind.

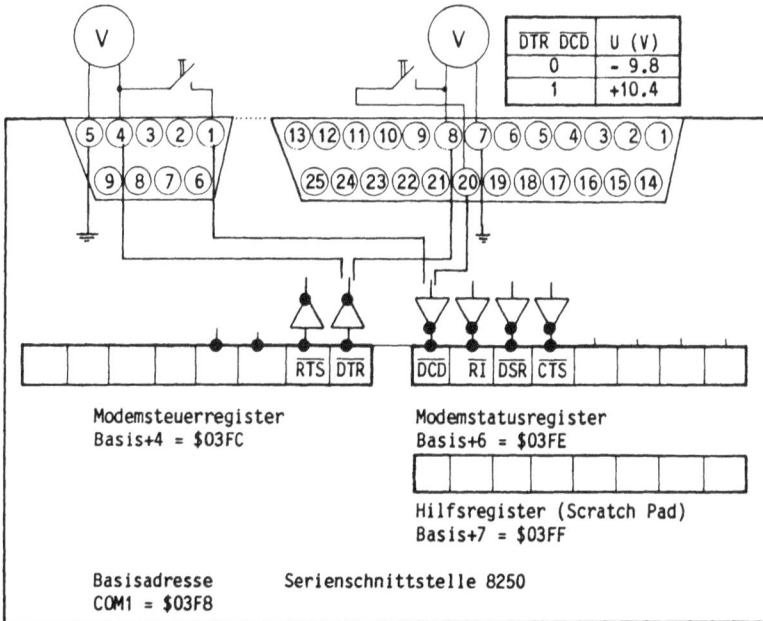

DTR DCD	U (V)
0	- 9.8
1	+10.4

Bild 1-15: Steuerleitungen einer seriellen Schnittstelle

Die Ports oder Register der Peripheriebausteine liegen auf Adressen, die
einen bestimmten Abstand von der Basis- oder Anfangsadresse des Bausteins haben. Das Bild zeigt als Beispiel drei Register der Serienschnittstelle 8250 des PC. Das Hilfsregister (Scratch Pad) hat den Abstand $7 von
der Basisadresse. Es kann wie eine Speicherstelle beschrieben und gelesen
werden und hat keine weiteren Aufgaben. Die beiden Bitpositionen 0 und 1

des Modemsteuerregisters (Basisadresse + $4) sind über Leitungstreiber an den Anschlußstecker COM1 bzw. AUX an der Rückseite des PC geführt. Eine logische 0 im Bit 0 (DTR) erscheint invertiert als High-Potential am Ausgang des Bausteins. Der ebenfalls invertierende Leitungstreiber setzt eine High-Eingangsspannung in eine Ausgangsspannung von ca. -10 Volt um, die am Stift 4 des 9poligen Steckers gemessen werden kann. Eine logische 1 erscheint an diesem Stift als ca. +10 Volt. In dem Modemstatusregister (Basisadresse +$6) wird der Zustand von vier Eingangssignalen angezeigt. Eine Spannung größer +3 Volt am Stift 1 z.B. wird von dem invertierenden Leitungsempfänger in ein Low-Potential umgesetzt, das ebenfalls invertiert als logische 1 im Bit 7 (DCD) des Registers erscheint. Eine Eingangsspannung < -3 Volt am Stift 1 erscheint als logische 0.

Bild 1-16 zeigt ein Testprogramm, mit dem die Modemsteuersignale der seriellen Schnittstelle untersucht werden können. Vor dem Start des Programms ist darauf zu achten, daß ein möglicherweise an den Stecker angeschlossenes Gerät (Maus, serieller Drucker) entfernt wird. Ausgang Stift 4 (9poliger Stecker) wird mit dem Eingang Stift 1 oder den anderen drei Eingängen verbunden. Die Spannung wird gegen Stift 5 (Masse, Ground) gemessen. Bei Verwendung von vorgefertigten Anschlußkabeln können möglicherweise Leitungen vertauscht sein. Die vollständigen Stiftbelegungen des 25poligen Steckers und des 9poligen Steckers befinden sich im Anhang. Das Programmbeispiel benutzt die zweite serielle Schnittstelle (COM2) auf der Adresse $02F8. Für die erste serielle Schnittstelle ist die dritte Programmzeile zu ändern:
CONST   com = $03F8;   (* 1. serielle Schnittstelle COM1 *)

```
PROGRAM prog1p6;    (* Bild 1-16: Modemsteuersignale *)
USES Crt, Aushexbi; (* enthält Ausbbin binäre Ausgabe *)
CONST  com = $02F8; (* 2. serielle Schnittstelle COM2 *)
VAR      z : CHAR;  (* für COM1: CONST com = $03F8 ! *)
BEGIN
Port[com+7] := $55; (* Bitmuster = %0101 0101       *)
Write('Hilfsregister Scratch = '); Ausbbin(Port[com+7]); WriteLn;
Write(' Modemsteuerregister = '); Ausbbin(Port[com+4]); WriteLn;
Write(' Modemstatusregister = '); Ausbbin(Port[com+6]); WriteLn;
REPEAT
  WriteLn('*->---->---->*':31);
  Write('Ausgabe: '); Ausbbin(Port[com+4]);
  Write(' Eingabe: '); Ausbbin(Port[com+6]); WriteLn;
  Write('Umschalten Bit ! mit Taste (Ende mit *) :');
  z := ReadKey; WriteLn;
  IF z <> '*' THEN Port[com+4] := Port[com+4] XOR $01;
UNTIL z = '*'; WriteLn;
END.
```

```
Hilfsregister Scratch = %01010101
 Modemsteuerregister = %00000000
 Modemstatusregister = %00000000
                *->---->---->*
Ausgabe: %00000000  Eingabe: %00000000
Umschalten Bit ! mit Taste (Ende mit *) :
                *->---->---->*
```

Bild 1-16: Test der Modemsteuersignale

1.6   Die Interrupt- und DMA-Steuerung

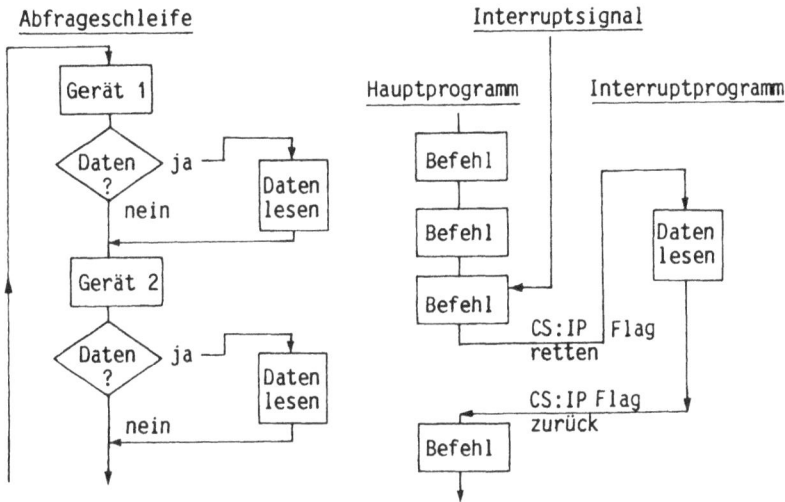

Abfrageschleife   Interruptsignal

Hauptprogramm   Interruptprogramm

Bild 1-17: Interruptgesteuerte Datenübertragung

Ein **Interrupt** bedeutet, daß ein Programm durch ein besonderes Ereignis
unterbrochen wird. Ein derartiges Ereignis wäre ein Steuersignal, das
meldet, daß an einer Schnittstelle Daten zur Übernahme durch den Computer bereit liegen. *Bild 1-17* zeigt die beiden Verfahren der Abfrageschleife
(Polling) und des Interrupts. Müßte das Programm in einer Abfrageschleife
die Steuerleitung laufend kontrollieren, so könnte der Rechner keine weiteren Arbeiten zu dieser Zeit ausführen. Aus diesem Grunde besitzen die
Mikroprozessoren besondere Interrupteingänge, die eine Unterbrechung
des laufenden Programms gestatten, um zwischendurch ein anderes Programm z.B. zur Datenübertragung auszuführen.

Ein *Interruptsignal* veranlaßt den Prozessor, nach Beendigung des laufenden Befehls den Stand der Verarbeitung (Adresse des nächsten Befehls)
zu retten und ein Interruptprogramm zu starten, das die angeforderte Tä-
tigkeit ausführt. Durch Zurückholen der geretteten Befehlsadresse wird
das unterbrochene Programm normalerweise fortgesetzt. *Bild 1-18* zeigt
die Interruptsteuerung der Prozessoren der 80x86-Familie in einem PC.

Beim Einschalten der Versorgungsspannung bringt ein Reset-Signal den
Prozessor zusammen mit den Peripheriebausteinen in einen Grundzustand.
Dabei wird das Betriebssystemprogramm (BIOS) ab Adresse $FFFF:$0000
aus einem Festwertspeicher (EPROM) gestartet. Ein Reset-Signal, das während des Betriebes z.B. durch eine Reset-Taste ausgelöst wird, bricht das
laufende Programm ab und startet das Betriebssystem, ohne daß das abge-
brochene Programm fortgesetzt werden kann.

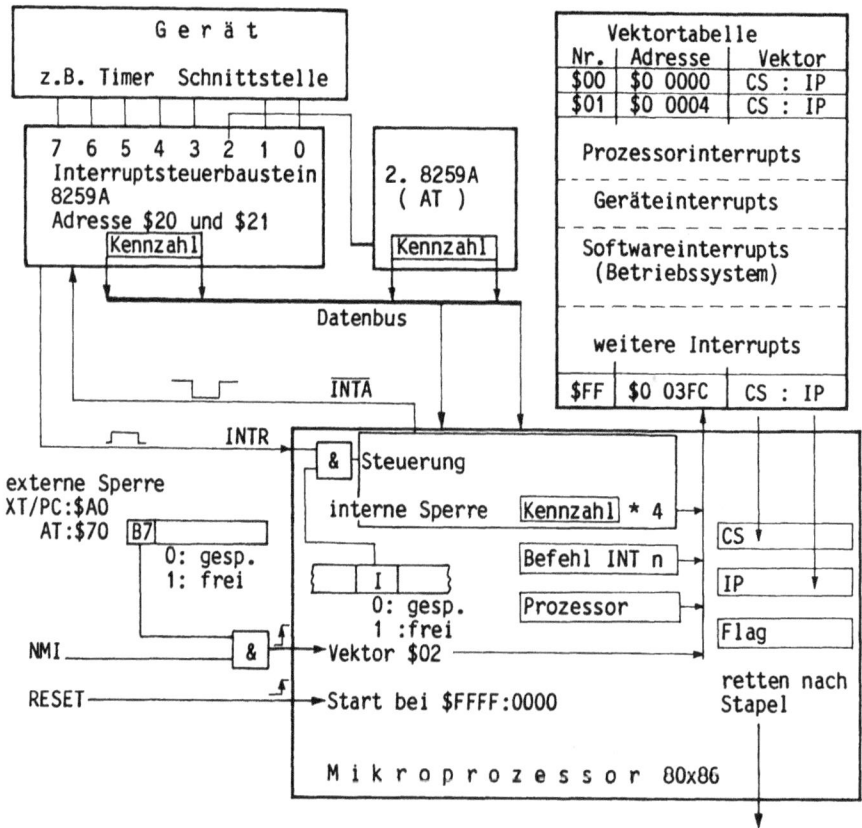

Bild 1-18: Die Interruptsteuerung der 80x86-Prozessoren

Ein Signal am NMI-Eingang des Prozessors unterbricht das laufende Programm und startet ein Interruptprogramm. Die Startadresse (Adresse des ersten Befehls) des Interruptprogramms liegt als Doppelwort (Segment: Offset) ab Adresse $0000:$0008 in einer Vektortabelle. NMI bedeutet "Nicht Maskierbarer Interrupt", weil er prozessorintern nicht sperrbar ist. In PC-Schaltungen kann er extern gesperrt bzw. freigegeben werden und dient zur Behandlung von Hardwarefehlern.

Der Eingang INTR (Interrupt Request = Interruptanforderung) kann prozessorintern durch das I-Bit des Flagregisters über Maschinenbefehle gesperrt und freigegeben werden. Ist beim Auftreten eines INTR-Signals der Interrupt gesperrt, so setzt das laufende Programm ungestört seine Arbeit fort. Ist der Interrupt jedoch freigegeben, so wird das Programm nach Beendigung des laufenden Befehls unterbrochen. Das Codesegmentregister CS, der Befehlszähler IP mit der Adresse des nächsten Befehls und das Flagregister werden auf den Stapel gerettet. Der INTR-Interrupt wird dabei automatisch über das I-Bit des Flagregisters für weitere Unterbrechungen gesperrt. Der Prozessor fordert mit einem INTA-Signal (Interrupt Acknowledge = Interruptbestätigung) über den Datenbus ein Byte mit einer Kennzahl an. Sie wird von der Schaltung geliefert, die den Interrupt ausgelöst hat, normalerweise von einem Interruptsteuerbaustein PIC 8259. Die Kennzahl wird durch Anhängen von zwei Nullen mit 4 multipliziert und liefert den Offset eines Doppelwortes (32 bit = 4 Bytes) im Datensegment $0000. In diesem Doppelwort befindet sich eine Adresse in der Anordnung Segment:Offset. Die Segmentadresse gelangt in das Codesegmentregister, die Offsetadresse gelangt in den Befehlszähler IP. Dadurch wird das Interruptprogramm gestartet und ausgeführt. Durch einen Befehl IRET (Rücksprung aus einem Interrupt) am Ende des Interruptprogramms werden die drei geretteten Register CS, IP und Flag wieder vom Stapel zurückgeladen. Dadurch wird das unterbrochene Programm fortgesetzt. Da dabei auch das ursprüngliche I-Bit wiederhergestellt wird, ist der Prozessor wieder für neue INTR-Interrupts bereit.

Die NMI- und INTR-Interrupts werden im PC von Schaltungen bzw. Peripheriebausteinen ausgelöst, die Hardwarefehler bzw. die Bereitschaft zur Datenübertragung melden. Andere Interrupts löst der Prozessor selbst aus, wenn z.B. das Rechenwerk eine Division durch Null erkennt. Da in diesem Fall das Ergebnis nicht definiert ist, ist es auch nicht sinnvoll, das Programm fortzusetzen. Daher erzeugt der Prozessor eine eigene Kennzahl und startet damit ein Interruptprogramm, das diesen Divisionsüberlauf z.B. mit einer Fehlermeldung weiterbehandeln kann.

Als *Softwareinterrupt* bezeichnet man den Maschinenbefehl INT (Interrupt), der die Kennzahl des zu startenden Interruptprogramms im Operandenteil enthält. Diese Art der Programmunterbrechung durch einen Befehl widerspricht der Vorstellung, ein Programm durch ein Hardwaresignal zu unterbrechen. Sie wird jedoch vorzugsweise vom Betriebssystem zum Aufruf von Unterprogrammen angewendet und wird auch in Turbo Pascal durch vordefinierte Funktionen und Prozeduren unterstützt. Softwareinterrupts dienen zum tabellengesteuerten Aufruf von Unterprogrammen speziell des Betriebssystems.

In einem PC unter dem Betriebssystem DOS befindet sich die Vektortabelle im Arbeitsspeicher (RAM) ab Adresse $0000:$0000. Alle Einträge mit den Startadressen der Interruptprogramme werden vom Betriebssystem in der Anlaufphase vorbesetzt. Da sich die Vektortabelle in einem Schreib/Lesespeicher (RAM) befindet, kann sie jederzeit, also auch von einem Benutzerprogramm, geändert werden. *Bild 1-19* zeigt die aktuellen Einträge, die normalerweise für den Programmierer ohne Interesse sind. Sie wurden mit einem im Anhang befindlichen Programm ausgegeben.

Die Interruptsignale der Systembausteine wie z.B. Timer, Harddisk, Floppydisk und Schnittstellen werden über einen (beim AT zwei) Interruptsteuerbaustein PIC 8259A (Programmable Interrupt Controller) auf den INTR-Interrupteingang des Prozessors geschaltet. Der Steuerbaustein übernimmt entsprechend *Bild 1-20* das Sperren und Freigeben der Interruptsignale der einzelnen Geräte. Er wird beim Start des Betriebssystems so programmiert, daß er je nach Gerät die Kennzahlen von $08 bis $0F bzw. beim AT zusätzlich von $70 bis $77 liefert. Der größte Teil der Kennzahlen

			Aktuelle Interrupt - Vektortabelle		
Nummer	Adresse	Segment	Offset		Anwendung
0	$00	$0000	$407B :	$00CE	Prozessor: Division durch Null
1	$01	$0004	$1352 :	$145C	Prozessor: Einzelschrittsteuerung
2	$02	$0008	$0DDF :	$0016	NMI-Interrupt: Systemfehler
3	$03	$000C	$1352 :	$1465	Haltepunkt durch Code $CC
4	$04	$0010	$0070 :	$075C	Befehl INTO (Interrupt bei Overflow)
5	$05	$0014	$F000 :	$FF54	BIOS: Hardcopy durch Druck-Taste
6	$06	$0018	$F000 :	$F856	Prozessor (80286: unbekannter Code)
7	$07	$001C	$F000 :	$F856	Prozessor (80286: Speicherschutz)
8	$08	$0020	$0DDF :	$00AB	Gerät IRQ0: Timer
9	$09	$0024	$1352 :	$14BA	Gerät IRQ1: Tastatur
10	$0A	$0028	$F000 :	$F853	Gerät IRQ2: AT: 2.PIC-Baustein XT:Bildschirm
11	$0B	$002C	$F000 :	$F853	Gerät IRQ3: COM2 (Serienschnittstelle)
12	$0C	$0030	$10FD :	$11BE	Gerät IRQ4: COM1 (Serienschnittstelle)
13	$0D	$0034	$F000 :	$F853	Gerät IRQ5: AT: LPT2 (Drucker) XT: Festplatte
14	$0E	$0038	$0DDF :	$043A	Gerät IRQ6: Diskettenlaufwerke
15	$0F	$003C	$0070 :	$075C	Gerät IRQ7: LPT1 (Drucker)
16	$10	$0040	$1352 :	$1711	BIOS: Bildschirmfunktionen
17	$11	$0044	$F000 :	$F84D	BIOS: Ausgabe der Konfigurationsdaten
18	$12	$0048	$F000 :	$F841	BIOS: Ausgabe der Speichergröße
19	$13	$004C	$1352 :	$1704	BIOS: Disketten- und Festplattenfunktionen
20	$14	$0050	$F000 :	$E739	BIOS: Serielle Schnittstellenfunktionen
21	$15	$0054	$F000 :	$F859	BIOS: AT: Echtzeituhr XT: Kassettenlaufwerk
22	$16	$0058	$F000 :	$E82E	BIOS: Tastatur- und Druckerfunktionen
23	$17	$005C	$F000 :	$EFD2	BIOS: Parallelschnittstelle (Drucker)
24	$18	$0060	$F000 :	$E000	BIOS: Start des ROM-BASIC (wenn vorhanden)
25	$19	$0064	$0070 :	$191C	BIOS: Systemneustart (Strg + Alt + Entf)
26	$1A	$0068	$F000 :	$FE6E	BIOS: Systemuhrenfunktionen
27	$1B	$006C	$0AAE :	$00F2	BIOS: Unterbrechung (Strg + Pause)
28	$1C	$0070	$F000 :	$FF53	BIOS: Timer-Interrupt (18.2 mal pro sek)
29	$1D	$0074	$F000 :	$F0A4	BIOS: Zeiger auf Videotabelle
30	$1E	$0078	$0000 :	$0522	BIOS: Zeiger auf Laufwerktabelle
31	$1F	$007C	$C000 :	$483E	BIOS: Zeiger auf Grafikzeichentabelle
32	$20	$0080	$0275 :	$145C	DOS: Rücksprung nach DOS
33	$21	$0084	$1352 :	$171F	DOS: Betriebssystemfunktionen MsDos(register)

Bild 1-19: Die Interruptvektortabelle im Arbeitsspeicher

bis $7F wird vom Betriebssystem zur Datenübertragung innerhalb des Systems verwendet. Dies geschieht im wesentlichen über die Software-interrupts mit dem Befehl INT und einer Kennzahl. Ein Beispiel ist die Tastatur. Sie liegt am Eingang IRQ1 des Interruptsteuerbausteins und löst beim Betätigen einer Taste einen Geräteinterrupt mit der Kennzahl $09 aus. Das über den dort eingetragenen Vektor gestartete Interruptprogramm ermittelt den Tastencode und löst bei der Taste Druck (PrtScr) mit dem Befehl INT $05 einen Softwareinterrupt aus. Damit wird ein Interruptprogramm gestartet, dessen Startadresse unter dem dort abgelegten Vektor eingetragen ist. Die Tastenkombination Strg und Untbr (Break) führt z.B. auf den Vektor Nr. $1B. Andere Tastenfunktionen sind über die Vektoren Nr. $16 und $21 verfügbar, auf die auch z.T. über weitere Zwischenstationen die Pascalprozeduren Read und ReadLn zugreifen. Da sich die Vektortabelle in einem RAM-Speicher befindet, kann man sich auch von Pascal aus der Interrupttechnik bedienen. *Bild 1-21* zeigt einige dafür vorgesehene vordefinierte Prozeduren der Unit Dos.

LPT1   Disk   LPT2   COM1   COM2   PIC2   Tast.   Timer   RTC

| IRQ7 | IRQ6 | IRQ5 | IRQ4 | IRQ3 | IRQ2 | IRQ1 | IRQ0 | 8259 | | IRQ8 | |

| I7 | I6 | I5 | I4 | I3 | I2 | I1 | I0 | | 0 | 1 | 1 | 0 | 0 | x | x | x |

$21   Interruptfreigabe $20   Interruptbestätigung   2.PIC
      0:frei   1:gesp.   xxx = IRQ-nr.   (AT)

Gerät	Interrupt	Freigabe	Sperre	Bestätig.	Vektor
Timer	IRQ0	$FE	$01	$60	$08
Tastatur	IRQ1	$FD	$02	$61	$09
2. PIC	IRQ2	$FB	$04	$62	$0A
COM2	IRQ3	$F7	$08	$63	$0B
COM1	IRQ4	$EF	$10	$64	$0C
LPT2	IRQ5	$DF	$20	$65	$0D
Disk	IRQ6	$BF	$40	$66	$0E
LPT1	IRQ7	$7F	$80	$67	$0F

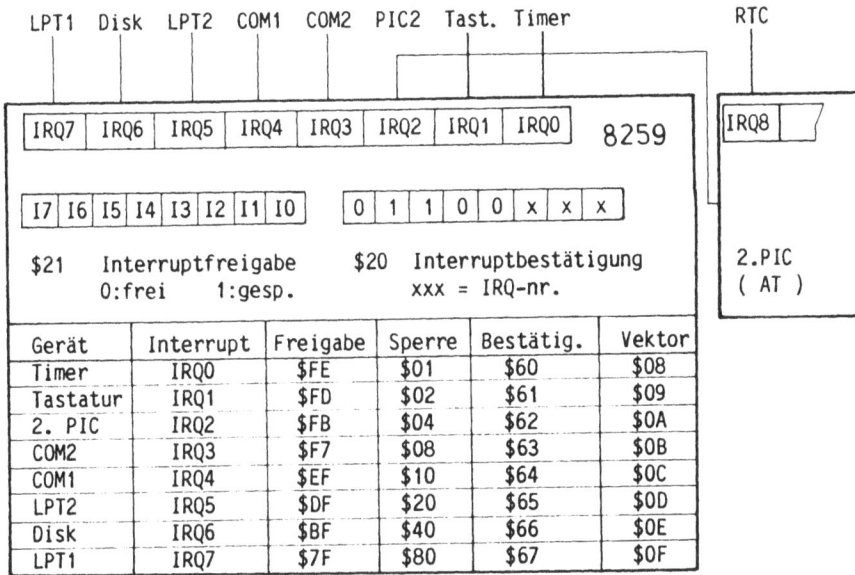

Bild 1-20: Die Programmierung des Interruptsteuerbausteins 8259

Name	Typ	Unit	Anwendung
GetIntVec(n,p)	Prozedur	Dos	kopiert Vektor Nr. "n" nach Zeiger "p"
SetIntVec(n,p)	Prozedur	Dos	setzt Vektor Nr. "n" auf Zeiger "p"
SwapVectors	Prozedur	Dos	vertauscht Benutzer- mit Dos-Vektoren
Intr(n,r)	Prozedur	Dos	Interrupt Nr. "n" mit Registersatz "r"
MsDos(r)	Prozedur	Dos	Interrupt Nr. $21 mit Registersatz "r"

Bild 1-21: Vordefinerte Prozeduren zur Interruptbehandlung

Die Prozedur Intr entspricht dem Maschinenbefehl INT und löst einen
Softwareinterrupt aus. Die Vektornummer und ein Record mit dem Registersatz werden als aktuelle Parameter übergeben. Die Prozedur MsDos
verwendet speziell die Vektornummer $21 zum Aufruf des Betriebssystems
DOS. Bild 1-8 zeigt ein Anwendungsbeispiel. Mit der Prozedur SetIntVec
können die vom Betriebssystem vorbesetzten Interruptvektoren überschrieben und auf Prozeduren des Benutzers umgelenkt werden. Die Vektornummer und ein Zeiger mit der Adresse einer besonders zu kennzeich-
nenden Pascalprozedur werden als aktuelle Parameter übergeben. Bei
einer normalen Beendigung des Pascalprogramms werden die überschrie-
benen Interruptvektoren vom Pascalsystem automatisch wiederhergestellt.
Dies kann auch über die Prozeduren GetIntVec (Retten) und SetIntVec
(Zurückschreiben) vom Pascalprogramm aus erfolgen.

Pascalprozeduren, die durch einen Interrupt aufgerufen werden sollen,
müssen hinter der Definition besonders gekennzeichnet werden:

```
PROCEDURE name; INTERRUPT;

PROCEDURE name(registerliste·WORD); INTERRUPT;
```

Durch das Kennwort INTERRUPT beendet der Pascalcompiler die Prozedur
mit dem Maschinenbefehl IRET, der im Gegensatz zu einem normalen
Unterprogrammrücksprung den Befehlszähler IP, das Codesegmentregister CS und das Flagregister vom Stapel zurückholt. Daher kann eine mit
INTERRUPT gekennzeichnete Prozedur nicht durch das Pascalprogramm,
sondern nur durch einen Interrupt aufgerufen werden. Wird die Interruptprozedur ohne formale Parameter (Registerliste) definiert, so können
Werte zwischen dem Hauptprogramm und der Interruptprozedur nur über
globale Variablen übergeben werden. Das folgende Beispiel definiert eine
Interruptprozedur aus, die durch einen Interrupt Nr. $05 (Druck-Taste)
aufgerufen werden soll und den Inhalt der Variablen i ausgibt.

```
USES Dos;              (* wegen SetIntVec *)
VAR    i : LONGINT;   (* Globale Variable *)
PROCEDURE aus; INTERRUPT;
BEGIN
  WriteLn(i)
END;
(* Hauptprogramm *)
BEGIN
SetIntVec($05,Addr(aus));
i := 0;
REPEAT
  Inc(i)
UNTIL i > 10000000
END.
```

Eine Parameterübergabe kann nur über die Register des Prozessors mit
dem vordefinierten Record Registers der Unit Dos erfolgen. Wird die
Interruptprozedur mit formalen Parametern definiert, so müssen die Register der Registerliste in der Reihenfolge

```
Flags,CS,IP,AX,BX,CX,DX,SI,DI,DS,ES,BP
```

erscheinen; lediglich Register am Anfang der Liste können entfallen.

Die Interruptsteuerung des PC wird in erster Linie vom Betriebssystem
für den Betrieb des Gerätes verwendet. Durch Eingriffe des Benutzers,
die sich bei technischen Anwendungen und beim Testen nicht vermeiden
lassen, kann es zu einem Systemzusammenbruch kommen, der unter Umständen den Griff zum Reset-Schalter oder gar zum Netzschalter erforderlich machen kann. So kann es z.B. zu Schwierigkeiten kommen, wenn eine
Write- bzw. WriteLn-Prozedur durch einen Interrupt unterbrochen und
in dem Interruptprogramm erneut aufgerufen wird. Da sie nicht wiederein-
trittsfest (reentrant) ist, erfolgt kein ordnungsgemäßer Rücksprung. Bei
einem Aufruf unter Verwendung der Unit Crt (USES Crt) arbeiten die

Ausgabeprozeduren jedoch einwandfrei direkt in den Bildspeicher. Derartige "Fallen" sind leider in den Pascal- bzw. DOS-Handbüchern nicht immer - auch an der richtigen Stelle - dokumentiert! Die folgenden Beispiele wurden zwar auf dem Gerät des Verfassers erfolgreich getestet, können aber unter Umständen auf anderen Rechnern oder mit anderen Betriebssystemversionen oder Pascalversionen zu Problemen führen.

```
PROGRAM prog1p7;   (* Bild 1-22 Interrupt Druck-Taste *)
USES Dos, Crt;     (* Crt wegen Write-Prozedur        *)
CONST  ende : BOOLEAN = FALSE;
       zahl : BYTE = 0;
(* Durch Interrupt mit Druck-Taste aufgerufen         *)
PROCEDURE taste ; INTERRUPT;
BEGIN
  WriteLn('Durch Druck-Taste abgebrochen !!!');
   ende := TRUE            (*  oder  Halt - Anweisung  *)
END;
(* Hauptprogramm *)
BEGIN
SetIntVec($05,Addr(taste));       (* Vektor umlenken *)
WriteLn('Ausgabe durch "Druck"-Taste abbrechen');
REPEAT
  WriteLn('Testschleife Zahl = ',zahl);
  Inc(zahl)
UNTIL ende
END.

Ausgabe durch "Druck"-Taste abbrechen
Testschleife Zahl = 0
Testschleife Zahl = 1
Testschleife Zahl = 2
Testschleife Zahl = 3
Testschleife Zahl = 4
Testschleife Zahl = 5
Testschleife Zahl = 6
Testschleife Zahl = 7
Testschleife Zahl = 8
Durch Druck-Taste abgebrochen !!!
```

Bild 1-22: Interrupt durch die Druck-Taste

Die einfachste Testmöglichkeit zur Auslösung eines Interrupts bietet die Tastatur. Das Programmbeispiel *Bild 1-22* verwendet dazu die Taste Druck (PrtScr), mit der normalerweise der Bildschirminhalt ausgedruckt wird. Der Softwareinterrupt Nr. $05 wird durch den Aufruf der vordefinierten Prozedur SetIntVec auf das Interruptprogramm taste umgelenkt. Dort wird die globale Schaltervariable ende auf TRUE gesetzt, durch die die Testschleife des Hauptprogramms ein Ende findet. Die Pascalprozedur Halt könnte dazu verwendet werden, das Programm bereits in der Interruptprozedur abzubrechen. Durch Zuordnung der Unit Crt kann die Ausgabeprozedur WriteLn sowohl im Hauptprogramm als auch in der Interruptprozedur verwendet werden. Ohne diese direkte Ausgabe könnte es unter Umständen zu einem Systemzusammenbruch kommen.

```
PROGRAM prog1p8; (* Bild 1-23: Interrupt Strg - Untbr *)
USES Dos, Crt;    (* Nur als  PROG1P8.EXE  starten !!! *)
VAR   rettvek : POINTER;
         reg : Registers;
        zahl : BYTE;
(* Aufgerufen durch Interrupt mit Tasten Strg - Untbr *)
PROCEDURE taste(Flags,CS,IP,AX,BX,CX,DX,SI,DI,DS,ES,BP:WORD);
INTERRUPT;
BEGIN
  WriteLn('Interruptprogramm aufgerufen !!! ');
  reg.ax := 1;    (* ax = Endemarke für Hauptprogramm *)
END;
(* Hauptprogramm *)
BEGIN
GetIntVec($1B,rettvek);            (* Vektor retten    *)
SetIntVec($1B,addr(taste));        (* Vektor umlenken *)
reg.ax := 0; zahl := 1;
WHILE reg.ax = 0 DO        (* Endemarke für Interrupt *)
BEGIN
  WriteLn(' Testschleife Durchlauf ',zahl);
  Inc(zahl)
END;
SetIntVec($1B,rettvek);        (* Vektor zurück    *)
WriteLn('Programmabbruch Register AX = ', reg.ax)
END.

C:\TURBOP\PROG1>prog1p8
 Testschleife Durchlauf 1
 Testschleife Durchlauf 2
 Testschleife Durchlauf 3
 Testschleife Durchlauf 4
 Testschleife Durchlauf 4
 Testschleife Durchlauf 6
Interruptprogramm aufgerufen !!!

Programmabbruch Register AX = 1
```

Bild 1-23: Interrupt durch die Abbruchtaste

Das in *Bild 1-23* dargestellte Programmbeispiel benutzt die Abbruchtaste
(Strg-Untbr bzw. Break) zur Auslösung eines Interrupts mit der Nr. $1B.
Die Parameterübergabe erfolgt in diesem Beispiel über das AX-Register.
Der ursprüngliche Vektor wird mit GetIntVec gerettet und vor der Beendigung des Programms mit SetIntVec wiederhergestellt. Als das Programm aus der integrierten Entwicklungsumgebung des Pascalmenüs gestartet wurde, führte die Abbruchtaste wie üblich zurück in die Pascal-
testhilfe Debug. Erst die Compilierung eines EXE-Programms und der Start
aus dem Betriebssystem brachte den gewünschten Aufruf des Interruptprogramms taste. Auch hier zeigt es sich wieder, daß man bei der direkten Arbeit mit dem Betriebssystem mit Überraschungen rechnen muß und
auf eigene Testprogramme angewiesen ist.

Das in *Bild 1-24* dargestellte vereinfachte Schaltbild zeigt die Wege, die
ein Interruptsignal vom Eingang DCD (Stift 1) der seriellen Schnittstelle
COM1 bis zum Prozessor nimmt. Jede Änderung des Stiftpotentials (High
nach Low bzw. Low nach High) setzt die Bitposition B3 des Modemstatus-

| 0 | 0 | 0 | 0 | 1 | 0 | RTS | DTR | | DCD | | | | DCD |

Modemsteuerregister
Basis+4 = $03FC

Modemstatusregister
Basis+6 = $03FE

&

| 0 | 0 | 0 | 0 | 1 | 0 | 0 | 0 | | 0 | 0 | 0 | 0 | 0 | 0 | 0 | 0 |

Interruptfreigaberegister
Basis+1 = $03F9

Leitungssteuerregister
Basis+3 = $03FB

Basisadresse COM1 = $03F8   Serienschnittstelle 8250

| x | x | x | 0 | x | x | x | x | | 0 | 1 | 1 | 0 | 0 | 1 | 0 | 0 |

Interruptfreigaberegister
Adresse $21
Maske $EF: IRQ4 frei

Interruptbestätigungsregister
Adresse $20
Byte $64: IRQ4 bestätigt

| 0 | 0 | 0 | 0 | 1 | 1 | 0 | 0 |

Interruptvektorregister
Vektor $0C: IRQ4

Interruptsteuerbaustein PIC 8259A

Interruptvektortabelle		
Nr.	Adresse	Vektor
$0C	$00030	CS : IP

| 0 | 0 | 0 | 0 | 1 | 1 | 0 | 0 | 0 | 0 |

Interruptsteuerung   I-Flag = 1 (freigegeben)

Codesegmentregister   +
Instructionpointer
Startadresse Interrupt =

Mikroprozessor

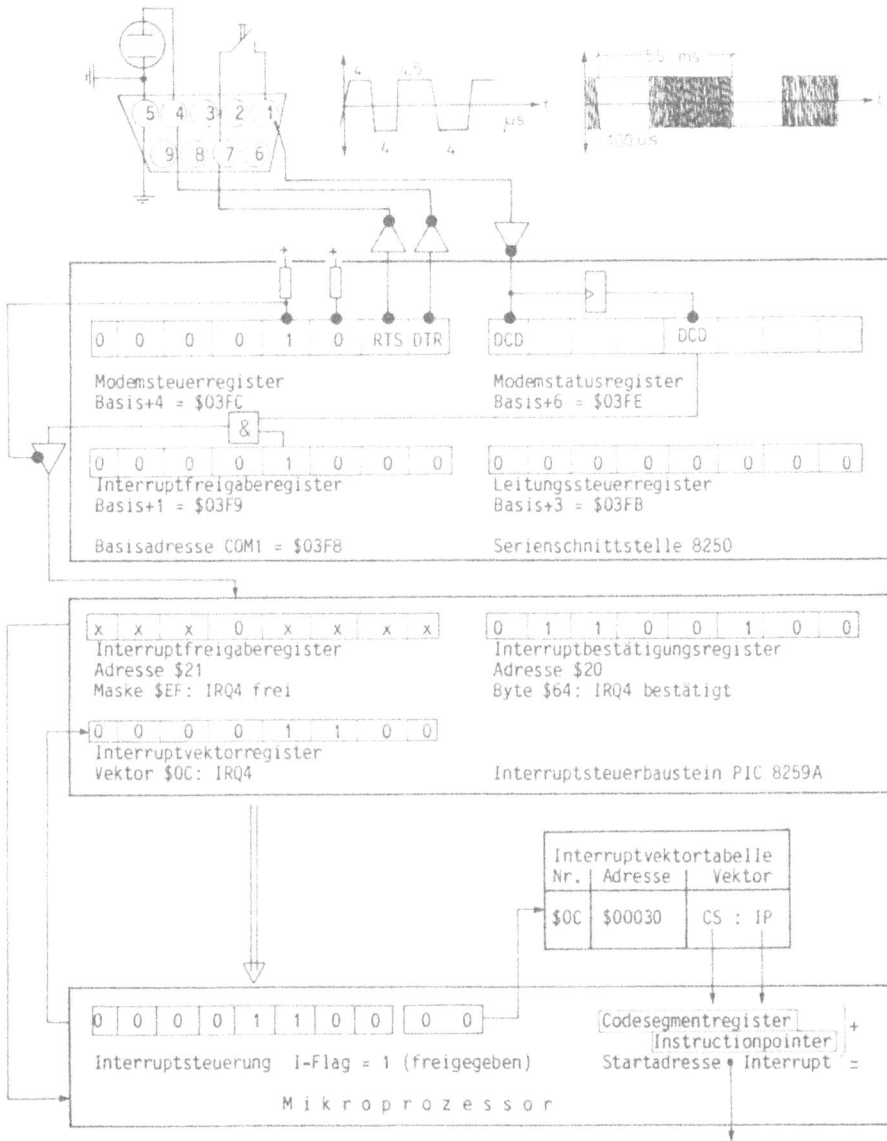

Bild 1-24: Interrupt über die serielle Schnittstelle

registers auf 1. Der Zustand der Leitung wird in Bitposition B7 angezeigt.
Ist die Bitposition B3 des Interruptfreigaberegisters auf 1 programmiert,
so werden alle Änderungen der Modemstatuseingänge auf den Interruptausgang INTRPT des Schnittstellenbausteins durchgeschaltet. Mit Hilfe des
Ausgangs OUT2 des Modemsteuerregisters wird der Interruptausgang auf
den Eingang IRQ4 des Interruptsteuerbausteins (PIC 8259A) weiterge-
schaltet. Ist die Bitposition B4 des Maskenregisters auf 0 programmiert,
so gelangt die Interruptanforderung an den INTR-Eingang des Prozessors.
Da die Interruptsteuerung auch vom Betriebssystem verwendet wird, kann
man als Benutzer davon ausgehen, daß der Interruptsteuerbaustein richtig programmiert ist und daß die INTR-Interrupts über das I-Bit des Flagregisters zugelassen sind. Der Interruptsteuerbaustein liefert also die
Kennzahl $0C an den Prozessor, der den Vektor Nr. $0C von der Adresse
$0000:$0030 zum Start des Interruptprogramms verwendet. Das aufgerufene Interruptprogramm muß vor dem Rücksprung durch Lesen des
Modemstatusregisters das DCD-Anzeigebit zurücksetzen und den Interrupt im Interruptsteuerbaustein bestätigen, damit weitere Interrupts ausgelöst werden können. Da ein offener Eingang an den Leitungsempfängern
der Modemstatussignale meist wie ein Low-Potential (–12 V) bewertet wird,
genügt ein Taster von dem auf +12 V gelegten RTS-Ausgang. In den Fällen,
in denen durch eine besondere Beschaltung der Leitungsempfänger ein
offener Eingang als High (+12 V) bewertet wird, muß der Ausgang RTS auf
–12 V programmiert werden, um mit der Taste eine Änderung von DCD her-
vorzurufen. *Bild 1-25* zeigt ein Testprogramm, das den Ausgang DTR dauernd umschaltet und dadurch ein Rechtecksignal zwischen +10 V und –10 V
ausgibt. Es kann durch einen DCD-Interrupt abgebrochen werden.

```
PROGRAM proglp9;  (* Bild 1-25: Interrupt durch DCD-Signal      *)
USES Dos;
CONST   com = $03F8;    (* Hier: COM1 für COM2: com = $02F8   *)
        umreg = com+3;  (* B7 = Registerumschaltung            *)
        ifrei = com+1;  (* B7 = 0: Interruptfreigaberegister   *)
        msteu = com+4;  (* Modemsteuerregister                 *)
        mstat = com+6;  (* Modemstatusregister                 *)
        pic1 = $0020;   (* Interrupt Controller PIC 1          *)
        pfrei = pic1+1; (* PIC Interruptfreigaberegister       *)
        pbest = pic1+0; (* PIC Interruptbestaetigungsregister  *)
        ende : BOOLEAN = FALSE;
VAR   dummy : BYTE;     (* Zum Lesen des Modemstatusregisters  *)
PROCEDURE abbruch; INTERRUPT;
BEGIN
   ende := TRUE;
   dummy := Port[mstat];             (* Flag zuruecksetzen     *)
   Port[pbest] := $64               (* PIC IRQ4 bestaetigt     *)
END;
(* Hauptprogramm Interrupt initialisieren                      *)
BEGIN
SetIntVec($0C,addr(abbruch));         (* IRQ4 COM1 umlenken    *)
dummy := Port[mstat];                 (* Flags zurücksetzen    *)
Port[umreg] := Port[umreg] AND $7F;   (* 0111 1111  B7 = 0     *)
Port[ifrei] := Port[ifrei] OR $08;    (* 0000 1000  Int. frei  *)
Port[msteu] := Port[msteu] OR $0A;    (* OUT2 = 1  RTS = 1     *)
Port[pfrei] := Port[pfrei] AND $EF;   (* 1110 1111  IRQ4 frei  *)
WriteLn('Frequenzausgabe bis Signal DCD (Taste RTS-DCD)');
```

```
REPEAT
  Port[msteu] := Port[msteu] XOR $01 (* DTR umschalten        *)
UNTIL ende;
Port[ifrei] := Port[ifrei] AND $F7; (* 1111 0111 Int. gesp. *)
Port[msteu] := Port[msteu] AND $F0; (* 1111 0000 OUT2 = 0   *)
WriteLn('Abbruch !!!')
END.
```

```
Frequenzausgabe bis Signal  DCD (Taste RTS-DCD)
Abbruch !!!
```

Bild 1-25: Interrupt durch ein DCD-Signal

Die Frequenz des Rechtecksignals läßt Rückschlüsse auf die Geschwindigkeit zu, mit der ein Programm Daten über die Schnittstellenbausteine
übertragen kann. Die Ausgabeschleife des Programmbeispiels
```
REPEAT
  Port[msteu] := Port[msteu] XOR $01
UNTIL ende;
```

lieferte auf dem Gerät des Verfassers ein Frequenz von über 100 kHz. Die
gleichen Ergebnisse wurden auch mit anderen Schleifenkonstruktionen
erzielt wie z.B. mit der bedingten Schleife
```
WHILE NOT ende DO Port[msteu] := Port[msteu] XOR $01;
```

und mit der unendlichen Schleife
```
LABEL loop;
BEGIN
loop: Port[msteu] := Port[msteu] XOR $01;
      GOTO loop;
```

Eine genaue Untersuchung der Kurvenform zeigte, daß auf zwei bis drei
Halbwellen von ca. 4 μs eine Halbwelle von ca. 4.5 μs folgte, die zeitlich mit
einem Refresh-Signal zusammenfiel. Daher ist zu vermuten, daß das untersuchte Gerät zu diesem Zeitpunkt Wartetakte einschiebt, in denen die
dynamischen Speicher wiederaufgefrischt werden. Eine Schleifenkontrolle
mit der vordefinierten Funktion KeyPressed lieferte dagegen eine deut-
liche Verminderung der Frequenz auf ca. 6 kHz, bei der sich die Ungleich-
mäßigkeiten der Kurvenform nicht mehr bemerkbar machten. Das Ausgabe-
signal wurde bei dem untersuchten Gerät im Abstand von etwa 55 ms für
ca. 100 μs unterbrochen. In dieser Zeit blieb der Ausgang konstant auf
−10 V bzw. +10 V. Dies ist wahrscheinlich auf den Timerinterrupt für die
Systemsteuerung zurückzuführen.

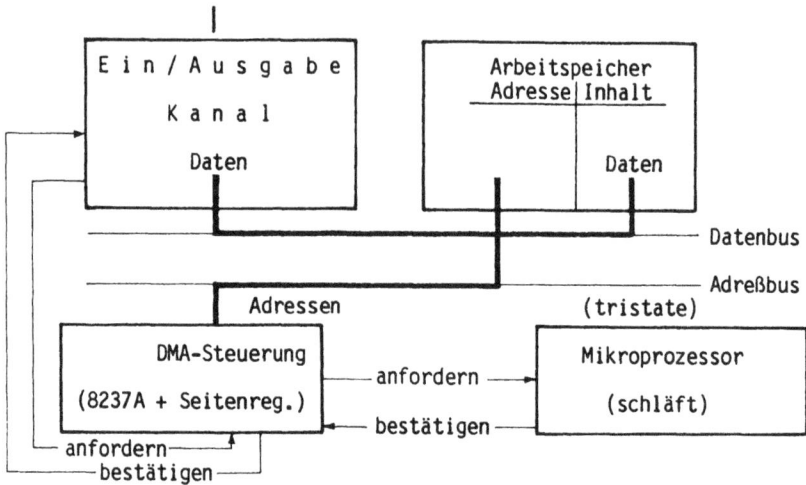

Bild 1-26: Prinzip einer DMA-Steuerung

Für eine schnelle Datenübertragung z.B. zwischen einem Diskettenlauf-
werk und dem Arbeitsspeicher verwendet man meist die in *Bild 1-26* dargestellte DMA-Steuerung. DMA bedeutet Direct Memory Access gleich direkter
Speicherzugriff. Dabei überträgt man, ohne daß ein Programm erforderlich
wäre, Daten direkt zwischen dem Gerät und dem Arbeitsspeicher. Die
Datenadressen liefert eine DMA-Steuerung; die Busanschlüsse des Mikroprozessors werden während dieser Zeit in den hochohmigen (tristate) Zustand gebracht. Für das gerade im Prozessor ablaufende Programm bedeutet dies eine kurze Unterbrechung, die sich wieder als Unregelmäßigkeit
bei der Ausgabe von Signalen bemerkbar machen kann. Die meisten PC-
Schaltungen wickeln das Wiederauffrischen dynamischer Speicher über
DMA-Zugriffe ab. Die DMA-Steuerung wird nicht durch vordefinierte Pascalprozeduren unterstützt.

Zusammenfassend muß festgestellt werden, daß die Systemsteuerung des
PC durch Interrupts (Timer) und DMA (Refresh) ein Programm kurzzeitig
unterbrechen kann. Dieses Verhalten kann daher in technischen Anwendungen zu Schwierigkeiten führen, wenn eine schnelle und kontinuierliche
(zeitlich konstante) Datenübertragung über Schnittstellen realisiert werden soll.

1.7   Der externe Systembus

Ein Teil der Adreß-, Daten- und Steuersignale des Prozessors steht über besondere Treiberschaltungen an den Erweiterungssteckern (Slots) zur Verfügung. Sie dienen zum Anschluß von zusätzlichen Peripherie- und Speicherkarten, die in großer Zahl von verschiedenen Herstellern angeboten werden. Die Stiftbelegung des Systembus entsprechend dem Modell PC/XT (Prozessor 8088) mit einem 8-bit-Datenbus und 1 MByte Speicher befindet sich im Anhang. Bei den AT-Modellen (Prozessoren 80286 und 80386) gibt es neben den immer vorhandenen PC/XT-Steckern zusätzliche AT-Steckplätze mit weiteren Adreß-, Daten- und Steuersignalen.

Die Signale D0 bis D7 bilden den 8-bit-Datenbus, die Signale A0 bis A19 den 20-bit-Adreßbus. Die Signale MEMW, MEMR, IOW und IOR unterscheiden zwischen Lesezugriffen (R) und Schreibzugriffen (W) auf den Arbeitsspeicher (MEM) bzw. auf die Peripherie (IO). Die Signale T/C, ALE, IOCHK, AEN und IOReady steuern die Buszugriffe. Mit den Signalen IRQ2 bis IRQ7 können Peripheriekarten Interrupts auslösen. Mit den Signalen DRQ1 bis DRQ3 lassen sich DMA-Zugriffe ausführen, die mit den Signalen DACK0 (Refresh) und DACK1 bis DACK3 bestätigt werden. Die Oszillatorfrequenz (Osc) beträgt meist 14.31818 MHz, der Bustakt (CLK) meist 4.77 MHz, zuweilen auch 6 bzw. 8 MHz. Für die Stromversorgung der Zusatzkarten stehen +5 V, –5 V, +12 V und –12 V am Busstecker zur Verfügung.

Kapitel 7 behandelt die elektrischen Eigenschaften des externen Systembus sowie die Entwicklung eigener Peripheriekarten für technische Anwendungen.

2. Einführung in die Maschinensprache

Die anwendungsorientierte Programmiersprache Pascal ist unabhängig von einem bestimmten Rechner oder Betriebssystem oder gar Mikroprozessor. Die vordefinierten Funktionen und Prozeduren des Turbo Pascal schaffen die Verbindung zum Betriebssystem und zur Hardware des Rechners. Mit ihrer Hilfe lassen sich (fast) alle Aufgaben lösen, die früher nur mit Maschinenorientierter Programmierung zu bewältigen waren. Dieses Kapitel gibt zunächst einen Einblick in die Arbeitsweise des Rechners auf der Maschinenebene und beschäftigt sich dann schwerpunktmäßig mit der Verbindung von Pascal- und Maschinenprogrammen, die besonders bei technischen Aufgabenstellungen gelegentlich erforderlich werden kann. Für die Maschinenorientierte Programmierung selbst steht genügend, auch einführende, Literatur zur Verfügung.

Durch die Weiterentwicklung der Prozessoren, des Betriebssystems sowie des Turbo Pascal Compilers sind für die praktische Anwendung die Handbücher der Hersteller maßgeblich, die durch eigene Untersuchungen zu ergänzen sind; denn es stimmt nicht immer alles, was schwarz auf weiß geschrieben steht.

Maschinenbefehle liegen wie Daten binär codiert im Arbeitsspeicher. Sie gelangen bei ihrer Ausführung über den Datenbus in das Steuerwerk des Prozessors. In der Steinzeit der Datenverarbeitung wurden die Programme tatsächlich in dieser binären Grundform vom Programmierer in den Rechner eingegeben. Bequemer wäre natürlich eine hexadezimale Eingabe, bei der vier Bits zu einem Zeichen zusammengefaßt werden. Der Befehl *"Lade das AL-Register mit dem konstanten Zahlenwert 0"* besteht in dieser Schreibweise aus zwei Bytes. Auf den Code $B0 folgt die zu ladende Konstante $00. Die binäre interne Darstellung dieses Befehls lautet 1011 0000 0000 0000. Die Programmierung läßt sich durch die Einführung einer symbolischen Programmiersprache, der Assemblersprache, vereinfachen. Sie verwendet anstelle von Bitmustern und Zahlen symbolische Bezeichnungen für Befehle und Prozessorregister. In dieser Schreibweise lautet der als Beispiel gewählte Befehl MOV AL,00H. Die Übersetzung in die interne binäre Codierung übernimmt ein Programm, das wie die Sprache *Assembler* (Montierer) genannt wird. Die Maschinenorientierte Programmierung verlangt vom Programmierer, daß er den Befehls- und Registersatz des Rechners (Mikroprozessors) genau kennt. Die Assemblerprogramme sind auf einen bestimmten Rechner- und Prozessortyp zugeschnitten. Durch Verwendung von problemorientierten Hochsprachen (Fortran, BASIC, Pascal) werden die Programme rechner- und prozessorunabhängig. Es ist nun die Aufgabe eines Übersetzers (z.B. Pascalcompilers), aus dem Hochsprachenprogramm die binären Maschinenbefehle zu erzeugen. Das folgende einführende Beispiel zeigt eine Anweisung zur Ausgabe von binären Nullen auf dem Modemsteuerregister der seriellen Schnittstelle. Pascalanweisung zur Peripherieausgabe:
Port[$03FC] := $00;

Binärer Maschinencode des Pascalcompilers:
```
1011 0000  0000 0000
1011 1010  1111 1100  0000 0011
1110 1110
```

Hexadezimale Zusammenfassung des binären Codes:
```
B0 00
BA FC 03
EE
```

Rückübersetzung in die Assemblersprache:
```
MOV  AL,00H
MOV  DX,03FCH
OUT  DX,AL
```

Der Pascalcompiler erzeugt zunächst einen Befehl MOV, der die auszugebende Konstante $00 = 00H in das AL-Register lädt. Der nächste Befehl MOV lädt das DX-Register mit der Adresse des Ausgabeports $03FC = 03FCH. Der dritte Befehl OUT gibt den Inhalt des AL-Registers auf dem Port aus, dessen Adresse im DX-Register steht. In Pascal werden Hexadezimalzahlen durch ein vorangestelltes Zeichen $ gekennzeichnet, in der Assemblersprache durch ein nachfolgendes H bzw. h.

2.1 Pascal- und Assemblerprogramme

Dieser Abschnitt zeigt in mehreren Programmbeispielen die Aufgabe, eine Rechteckkurve möglichst hoher Frequenz auf dem Ausgang DTR der seriellen Schnittstelle COM1 auszugeben. *Bild 1-24* enthält die Schaltung. Die Unregelmäßigkeiten der Kurvenform durch DMA-Zyklen (Refresh) und Timerinterrupts wurden bereits im Abschnitt 1.6 mit einem Testprogramm (Bild 1-25) untersucht. Die angegebenen "idealisierten" Frequenzen wurden mit einem 80386-AT (Takt 20 MHz) gemessen und stellen nur Richtwerte dar, die bei anderen Rechnern sicherlich stark abweichen werden.

```
PROGRAM prog2p1; (* Bild 2-1: Rechteckausgabe DTR von COM1 *)
USES Dos;
LABEL loop1,loop2;      (* Sprungziele im Pascalprogramm ! *)
(* Abbruch der Schleife durch Interrupt  mit "Druck"-Taste *)
PROCEDURE stopp; INTERRUPT;
BEGIN   halt END;
BEGIN                   (* Hauptprogramm
SetIntVec($05,Addr(stopp));
loop1: Port[$03fc] := $00;
       GOTO loop2;
loop2: Port[$03fc] := $01;
       GOTO loop1
END.
```

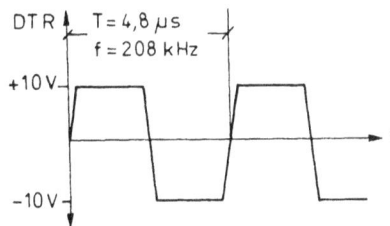

```
C:\TURBOP\PROG1>debug prog2p1.exe
-r
AX=0000  BX=0000  CX=03A0  DX=0000  SP=4000  BP=0000  SI=0000  DI=0000
DS=5585  ES=5585  SS=5610  CS=5595  IP=0023   NV UP EI PL NZ NA PO NC
5595:0023 9A00009E55    CALL    559E:0000
```

```
-u 3b 49
5595:003B B000         MOV     AL,00      lade AL mit Bitmuster 0000 0000 = $00
5595:003D BAFC03       MOV     DX,03FC    lade DX mit Portadresse $03FC (COM1)
5595:0040 EE           OUT     DX,AL      gib AL auf Port aus (DX enthält Adresse)
5595:0041 EB00         JMP     0043       springe immer zum Befehl Adresse $0043
5595:0043 B001         MOV     AL,01      lade AL mit Bitmuster 0000 0001 = $01
5595:0045 BAFC03       MOV     DX,03FC    lade DX mit Portadresse $03FC (COM1)
5595:0048 EE           OUT     DX,AL      gib AL auf Port aus (DX enthält Adresse)
5595:0049 EBF0         JMP     003B       springe immer zum Befehl Adresse $003B
-q
```

Bild 2-1: Pascalprogramm mit Rückübersetzung

Das in *Bild 2-1* dargestellte Pascalprogramm lieferte von allen untersuchten reinen Pascalprogrammen mit 208 kHz die höchste Frequenz. Durch den unbedingten Sprung GOTO entfällt gegenüber der in Bild 1-25 gezeigten Lösung mit der Schleife REPEAT   UNTIL die zeitaufwendige Schleifenkontrolle. Der eigentlich überflüssige Sprung GOTO loop2 dient dazu, beide Halbwellen gleich lang zu machen (Tastverhältnis 1:1). Das Programm wurde mit dem Turbo Pascal System in ein ladbares binäres Maschinenprogramm übersetzt und mit dem Zusatz .EXE in das zugeordnete Verzeichnis aufgenommen. Der vom Compiler erzeugte Maschinencode, der in der EXE-Datei abgespeichert ist, kann mit dem Testhilfesystem DEBUG (Entwanzer oder Kammerjäger) untersucht werden. Der Aufruf von DEBUG erfolgt aus dem Betriebssystem mit dem Kommando

```
>DEBUG    name.EXE
```

Steht hinter DEBUG der Name einer Datei (z.B. prog2p1.exe), so wird diese in den Arbeitsspeicher geladen und steht zur Untersuchung durch die DEBUG-Kommandos zur Verfügung. Die Handbücher zum Betriebssystem DOS enthalten eine Beschreibung von DEBUG.

Das Kommando r gibt den Inhalt der Prozessorregister aus. Die Segmentregister CS und DS enthalten die Segmentadresse für den Code und den Datenbereich. Der Befehlszähler IP enthält die Startadresse. Das Register CX enthält die Anzahl der geladenen Bytes. Alle Zahlenangaben im Testhilfesystem DEBUG sind Hexadezimalzahlen ohne $ bzw. H.

Das Kommando u b e r e i c h kann zur Rückübersetzung von binärem Code in die Assemblerschreibweise verwendet werden (Disassembler). Das Bild 2-1 zeigt die Rückübersetzung der Ausgabeschleife; die Kommentare wurden nachträglich eingefügt. Der Maschinenbefehl JMP entspricht der Pascalanweisung GOTO. Er führt einen unbedingten Sprung zum adressierten Befehl aus.

Mit dem Kommando q kehrt man zurück in das Betriebssystem. Eine Analyse des erzeugten Codes zeigt, daß der Befehl MOV DX,03FC, der sogar zweimal vorkommt, aus der Schleife herausgenommen werden könnte, da das Register DX in der Schleife nicht verändert wird. Dies kann nur in einem Assemblerprogramm geschehen, in dem der Programmierer direkt mit dem Register- und Befehlssatz des Prozessors arbeitet.

```
C:\>debug
-r
AX=0000  BX=0000  CX=0000  DX=0000  SP=FFEE  BP=0000  SI=0000  DI=0000
DS=556D  ES=556D  SS=556D  CS=556D  IP=0100    NV UP EI PL NZ NA PO NC
556D:0100 BAFC03        MOV     DX,03FC
-a
556D:0100 mov   dx,03fc
556D:0103 mov   al,00
556D:0105 out   dx,al
556D:0106 jmp   0108
556D:0108 mov   al,01
556D:010A out   dx,al
556D:010B jmp   0103
556D:010D
-u 0100 010b
556D:0100 BAFC03         MOV     DX,03FC  lade DX mit Portadresse $03FC (COM1)
556D:0103 B000           MOV     AL,00    lade AL mit Bitmuster 0000 0000 = $00
556D:0105 EE             OUT     DX,AL    gib AL auf Port aus (DX enthält Adresse)
556D:0106 EB00           JMP     0108     springe immer zum Befehl Adresse $0108
556D:0108 B001           MOV     AL,01    lade AL mit Bitmuster 0000 0001 = $01
556D:010A EE             OUT     DX,AL    gib AL auf Port aus (DX enthält Adresse)
556D:010B EBF6           JMP     0103     springe immer zum Befehl Adresse $0103
-q

C:\>
```

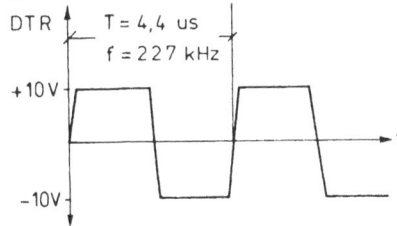

Bild 2-2: Eingabe eines Assemblerprogramms mit DEBUG

Mit dem Kommando a kann das Testhilfesystem DEBUG dazu verwendet werden, Assemblerbefehle symbolisch einzugeben und in den Maschinencode übersetzen zu lassen. Der Aufruf von DEBUG erfolgt dabei ohne einen Dateinamen. Der DEBUG-Assembler enthält Einschränkungen gegenüber den Mehrpass-Assemblern wie z.B. Turbo Assembler oder MASM. In dem in *Bild 2-2* dargestellten Programmbeispiel wurde der Befehl MOV   DX,03FC aus der Schleife herausgenommen. Dadurch erhöhte sich die Ausgabefrequenz auf 227 kHz. Weitere Untersuchungen zeigten, daß die Schleife

```
LOOP:   OUT   DX,AL
        XOR   AL,01H
        JMP   LOOP
```

eine noch höhere Frequenz von 250 kHz liefert. Dabei wird das letzte Bit von AL durch die exklusive ODER von 0 auf 1 bzw. von 1 auf 0 laufend umgeschaltet. Das in *Bild 2-3* dargestellte reine Assemblerprogramm bereitet einen Interrupt mit der Druck-Taste vor und benutzt die schnelle Ausgabeschleife. Es wurde mit dem Turbo Assembler des Herstellers Borland übersetzt, der auch Turbo Pascal und Turbo C liefert.

Bei der Arbeit mit einem Mehrpass-Assembler (nicht DEBUG!) wird wie in Pascal zunächst das symbolische Programm vollständig eingegeben. Da die Assembler in der Regel keinen integrierten Editor zur Verfügung stellen, kann die Eingabe z.B. mit dem Editor des Turbo Pascal erfolgen. Das symbolische Assemblerprogramm erhält einen Namen mit dem Zusatz .ASM. Ruft man den Assembler (Übersetzer) aus dem Betriebssystem z.B. mit

```
>TASM  name,,,;
```

Turbo Assembler   Version 1.01   27/04/90 15:01:42   Page 1
PROG2P2.ASM

```
                    ┌─────────────────┐
   1                │ Ergebnis:       │    ; Bild 2-3: Assemblerprogramm Rechteck
   2  0000          │ T = 4.0 µs      │             .MODEL   SMALL  ; Code- und Datenseg
   3  0000          │ f = 250 kHz     │             .STACK   100h   ; 256 Bytes Stapel
   4  0000          └─────────────────┘             .CODE           ; Befehlsbereich
   5                                        ; Vektor "Druck"-Taste retten und umlenken
   6  0000  B4 35                           start: mov    ah,35h     ; Vektor lesen
   7  0002  B0 05                                  mov    al,05h     ; "Druck"-Taste
   8  0004  CD 21                                  int    21h        ; DOS-Aufruf: ES:BX
   9  0006  8C C8                                  mov    ax,cs      ; Codesegmentreg.
  10  0008  8E D8            !                     mov    ds,ax      ; DS = Segmentadr.
  11  000A  BA 001Dr  ◄──                          mov    dx,OFFSET druck ; dx = Offset
  12  000D  B4 25                                  mov    ah,25h     ; Vektor schreiben
  13  000F  B0 05                                  mov    al,05h     ; "Druck"-Taste
  14  0011  CD 21                                  int    21h        ; DOS-Aufruf: DS:DX
  15                !                     ; Rechteck ausgeben Abbruch mit "Druck"
  16  0013  BA 03FC  ◄──                           mov    dx,03fch   ; DX = Portadresse
  17  0016  B0 00                                  mov    al,00h     ; AL :  DTR = Low
  18  0018  EE                             aus:    out    dx,al      ; auf Port ausgeben
  19  0019  34 01                                  xor    al,01h     ; DTR umschalten
  20  001B  EB FB                                  jmp    aus        ; Schleife
  21                                        ; Interrupt durch "Druck"-Taste
  22  001D  8C C0                           druck: mov    ax,es      ; Vektor zurueck
  23  001F  8E D8                                  mov    ds,ax      ; DS = Segmentadr.
  24  0021  8B D3                                  mov    dx,bx      ; DX = Offsetadr.
  25  0023  B4 25                                  mov    ah,25h     ; Vektor schreiben
  26  0025  B0 05                                  mov    al,05h     ; "Druck"-Taste
  27  0027  CD 21                                  int    21h        ; DOS-Aufruf: DS:DX
  28  0029  58                                     pop    ax         ; IP vom Stapel
  29  002A  58                                     pop    ax         ; CS vom Stapel
  30  002B  9D                                     popf              ; Flags vom Stapel
  31  002C  B4 4C                                  mov    ah,4ch     ; DOS-Ruecksprung
  32  002E  B0 00                                  mov    al,00h     ; Endecode: normal
  33  0030  CD 21                                  int    21h        ; DOS-Ruecksprung
  34                                               end    start      ; Ende der Zeilen
```

Bild 2-3: Übersetzungsliste des Turbo Assemblers

auf, so erzeugt dieser neben dem Maschinencode eine Übersetzungsliste,
die mit dem DOS-Kommando TYPE name.LST auf dem Bildschirm ausgegeben werden kann. Ein Bindeprogramm, das z.B. mit
>TLINK   name

aufgerufen wird, erzeugt ein Maschinenprogramm name.EXE, das mit Hilfe
des Betriebssystems geladen und ausgeführt werden kann. In der integrierten Entwicklungsumgebung des Turbo Pascal sind Editor, Übersetzer
(Compiler), Binder, Lader und Testhilfe in einem Programmpaket zusammengefaßt.

Ein Vergleich des Pascalprogramms Bild 2-1 mit dem Assemblerprogramm
Bild 2-3 zeigt, daß der Assembler die Eingabe von optimierten Programmen
ermöglicht, die schnell ausgeführt werden; jedoch ist die Programmierung
in der Assemblersprache umständlicher und zeitaufwendiger als in Pascal.
Durch die INLINE-Anweisung des Turbo Pascal ist es möglich, in einem
Pascalprogramm Maschinenbefehle zu verwenden, die jedoch bereits hexadezimal übersetzt vorliegen müssen.

```
INLINE (element/element/......);
```

Auf das Kennwort INLINE folgt in Klammern eine Liste der in das Pascalprogramm einzufügenden Maschinencodes, die durch einen Schrägstrich
/ zu trennen sind. Ein Element kleiner als 256 wird als Byte abgelegt.
Sonst werden Wörter in der Reihenfolge Low-Byte und High-Byte abgelegt.
Der Operator > erzeugt immer ein Wort, gegebenenfalls mit führenden Nullen. Der Operator < erzeugt immer ein Byte, gegebenenfalls durch Ab-
schneiden von führenden Stellen. Es sind dezimale und hexadezimale Konstanten sowie Bezeichner von Konstanten und Variablen des Pascalprogramms zulässig. Bei globalen Variablen wird die Adresse (16-bit-Offset)
im Datensegment eingetragen, nicht der Inhalt (Wert). Beispiele:

```
$12/      (* Hexadezimales Byte                       *)
>$12/     (* Ausgedehntes Wort $0012 gibt $12 $00 *)
$1234/    (* Hexadezimales Wort gibt $34 $12         *)
<$1234/   (* Hexadezimales Byte verkürzt $34         *)
aus/      (* Wortkonstante z.B. CONST aus = $03FC *)
wert/     (* Wort Offset z.B. VAR wert : INTEGER  *)
```

```
PROGRAM prog2p3;  (* Bild 2-4: Assemblercode mit INLINE    *)
USES Dos;
CONST   aus = $03fc; (* hier: COM1 für COM2: aus = $02F8 *)
(* Abbruch der Schleife durch Interrupt mit "Druck"-Taste *)
PROCEDURE stopp; INTERRUPT;
BEGIN   halt END;
BEGIN   (* Hauptprogramm initialiert Interruptvektor       *)
SetIntVec($05,Addr(stopp));
INLINE (
        $BA/aus/      (* mov  dx,03fch     *)
        $B0/$00/      (* mov  al,00h       *)
        $EE/          (* out  dx,al        *)
        $34/$01/      (* xor  al,01h       *)
        $EB/$FB       (* jmp  rel -5       *)
        );
END.
```

```
Ergebnis:
T = 4.0 µs
f = 250 kHz
```

```
C:\TURBOP\PROG1>debug prog2p3.exe
-r
AX=0000  BX=0000  CX=0390  DX=0000  SP=4000  BP=0000  SI=0000  DI=0000
DS=5589  ES=5589  SS=5613  CS=5599  IP=0023   NV UP EI PL NZ NA PO NC
5599:0023 9A0000A155    CALL     55A1:0000
-u 3b 43
5599:003B BAFC03        MOV      DX,03FC
5599:003E B000          MOV      AL,00
5599:0040 EE            OUT      DX,AL  ◄─────┐
5599:0041 3401          XOR      AL,01        │
5599:0043 EBFB          JMP      0040  ───────┘
-q
```

Bild 2-4: Pascalprogramm mit INLINE-Assemblercode

Das in *Bild 2-4* dargestellte Pascalprogramm enthält den Code der schnellen Ausgabeschleife aus dem Assemblerprogramm Bild 2-3. Die Rückübersetzung der Schleife mit DEBUG zeigt, daß der Pascalcompiler die hexadezimalen Befehle richtig eingesetzt hat.

Bei der Übernahme der Maschinenbefehle aus den Übersetzungslisten der
Testhilfe DEBUG bzw. der Mehrpass-Assembler ist äußerste Vorsicht gebo-
ten. So wird z.B. der Befehl MOV   DX,03FCH in der Übersetzungsliste Bild
2-3 als BA   03FC dargestellt; die Wortkonstante wird aber im Speicher mit
dem Low-Byte zuerst abgelegt. Erst eine Kontrolle des Speichers mit
DEBUG zeigt die richtige Reihenfolge BA FC 03. Weitere Probleme ergeben
sich an den durch r, s oder e gekennzeichneten Stellen, an denen sich
noch Adreßwerte ändern können, sowie bei Unterprogrammen mit lokalen
Variablen, die im Stapel angelegt werden.

Eine Folge von Maschinencodes, die mehrmals in einem Pascalprogramm benötigt wird, kann mit einer INLINE-Deklaration definiert werden.

```
PROCEDURE name; INLINE
(element/element/ . . .);
```

Hinter dem Kennwort PROCEDURE steht der Name (Bezeichner) gefolgt von
dem Kennwort INLINE und einer Liste der Maschinencodes. An den Stellen,
an denen der Name im Programm erscheint, baut der Pascalcompiler die
definierten Maschinenbefehle ein. Das in *Bild 2-5* dargestellte Programmbeispiel zeigt die Definition des Codes für die schnelle Ausgabeschleife
unter dem Bezeichner rechteck. Die Rückübersetzung mit DEBUG zeigt,
daß der Pascalcompiler die Codefolge an der Stelle des Aufrufs mit
rechteck eingefügt hat.

```
PROGRAM prog2p4; (* Bild 2-5: INLINE-Prozedur  Assemblercode *)
USES Dos;
CONST aus = $03fc; (* hier: COM1 für COM2.: aus = $02fc      *)
(* Abbruch der Schleife durch Interrupt mit "Druck"-Taste   *)
PROCEDURE stopp; INTERRUPT;
BEGIN   halt   END;
(* INLINE-Prozedur enthält hexadezimalen Assemblercode      *)
PROCEDURE rechteck; INLINE
($BA/aus/       (* mov  dx,03fch  *)
$B0/$00/        (* mov  al,00h    *)      ┌────────────────┐
$EE/            (* out  dx,al     *)      │ Ergebnis:      │
$34/$01/        (* xor  al,01h    *)      │ T = 4.0 μs     │
$EB/$FB         (* jmp  rel -5    *)      │ f = 250 kHz    │
);                                        └────────────────┘
BEGIN (* Hauptprogramm initialisiert Interrupt "Druck"-Taste *)
SetIntVec($05,Addr(stopp));
rechteck;  (* Prozedur zur Rechteckausgabe auf DCD von COM1 *)
END.
```

```
C:\TURBOP\PROG1>debug prog2p4.exe
-r
AX=0000  BX=0000  CX=0390  DX=0000  SP=4000  BP=0000  SI=0000  DI=0000
DS=5592  ES=5592  SS=561C  CS=55A2  IP=0023   NV UP EI PL NZ NA PO NC
55A2:0023 9A0000AA55     CALL     55AA:0000
-u 3b 43
55A2:003B BAFC03         MOV      DX,03FC
55A2:003E B000           MOV      AL,00
55A2:0040 EE             OUT      DX,AL
55A2:0041 3401           XOR      AL,01
55A2:0043 EBFB           JMP      0040
-q
```

Bild 2-5: Pascalprogramm mit INLINE-Deklaration

Die INLINE-Deklaration entspricht der Makro-Deklaration der Assembler-sprache, bei der ebenfalls vordefinierte Befehlsfolgen in das Assembler-programm eingebaut werden können. Die INLINE-Deklaration ist trotz des Kennwortes PROCEDURE **kein** Unterprogramm, das nur einmal im Arbeits-speicher steht und mehrmals aufgerufen wird. Dies erkennt der Compiler an dem fehlenden BEGIN . . . END;. Das gleiche gilt auch für INLINE-Deklarationen mit den Kennwörtern PROCEDURE und FUNCTION, die wie in der Unterprogrammtechnik Parameter enthalten. Fehlen die Kennwörter BEGIN ... END;, so werden keine Unterprogramme aufgerufen, sondern es wird der vereinbarte Code in das Programm eingebaut!

2.2   Der Register- und Befehlssatz

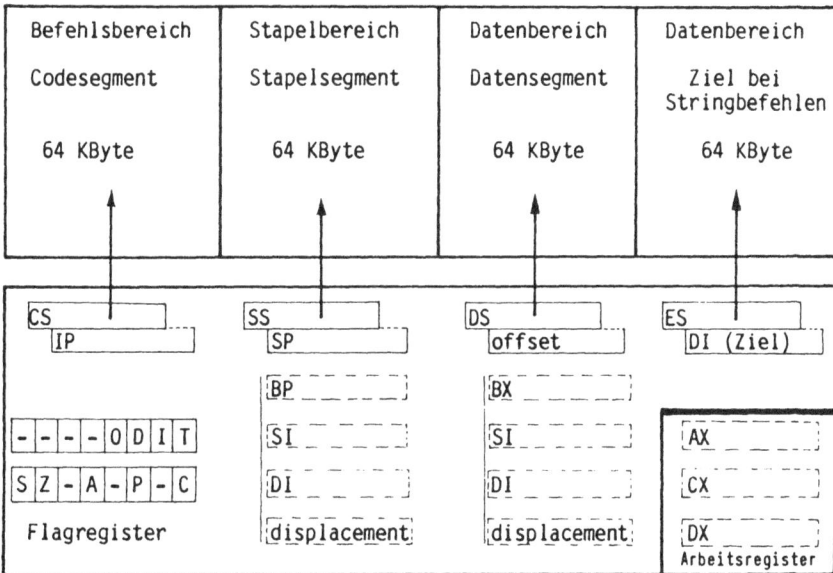

Bild 2-6: Die Speicheradressierung

Das in *Bild 2-6* dargestellte Modell zeigt den Registersatz, den Turbo Pascal standardmäßig ohne Rücksicht auf den tatsächlich zur Verfügung stehenden Prozessor zur Adressierung des Arbeitsspeichers verwendet und der auch in den folgenden Betrachtungen benutzt werden soll. Im Abschnitt 1.4 Bild 1-9 wurde gezeigt, wie die 20 bit lange Physikalische Speicheradresse aus einer 16-bit-Segmentadresse und einem 16-bit-Offset (Abstand) zusammengesetzt wird. Das Codesegmentregister CS adressiert zusammen mit dem Befehlszähler IP den Befehlsbereich. Das Datensegmentregister DS adressiert zusammen mit einer Datenadresse (Offset) bzw. mit Adreßregistern den Datenbereich. Das Stapelsegmentregister SS adressiert zusammen mit dem Stapelzeiger SP bzw. mit dem Basiszeiger BP den Stapelbereich, der eine besondere Rolle in der Interrupt- und Unterprogrammtechnik spielt. Das Extradatensegmentregister ES wird nur im Zusammenhang mit Stringbefehlen verwendet. Diese vorgegebene Zuordnung der Segmentregister kann durch einen Segmentvorsatz vor einer Datenadresse aufgehoben werden. Neben den vier Segmentregistern unterscheidet man unabhängig von ihrer Verwendung die acht Wortregister SP, BP, DI, SI, AX, BX, CX und DX und die acht Byteregister AH, AL, BH, BL, CH, CL, DH und DL. AH ist das höherwertige Byte von AX; AL ist das niederwertige Byte von AX. Diese symbolischen Registerbezeichnungen sind fest in der Assemblersprache vereinbart und dürfen nicht zur Bezeichnung von Datenspeicherstellen und Sprungzielen verwendet werden.

name	DB	byte	**Datenvereinbarungen** legt Bytekonstanten ab bzw. reserviert Bytes
name	DW	wort	legt Wortkonstanten ab bzw. reserviert Wörter
name	DD	doppelw.	legt Doppelwortkonstanten ab bzw. reserviert
name	EQU	wert	**Assembleranweisungen** legt unter einem Namen eine Konstante ab
name	EXTRN		kennzeichnet eine extern definierte Adresse
	FAR		Adresse wird gebildet aus segment : offset
	NEAR		Segmentadresse bleibt, Adresse ist offset
	OFFSET	name	liefert den Abstand (offset) einer Adresse
typ	PTR	name	legt Typ des Operanden fest
	PUBLIC	name	Name auch in anderen Moduln verfügbar
	SEG	name	liefert das Segment einer Adresse
name	PROC	typ	"Rahmen" eines Unterprogramms typ = FAR (weit) oder NEAR (nahe)
	ENDP		Endemarke des Unterprogramms
sname	SEGMENT		"Rahmen" eines Segmentes Anfang des Segmentes
	ASSUME		segmentregister : segmentname
sname	ENDS		Ende des Segmentes
	END	start	Endemarke eines Assemblerprogramms

Bild 2-7: Einige wichtige Assembleranweisungen

In der Assemblersprache unterscheidet man Assembleranweisungen, die nur die Arbeitsweise des Assemblers (Übersetzers) steuern und daher keinen Code erzeugen, und Befehle, die in ausführbaren Maschinencode übersetzt werden. Kommentare beginnen mit einem Semikolon ";". *Bild 2-7* zeigt die wichtigsten Assembleranweisungen.

Durch Datenvereinbarungen können Datenspeicherstellen wie in Pascal mit frei wählbaren symbolischen Namen (Bezeichnern) angesprochen werden. Dabei unterscheidet man die Reservierung von Speicherplatz ohne Vorbesetzung (Pascal: VAR name : typ) und mit Vorbesetzung durch Konstanten (Pascal: CONST name : typ = Wert). Beispiele:

```
daten   SEGMENT            ; Anfang Datensegment
bzahl   DB    ?            ; 1 Byte reserviert
bkons   DB    '*'          ; Zeichenkonstante vorbesetzt
wzahl   DW    10 DUP (?)   ; 10 Wörter reserviert
wkons   DW       1234H     ; Wortkonstante vorbesetzt
daten   ENDS               ; Ende Datensegment
```

Die festgelegten Bezeichner für die Maschinenbefehle sowie ihre Wirkung können den Befehlslisten der Prozessor- bzw. Assemblerhersteller entnommen werden. Der wichtigste Befehl für das Übertragen von Daten (kopieren!) ist der Befehl MOV in der allgemeinen Form

```
MOV     ziel,quelle
```

Er entspricht der einfachen Wertzuweisung des Pascal:

```
ziel := quelle
```

Die folgenden Beispiele geben einen Überblick über die Adressierungsarten der 80x86-Prozessoren. Dabei ist das AX-Register das Zielregister für Wörter (16 bit) und das AL-Register das Zielregister für Bytes (8 bit). Für alle Speicheradressen wird das Datensegmentregister DS als Segmentregister vorausgesetzt.

1. Der Quelloperand befindet sich in einem anderen Register:
```
MOV   AX,BX       ; AX := BX  kopiere Inhalt von BX nach AX
MOV   AL,AH       ; AL := AH  kopiere Inhalt von AH nach AL
```

2. Der Quelloperand ist eine unmittelbar folgende Konstante:
```
MOV   AX,1234H    ; AX := $1234 lade AX mit dem Wert $1234
MOV   AL,12H      ; AL := $12   lade AL mit dem Wert $12
```

3. Der Quelloperand befindet sich in einer Speicherstelle, deren Bezeichner (wkons bzw. bkons) als Adresse (Offset) verwendet wird:
```
MOV   AX,wkons    ; AX := wkons lade AX mit Inhalt von wkons
MOV   AX,[wkons]  ; wie MOV   AX,wkons
MOV   AL,bkons    ; AL := bkons lade AL mit Inhalt von bkons
```

4. Wie 3., jedoch soll die Adresse durch den Assembler berechnet werden
(Adreßrechnung zur Übersetzungszeit):
```
MOV   AX,[wkons+2]   ; AX := Wort hinter wkons
MOV   AL,[bkons-1]   ; AL := Byte vor bkons
```

5. Lade BX mit der Adresse (Offset) des Quelloperanden. Lade AX mit einem
Datenwort, die Adresse befindet sich in BX (indirekte Adressierung):
```
MOV   BX,OFFSET wkons  ; BX := Datenadresse (Offset)
MOV   AX,[BX]          ; AX := Daten [indirekt mit BX adressiert]
```

6. Lade BX mit der Adresse des Quelloperanden. Lade AX mit einem Datenwort, die Adresse ist die Summe aus dem Inhalt von BX und der Bytekonstanten 02H (Adreßrechnung zur Laufzeit):
```
MOV   BX,OFFSET wkons  ; BX := Datenadresse (Offset)
MOV   AX,[BX+2]        ; AX := Daten [Adresse = BX + Bytekonst.]
```

7. Lade BX mit der Wortkonstanten 0002. Lade AX mit einem Datenwort, die
Adresse ist die Summe aus dem Offset von wkons und dem Inhalt von BX
(Adreßrechnung zur Laufzeit):
```
MOV   BX,0002H         ; BX := Wortkonstante
MOV   AX,wkons[BX]     ; AX := Daten [Adresse = BX + Wortkonst.]
```

8. Lade BX mit der Adresse des Quelloperanden. Lade SI mit der Wortkonstanten 0002H. Lade AX mit einem Datenwort, die Adresse ist die Summe aus
dem Inhalt von BX und dem Inhalt von SI (Adreßrechnung zur Laufzeit):
```
MOV   BX,OFFSET wkons  ; BX := Datenadresse (Offset)
MOV   SI,0002H         ; SI := Wortkonstante
MOV   AX,[BX+SI]       ; AX := Daten [Adresse = BX + SI]
```

9. Lade BX mit der Adresse des Quelloperanden. Lade SI mit der Wortkonstanten 0001H. Lade AX mit einem Datenwort, die Adresse ist die Summe aus
dem Inhalt von BX und dem Inhalt von SI und der Bytekonstanten 01H
(Adreßrechnung zur Laufzeit):
```
MOV   BX,OFFSET wkons  ; BX := Datenadresse (Offset)
MOV   SI,0001H         ; SI := Wortkonstante
MOV   AX,[BX+SI+1]     ; AX := Daten [adresse = BX + SI + Bytekon.]
```

10. Lade BX mit der Wortkonstanten 0001H. Lade SI mit der Wortkonstanten
0001H. Lade AX mit einem Datenwort, die Adresse ist die Summe aus dem
Offset von wkons und dem Inhalt von BX und dem Inhalt von SI (Adreßrechnung zur Laufzeit):
```
MOV   BX,0001H         ; BX := Wortkonstante
MOV   SI,0001H         ; SI := Wortkonstante
MOV   AX,wkons[BX+SI]  ; AX := Daten [adresse = BX + SI + Wortkon.]
```

Die gleichen Adressierungsarten gelten für eine Datenspeicherstelle als
Ziel. In den Fällen, in denen die Operandenlänge nicht durch eine Regi-
sterangabe festgelegt ist, müssen die Operatoren BYTE PTR für Byteope-
rationen und WORD PTR für Wortoperationen verwendet werden. Das folgende Beispiel lädt eine Wortkonstante in eine Speicherstelle, deren
Adresse in BX steht:
```
MOV   BX,OFFSET wzahl    ; BX := Datenadresse (Offset)
MOV   WORD PTR [BX],1234H ; lade Datenwort mit Wortkonstanten
```

Befehl	Operanden	Wirkung
MOV	breg_z,breg_q	lade Byteregister _z mit Byteregister _q
MOV	wreg_z,wreg_q	lade Wortregister _z mit Wortregister _q
MOV	breg_z,konst	lade Byteregister _z mit einer Bytekonstanten
MOV	wreg_z,konst	lade Wortregister _z mit einer Wortkonstanten
MOV	wreg_z,sreg_q	lade Wortregister _z mit einem Segmentregister
MOV	sreg_z,wreg_q	lade Segmentregister _z (außer CS)
LES	wreg_z,dwort	lade Segmentregister ES mit Segment
		lade Wortregister _z mit Offset
LDS	wreg_z,dwort	lade Segmentregister DS mit Segment
		lade Wortregister _z mit Offset
NOP		No OPeration (tu nix)
OUT	DX,AL	DX enthält Portadresse, AL auf Port ausgeben
IN	AL,DX	AL mit Port laden, DX enthält Portadresse

Bild 2-8: Befehle zur Datenübertragung

Bild 2-8 zeigt einige häufig verwendete Befehle zur Datenübertragung. Bei einem Peripheriezugriff mit IN bzw. OUT steht die Portadresse im Wortregister DX und wird nicht mehr mit einem Segmentregister verändert. Bei allen Speicherzugriffen mit den Adreßregistern BX, SI und DI allein bzw. mit Kombinationen aus dem Basisregister BX und den Indexregistern SI und DI wird das Datensegmentregister DS verwendet. Bei allen Speicherzugriffen mit dem Basiszeiger BP bzw. mit Kombinationen aus dem Basiszeiger BP und den Indexregistern SI und DI wird das Stapelsegmentregister SS als Segmentregister verwendet. Die Stapeladressierung wird im Zusammenhang mit der Unterprogrammtechnik erklärt. Mit Hilfe von Segmentvorsätzen (CS:, DS:, ES: bzw. SS:) kann die automatische Zuordnung der Segmentregister (Bild 2-6) geändert werden. Das folgende Beispiel greift über BX als Adreßregister auf ein Datenwort im Stapel zu.

```
MOV   BX,SP      ; BX := Stapelzeiger
MOV   AX,SS:[BX] ; AX := Datenwort aus Stapel
```

Die Adressierung der Befehle *(Bild 2-9)* erfolgt ausschließlich über das Codesegmentregister CS und den Befehlszähler IP. Bei Sprungbefehlen JMP und Befehlen zum Aufruf von Unterprogrammen CALL unterscheidet man den weiten Sprung (FAR), bei dem das Codesegmentregister und der Befehlszähler neu geladen werden, und den nahen Sprung (NEAR), bei dem das Codesegmentregister unverändert bleibt und nur der Befehlszähler geändert wird. Bei Sprüngen und Unterprogrammaufrufen innerhalb des Segmentes (NEAR) wird vom Assembler nicht die Adresse des Sprungziels, sondern der Abstand (Displacement) zum Sprungziel in den Befehl eingetragen. Ein positiver Abstand erhöht den Befehlszähler und ergibt einen Vorwärtssprung, ein negativer Abstand vermindert den Befehlszähler und ergibt einen Rückwärtssprung (Schleife). Bei einem kurzen relativen Sprung (Code EBH) steht der Abstand als vorzeichenbehaftete Dualzahl im folgenden Byte. Die Sprungweite beträgt +127 bzw. -128 Bytes. Bei einem langen relativen Sprung (Code E9H) beträgt die Sprungweite +32 767 bzw. -32 768 Bytes, da der Abstand in einem Wort untergebracht wird. *Bild 2-10* zeigt ein Programmbeispiel.

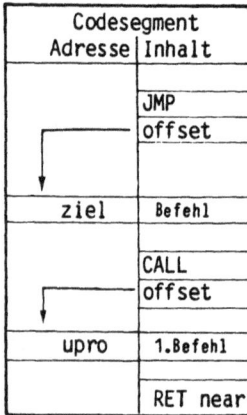

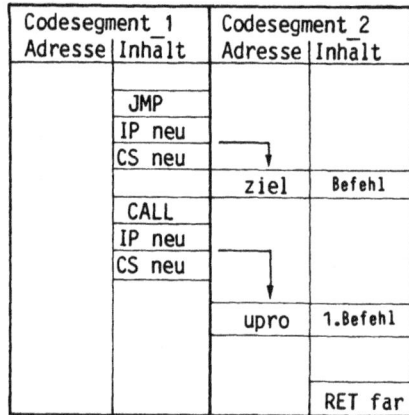

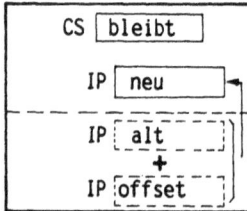

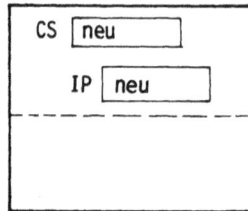

Befehle: JMP near
CALL near

Befehle: JMP far
CALL far

Bild 2-9: Sprungbefehle und Aufruf von Unterprogrammen

```
Turbo Assembler   Version 1.01        04/05/90 18:04:49        Page 1
TEST7.ASM

     1                                  ; Bild 2-10 Intrasegmentspruenge
     2 0000                                   .MODEL   small
     3 0000                                   .CODE
     4 0000  BA 03FC  ←           start:  mov    dx,03fch  ; Portadresse
     5 0003  B0 00                niedr:  mov    al,00h    ;
     6 0005  EE                           out    dx,al     ;
     7 0006  EB 01 (90) NOP               jmp    hoch      ; vorwaerts kurz
     8 0009  B0 01                hoch:   mov    al,01h    ;
     9 000B  EE                           out    dx,al     ;
    10 000C  EB F5                        jmp    niedr     ; rueckwaerts kurz
    11 000E  E9 0100  ←           rueck:  jmp    weit      ; vorwarts lang
    12 0011  0100*(90)                    db     100h dup (90h) ; 256 NOPs
    13 0111  E9 FEFA  ←           weit:   jmp    rueck     ; rueckwaerts lang
    14                                    end    start
```

Bild 2-10: Relative Sprungadressierung

Bei der Übernahme von Übersetzungslisten (z.B. Turbo Assembler) für
INLINE-Maschinencode müssen einige Besonderheiten beachtet werden.
Bei Rückwärtssprüngen kann der Assembler bereits im ersten Durchlauf
entscheiden, ob ein kurzer Sprung (Code EBH Abstand Byte) oder ein
langer Sprung (Code E9H Abstand Wort) erforderlich ist. Bei Vorwärts-
sprüngen wird im ersten Durchlauf zunächst ein Wort für einen langen
Sprung freigehalten. Wird jedoch im zweiten Durchlauf ein kurzer Sprung
verwendet, so füllt der Assembler das überflüssige Byte mit einem NOP-
Befehl (Code 90H). Soll z.B. aus zeitlichen Gründen ein kurzer Vorwärtssprung erzwungen werden, so ist die Assembleranweisung SHORT zu verwenden. Beispiel:

```
        JMP SHORT hoch    ; kurzer Vorwaertssprung

hoch:
```

In der Übersetzungsliste erscheint die lange Sprungweite als Wort in der
Anordnung High-Byte – Low-Byte; z.B. für den Abstand $100:
```
E9 0100
```

Bei der Übernahme in den INLINE-Code müssen jedoch die beiden Bytes
der langen Sprungweite vertauscht werden; z.B. für den Abstand $100:
```
E9 00 01
```

2.3   Die Arbeit mit Unterprogrammen

Befehl	Operand	Wirkung
CALL	name	rufe Unterprogramm (PROC NEAR bzw. PROC FAR)
RET		Rücksprung aus Unterprogramm (NEAR bzw. FAR)
RET	zahl	Rücksprung mit Erhöhung von SP um zahl
PUSH	wreg	SP := SP - 2 bringe Wortregister nach Stapel
PUSH	sreg	SP := SP - 2 bringe Segmentregister nach Stapel
POP	wreg	lade Wortregister vom Stapel SP := SP + 2
POP	sreg	lade Segmentregister vom Stapel SP := SP + 2
INT	zahl	Softwareinterrupt (Vektor in zahl * 4)
IRET		Rücksprung aus Interruptprogramm
ADD	SP,wert	SP := SP + wert

Bild 2-11: Befehle der Unterprogrammtechnik

Für den Aufruf der beiden Pascalunterprogrammtypen PROCEDURE und
FUNCTION erzeugt der Compiler einen CALL-Befehl *(Bild 2-11).* Im aufrufenden Programm definierte Unterprogramme werden im gleichen Segment
wie das Hauptprogramm angelegt und liegen vor diesem. Sie werden daher
mit einem nahen CALL-Befehl aufgerufen, der nur den relativen Abstand
zum Unterprogramm enthält und das Codesegmentregister nicht verändert. Für Units einschließlich der Systembibliothek System werden immer
besondere Codesegmente angelegt, so daß der Aufruf dort befindlicher

Unterprogramme mit einem weiten CALL-Befehl erfolgen muß. Dieser CALL-Befehl enthält daher im Operandenteil das Codesegment und den Offset des aufgerufenen Unterprogramms. Die Compileranweisung (*$F+*) des Turbo Pascal dient zum Aufruf von Unterprogrammen, die mit einem Rücksprungbefehl RET FAR enden. Liegen sie im gleichen Segment wie das aufrufende Programm, so erzeugt der Compiler die Befehle PUSH CS und CALL NEAR. Bei der Übernahme von Parametern ist zu beachten, daß nun zwei Wörter (Segment und Offset) auf dem Stapel liegen gegenüber nur einem Wort bei einem nahen Aufruf. *Bild 2-12* zeigt den Aufruf eines nahen Unterprogramms, bei dem standardmäßig der Compilerschalter (*$F-*) vorausgesetzt wird.

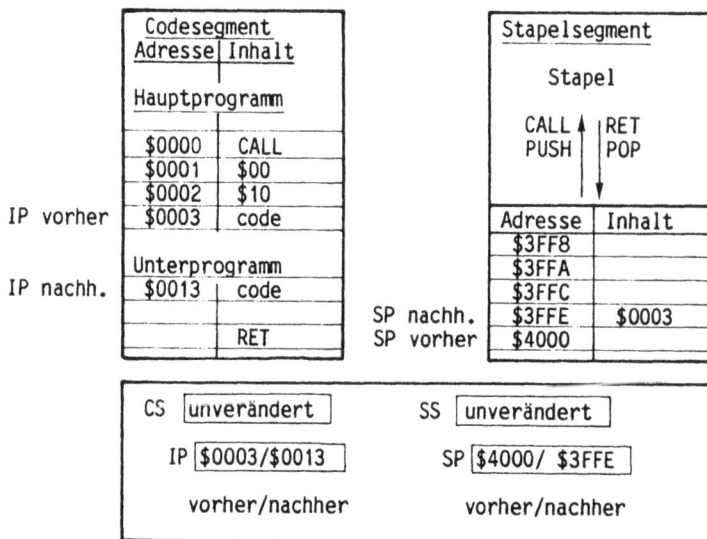

Bild 2-12: Aufruf eines nahen Unterprogramms mit CALL

Im Gegensatz zu einem Sprungbefehl JMP (Bild 2-9) wird bei einem Unterprogrammaufruf mit CALL zunächst die Rücksprungadresse auf den Stapel gerettet. Der Rücksprungbefehl RET am Ende des Unterprogramms holt die gerettete Adresse wieder zurück und setzt damit das Hauptprogramm fort. Ein Unterprogramm, das mit einem nahen CALL aufgerufen wurde, muß mit einem nahen RET verlassen werden. Der Stapel (Stack) ist ein besonderer Bereich des Arbeitsspeichers, der durch das Stapelsegmentregister SS und den Stapelzeiger SP adressiert wird. Der Basiszeiger BP ist das einzige Adreßregister, das ebenfalls automatisch das Stapelsegmentregister SS zur Adressierung verwendet. Mit dem Befehl PUSH können Parameter bzw. deren Adressen auf den Stapel gelegt werden. Mit POP werden sie wieder vom Stapel entfernt. Der Stapel wird auch zum Retten und Zurückladen von Registern durch ein Unterprogramm verwendet.

Vor jedem Schreiben eines Wortes in den Stapel mit CALL bzw. mit PUSH
wird der Stapelzeiger (SP) automatisch erhöht. Nach jedem Lesen eines
Wortes aus dem Stapel mit RET bzw. mit POP wird der Stapelzeiger (SP)
automatisch wieder vermindert. Das zuletzt auf den Stapel gelegte Wort
wird zuerst wieder entfernt. Stapeloperationen mit Bytes sind jedoch nicht
möglich.

Das Stapelsegmentregister SS und der Stapelzeiger SP werden beim Start
eines Programms durch das Betriebssystem vorbesetzt. Der Programmierer
hat dafür zu sorgen, daß den Schreiboperationen (CALL, PUSH) genauso
viele Leseoperationen (RET, POP) gegenüberstehen, sonst entsteht ein
Stapelüberlauf (Stack Overflow). Werden Parameter nicht mit POP-Befehlen
vom Stapel entfernt, so muß man den Stapelzeiger vor dem Rücksprung
durch einen Additionsbefehl (ADD SP,zahl) bzw. beim Rücksprung (RET
zahl) korrigieren. Ein Zugriff auf den Stapel mit dem Basiszeiger BP verändert weder den Stapelzeiger SP noch wird der Basiszeiger BP automatisch erhöht oder vermindert.

```
PROGRAM prog2p7;  (* Bild 2-13: Prozeduraufruf Version 5.5 *)
PROCEDURE test;   (* Testprozedur: tut nichts            *)
BEGIN
END;
BEGIN             (* Hauptprogramm ruft nur Prozedur auf  *)
  test
END.
```

```
C:\TURBOP\PROG1>debug prog2p7.exe
-r
AX=0000  BX=0000  CX=0380  DX=0000  SP=4000  BP=0000  SI=0000  DI=0000
DS=5572  ES=5572  SS=55FC  CS=5582  IP=000E  NV UP EI PL NZ NA PO NC
5582:000E 9A00008555
-u 0000 001e
5582:0000 55              PUSH    BP           "Vorspann" der
5582:0001 89E5            MOV     BP,SP        Prozedur test
5582:0003 31C0            XOR     AX,AX
5582:0005 9A44028555      CALL    5585:0244
5582:000A 89EC            MOV     SP,BP        "Nachspann" der
5582:000C 5D              POP     BP           Prozedur test
5582:000D C3              RET
5582:000E 9A00008555      CALL    5585:0000    "Vorspann" des
5582:0013 55              PUSH    BP           Hauptprogramms
5582:0014 89E5            MOV     BP,SP
5582:0016 E8E7FF          CALL    0000         Aufruf von test
5582:0019 89EC            MOV     SP,BP        "Nachspann" des
5582:001B 5D              POP     BP           Hauptprogramms
5582:001C 31C0            XOR     AX,AX
5582:001E 9AD8008555      CALL    5585:00D8    Sprung nach System
-g =000e 0013

AX=0000  BX=5585  CX=04A3  DX=80D3  SP=4000  BP=0000  SI=0207  DI=013E
DS=55D3  ES=55D3  SS=55FC  CS=5582  IP=0013  NV UP EI PL ZR NA PE NC
5582:0013 55              PUSH    BP
-q
```

Bild 2-13 Der Maschinencode von Pascalprogrammen

	S t a p e l	
CALL far "System" →	Rücksprung IP / Rücksprung CS	→ RET far "System"
PUSH BP →	BP alt	→ POP BP
CALL 0000 →	Rücksprung IP	→ RET "test"
SP (alt)		

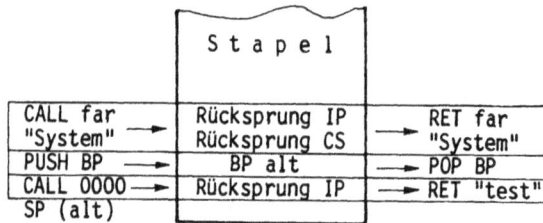

Bild 2-13 zeigt ein einfaches Pascalprogramm, das nur eine Prozedur ohne
Parameterübergabe aufruft. Es wurde mit dem Testhilfeprogramm DEBUG
des Betriebssystems in die Assemblerschreibweise zurückübersetzt. An
diesem einfachsten Beispiel kann man das "Gerüst" erkennen, das der
Compiler für alle Pascalprogramme verwendet. Nach dem Laden des Programms sind die Segmentregister CS, DS und SS sowie der Stapelzeiger SP
und das Register CX vom Betriebssystem vorbesetzt. Der Befehlszähler IP
zeigt auf die Startadresse des Hauptprogramms, das hinter der Prozedur
t e s t angelegt wurde. Der "Vorspann" eines Hauptprogramms besteht immer aus dem Aufruf eines Systemunterprogramms (CALL FAR), dem Retten
des Basiszeigers BP (PUSH BP) und dem Laden des Basiszeigers mit dem
Stapelzeiger (MOV BP,SP). Dann folgen die Befehle; hier nur der Aufruf der
Prozedur t e s t (CALL NEAR). Der "Nachspann" des Hauptprogramms stellt
den Stapelzeiger wieder her (MOV SP,BP), holt den Basiszeiger BP wieder
vom Stapel zurück (POP BP), löscht das AX-Register (XOR AX,AX) und ruft
ein Systemunterprogramm auf (CALL FAR), das den eigentlichen Rücksprung in das Betriebssystem bzw. in das Turbo Pascal System vornimmt.
Das Programm wurde mit dem DEBUG-Kommando -g=000e 0013 gestartet
und vor dem Rücksprung durch einen Haltepunkt wieder angehalten. Dabei
zeigt es sich, daß das im Vorspann aufgerufene Systemunterprogramm das
Datensegmentregister DS gegenüber dem Anfangswert beim Laden des
Programms verändert hat.

Der "Vorspann" der Prozedur rettet den Basiszeiger (PUSH BP) und den
Stapelzeiger (MOV BP,SP), lädt eine Marke aus Nullerbits in das AX-Register (XOR AX,AX) und ruft ein Systemunterprogramm auf (CALL FAR). Dann
würden die eigentlichen Befehle der Prozedur folgen; in diesem einfachen
Beispiel sind keine vorhanden. Der "Nachspann" der Prozedur stellt den
Stapelzeiger (MOV SP,BP) und den Basiszeiger (POP BP) wieder her und
springt zurück in das Hauptprogramm (RET). *Bild 2-14* zeigt die Übergabe
von Parametern zwischen einem aufrufenden Pascalprogramm und einer
Pascalprozedur.

Die Übergabe der Parameter geht von links nach rechts. Bei Referenzparametern (VAR name:typ) legt der Compiler die vollständige Adresse
bestehend aus Segment:offset auf den Stapel.

```
MOV    DI,Offset    ; Lade Offset des Referenzparameters
PUSH   DS           ; Bringe Segment aus DS auf den Stapel
PUSH   DI           ; Bringe Offset aus DI auf den Stapel
```

```
PROGRAM prog2p6; (* Bild 2-14: Parameterübergabe (5.5) *)
VAR    x, y, z, wert : INTEGER;
(* Prozedurdefinition    Referenzpar.: a  Wertpar.: b,c *)
PROCEDURE sum(VAR a:INTEGER; b,c : INTEGER);
BEGIN
  a := b + c;
END;
(* Hauptprogramm mit Prozeduraufruf *)
BEGIN
  y := 1; z := 2;
  sum(x,y,z);
  wert := x
END.
```

```
C:\TURBOP\PROG1>debug prog2p6.exe
-r
AX=0000  BX=0000  CX=03A0  DX=0000  SP=4000  BP=0000  SI=0000  DI=0000
DS=1742  ES=1742  SS=17CE  CS=1752  IP=001C  NV UP EI PL NZ NA PO NC
1752:001C 9A00005717
-u 0000 004b
1752:0000 55            PUSH   BP                        rette BP
1752:0001 89E5          MOV    BP,SP                     lade BP mit SP
1752:0003 31C0          XOR    AX,AX                     lösche AX
1752:0005 9A44025717    CALL   1757:0244                 rufe System
1752:000A 8B4606        MOV    AX,[BP+06]                lade AX mit b (y)
1752:000D 034604        ADD    AX,[BP+04]                addiere c (z)
1752:0010 C47E08        LES    DI,[BP+08]                lade Adresse
1752:0013 26            ES:                              von a (x)
1752:0014 8905          MOV    [DI],AX                   Ergebnis nach x
1752:0016 89EC          MOV    SP,BP                     lade SP mit BP
1752:0018 5D            POP    BP                        hole BP
1752:0019 C20800        RET    0008                      Rücksprung
1752:001C 9A00005717    CALL   1757:0000                 rufe System
1752:0021 55            PUSH   BP                        rette BP
1752:0022 89E5          MOV    BP,SP                     lade BP mit SP
1752:0024 C70640000100  MOV    WORD PTR [0040],0001      lade y mit 1
1752:002A C70642000200  MOV    WORD PTR [0042],0002      lade z mit 2
1752:0030 BF3E00        MOV    DI,003E                   lade DI offset x
1752:0033 1E            PUSH   DS                        Segment von x
1752:0034 57            PUSH   DI                        Offset von x
1752:0035 FF364000      PUSH   [0040]                    Wert von y
1752:0039 FF364200      PUSH   [0042]                    Wert von z
1752:003D E8C0FF        CALL   0000                      rufe "sum"
1752:0040 A13E00        MOV    AX,[003E]                 lade AX mit x
1752:0043 A34400        MOV    [0044],AX                 lade wert mit AX
1752:0046 89EC          MOV    SP,BP                     lade SP mit BP
1752:0048 5D            POP    BP                        hole BP
1752:0049 31C0          XOR    AX,AX                     lösche AX
1752:004B 9AD8005717    CALL   1757:00D8                 springe nach System →
-q
```

Bild 2-14: Die Parameterübergabe einer Prozedur

Bei Wertparametern (name:typ) werden die Inhalte (aktuellen Werte) entsprechend der Operandenlänge auf den Stapel gelegt.
PUSH [Offset]   ; Bringe Inhalt auf den Stapel

Die Prozedur lädt den Basiszeiger mit dem Inhalt des Stapelzeigers (MOV
BP,SP) und benutzt ihn zur Adressierung der Parameter, deren Adressen
bzw. Inhalte entsprechend der Reihenfolge der Parameterliste von links
beginnend auf dem Stapel liegen. Die Werte werden indirekt mit dem Basiszeiger und einem Abstand adressiert (MOV AX,[BP+6] ADD AX,[BP+4]).
Adressen werden mit dem Befehl LES DI,[BP+abst] vom Stapel kopiert. Die
Segmentadresse gelangt in das Segmentregister ES, der Offset in das
Adreßregister DI. Der datenübergebende Befehl (MOV [DI],AX) muß den
Segmentvorsatz ES: verwenden, da sonst das DS-Register als Segmentregister dienen würde. Im Gegensatz zu POP-Befehlen wird der Stapelzeiger
beim Zugriff auf die im Stapel befindlichen Parameter mit dem Register BP
nicht verändert! Da sich gegenüber dem Beispiel ohne Parameter (Bild
2-13) vier zusätzliche Wörter (8 Bytes) auf dem Stapel befinden, werden
sie durch den Befehl RET 0008 wieder vom Stapel entfernt.

```
Turbo Assembler  Version 1.01        05/05/90 18:58:56        Page 1
TEST8.ASM

    1                               ; Bild 2-15 Assemblerprozedur
    2 0000                          code SEGMENT PUBLIC      ; Befehle
    3                                    ASSUME  CS:code
    4 0000                          sum  PROC    NEAR        ; Prozedur
    5                                    PUBLIC  sum
    6 0000   55                          push    bp          ; BP nach Stapel
    7 0001   8B EC                       mov     bp,sp       ; BP als Zeiger
    8 0003   8B 46 06                    mov     ax,[bp+6]   ; lade "y"
    9 0006   03 46 04                    add     ax,[bp+4]   ; addiere "z"
   10 0009   C4 7E 08                    les     di,[bp+8]   ; adresse von "x"
   11 000C   26: 89 05                   mov     es:[di],ax  ; speichere nach "x"
   12 000F   8B E5                       mov     sp,bp       ; SP zurueck
   13 0011   5D                          pop     bp          ; BP vom Stapel
   14 0012   C2 0008                     ret     0008        ; Parameter vom Stapel
   15 0015                          sum  ENDP                ; Ende der Prozedur
   16 0015                          code ENDS                ; Ende des Segmentes
   17                                    END                 ; Ende der Assemblerz.
```

Bild 2-15: Prozedur als Assemblerunterprogramm

```
PROGRAM prog2p9; (* Bild 2-16: Pascalhauptprogramm *)
(*$L prog2p8.obj *)      (* Linkt Assemblerprozedur *)
(* Definitionszeile der Assemblerprozedur        *)
PROCEDURE sum(VAR a:INTEGER; b,c:INTEGER); EXTERNAL;

VAR x,y,z,wert : INTEGER;
BEGIN
  y := 1; z := 2;
  sum(x,y,z);      (* Assemblerprozedur prog2p8.obj *)
  wert := x
END.
```

Bild 2-16: Aufruf einer Assemblerprozedur

Bild 2-15 zeigt ein in der Assemblersprache geschriebenes Unterprogramm, das von einem Pascalhauptprogramm als Prozedur aufgerufen werden soll. Der in dem Beispiel verwendete Turbo Assembler verlangt, daß anderen Programmen zugängliche Symbole (z.B. sum) durch das Kennwort PUBLIC zu kennzeichnen sind. Da die Prozedur später im gleichen Segment wie das Hauptprogramm liegt, wird sie mit dem Kennwort NEAR versehen. Dadurch erzeugt der Assembler am Ende der Prozedur den nahen Rücksprungbefehl. Die Befehle sind die gleichen, die auch der Pascalcompiler verwendet, obwohl durchaus Abweichungen wie z.B. eine Übernahme der Parameter mit POP möglich gewesen wären. *Bild 2-16* zeigt nun das Pascalhauptprogramm, das die Assemblerprozedur sum aufruft.

Der Pascalcompiler muß das Assemblerunterprogramm mit dem Pascalhauptprogramm zusammenbinden ("linken"). Dazu ist die Angabe des Betriebssystemnamens (Dateinamens) in einer besonderen Compileranweisung erforderlich.

```
(*$L betriebssystemname.OBJ *)
```

Mehrere zu verbindende Elemente erscheinen durch Kommata getrennt in einer Liste. Die einzubindenden Unterprogramme müssen als übersetzte Maschinenprogramme vom Dateityp .OBJ vorliegen. Für die Unterscheidung zwischen Referenz- und Wertparametern und für eine Kontrolle der Datentypen muß nun die Kopfzeile des einzubindenden Unterprogramms im Hauptprogramm erscheinen, und zwar in der Pascalschreibweise ohne Rücksicht darauf, daß es sich ja um ein Assemblerprogramm handelt.

```
PROCEDURE name(parameterliste); EXTERNAL;

FUNCTION name(parameterliste):typ; EXTERNAL;
```

Das Kennwort EXTERNAL gibt bekannt, daß das Unterprogramm außerhalb des Pascalhauptprogramms definiert ist. In der Kopfzeile erscheint der Pascalname, unter dem das Unterprogramm im Pascalprogramm aufgerufen wird. Die Rückübersetzung des erzeugten Codes mit DEBUG zeigt, daß der Pascalcompiler das externe Unterprogramm hinter das Pascalhauptprogramm gelegt hat; im Hauptprogramme definierte Funktionen und Prozeduren liegen vor dem Hauptprogramm. Gegenüber der Pascalprozedur (Bild 2-14) fehlt der Aufruf des Systemunterprogramms im Vorspann der Assemblerprozedur.

Bild 2-17 zeigt nun die Verhältnisse beim Aufruf einer im Hauptprogramm definierten Pascalfunktion. Eine Funktion liefert normalerweise nur über ihren Namen ein Ergebnis an das aufrufende Programm zurück. Da der Aufruf in dem Beispiel wie üblich nur mit Wertparametern erfolgt, legt das Hauptprogramm die Werte der aktuellen Parameter auf den Stapel; das mit dem Funktionsnamen verbundene Ergebnis wird im Register AX zurückerwartet. Das Funktionsunterprogramm reserviert nach dem üblichen Vorspann ein Wort für das Funktionsergebnis (SUB SP,+02) auf dem Stapel.

```
PROGRAM prog2p10; (* Bild 2-17: Pascal-Funktion *)
VAR  y,z,wert : INTEGER;
(* Funktionsdefinition *)
FUNCTION sum(b,c : INTEGER) : INTEGER;
BEGIN
   sum := b + c
END;
(* Hauptprogramm mit Funktionsaufruf *)
BEGIN
   y := 1; z := 2;
   wert := sum(y,z)
END.
```

```
C:\TURBOP\PROG1>debug prog2p10.exe
-r
AX=0000  BX=0000  CX=03A0  DX=0000  SP=4000  BP=0000  SI=0000  DI=0000
DS=5576  ES=5576  SS=5602  CS=5586  IP=0020   NV UP EI PL NZ NA PO NC
5586:0020 9A00008B55
-u 0000 0047
5586:0000 55              PUSH   BP                    rette BP
5586:0001 89E5            MOV    BP,SP                 lade BP mit SP
5586:0003 B80200          MOV    AX,0002               lade AX mit 2
5586:0006 9A44028B55      CALL   558B:0244             rufe System
5586:000B 83EC02          SUB    SP,+02                Platz für Ergebnis
5586:000E 8B4606          MOV    AX,[BP+06]            lade AX mit b (y)
5586:0011 034604          ADD    AX,[BP+04]            addiere c (z)
5586:0014 8946FE          MOV    [BP-02],AX            rette Ergebnis
5586:0017 8B46FE          MOV    AX,[BP-02]            hole Ergebnis
5586:001A 89EC            MOV    SP,BP                 lade SP mit BP
5586:001C 5D              POP    BP                    hole BP
5586:001D C20400          RET    0004                  Rücksprung
5586:0020 9A00008B55      CALL   558B:0000             rufe System
5586:0025 55              PUSH   BP                    rette BP
5586:0026 89E5            MOV    BP,SP                 lade BP mit SP
5586:0028 C7063E000100    MOV    WORD PTR [003E],0001  lade y mit 1
5586:002E C70640000200    MOV    WORD PTR [0040],0002  lade z mit 2
5586:0034 FF363E00        PUSH   [003E]                Wert von y
5586:0038 FF364000        PUSH   [0040]                Wert von z
5586:003C E8C1FF          CALL   0000                  rufe "sum"
5586:003F A34200          MOV    [0042],AX             x := Ergebnis AX
5586:0042 89EC            MOV    SP,BP                 lade SP mit BP
5586:0044 5D              POP    BP                    hole BP
5586:0045 31C0            XOR    AX,AX                 lösche AX
5586:0047 9AD8008B55      CALL   558B:00D8             springe nach System
-q
```

Bild 2-17: Der Aufruf einer Funktion

An dieser Stelle würden - auch bei Prozeduren - weitere *lokale* Variablen
angelegt werden. Die Adressierung der Wertparameter erfolgt mit dem
Basiszeiger BP und einem positiven Abstand. Das Ergebnis wird zunächst
mit einem negativen Abstand in den Bereich lokaler Variablen auf den
Stapel gelegt und danach wieder im AX-Register dem aufrufenden Programm übergeben. Der Befehl RET 0004 reinigt den Stapel von den vier
Bytes der Wertparameter. Entgegen der üblichen Verwendungsweise kann
eine Funktion aber durchaus auch mit Referenzparametern aufgerufen
werden:

```
(* Definition mit Referenzparametern *)
FUNCTION sum(VAR b,c:INTEGER):INTEGER;
BEGIN
   sum := b+c;       (* Funktionsergebnis *)
   b:= 10; c:= 20; (* Parameterergebnis *)
END;
(* Hauptprogramm *)
BEGIN
   y := 1; z := 2;   (* Anfangswerte     *)
   wert := sum(y,z); (* Funktionsergebnis *)
   WriteLn(wert:3,y:3,z:3)
END.
```

Die Funktion liefert richtig als Funktionsergebnis den Wert 3 und als
Ergebnis der Referenzparameter die Werte 10 und 20. Untersucht man den
erzeugten Code mit DEBUG, so stellt man fest, daß wie bei Prozeduren die
Referenzparameter mit ihren Adressen übergeben werden. Eine Funktion
verhält sich also wie eine Prozedur; zusätzlich wird noch ein Funktionsergebnis in den Registern des Prozessors übergeben.

Im Abschnitt 2.1 (Bild 2-5) wurde gezeigt, daß sich mit Hilfe von INLINE-
Deklarationen vordefinierte Assemblercodes in ein Pascalprogramm einbauen lassen. Sie werden mit dem Kennwort FUNCTION bzw. PROCEDURE
definiert und werden an der Stelle, an der sie mit ihrem Namen aufgerufen
werden, in das Programm eingebaut. Sie können auch mit formalen Parametern definiert und mit aktuellen Parametern aufgerufen werden:

```
   PROCEDURE name(parameter); INLINE(elementliste);

   FUNCTION  name(parameter):typ; INLINE(elementliste);
```

An der Stelle des Aufrufs legt der Pascalcompiler für Referenzparameter
Adressen und für Wertparameter Werte auf den Stapel und baut den mit
INLINE definierten Code ein. Bei Funktionsaufrufen wird zusätzlich das
Ergebnis übernommen. Im Gegensatz zu einem Unterprogrammaufruf wird
jedoch weder ein CALL-Befehl und noch ein RET-Befehl erzeugt. Gegen-
über einer Funktion bzw. Prozedur fehlt der INLINE-Deklaration der zwi-
schen BEGIN und END; stehende Anweisungsteil. Beispiel einer INLINE-
Deklaration:
```
PROCEDURE test(x:INTEGER); INLINE($90/$58);
```

Eine Pascalfunktion bzw. eine Pacalprozedur kann jedoch im Anweisungsteil durchaus auch INLINE-Anweisungen enthalten, die dann zwischen
BEGIN und END stehen müssen:
```
PROCEDURE test(x:INTEGER);
BEGIN
INLINE($90/$90)
END;
```

```
PROGRAM prog2p11;  (* Bild 2-18: INLINE mit Parameter *)
VAR  x,y,z,wert : INTEGER;
(* INLINE-Prozedurdefinition *)
PROCEDURE sum(VAR a:INTEGER; b,c:INTEGER); INLINE
($5B/       (* POP  BX   ; c vom Stapel            *)
 $58/       (* POP  AX   ; b vom Stapel            *)
 $01/$D8/   (* ADD  AX,BX ; AX := b + c            *)
 $5F/       (* POP  DI   ; DI := Offset von x      *)
 $07/       (* POP  ES   ; ES := Segment von x     *)
 $26/       (* ES:       ; Segmentvorsatz nimm ES *)
 $89/$05);  (* MOV  [DI],AX ; x := AX              *)
(* INLINE-Funktionsdefinition *)
FUNCTION summe(b,c:INTEGER):INTEGER; INLINE
($5B/       (* POP  BX   ; c vom Stapel            *)
 $58/       (* POP  AX   ; b vom Stapel            *)
 $01/$D8);  (* ADD  AX,BX ; AX := b + c            *)
(* Hauptprogramm *)
BEGIN
  y := 1; z := 2;
  sum(x,y,z);
  wert := summe(y,z);
END.


C:\TURBOP\PROG1>debug prog2p11.exe
-r
AX=0000  BX=0000  CX=0350  DX=0000  SP=4000  BP=0000  SI=0000  DI=0000
DS=559C  ES=559C  SS=5623  CS=55AC  IP=0000   NV UP EI PL NZ NA PO NC
55AC:0000 9A0000B155
-u 0000 003e
55AC:0000 9A0000B155   ┌─CALL     55B1:0000  Hauptprogramm
55AC:0005 55           │ PUSH     BP
55AC:0006 89E5         │ MOV      BP,SP
55AC:0008 C70640000100 │ MOV      WORD PTR [0040],0001
55AC:000E C70642000200 │ MOV      WORD PTR [0042],0002
55AC:0014 BF3E00       │ MOV      DI,003E
55AC:0017 1E           │ PUSH     DS
55AC:0018 57           │ PUSH     DI
55AC:0019 FF364000     │ PUSH     [0040]
55AC:001D FF364200     │ PUSH     [0042]
55AC:0021 5B           │ POP      BX
55AC:0022 58             POP      AX
55AC:0023 01D8           ADD      AX,BX      eingebauter
55AC:0025 5F             POP      DI         Code von
55AC:0026 07             POP      ES         "sum"
55AC:0027 26             ES:
55AC:0028 8905           MOV      [DI],AX
55AC:002A FF364000       PUSH     [0040]
55AC:002E FF364200       PUSH     [0042]
55AC:0032 5B             POP      BX         eingebauter
55AC:0033 58             POP      AX         Code von
55AC:0034 01D8           ADD      AX,BX      "summe"
55AC:0036 A34400         MOV      [0044],AX
55AC:0039 89EC           MOV      SP,BP
55AC:003B 5D             POP      BP
55AC:003C 31C0           XOR      AX,AX
55AC:003E 9AD800B155     CALL     55B1:00D8
-q
```

Bild 2-18: INLINE-Deklaration mit Parametern

Das in Bild 2-18 dargestellte Programmbeispiel enthält zwei INLINE-Dekla-rationen mit Parametern. Die Rückübersetzung mit DEBUG zeigt, daß der Pascalcompiler an der Stelle des Aufrufs die Parameter auf den Stapel ge-legt und dann den definierten Code eingefügt hat. Die INLINE-Maschinen-programme entfernen die Parameter mit POP-Befehlen vom Stapel. Die INLINE-Funktion übergibt das Funktionsergebnis im AX-Register. Für die Übergabe von Parametern und Funktionsergebnissen gelten in Turbo Pas-cal die in *Bild 2-19* zusammengestellten Regeln.

Datentyp	Wertparameter	Referenzparameter	Funktionswert
	Wertübergabe	Adreßübergabe	Wertrückgabe
INTEGER WORD	PUSH wort	PUSH segment PUSH offset	AX := ergebnis
BYTE CHAR BOOLEAN	PUSH wort wert im L-Byte	PUSH segment PUSH offset	AL := ergebnis
REAL	PUSH H-wort PUSH M-wort PUSH L-wort	PUSH segment PUSH offset	AX := L-wort BX := M-wort DX := H-wort
LONGINT	PUSH H-wort PUSH L-wort	PUSH segment PUSH offset	AX := L-wort DX := H-wort
EXTENDED	PUSH 5 wörter	PUSH segment PUSH offset	80x87 Stapelregister
ARRAY RECORD	<4 Bytes: werte >4 Bytes: adress.	PUSH segment PUSH offset	

Bild 2-19: Parameterübergabe einiger Datentypen

Bei den einfachen ordinalen und reellen Datentypen werden die Wertpara-meter als Werte über den Stapel übergeben; Funktionsergebnisse erschei-nen in den Registern des Prozessors bzw. beim Datentyp EXTENDED im obersten Stapelregister des Arithmetikprozessors. Bei Referenzparametern werden grundsätzlich Adressen (Segment:Offset) über den Stapel überge-ben. Bei den zusammengesetzten Datentypen ARRAY und RECORD werden Wertparameter, die weniger als 5 Bytes lang sind, als Werte, darüber hin-aus als Adressen übergeben. Die Übergabetechniken der übrigen zusam-mengesetzten Datentypen müssen den Handbüchern der Hersteller entnom-men bzw. durch Versuche ermittelt werden.

Die in den Bildern 2-14 bis 2-19 gezeigten Beispiele können nur einen Hin-weis darauf geben, wie man für einen gegebenen Compiler den Aufruf von Unterprogrammen und die Übergabe der Parameter untersuchen kann; all-gemeingültige Aussagen lassen sich nicht treffen. Beim Übergang von der Version 6.0 auf die Version 7.0 des Turbo Pascal mußten beispielsweise alte Units mit Funktionen und Prozeduren neu übersetzt werden, da die Über-gabe von Parametern geändert wurde.

2.4   Die Arbeit mit dem Arithmetikprozessor

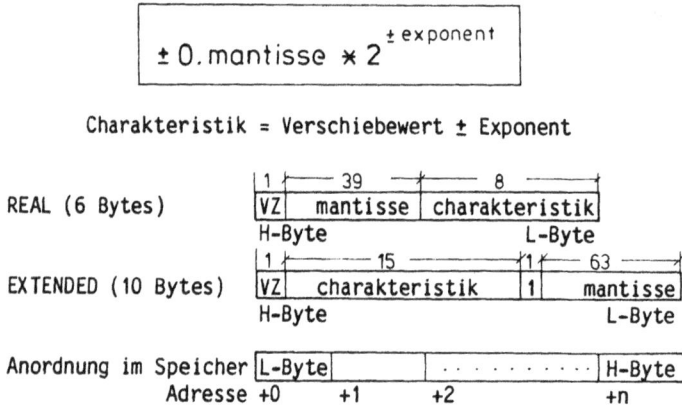

$$\pm 0.\text{mantisse} * 2^{\pm \text{exponent}}$$

Charakteristik = Verschiebewert ± Exponent

	1 ⊢── 39 ──⊢── 8 ──⊣	
REAL (6 Bytes)	VZ mantisse charakteristik	
	H-Byte L-Byte	

	1 ⊢── 15 ──⊢1⊢── 63 ──⊣	
EXTENDED (10 Bytes)	VZ charakteristik 1 mantisse	
	H-Byte L-Byte	

Anordnung im Speicher | L-Byte | · · · · · · · · · | H-Byte |
Adresse   +0   +1   +2   +n

Bild 2-20 Die reellen Datenformate REAL und EXTENDED

Reelle Zahlen können Stellen hinter dem Dezimalkomma (Dezimalpunkt) enthalten. Sie werden intern als normalisierte Dualzahlen (Floating Point) dargestellt und bestehen aus einer Mantisse mit dem Dualpunkt vor der werthöchsten Stelle und einer Charakteristik *(Bild 2-20)*. Durch die Addition des Exponenten zur Basis 2 mit einen Verschiebewert enthält die Charakteristik das Vorzeichen des Exponenten. Das Vorzeichen der Mantisse wird in der linkesten Bitposition abgelegt. Der immer verfügbare Datentyp REAL belegt sechs Bytes. Da die Prozessoren der 80x86-Familie nur Befehle für die vier Grundrechnungsarten in der ganzzahligen Zahlendarstellung kennen, werden die arithmetischen Operationen des Datentyps REAL durch Systemunterprogramme auf diese zurückgeführt. Die anderen reellen Datentypen (z.B. EXTENDED) sind nur dann verfügbar, wenn der Rechner mit einem Arithmetikprozessor ausgerüstet ist bzw. wenn der Pascalcompiler (ab Version 5.0) über einen entsprechenden Simulator verfügt. Der Arithmetikprozessor arbeitet intern immer im EXTENDED-Datenformat, alle anderen Datenformate werden auf dieses interne Format umgeformt; bei dem nicht verträglichen REAL-Datenformat geschieht dies durch relativ langsame Software. Erst durch den Compilerschalter (*$N+*), der im Programmkopf **vor** allen Vereinbarungen und Anweisungen stehen muß, sind die reellen Datentypen SINGLE, DOUBLE, EXTENDED und COMP in einem Pascalprogramm verfügbar. Ist kein Arithmetikprozessor vorhanden und muß dieser durch Software simuliert werden, so sind die Compilerschalter (*$N+,E+*) erforderlich. *Bild 2-21* zeigt den Aufbau der Arithmetikprozessoren 80x87.

```
          A r b e i t s s p e i c h e r

  Normalformate              Sonderformate
  WORD-INTEGER  (2 Bytes)
  SHORT-INTEGER (1 Byte)     BCDP          (10 Bytes)
  SHORT-REAL    (4 Bytes)    LONG-INTEGER (8 Bytes)
  LONG-REAL     (8 Bytes)    REAL-TEMP    (10 Bytes)
```

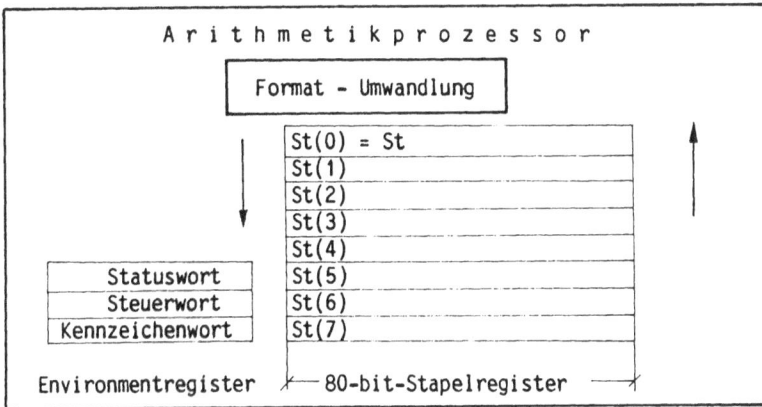

```
          A r i t h m e t i k p r o z e s s o r

            ┌──────────────────────────┐
            │   Format - Umwandlung     │
            └──────────────────────────┘
                        │      St(0) = St                    ↑
                        │      St(1)
                        │      St(2)
                        ▼      St(3)
                               St(4)
         ┌──────────────┐      St(5)
         │  Statuswort  │      St(6)
         ├──────────────┤      St(7)
         │  Steuerwort  │
         ├──────────────┤
         │ Kennzeichenwort │

   Environmentregister  ├──80-bit-Stapelregister──┤
```

Bild 2-21: Die Register des Arithmetikprozessors 80x87

Befehl	Operand	Wirkung
FLD	adresse	PUSH und lade ST(0) mit Speicheroperanden
FST	adresse	speichere ST(0) nach Speicher
FSTP	adresse	speichere ST(0) nach Speicher und POP
FLD	ST(i)	PUSH und lade ST(0) mit ST(i)
FST	ST(i)	speichere ST(0) nach ST(i)
FSTP	ST(i)	speichere ST(0) nach ST(i) und POP
FADD	ST,ST(i)	ST(0) := ST(0) + ST(i)
FSUB	ST,ST(i)	ST(0) := ST(0) - ST(i)
FMUL	ST,ST(i)	ST(0) := ST(0) * ST(i)
FDIV	ST,ST(i)	ST(0) := ST(0) / ST(i)
WAIT		(FWAIT) Warten bis Operation beendet

Bild 2-22: Einige Befehle des Arithmetikprozessors 80x87

Die acht Rechenregister von der Breite 10 byte (Datenformat REAL-TEMP bzw. EXTENDED) sind als Stapel angeordnet. Alle Lade-, Speicher- und Rechenoperationen beziehen sich auf das oberste Register ST = ST(0). Der Befehl FLD (Floating LoaD) lädt z.B. das oberste Register mit einem Speicheroperanden, alle darunterliegenden Register wandern um eine Position nach unten. Das alte Register ST(0) ist nun das neue Register ST(1). Der Befehl FSTP (Floating STore and Pop) z.B. kopiert (speichert) den Inhalt des obersten Stapelregisters ST = ST(0) und entfernt ihn vom Stapel; das alte Register ST(1) wird nun das neue oberste Register ST = ST(0). *Bild 2-22* zeigt einige Befehle des Arithmetikprozessors. Alle symbolischen Befehlsbezeichnungen beginnen mit dem Buchstaben F für "Floating point".

Der Arithmetikprozessor dient als Gleitpunktrechenwerk (Floating Point) für die vier Grundrechnungsarten mit zusätzlichen mathematischen Funktionen (Wurzel, Tangens, Logarithmus). Dabei können beide Prozessoren (80x86 und 80x87) parallel arbeiten. Mit dem WAIT-Befehl lassen sie sich synchronisieren. Das Programm wird erst fortgesetzt, wenn der Arithmetikprozessor seine Operation beendet hat. Bei der Auswertung von Rückübersetzungen mit DEBUG ist zu beachten, daß der Pascalcompiler Konstanten für EXTENDED-Operationen im Codesegment vor dem Programm anlegt und anstelle der Arithmetikprozessorbefehle Interruptbefehle (INT zahl) einbaut. Sie werden erst zur Laufzeit des Programms durch Systemunterprogramme in die eigentlichen Gleitpunktbefehle umgeformt. Eine Untersuchung der Arithmetikprozessorbefehle kann also erst dann erfolgen, wenn man das Programm mit der durch IP gegebenen Startadresse gestartet und vor dem Rücksprung in das Betriebssystem wieder angehalten hat. In dem folgenden Beispiel wird eine Konstante aus dem ersten Doppelwort (DWORD PTR) des Codesegmentes (CS:) in das oberste Rechenregister des Arithmetikprozessors geladen (FLD).

Vor dem Start:

```
CD3C        INT     3C
99          CWD
06          PUSH    ES
0000        ADD     [BX+SI],AL
```

Nach dem Start:

```
9B          WAIT
2E          CS:
D9060000    FLD     DWORD PTR [0000]
```

Bild 2-23 zeigt als Beispiel für die Anwendung des Arithmetikprozessors eine INLINE-Prozedur zur Addition zweier komplexer Zahlen vom Datentyp EXTENDED. Sie enthält bereits die "richtigen" Codes für den Arithmetikprozessor, die aus einer Assemblerübersetzung ermittelt wurden.

Ein benutzerdefinierter Datentyp Complex kann als Verbund (RECORD) zweier Elemente vom Datentyp EXTENDED vereinbart werden. Der Realteil .re liegt auf der Anfangsadresse der Verbundvariablen, der Imaginärteil .im liegt 10 Bytes (Länge des Datentyps EXTENDED) dahinter. Alle drei Parameter der Prozedur c add werden als Adressen (Segment:Offset) übergeben, da sie dem zusammengesetzten Datentyp RECORD angehören und mehr als vier Bytes lang sind. Die INLINE-Prozedur kopiert die Adressen vom Übergabestapel in die Register ES und DI. Der Speicherzugriff erfolgt mit dem Segmentvorsatz "ES:" und dem Operator "TBYTE PTR" (Ten Byte Pointer = Zeiger auf einen Operanden der Länge 10 Bytes). Die vier Ladebefehle FLD bringen die Komponenten der zu addierenden komplexen Größen auf den Rechenstapel des Arithmetikprozessors. Mit den vier Befehlen

```
PROGRAM prog2p12; (* Bild 2-23 Komplexe Addition *)
(*$N+,E-*)           (* Arithmetikprozessor        *)
TYPE  Complex = RECORD
           re : EXTENDED;
           im : EXTENDED
           END;
VAR   x,y,z : Complex;
(* INLINE -Prozedur *)
PROCEDURE cadd(VAR a:Complex; b,c:Complex); INLINE
  ($55/               (* PUSH BP                          *)
  $8B/$EC/            (* MOV  BP,SP                        *)
  $C4/$7E/$02/        (* LES  DI,[BP+2]        ; adr(z)    *)
  $9B/                (* WAIT                  ; warten    *)
  $26/$DB/$2D/        (* FLD  ES:TBYTE PTR[DI] ; push z.re *)
  $9B/                (* WAIT                  ; warten    *)
  $26/$DB/$6D/$0A/    (* FLD  ES:TBYTE PTR[DI+10]; push z.im *)
  $C4/$7E/$06/        (* LES  DI,[BP+6]        ; adr(y)    *)
  $9B/                (* WAIT                  ; warten    *)
  $26/$DB/$6D/$0A/    (* FLD  ES:TBYTE PTR[DI+10]; push y.im *)
  $9B/                (* WAIT                  ; warten    *)
  $26/$DB/$2D/        (* FLD  ES:TBYTE PTR[Di] ; push y.re *)
  $C4/$7E/$0A/        (* LES  DI,[BP+10]       ; adr(x)    *)
  $9B/                (* WAIT                  ; warten    *)
  $D8/$C3/            (* FADD ST,ST(3)         ; y.re+z.re *)
  $9B/                (* WAIT                  ; warten    *)
  $26/$DB/$3D/        (* FSTP ES:TBYTE PTR[DI] ; x.re pop  *)
  $9B/                (* WAIT                  ; warten    *)
  $DE/$C1/            (* FADDP ST(1),ST        ; y.im+z.im pop *)
  $9B/                (* WAIT                  ; warten    *)
  $26/$DB/$7D/$0A/    (* FSTP ES:TBYTE PTR[DI+10]; x.im pop *)
  $DD/$D8/            (* FSTP ST               ; pop       *)
  $9B/                (* WAIT                  ; warten    *)
  $8B/$E5/            (* MOV  SP,BP                        *)
  $5D/                (* POP  BP                           *)
  $83/$C4/$0C);       (* ADD  SP,12            ; SP+12     *)
(* Hauptprogramm *)
BEGIN
  y.re := 1; y.im := 2;    (*  y := 1 + j 2  *)
  z.re := 3; z.im := 4;    (*  z := 3 + j 4  *)
  cadd(x,y,z);             (*  x := y + z    *)
  WriteLn(x.re,' +j ',x.im)
END.
```

4.00000000000000E+0000 +j 6.00000000000000E+0000

Bild 2-23: Beispiel für komplexe Addition

FADDP bzw. FSTP werden sie addiert und dabei wieder vom Rechenstapel
des Arithmetikprozessors entfernt. Wegen der Definition als INLINE-Prozedur (ohne BEGIN und END;) erzeugt der Pascalcompiler keinen CALL-
Befehl, sondern baut den vereinbarten Code an der Stelle des Aufrufs in
das Maschinenprogramm ein. Der letzte Befehl "ADD SP,12" muß daher den
Übergabestapel von den 12 Bytes der Parameteradressen "reinigen".

Wegen der Bedeutung der komplexen Rechnung für technische Anwendungen wurde in Band 1 eine Unit Komplex mit Unterprogrammen für den
Datentyp EXTENDED entwickelt, die komplexe Umwandlungen und Rechen-

```
PROGRAM prog2p13; (* Bild 2-24 Komplexe Rechnung   *)
(*$N+,E-*)              (* Arithmetikprozessor        *)
USES Komplex;       (* Unit mit komplexer Arithmetik *)
VAR    x,y,z,nenn,zaehl : Complex;
       r,s,t : EXTENDED;
       i,j,k,l : LONGINT;
(* Hauptprogramm testet alle vier Quadranten        *)
BEGIN
FOR i:= -1 TO +1 DO
BEGIN
  FOR j := -1 TO +1 DO
  BEGIN
    FOR k := -1 TO +1 DO
    BEGIN
      FOR l := -1 TO +1 DO
      BEGIN
  WriteLn;
  y.re := i; y.im := j; Ckwrite('Y=',y,' ');Cewrite('=',y,' '); WriteLn;
  z.re := k; z.im := l; Ckwrite('Z=',z,' ');Cewrite('=',z,' '); WriteLn;
  Cadd(x,y,z); Ckwrite('Cadd:',x,' '); Cewrite('=',x,' '); WriteLn;
  Csub(x,y,z); Ckwrite('Csub:',x,' '); Cewrite('=',x,' '); WriteLn;
  Cmul(x,y,z); Ckwrite('Cmul:',x,' '); Cewrite('=',x,' '); WriteLn;
  IF Cabs(z) <> 0 THEN BEGIN
  Cdiv(x,y,z); Ckwrite('Cdiv:',x,' '); Cewrite('=',x,' '); WriteLn; END;
  Crei(x,y,z); Ckwrite('Crei:',x,' '); Cewrite('=',x,' '); WriteLn;
  IF CAbs(x) <> 0 THEN BEGIN
  Cpar(x,y,z); Ckwrite('Cpar:',x,' '); Cewrite('=',x,' '); WriteLn; END;
  Cmplx(x,Creal(y),Cimag(y)); Ckwrite('Y=',x,' '); WriteLn;
      END
    END
  END
END;
END.
```

```
Y=-1.00E+0000 -j 1.00E+0000 =  1.4142*Exp(-j135.00°)
Z=-1.00E+0000 -j 1.00E+0000 =  1.4142*Exp(-j135.00°)
Cadd:-2.00E+0000 -j 2.00E+0000 =  2.8284*Exp(-j135.00°)
Csub: 0.00E+0000 +j 0.00E+0000 =  0.0000*Exp(+j  0.00°)
Cmul: 0.00E+0000 +j 2.00E+0000 =  2.0000*Exp(+j 90.00°)
Cdiv: 1.00E+0000 +j 0.00E+0000 =  1.0000*Exp(+j  0.00°)
Crei:-2.00E+0000 -j 2.00E+0000 =  2.8284*Exp(-j135.00°)
Cpar:-5.00E-0001 -j 5.00E-0001 =  0.7071*Exp(-j135.00°)
Y=-1.00E+0000 -j 1.00E+0000
```

Bild 2-24: Testprogramm der Unit *Komplex*

operationen ermöglichen. Eine Untersuchung der Maschinenprogramme zeigte jedoch, daß der Pascalcompiler an einigen Stellen uneffektiven Code erzeugt. Dies geschieht auch, wenn reine Assemblerunterprogramme aufgerufen werden. Ein gutes Verhältnis zwischen Geschwindigkeit und einfacher Handhabung liefern die INLINE-Unterprogramme entsprechend *Bild 2-23*. Da bei der Zuordnung einer Unit mit USES die aufgerufenen Unterprogramme dem Anwender verborgen bleiben, wurden die Programmlisten im Anhang zusammengestellt. *Bild 2-24* zeigt ein Testprogramm, das die komplexen Operationen in allen vier Quadranten untersucht.

Zu Abschluß soll nun der Frage nachgegangen werden, ob sich der Einsatz von Maschinenprogrammen überhaupt lohnt. Als Testoperation diente die Multiplikation zweier komplexer Zahlen vom Datentyp EXTENDED mit Arithmetikprozessor. Es wurden verglichen:
- eine Pascal-Prozedur,
- eine Assembler-Prozedur,
- eine INLINE-Prozedur der Unit Komplex und
- der direkte Einbau von INLINE-Code.

Die Messung der Zeit erfolgte vor den Start und nach Beendigung der Programmteile mit der vordefinierten Prozedur GetTime der Systemunit Dos. Die Berechnung der Laufzeit übernahm die Funktion diff. Für 100000 komplexe Multiplikationen benötigte die Pascal-Prozedur ca. 12.4 sek, die Assembler-Prozedur ca. 5.7 sek, die INLINE-Prozedur ca. 5.5 sek und der INLINE-Code ca. 5.1 sek.

```
PROGRAM prog2p14; (* Bild 2-25 Vergleich Pascal-Assembler *)
(*$N+,E-*)                (* mit Arithmetikprozessor    *)
(*$L prog2p15.obj *)      (* Assembler-Unterprogramm     *)
USES Dos,Komplex;         (* GetTime; Cmplx, Cmul       *)
TYPE   L = LONGINT;       (* Typumwandlung in diff      *)
VAR    x,y,z : Complex;   (* Definiert in Unit Komplex *)
       ha,ma,sa,s100a,he,me,se,s100e : WORD ;   (* Global *)
       i : LONGINT;
CONST n : LONGINT = 100000;  (* Zahl der Multiplikationen *)
PROCEDURE Amul(VAR a:Complex; b,c:Complex); EXTERNAL;
PROCEDURE  mul(VAR a:Complex; b,c:Complex);
BEGIN
  a.re := b.re*c.re - b.im*c.im;
  a.im := b.re*c.im + b.im*c.re
END;
FUNCTION diff:LONGINT;           (* Berechnet die Laufzeit *)
BEGIN
 diff := (L(s100e)-L(s100a)) + 100*(L(se)-L(sa)) +
         6000*(L(me)-L(ma)) + 360000*(L(he)-L(ha))
END;
(* Hauptprogramm *)
BEGIN
  Cmplx(y,1.0,1.0); Cmplx(z,1.0,1.0);
(* Pascal - Prozedur *)
   GetTime(ha,ma,sa,s100a);
   FOR i := 1 TO n DO mul(x,y,z);
   GetTime(he,me,se,s100e);
   WriteLn(n,' X Pascal  - Prozedur : ',diff:5,' 1/100 sec');
(* Assembler - Unterprogramm *)
   GetTime(ha,ma,sa,s100a);
   FOR i := 1 TO n DO Amul(x,y,z);
   GetTime(he,me,se,s100e);
   WriteLn(n,' X Assembler - Prozedur: ',diff:5,' 1/100 sec');
(* INLINE - Prozedur mit Einbau des Codes  *)
   GetTime(ha,ma,sa,s100a);
   FOR i := 1 TO n DO Cmul(x,y,z);
   GetTime(he,me,se,s100e);
   WriteLn(n,' X INLINE  -  Prozedur : ',diff:5,' 1/100 sec');
```

```
(* INLINE - Code *)
   GetTime(ha,ma,sa,s100a);
   FOR i := 1 TO n DO INLINE
   ($9B/          (* WAIT                      ; warten    *)
    $DB/$2E/y/     (* FLD   TBYTE PTR[y.re]     ; push y.re *)
    $9B/           (* WAIT                      ; warten    *)
    $DB/$2E/y+10/  (* FLD   TBYTE PTR[y.im]     ; push y.im *)
    $9B/           (* WAIT                      ; warten    *)
    $DB/$2E/z/     (* FLD   TBYTE PTR[z.re]     ; push z.re *)
    $9B/           (* WAIT                      ; warten    *)
    $DB/$2E/z+10/  (* FLD   TBYTE PTR[z.im]     ; push z.im *)
    $9B/           (* WAIT                      ; warten    *)
    $D9/$C3/       (* FLD   ST(3)               ; push y.re *)
    $D8/$CA/       (* FMUL  ST,ST(2)            ; y.re*z.re *)
    $D9/$C3/       (* FLD   ST(3)               ; push y.im *)
    $D8/$CA/       (* FMUL  ST,ST(2)            ; y.im*z.im *)
    $DE/$E9/       (* FSUBP ST(1),ST            ; x.re pop  *)
    $9B/           (* WAIT                      ; warten    *)
    $DB/$3E/x/     (* FSTP  TBYTE PTR[x.re]     ; x.re pop  *)
    $DE/$CB/       (* FMULP ST(3),ST            ; z.im*y.re pop *)
    $DE/$C9/       (* FMULP ST(1),ST            ; z.re*y.im pop *)
    $DE/$C1/       (* FADDP ST(1),ST            ; x.im pop  *)
    $9B/           (* WAIT                      ; warten    *)
    $DB/$3E/x+10/  (* FSTP  TBYTE PTR[x.im]     ; x.im pop  *)
    $9B);          (* WAIT                      ; warten *)
   GetTime (he,me,se,s100e);
   WriteLn(n,' X INLINE-Maschinencode: ',diff:5,' 1/100 sec');
END.
```

```
100000 X Pascal    -  Prozedur :   1241 1/100 sec
100000 X Assembler - Prozedur:      571 1/100 sec
100000 X INLINE    -  Prozedur :    554 1/100 sec
100000 X INLINE-Maschinencode:      511 1/100 sec
```

Bild 2-25: Vergleich Pascal - Maschinenprogramm

2.5   Der integrierte Assembler

Ab Version 6.0 stellt Turbo Pascal einen integrierten Assembler zur Verfügung, der es ermöglicht, Assembleranweisungen direkt im Pascaltext zu verwenden. Damit entfällt das mühsame Einfügen der hexadezimalen Codes mit INLINE-Anweisungen. Die Eingaberegeln und symbolischen Befehlsbezeichnungen entsprechen im wesentlichen denen der "echten" Assembler (z.B. Turbo Assembler).

Das Programmierhandbuch des Turbo Pascal enthält eine ausführliche Beschreibung des in Pascal integrierten Assemblers mit Beispielen. Abgesehen von zeitkritischen Anwendungen ergibt sich damit eine gute Möglichkeit, in die "Geheimnisse" der Assemblerprogrammierung einzusteigen, ohne die nicht einfachen Bedienungs- und Eingabevorschriften der "echten" Assembler erlernen zu müssen.

Die Assembleranweisungen bilden einen eigenen Block zwischen den Kennwörtern ASM und END.

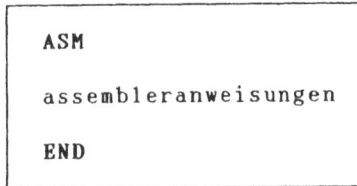

```
ASM

assembleranweisungen

END
```

Normalerweise schreibt man immer eine Assembleranweisung auf eine Eingabezeile, so daß keine besonderen Trennzeichen erforderlich sind. Stehen mehrere Anweisungen auf einer Zeile, so werden sie durch ein Semikolon voneinander getrennt. Der allgemeine Aufbau einer Assemblerzeile lautet:

```
@label:    operation   operand,operand   (* kommentar *)
```

Lokale *Sprungziele*, die innerhalb des Assemblerblocks liegen, werden durch das Zeichen @ gekennzeichnet; dann folgen ein frei wählbarer Bezeichner und ein Doppelpunkt. Die *Operation* enthält den auszuführenden Maschinenbefehl (z.B. MOV). Als *Operanden* dienen Register, Konstanten oder Adressen von Pascalvariablen. *Kommentare* erscheinen entgegen den üblichen Assemblerregeln in der Pascalschreibweise. *Bild 2-26* zeigt den in Bild 2-4 mit INLINE erzeugten Assemblercode nunmehr als Assemblerblock zwischen ASM und END.

```
PROGRAM prog2p15;   (* Bild 2-26 Assemblerblock (Version 6.0) *)
USES Dos;
CONST    aus = $03fc; (* Serienschnittstelle COM1 Ausgang DTR *)
PROCEDURE stopp; INTERRUPT;  (* Interrupt Druck-Taste *)
BEGIN    halt END;
BEGIN
SetIntVec($05,Addr(stopp));  (* Umlenkung Druck-Taste *)
ASM
         mov  dx,03fch    (* lade dx mit Portadresse  *)
         mov  al,00h      (* lade al mit 0000 0000    *)
@loop:   out  dx,al       (* Portausgabe von al       *)
         xor  al,01h      (* komplementiere 0000 0001 *)
         jmp  @loop       (* Schleife bis Druck-Taste *)
END
END.
```

Bild 2-26: Pascalprogramm mit Assemblerblock

Das Programm lenkt den Interruptvektor der Druck-Taste um auf eine Benutzerprozedur, die das Programm mit der vordefinierten Prozedur halt abbricht. In dem Assemblerblock wird das AL-Register laufend invertiert und über das Modemsteuerregister der seriellen Schnittstelle ausgegeben. Am Ausgang von DTR erscheint ein Rechtecksignal.

Die ebenfalls neu verfügbaren Assembler-Prozeduren und -Funktionen werden durch das Kennwort ASSEMBLER gekennzeichnet und enthalten Assembleranweisungen zwischen ASM und END.

```
PROCEDURE name(parameterliste); ASSEMBLER;
ASM

assembleranweiungen

END;
```

```
FUNCTION name(parameterliste) : typ; ASSEMBLER;
ASM

assembleranweisungen

END;
```

Im Gegensatz zu den INLINE-Unterprogrammen übernimmt der Assembler nun die Verwaltung des Übergabestapels und erzeugt einen auch Rücksprungbefehl. Im Assemblerprogramm lassen sich die Bezeichner der formalen Parameter verwenden. Das in *Bild 2-27* dargestellte Programmbeispiel wurde in Bild 2-23 mit einer INLINE-Prozedur aufgebaut. Das Programm übernimmt die beiden Datenfelder zweier Records in den Arithmetikprozessor und addiert sie als komplexe Zahlen. Die komplexe Summe wird wieder als Record zurückgeliefert. Assemblerprozeduren behandeln alle Parameter als Referenzparameter, so daß die Kennzeichnung mit VAR entfallen kann. Weitere Hinweise auf die Arbeit mit dem integrierten Assembler können dem Handbuch des Herstellers entnommen werden.

```
PROGRAM prog2p17; (* Bild 2-27 Assemblerprozedur (6.0) *)
(*$N+,E-*)         (* mit Numerikprozessor          *)
TYPE  Complex = RECORD
            re : EXTENDED;
            im : EXTENDED;
            END;
VAR   x,y,z : Complex;
(* Assembler-Prozedur der Version Turbo Pascal 6.0 *)
PROCEDURE Cadd(a,b,c:Complex); ASSEMBLER;
ASM
    LES  DI,c               (* adresse von z (c) *)
    WAIT                    (* warten            *)
    FLD  ES:TBYTE PTR[DI]   (* push z.re         *)
    WAIT                    (* warten            *)
    FLD  ES:TBYTE PTR[DI+10] (* push z.im         *)
    LES  DI,b               (* adresse von y (b) *)
    WAIT                    (* warten            *)
    FLD  ES:TBYTE PTR[DI+10] (* push y.im         *)
    WAIT                    (* warten            *)
    FLD  ES:TBYTE PTR[Di]   (* push y.re         *)
    LES  DI,a               (* adresse von x (a) *)
    WAIT                    (* warten            *)
    FADD ST,ST(3)           (* y.re+z.re         *)
    WAIT                    (* warten            *)
    FSTP ES:TBYTE PTR[DI]   (* x.re pop          *)
    WAIT                    (* warten            *)
    FADDP ST(1),ST          (* y.im+z.im pop     *)
    WAIT                    (* warten            *)
    FSTP ES:TBYTE PTR[DI+10] (* x.im pop          *)
    FSTP ST                 (* pop               *)
    WAIT                    (* warten            *)
END;
(* Hauptprogramm *)
BEGIN
  y.re := 1; y.im := 2;          (* y := 1 + j 2 *)
  z.re := 3; z.im := 4;          (* z := 3 + j 4 *)
  Cadd(x,y,z);                   (* x := y + z    *)
  WriteLn(x.re,' +j ',x.im)
END.
```

 4.00000000000000E+0000 +j 6.00000000000000E+0000

Bild 2-27: Pascalprogramm mit Assemblerprozedur

3. Einführung in das Betriebssystem

Dieser Abschnitt zeigt, wie man von Pascalprogrammen aus direkt auf das Betriebssystem zugreifen kann. Für die Arbeit mit den vordefinierten Funktionen und Prozeduren des Pascal, den BIOS- und DOS-Interrupts sowie den Peripheriebausteinen sollten zusätzlich die entsprechenden Handbücher herangezogen werden.

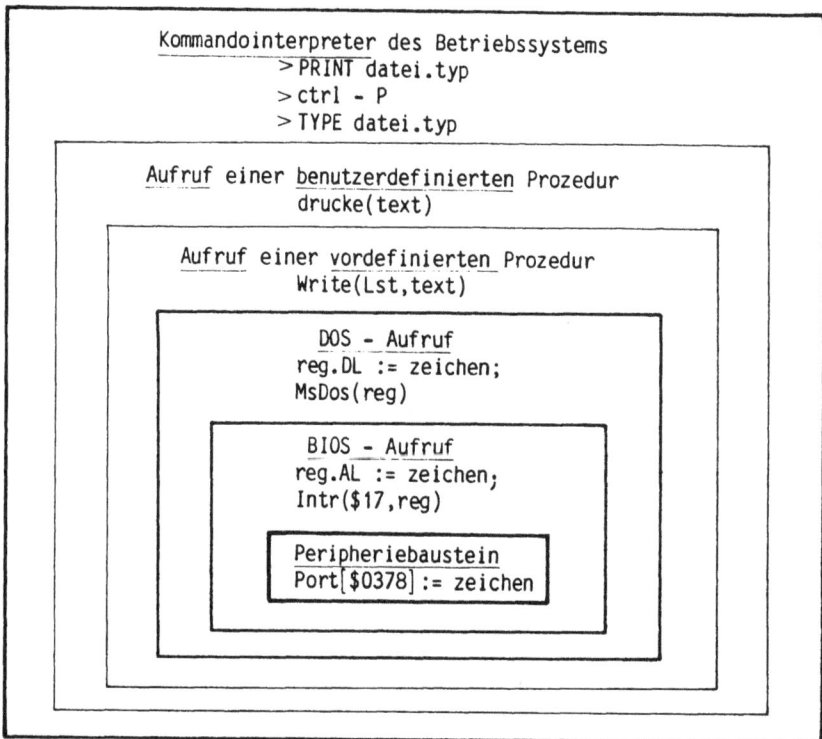

```
Kommandointerpreter des Betriebssystems
               > PRINT datei.typ
               > ctrl - P
               > TYPE datei.typ

      Aufruf einer benutzerdefinierten Prozedur
                  drucke(text)

         Aufruf einer vordefinierten Prozedur
                  Write(Lst,text)

               DOS - Aufruf
               reg.DL := zeichen;
               MsDos(reg)

                  BIOS - Aufruf
                  reg.AL := zeichen;
                  Intr($17,reg)

                  Peripheriebaustein
                  Port[$0378] := zeichen
```

Bild 3-1: Die "Schichten" des Betriebssystems

Nach dem Einschalten des Rechners bzw. nach einem Reset beginnen die EPROM-residenten Programme des Betriebssystems (BIOS) das System zu starten. Dazu gehören die Initialisierung der Schnittstellen und das Laden ("Booten") weiterer Betriebssystemprogramme (DOS = Disk Operating System) von einem Disketten- bzw. Festplattenlaufwerk. Danach befindet sich der Benutzer auf der Kommandoebene. Alle Eingaben des Benutzers werden von einem Betriebssystemprogramm, dem Kommandointerpreter

"COMMAND.COM" ausgewertet. Dabei unterscheidet man interne Betriebssystembefehle, die der Kommandointerpreter direkt ausführt (z.B. "dir"),
externe Betriebssystembefehle, die als Programm vom Typ ".EXE" oder
".COM" geladen und gestartet werden (z.B. "print.COM") und Textdateien
vom Typ ".BAT", die wiederum interne bzw. externe Befehle enthalten (z.B.
"AUTOEXEC.BAT"). *Bild 3-1* zeigt die Schichten des Betriebssystems aus
der Sicht des Pascalprogrammierers. Als Beispiel dient die Ausgabe auf
dem Paralleldrucker.

Die äußerste Schicht bildet der Kommmandointerpreter, mit dessen Hilfe
Programme von einem Disketten- bzw. Festplattenlaufwerk geladen und
gestartet werden können. Ein Beispiel für das Ausdrucken einer Datei ist
der Betriebssystembefehl "print", mit dem das Betriebssystemprogramm
"PRINT.COM" geladen und ausgeführt wird. Auf der Kommandozeile steht
als *Parameter* der Name der auszudruckenden Datei. Auf dieser Kommandoebene könnte der Benutzer auch eigene, z.B. in Pascal geschriebene
Druckprogramme ausführen lassen. Auf der Ebene der Programmiersprache Pascal bedient man sich zur Druckerausgabe zweckmäßigerweise der
vordefinierten Prozeduren Write und WriteLn in Verbindung mit der
Ausgabedatei Lst der vordefinierten Unit Printer. Es ist aber auch
durchaus möglich, eine eigene Druckerdatei zuzuordnen oder zur Lösung
von Umcodieraufgaben eigene Druckprozeduren zu definieren. Auf der
Ebene der Maschinensprache liefert das Betriebssystem über den Befehl
INT Softwareinterrupts für die Druckerausgabe. Sie können in Pascal mit
den vordefinierten Prozeduren Intr und MsDos ausgeführt werden.
Schließlich kann man auch von Pascal aus mit dem Pseudofeld Port direkt
auf die Bausteine der Druckerschnittstelle (Hardware) zugreifen. Die als
Beispiel genannten Möglichkeiten der Druckerausgabe auf den verschiedenen Systemebenen wurden in *Bild 3-2* in einem Beispielprogramm dargestellt.

```
PROGRAM prog3p0; (* Bild 3-2 Beispiele für Druckerausgaben *)
USES Dos, Printer;        (* Registers, Intr, MsDos, LST *)
VAR     druckport : WORD;   (* Portadresse LPT1            *)
        reg : Registers;    (* RECORD definiert in Dos     *)
        drucker : TEXT;     (* Textdatei fuer Geraet LPT1  *)
PROCEDURE drucke(s:STRING); (* Benutzerdefinierte Prozedur *)
VAR    i : INTEGER;
       z : CHAR;
BEGIN
  FOR i := 1 TO INTEGER(s[0]) DO
  BEGIN
    IF s[i] = '\' THEN z := #12 ELSE z := s[i];
    Write(LST,z)
  END;
  WriteLn(LST)
END;
(* Hauptprogramm *)
BEGIN
(* Druckerportausgabe *)
  druckport := MemW[$0040:$0008]; (* Adresse aus BIOS - RAM *)
  REPEAT UNTIL (Port[druckport+1] AND $80) = $80;  (* BUSY? *)
  Port[druckport+0] := BYTE('1');
  Port[druckport+2] := Port[druckport+2] XOR $01;(* STROBE *)
  Port[druckport+2] := Port[druckport+2] XOR $01;(* Impuls *)
```

```
(* Druckerausgabe mit BIOS - Aufruf *)
  reg.ah := 0;  reg.dx := 0;
  reg.al := BYTE('2');
  Intr($17,reg);
(* Druckerausgabe mit DOS - Aufruf  *)
  reg.ah := 5;  reg.dl := BYTE('3');
  MsDos(reg);
(* Pascal - Prozedur Gerät LPT1      *)
  Assign(drucker,'LPT1'); Rewrite(drucker);
  Write(drucker,'4');     Close(drucker);
(* Pascal - Prozedur Datei LST aus Unit Printer   *)
  Write(LST,'5');
(* Benutzer - Prozedur mit Umcodierung *)
  drucke('6 Neue Seite \');
END.


123456 Neue Seite
```

Bild 3-2: Beispiele für Druckerausgaben

3.1 Die Verbindung über die Unit Dos

In der Unit Dos befinden sich vordefinierte Funktionen, Prozeduren und
Deklarationen von Konstanten und Variablen, die die Verbindung zum Betriebssystem wesentlich erleichtern. *Bild 3-3* zeigt eine Auswahl.

Name	Typ	Unit	Anwendung
GetDate(j,m,t,w)	Prozedur	Dos	ermittelt Datum
GetTime(h,m,s,hs)	Prozedur	Dos	ermittelt Uhrzeit
ParamCount	Funktion		: WORD liefert Zahl der Parameter
ParamStr(nr)	Funktion		: STRING liefert Parameter nr
SwapVectors	Prozedur	Dos	vertauscht (rettet) Interruptvektoren
Exec(progr,param)	Prozedur	Dos	führt Programm mit Parametern aus
GetEnv('COMSPEC')	Funktion	Dos	: STRING liefert Suchweg nach COMMAND.COM
DosError	INTEGER	Dos	liefert DOS-Fehlercode (0 = fehlerfrei)
Intr(nr,register)	Prozedur	Dos	Softwareinterrupt nr mit Registern (BIOS)
MsDos(register)	Prozedur	Dos	Intr($21,register) (DOS-Interrupt)
Registers	RECORD	Dos	Datenstruktur der Prozessorregister

Bild 3-3: Einige Definitionen der Unit Dos

Mit den Prozeduren GetDate und GetTime sind Datum und Uhrzeit der
Systemuhr verfügbar. Diese werden entweder von einem Timerinterrupt
abgeleitet oder einem besonderen Uhrenbaustein RTC entnommen.

In der Testphase startet man die Pascalprogramme vorwiegend aus dem
Pascalsystem, bei der Anwendung jedoch aus der Kommandoebene des Betriebssystems. Dazu schaltet man im Compile-Menü den Schalter Destination von der Voreinstellung Memory nach Disk um. Bei der Übersetzung
mit Make entsteht ein ausführbares Maschinenprogramm vom Dateityp

".EXE", das auf der Kommandoebene durch Eingabe des Namens geladen und gestartet werden kann. Hinter dem Namen des Programms können über Parameter Steuerdaten an das Programm übergeben werden. Die Funktion ParamCount liefert die Anzahl der Parameter, die Funktion ParamStr liefert die einzelnen Parameter als String. Der Aufruf ParamStr(0) ergibt den vollständigen Programmnamen einschließlich Laufwerk und Inhalts-verzeichnis. Der Aufruf ParamStr(1) liefert den 1. Parameter. Das folgende Beispiel setzt voraus, daß aus dem Pascalprogramm "prog3p1.PAS" ein ausführbares Maschinenprogramm "prog3p1.EXE" entstanden ist. Es liegt in dem augenblicklich zugeordneten Unterverzeichnis "C:\TURBO" und soll mit den Parametern "Test" und "1234" geladen und ausgeführt werden.

Start des Maschinenprogramms "prog3p1.EXE" mit Parametern:
C:\TURBO>prog3p1 Test 1234

Der Aufruf der vordefinierten Funktionen ergibt:
ParamStr(0) = 'C:\TURBO\PROG3P1.EXE'
ParamStr(1) = 'Test'
ParamStr(2) = '1234'

Normalerweise verläßt man ein Pascalprogramm nach Ausführung der letzten Anweisung oder durch die vordefinierten Prozeduren Exit oder Halt und kehrt zurück an die Stelle, von der aus das Programm gestartet wurde; also zurück in das Pascalsystem oder in das Betriebssystem. Die Prozedur Exec ermöglicht die Ausführung von Programmen, die normaler-weise nur aus der Kommandoebene gestartet werden können, ohne daß das Pascalprogramm verlassen werden muß. Da dafür zusätzlicher Arbeitsspei-cher erforderlich ist, muß der Speicherbereich des aufrufenden Pascal-programms durch die Compileranweisung $M begrenzt werden.

```
(*$M Stapellänge,Heap_min,Heap_max *)
```

Die Speichergrößen werden als dezimale oder hexadezimale Konstanten angegeben. Das folgende Beispiel begrenzt den Stapel und den Heap (Zusatzspeicher für Zeigervariablen) auf je 8 KByte.
(*$M $2000,0,8192 *)

Vor dem Aufruf der vordefinierten Prozedur Exec müssen die Interrupt-vektoren mit der Prozedur SwapVectors gerettet und danach wieder zu-rückgeladen werden. In dem folgenden Beispiel wird in einem Pascalpro-gramm ein Maschinenprogramm "druckmen.EXE" gestartet, das sich in dem augenblicklich zugeordneten Verzeichnis befindet. Dabei werden keine Parameter übergeben.
```
(*$M $2000,0,$2000 *)
USES Dos;
BEGIN
SwapVectors;
Exec('druckmen.exe',' ');
SwapVectors;
END.
```

Die Funktion GetEnv für den vordefinierten Bezeichner COMSPEC liefert den Suchweg zum Kommandointerpreter "COMMAND.COM". Das folgende Beispiel übergibt dem Kommandointerpreter den Parameter "dir *.exe" und gibt dadurch die Namen aller Dateien vom Typ ".EXE" aus.

```
SwapVectors;
Exec(GetEnv('COMSPEC'),'/C dir *.exe ');
SwapVectors;
```

Im Pascalsystem kann man im File-Menü mit OS shell auf die Kommando-ebene des Betriebssystem (Shell) gehen und diese mit dem Kommando exit wieder verlassen. Auf diese Art kann man z.B. den Drucker umschalten. Das gleiche ist auch aus einem Pascalprogramm möglich, wenn als auszu-führendes Programm der Kommandointerpreter "COMMAND.COM" ohne Parameter aufgerufen wird. Die Kommandoebene des Betriebssystems muß mit dem Kommando

```
........>exit
```

wieder verlassen werden. Das in *Bild 3-4* dargestellte Programmbeispiel zeigt eine Anwendung der als Beispiele behandelten Definitionen der Unit Dos. Die Prozeduren Intr und MsDos werden im folgenden Abschnitt mit Anwendungsbeispielen behandelt.

```
PROGRAM prog3p1;       (* Bild 3-4: Beispiele Unit Dos    *)
(*$M $2000,0,$2000 *) (* 8 KByte Stapel 0..8K Byte Heap *)
USES Dos;
CONST wbez : ARRAY[0..6] OF STRING =
      ('Sonntag'|'Montag','Dienstag','Mittwoch',
       'Donnerstag','Freitag','Samstag');
VAR   jahr,monat,tag,wtag : WORD;
      std,min,sec,hsec : WORD;
      i : INTEGER;
BEGIN
(* Ausgabe von Datum und Uhrzeit *)
  GetDate(jahr,monat,tag,wtag); WriteLn;
  Write('Heute ist: ',wbez[wtag],', der ',tag,'.',monat,'.',jahr,' ');
  GetTime(std,min,sec,hsec);
  WriteLn(std,' Uhr ',min,' Min ',sec,'.',hsec,' Sek');
(* Kommandozeilenparameter bei Start als .EXE.Datei  *)
  Write(' Programm: ',ParamStr(0),' Parameter: ');
  FOR i := 1 TO ParamCount DO Write(ParamStr(i),' '); WriteLn;
(* DOS - Kommandoebene *)
  WriteLn;
  WriteLn('------------------------------------------------------');
  WriteLn('*** MS-DOS-Kommandoebene ***   Zurueck mit ...>exit');
  SwapVectors;
  Exec(GetEnv('COMSPEC'),'');
  SwapVectors;
  IF DosError <> 0 THEN WriteLn('Fehler:',DosError);
  WriteLn('*** Wieder im Programm ',ParamStr(0),' ****');
END.

C:\TURBOP\PROG1>prog3p1  1   2   3

Heute ist: Freitag, der 25.1.1991 19 Uhr 23 Min 44.91 Sek
 Programm: C:\TURBOP\PROG1\PROG3P1.EXE Parameter: 1 2 3
```

```
-----------------------------------------------------
*** MS-DOS-Kommandoebene ***  Zurueck mit ...>exit


Microsoft(R) MS-DOS(R)  Version 3.30
           (C)Copyright Microsoft Corp 1981-1987


C:\TURBOP\PROG1>exit
*** Wieder im Programm C:\TURBOP\PROG1\PROG3P1.EXE ****

C:\TURBOP\PROG1>
```

Bild 3-4: Der Aufruf des Betriebssystems über Dos

3.2 Der Aufruf von BIOS- und DOS-Interrupts

Das BIOS enthält Maschinenprogramme, die direkt auf die Peripheriebausteine des Rechners zugreifen. Wie bereits im Abschnitt 1.6 dargestellt,
können diese Betriebssystemprogramme auch vom Benutzer über den
Maschinenbefehl INT und eine Kennzahl (Softwareinterrupt) aufgerufen
werden. Beim Start des Systems werden die Peripheriebausteine initialisiert (eingestellt), die Interruptvektoren (Bild 1-19) und die Variablen
des BIOS vorbesetzt. Die vorbesetzten Interruptvektoren lassen sich mit
den Prozeduren GetIntVec, SetIntVec und SwapVectors auf Benutzer-
prozeduren umlenken. Diese müssen durch den Zusatz INTERRUPT besonders gekennzeichnet werden. Die Systemvariablen des BIOS liegen im Bereich der Adressen $0040:$0000 bis $0050:$0000. *Bild 3-5* zeigt einige Beispiele.

Anfangsadresse	Bytes	Inhalt
$0040 : $0000	2	Portadresse COM1 (1. serielle Schnittstelle)
$0040 : $0002	2	Portadresse COM2 (2. serielle Schnittstelle)
$0040 : $0004	2	Portadresse COM3 (3. serielle Schnittstelle)
$0040 : $0006	2	Portadresse COM4 (4. serielle Schnittstelle)
$0040 : $0008	2	Portadresse LPT1 (1. Paralleldrucker)
$0040 : $000A	2	Portadresse LPT2 (2. Paralleldrucker)
$0040 : $000C	2	reserviert
$0040 : $000E	2	reserviert
$0040 : $0015	2	Speichergröße in KByte
$0040 : $0017	1	Tastaturstatus
$0040 : $0018	1	erweiterter Tastaturstatus
$0040 : $006C	4	Langwort mit Timer-Tic (alle 55 ms erhöht)

Bild 3-5: Beispiele für BIOS-Variablen

Der Zugriff auf diese Variablen erfolgt von Pascal aus mit den Pseudofeldern Mem, MemW und MemL. Von besonderem Interesse ist der 32-bit-Zeit-
zähler (Timer Tic) ab Adresse $0040:$006C, der durch den Timer-Interrupt
$08 alle 55 ms (18.2 mal pro Sekunde) um 1 erhöht wird. Dabei liegt das nie-

drigste Byte des Doppelwortes (Datentyp LONGINT) auf dem Offset $006C;
das höchste Byte auf $006F. Die Timer Tic Variable dient als Basis für die
Berechnung der Zeit durch das Betriebssystem. Das folgende Beispiel liest
den Timer Tic in eine Benutzervariable zeit:

```
VAR     zeit : LONGINT;
BEGIN
zeit := MemL[$0040:$006C];
```

Interrupt	AH-Reg.	Aufgabe
$10		Bildschirmfunktionen
$11		Konfiguration nach AX bringen
$12		Speichergröße nach AX bringen
$13		Disketten- und Harddiskfunktionen
$14		serielle Schnittstelle
$15		Sonderfunktionen (RTC-Uhr, Joystick)
$15	$83	Bit B7 in Byte (ES:BX) nach (CX:DX) µs setzen (AT)
$15	$86	(CX:DX) µs warten (nur AT)
$16		Tastaturfunktionen
$17		Paralleldruckerfunktionen
$18		ROM - BASIC starten
$19		Betriebssystemneustart (booten)
$1A	$00	Timer-Tic (Zeitzähler) nach CX und DX lesen
$1A	$02	Zeit: CH=Stunde CL=Minute DH=Sekunde (nur AT)
$1A	$04	Datum: CX=Jahr DH=Monat DL=Tag (nur AT)
$1A	$06	Alarmzeit setzen (löst Interrupt $4A aus) (nur AT)
$1B		Einsprung für BREAK-Interrupt
$1C		Einsprung für Timer Interrupt (alle 55 ms)
$1D-$1F		Tabellen
$20		Programm beenden (besser $21 Code $4C)
$21		DOS - Interrupts (Tabelle Bild 3-7)
$22-$7F		Sonderfunktionen (Maus Zusatzspeicher)

Bild 3-6: Einige BIOS-Interrupts

Der Zugriff auf die in *Bild 3-6* dargestellten BIOS-Interrupts erfolgt von
Pascal aus mit der vordefinierten Prozedur Intr. Als Wertparameter wird
die Kennzahl übergeben, als Referenzparameter erwartet die Prozedur
einen Record mit den Prozessorregistern. Die Unit Dos stellt dafür den
vordefinierten Datentyp Registers zur Verfügung. Die meisten BIOS-
Interrupts erwarten im Register AH einen Kennwert zur Auswahl von
Unterfunktionen. Das folgende Beispiel liest den Timer Tic in die Register
CX und DX vom Datentyp WORD. Beide Wörter werden zu der Variablen zeit
vom Datentyp LONGINT zusammengesetzt.

```
USES    Dos;
VAR     reg : Registers;
        zeit : LONGINT;
BEGIN
reg.ah := $00;
Intr($1A,reg);
zeit := reg.cx*$10000 + reg.dx;
```

Anstelle des Interrupts $21 (Prozeduraufruf Intr($21,reg)) kann auch
die vordefinierte Prozedur MsDos(reg) verwendet werden. Als Referenzparameter wird wieder ein Record mit den Prozessorregistern übergeben.
Das Register AH enthält einen Kennwert zur Auswahl von Unterfunktionen.
Bild 3-7 zeigt einige Beispiele.

AH-Reg.	Aufgabe
$00	Programm beenden (besser Code AH = $4C)
$01	Tastaturzeichen nach AL lesen (mit Echo)
$02	Zeichen aus DL auf Bildschirm ausgeben
$03	Zeichen von serieller Schnittstelle nach AL lesen
$04	Zeichen aus DL auf serieller Schnittstelle ausgeben
$05	Zeichen aus DL auf Drucker ausgeben
$2A	Datum: AL=Wochentag CX=Jahr DH=Monat DL=Tag
$2C	Uhrzeit: CH=Stunde CL=Minute DH=Sekunde DL=1/100 sek
$30	DOS-Version: AL=Hauptversion AH=Zusatzangabe
$25	Interruptvektor setzen AL=nr DS=Segment DX=Offset
$35	Interruptvektor lesen AL=nr ES=Segment BX=Offset
$4C	Programm beenden, Rückkehr nach DOS

Bild 3-7: Einige DOS-Interrupts

Die DOS-Interrupts greifen auf BIOS-Interrupts zu und werten sie aus.
Ein Beispiel ist der Interrupt $21 mit der Unterfunktion AH = $2C, der aus
dem Timer Tic die Uhrzeit berechnet. Die Stunde wird im Register CH, die
Minute in CL, die Sekunde in DH und die Hundertstelsekunde in DL übergeben. Das folgende Beispiel gibt die Uhrzeit aus.

```
USES  Dos;
VAR   reg : Registers;
BEGIN
reg.ah := $2C; MsDos(reg);
WriteLn(reg.ch,' : ',reg.cl,' : ',reg.dh);
END.
```

3.3   Die Zeit- und Uhrenfunktionen in Pascal

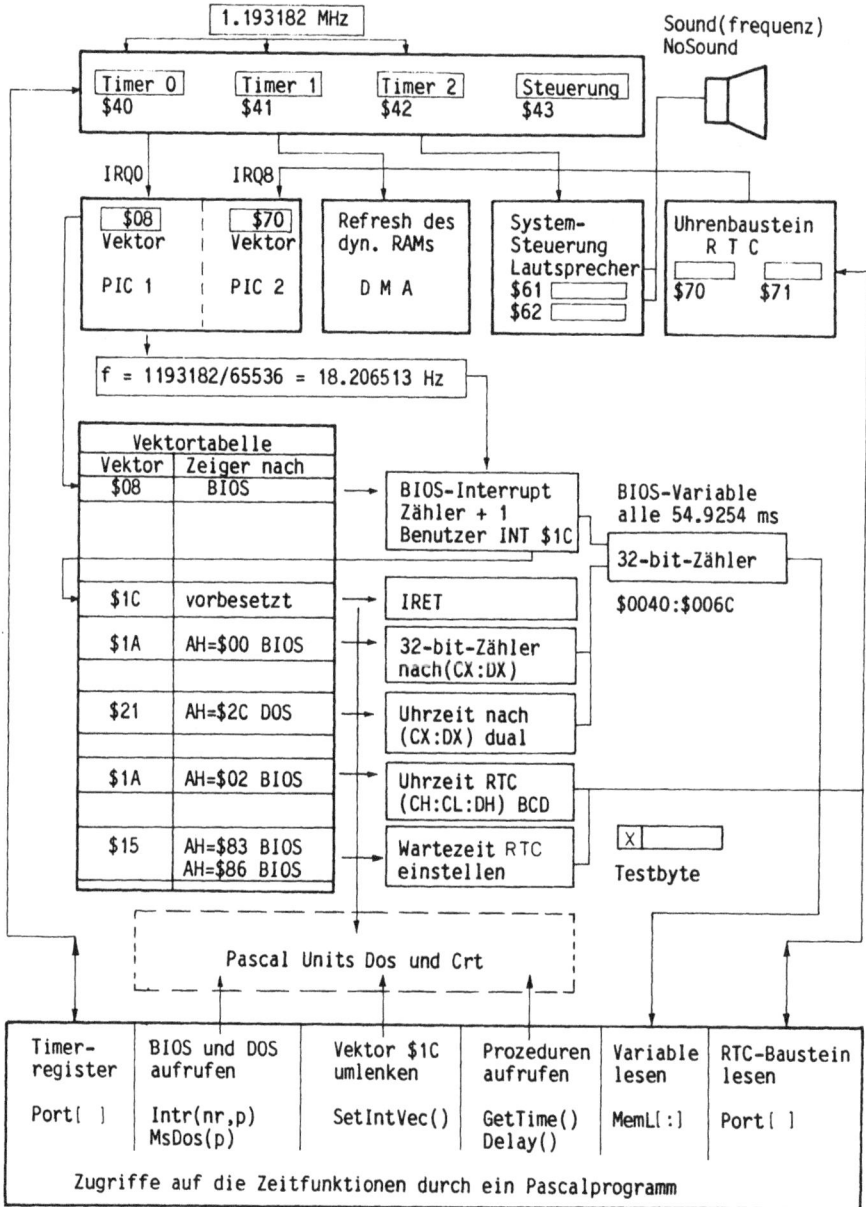

Bild 3-8: Die Zeit- und Uhrenfunktionen des Rechners

Als Beispiel für die Zusammenarbeit mit dem Betriebssystem zeigt *Bild 3-8*
die Zeit- und Uhrenfunktionen, die eine besondere Rolle in technischen
Anwendungen darstellen. Eine Taktquelle von 1.193182 MHz liefert den
Takt für die drei Timer des Bausteins 8253 (bzw. 8254). Timer 0 (Port $40)
erzeugt den Systemtakt für die Uhrenfunktionen, Timer 1 (Port $41) dient
dem Wiederauffrischen (Refresh) des Arbeitsspeichers über die DMA-Steuerung und Timer 2 (Port $42) steuert den Lautsprecher (Vordefinierte
Pascalprozeduren Sound und NoSound). Über den Steuerport $43 werden
die drei Timer programmiert (eingestellt). Das Steuerbyte $04 z.B. "friert"
den Timer 0 ein, der erste Zugriff auf den Port $40 liest das Low-Byte, der
nächste das High-Byte des Timers 0. Die Timer 0 (ca. alle 55 ms) und Timer
1 (z.B. alle 8 oder 16 µs) lösen periodische Interrupts aus, die eine kontinuierliche Signalverarbeitung stören können (Abschnitt 1.6 Bild 1-24).
Dies läßt sich durch eine Umprogrammierung der Timer bzw. der Inter-
rupt- und DMA-Bausteine unterdrücken; dabei sind jedoch die besonderen
Verhältnisse des jeweils verwendeten Rechnermodells zu berücksichtigen,
da wichtige Systemfunktionen durch einen derartigen Eingriff beeinträch-
tigt werden können. Durch Abfrage der BIOS Timer Tic Variablen ist es
möglich, eine Verarbeitung erst bei einem Start des Timers 0 zu beginnen.
Damit ist sichergestellt, daß in den nächsten 54 ms kein Timer 0 Interrupt
mehr auftritt. Das folgende Beispiel berücksichtigt nur eine Änderung des
wertniedrigsten Bytes:

```
VAR     x : BYTE;
BEGIN
x  := Mem[$0040:$006C];
WHILE x = Mem[$0040:$006C] DO ; (* bis Änderung *)
(* Start der Verarbeitung bei Timer 0 = $FFFF    *)
```

Sollte es bei zeitkritischen Programmen erforderlich werden, den INTR-
Interrupt zeitweise zu sperren, so können die entsprechenden Maschinenbefehle mit INLINE in das Pascalprogramm eingebaut werden. Damit sind
jedoch z.B. auch alle Tastatur- und Zeitfunktionen des Betriebssystems
und damit auch des Pascal gesperrt. Beispiele:

```
INLINE($FA); (* CLI  ; Interrupts gesperrt      *)

(* Programmstück kann nicht unterbrochen werden *)

INLINE($FB); (* STI  ; Interrupts freigegeben    *)
```

Timer 0 zählt von 65535 ($FFFF) abwärts und liefert beim Nulldurchgang
ein Signal am Ausgang Out 0. Er wirkt als Frequenzteiler durch 65536 und
löst mit einer Frequenz von 18.206513 Hz den Hardwareinterrupt $08 aus.
Der vorbesetzte Zeiger der Vektortabelle zeigt auf ein BIOS-Interruptpro-
gramm, das neben anderen Systemfunktionen auch den BIOS Timer Tic um
1 erhöht (alle 54.9254 ms) und einen Softwareinterrupt $1C aufruft. Der
dort vorbesetzte Zeiger führt lediglich auf den Rücksprungbefehl IRET
und kann mit der Prozedur SetIntVec auf eine Interruptprozedur des
Benutzers umgelenkt werden. Eine Umlenkung des Vektors $08 könnte
Betriebssystemfunktionen beeinträchtigen und müßte auf jeden Fall dafür
sorgen, daß die Interrupts im Interruptsteuerbaustein PIC wieder freigegeben werden (Abschnitt 1.6 Bild 1-25).

Wie bereits in den Beispielen gezeigt, werten die Softwareinterrupts $1A (AH = $00) und $21 (AH = $2C) die BIOS-Variable Timer Tic aus. Die vordefinierten Pascalprozeduren GetTime und Delay stellen weitere Zeitfunktionen zur Verfügung. Die Rechner der AT-Klasse sowie eine Reihe von neueren PC-Rechnern enthalten einen batteriegepufferten Uhrenbaustein RTC (Real Time Clock) mit einer Uhr und einem kleinen RAM-Bereich für Konfigurationsdaten des Rechners. Bei einem Start des Betriebssystems wird der Timer Tic nach dieser netzunabhängigen Uhr gestellt. Beide Uhren können später geringfügig voneinander abweichen. Der Uhrenbaustein kann entweder über die Portadressen $70 und $71 direkt oder über BIOS-Interrupts indirekt angesprochen werden. Die Zeit wird in diesem Fall nicht dual, sondern im BCD-Code angezeigt. Der Baustein ist zusätzlich mit einer Alarm- und einer Taktfunktion ausgerüstet, die Interrupts auslösen können. Diese Funktionen stehen über die BIOS-Interrupts $15 und $1A zur Verfügung. *Bild 3-9* zeigt die Anwendung der Zeitfunktionen in einem Programmbeispiel.

```
PROGRAM prog3p5; (* Bild 3-9: Zeitfunktionen des DOS *)
USES Dos, Crt;
VAR   reg : Registers;                (* RECORD in Dos *)
      test,h,l : BYTE;
      std,min,sek,hse : WORD;
      wert, zeit : LONGINT;
FUNCTION b(x : BYTE) : BYTE;   (* BCD-Code nach dual *)
BEGIN
  b := (x SHR 4)*10 + (x AND $0F)
END;
PROCEDURE timer; INTERRUPT;    (* Timer-Interrupt $1C *)
BEGIN
  Inc(zeit)
END;
BEGIN     (* Zeit auslesen und Wartezeiten einstellen *)
WITH reg DO BEGIN               (* für RECORD reg.  *)
(* Direkte Ausgabe der Zeit *)
  GetTime(std,min,sek,hse);
  WriteLn('GetTime liefert: ',std,':',min,':',sek,'.',hse);
  ah := $2C; MsDos(reg);
  WriteLn('Int $21 liefert: ',ch,':',cl,':',dh,'.',dl);
  ah := $02; Intr($1A,reg);
  WriteLn('INT $1A liefert: ',b(ch),':',b(cl),':',b(dh));
(* Lesen des Uhrenbausteins RTC *)
  Port[$70] := 4 ; std := Port[$71];
  Port[$70] := 2 ; min := Port[$71];
  Port[$70] := 0 ; sek := Port[$71];
  WriteLn(' RTC - Baustein: ',b(std),':',b(min),':',b(sek));
(* Auslesen des 32-bit-Zaehlers 18.2 Hz  55 ms *)
  ah := $00; Intr($1A,reg); zeit := cx*$10000 + dx;
  WriteLn('BIOS Tic-Zähler: ',zeit);
  WriteLn(' RAM Tic-Zähler: ',MemL[$40:$6C]);
  ah := $2C; MsDos(reg);
  zeit:=(((60*LONGINT(ch)+LONGINT(cl))*60+LONGINT(dh))*100+LONGINT(dl))*10;
  WriteLn(' Uhr-Berechnung: ',Trunc(zeit*1.0E3*1.193182/65536.0));
(* Lesen des Timerbausteins Timer 0 *)
  Port[$43] := $04; l := Port[$40]; h := Port[$40];
  wert := LONGINT(l) OR (LONGINT(h) SHL 8);
  WriteLn(' Stand Timer 0 : ',wert);
```

```
(* Timerinterrupt umlenken und Wartezeiten 1 sek einstellen *)
  SetIntVec($1C,Addr(timer));    (* Zaehlt jeden Timer - Tic *)
  zeit := 0; Sound(400); Delay(1000); NoSound;
  WriteLn('Delay-Wartezeit: ',zeit,' Timer - Tics');
  zeit := 0; cx := 1000000 DIV $10000; dx := 1000000 MOD $10000;
  ah := $86; Intr($15,reg);
  WriteLn(' Intr-Wartezeit: ',zeit,' Timer - Tics');
  zeit := 0; cx := 1000000 DIV $10000; dx := 1000000 MOD $10000;
  test := 0; es := Seg(test); bx := Ofs(test); al := 0;
  ah := $83; Intr($15,reg);  REPEAT  UNTIL test = $80;
  WriteLn(' Flag-Wartezeit: ',zeit,' Timer - Tics');
END
END.
```

```
GetTime liefert: 18:44:40.47
Int $21 liefert; 18:44:40.47
INT $1A liefert: 18:44:43
 RTC - Baustein: 18:44:43
BIOS Tic-Zähler: 1228583
 RAM Tic-Zähler: 1228583
 Uhr-Berechnung: 1228584
 Stand Timer 0 : 29528
Delay-Wartezeit: 18 Timer - Tics
 Intr-Wartezeit: 18 Timer - Tics
 Flag-Wartezeit: 19 Timer - Tics
```

Bild 3-9: Testprogramm der Zeitfunktionen

Die Prozedur GetTime und der DOS-Interrupt $21 (AH = $2C) liefern die
Zeit in der Auflösung Hunderstelsekunde (10 ms), während der Timer Tic
nur alle 55 ms erhöht wird. Die Auswertung des in *Bild 3-10* dargestellten
Testprogramms zeigt, daß der Timer 0 des untersuchten Rechners in der
Betriebsart 3 (Schrittweite 2 und Rechteckausgang) betrieben wird. Er
macht für einen Wert der Timer Tic Variablen zwei Durchläufe und kann
daher nicht zur exakten Bestimmung der Hunderstelsekunden verwendet
werden, da es unbestimmt ist, in welchem der beiden Durchläufe der Timer
ausgelesen wird. Damit ist diese Angabe mit einem Fehler von 5.5 Einheiten
behaftet, wenn sie aus der Timer Tic Variablen errechnet wird.

```
PROGRAM prog3p6; (* Bild 3-10  Timer - Test *)
USES Dos;          (* definiert Registers      *)
VAR     x : ARRAY[1..4,1..20] OF WORD;
        i,j : INTEGER;
        h,l : BYTE;
        reg : Registers;
BEGIN
FOR i := 1 TO 20 DO (* Timer schnell auslesen und speichern*)
  BEGIN
  Port[$43] := $04;
  x[1,i] := MemW[$40:$6C]; l := Port[$40]; h := Port[$40];
  x[2,i] := (WORD(h) SHL 8) OR WORD(l);
  reg.ah := $2C; MsDos(reg);
  x[3,i] := reg.dh; x[4,i] := reg.dl;
  FOR j := 1 TO 2000 DO ;                (* Warteschleife *)
  END;
FOR i := 1 TO 20 DO     (* Werte aus Feld langsam ausgeben  *)
WriteLn('Tic:',x[1,i],' Timer:',x[2,i]:5,' Zeit:',x[3,i],'.',x[4,i],' Sek');
END.
```

```
Tic:55869   Timer:57770   Zeit:1.38 Sek
Tic:55869   Timer:47306   Zeit:1.38 Sek
Tic:55869   Timer:36840   Zeit:1.38 Sek
Tic:55869   Timer:26370   Zeit:1.38 Sek
Tic:55869   Timer:15518   Zeit:1.38 Sek
Tic:55869   Timer: 5052   Zeit:1.38 Sek
Tic:55869   Timer:60120   Zeit:1.38 Sek
Tic:55869   Timer:49660   Zeit:1.38 Sek
Tic:55869   Timer:39196   Zeit:1.38 Sek
Tic:55869   Timer:28732   Zeit:1.38 Sek
Tic:55869   Timer:18266   Zeit:1.38 Sek
Tic:55869   Timer: 7804   Zeit:1.38 Sek
Tic:55870   Timer:62674   Zeit:1.43 Sek
Tic:55870   Timer:52208   Zeit:1.43 Sek
Tic:55870   Timer:41738   Zeit:1.43 Sek
Tic:55870   Timer:31268   Zeit:1.43 Sek
Tic:55870   Timer:20802   Zeit:1.43 Sek
Tic:55870   Timer:10340   Zeit:1.43 Sek
Tic:55870   Timer:65408   Zeit:1.43 Sek
Tic:55870   Timer:54938   Zeit:1.43 Sek
```

Bild 3-10: Testprogramm für Timer 0

3.4   Die Arbeit mit Geräten und Dateien

Gerät(DOS)	Datei(Pascal)	Unit	Anwendung
CON	Input	System	Konsoleingabe (Tastatur)
CON	Output	System	Konsolausgabe (Bildschirm)
COM1(AUX)			1. serielle Schnittstelle
COM2			2. serielle Schnittstelle
LPT1(PRN)	Lst	Printer	1. Paralleldrucker
LPT2			2. Paralleldrucker
NUL			keine

Bild 3-11: Vordefinierte Geräte- und Dateibezeichnungen

Besonders wichtig für den Betrieb eines Rechners sind die Eingabe und
Ausgabe von Daten (Tastatur, Bildschirm, Drucker) sowie ihre dauernde
Aufbewahrung in Dateien (Festplatte, Diskette). Die Verbindung zwischen
der Hardware (Schnittstellenbausteinen) und dem Betriebssystem liefern
die Gerätetreiber (Device Driver oder Handler). Die standardmäßigen Vor-
einstellungen der Geräte und ihre Betriebsarten lassen sich mit dem Betriebssystemkommando "MODE" ändern. Für die Zeichentreiber sind vom
Betriebssystem die in *Bild 3-11* zusammengestellten Geräte- oder Einhei-
tennamen reserviert. Sie werden wie die Betriebssystemnamen von Dateien
behandelt (Band 1 Kapitel 7 Datendateien). Das folgende Beispiel ordnet
dem Gerät CON (Konsole = Bildschirmausgabe) den frei gewählten Bezeichner ausgabe als Dateivariable zu und behandelt das Gerät wie eine Text-
datei. Im Gegensatz zu einer Datendatei wird die Ausgabe auf einem Gerät
nicht gespeichert.

```
VAR      ausgabe : TEXT;
BEGIN
Assign(ausgabe,'CON');
Rewrite(ausgabe);
WriteLn(ausgabe,'*********');
Close(ausgabe);
END.
```

Eingabegeräte müssen wie Eingabedateien mit Reset eröffnet werden. Für das Ein/Ausgabegerät CON gibt es in Pascal die vordefinierten Standard-dateien Input und Output, die von der immer verfügbaren Unit System automatisch zugeordnet, eröffnet und geschlossen werden. Beispiel:

```
BEGIN
WriteLn(Output,'**********')
```

Fehlt beim Aufruf der Read- und Writeprozeduren die Angabe der Datei-variablen, so werden die Standarddateivariablen Input und Output an-genommen, die dem Standardgerät CON zugeordnet sind. Bei Verwendung der vordefinierten Unit Printer kann die vordefinierte Dateivariable Lst für die Druckerausgabe verwendet werden. Sie ist dem Gerät LPT1 (PRN) zugeordnet. Bei Zuordnung der Unit Crt wird der standardmäßige Geräte-treiber CON des Betriebssystems durch Programme ersetzt, die direkt auf die Tastatur und den Bildschirm zugreifen.

Bei der Arbeit mit Datendateien kann es zweckmäßig sein, die normalerwei-se auf der Kommandoebene einzugebenden Betriebssystembefehle (z.B. cd, dir, del) innerhalb eines Pascalprogramms ausführen zu lassen. *Bild 3-12* zeigt einige dafür vorgesehene vordefinierte Prozeduren und Variablen-vereinbarungen.

Name	Typ	Unit	DOS-Befehl	Anwendung
GetDir(lw,na)	Prozedur		>cd lw:	Ermittelt Suchweg für lw
ChDir(name)	Prozedur		>cd name	wechselt Inhaltsverzeichnis
FindFirst(..)	Prozedur	Dos	>dir	sucht 1.Eintrag im Inhaltsv.
FindNext(...)	Prozedur	Dos		sucht alle folgenden Einträge
AnyFile	BYTE			vordef. Attribut ($3F=alle)
SearchRec	RECORD	Dos		vordef. Record für Eintrag
DosError	INTEGER	Dos		vordef. Fehlercode
Rewrite(dat)	Prozedur			eröffnet und errichtet Datei
Erase(datei)	Prozedur		>del datei	löscht Datei
Rename(dat)	Prozedur		>ren datei	gibt Datei neuen Namen

Bild 3-12: **Prozeduren und Vereinbarungen zur Dateiverwaltung**

Die Prozedur GetDir ermittelt das augenblicklich zugeordnete Inhaltsver-
zeichnis (Directory) eines Laufwerks. Das Laufwerk 0 ist das augenblicklich zugeordnete Laufwerk; das Laufwerk A wird mit 1 bezeichnet usw.
Diese Prozedur entspricht dem Kommando "cd" ohne Parameter bzw. mit
einem Laufwerk als Parameter. Die Prozedur ChDir entspricht dem Kommando "cd" mit einem Pfad (Dateinamen) als Parameter. Durch Angabe eines
Laufwerks wird auch das Laufwerk gewechselt. Die vordefinierten Prozeduren FindFirst und FindNext dienen zur Ausgabe von Einträgen.
Diese werden in einem vordefinierten Record SearchRec gespeichert. *Bild
3-13* zeigt ein Anwendungsbeispiel.

```
PROGRAM prog3p4;   (* Bild 3-13: Dateiverwaltung *)
USES   Dos;
VAR    i : INTEGER;
       datei, verz : STRING;
       eintrag : SearchRec;   (* definiert in Dos *)
BEGIN
GetDir(0,verz); WriteLn('Zugeordnetes Verzeichnis: ',verz);
Write('Welche Dateien ausgeben?> '); ReadLn(datei);
FindFirst(datei,AnyFile,eintrag);
WHILE DosError = 0 DO
BEGIN
  WriteLn(eintrag.Name:12,' ',eintrag.Size:6,' Bytes');
  FindNext(eintrag)
END
END.
```

```
Zugeordnetes Verzeichnis: C:\TURBOP\PROG1
Welche Dateien ausgeben?> prog3p4.*
 PROG3P4.PAS    443 Bytes
```

Bild 3-13: Ausgabe von Dateien

Für Datendateien sind keine besonderen Attribute (Namenserweiterungen)
vorgeschrieben; es ist jedoch zweckmäßig, einheitliche Bezeichnungen wie
z.B. ".DAT" für "Daten" oder ".BIL" für "Bild" zu verwenden. Pascalprogramme werden automatisch durch ".PAS" gekennzeichnet, alte Versionen
durch ".BAK" für "Backup". Benutzerdefinierte Units erhalten den Zusatz
".TPU". Bereits übersetzte Assemblerprogramme mit dem Zusatz ".OBJ"
werden mit der Compileranweisung (*$L name.OBJ *) eingebunden.

In Pascal ist es nun auch möglich, als Datei gespeicherte Programmteile in ein Programm einzufügen. Die Compileranweisung

```
(*$I betriebssystemname *)
```

fügt die in der angegebenen Datei (Typ ".PAS") gespeicherten Programm-zeilen an dieser Stelle in den Programmtext ein. I bedeutet "Include" gleich einfügen. Es können jedoch nur Vereinbarungen oder vollständige Prozedur- bzw. Funktionsdefinitionen eingefügt werden. Der Programm-text wird dadurch kürzer und damit auch übersichtlicher; die eingefügten Vereinbarungen werden jedoch nicht angezeigt. *Bild 3-14* zeigt ein einfa-ches Beispiel für das Einfügen einer Prozedurdefinition mit $I.

```
(* Bild 3-14: Datei prog3p2 wird eingefuegt in prog3p3 *)
PROCEDURE test;
BEGIN
  WriteLn(' Eingefuegte Prozedur ')
END;
CONST  x : INTEGER = 1234;

PROGRAM prog3p3; (* Bild 3-14 Einfuegen von Pascaldateien *)
(*$I prog3p2 *)  (* fuegt Vereinbarungen aus prog3p2 ein  *)
BEGIN
  test;
  WriteLn(' CONST x : INTEGER = ',x,' eingefuegt!');
END.

 Eingefuegte Prozedur
 CONST x : INTEGER = 1234 eingefuegt!
```

Bild 3-14: Einfügen von Vereinbarungen mit $I

4. Die parallele Druckerschnittstelle

Die parallele Druckerschnittstelle wird nach einem Hersteller von Druckern auch Centronics-Schnittstelle genannt. Die Übertragung der acht Bits eines Zeichens erfolgt gleichzeitig auf acht parallelen Leitungen. Kapitel 5 behandelt die serielle Schnittstelle, bei der die Bits eines Zeichens nacheinander (seriell) gesendet werden. Die in einem Rechner installierten Druckerschnittstellen werden mit "LPT1" oder "PRN" sowie mit "LPT2", "LPT3" und "LPT4" bezeichnet. LPT bedeutet Lineprinter, PRN bedeutet Printer. Nach dem Anlauf des Betriebssystems ist standardmäßig zunächst die Druckerschnittstelle "LPT1" ("PRN") zugeordnet. Der Betriebssystembefehl "MODE" dient zur Änderung der voreingestellten Zuordnungen, Betriebsarten und Codeseiten. Die Portadressen der beim Systemstart erkannten Druckerschnittstellen werden in den BIOS-Variablen $0040:$0008 bis $0040:$000E festgehalten. Standardmäßig sind folgende Portadressen für die Druckerschnittstellen vorgesehen:
LPT1: $0378 (Herculeskarte $03BC)
LPT2: $0278

Auf der Betriebssystemebene können Dateien mit dem Befehl "PRINT dateiname" auf dem Drucker ausgegeben werden. Mit der Tastenkombination Strg und P wird die Umlenkung der Bildschirmausgabe auf den Drucker ein- bzw. ausgeschaltet. Die Taste Druck gibt den augenblicklichen Inhalt des Bildschirms auf dem Drucker aus (Hardcopy).

Auf der Pascalebene kann der Drucker nur dann umgeschaltet werden, wenn das Programm in einer Read- oder ReadLn-Prozedur auf eine Konsoleingabe wartet. Eine Umlenkung der Bildschirmausgabe auf den Drucker ist nicht mehr möglich, wenn mit USES Crt die Ausgabe direkt in den Bildspeicher erfolgt. Bei Zuordnung der vordefinierten Unit Printer kann die vordefinierte Dateivariable LST zur Druckerausgabe verwendet werden. Beispiel:
```
USES   Printer;
BEGIN
WriteLn(LST, 'Druckerausgabe');
```

Der DOS-Interrupt $21 mit der Unterfunktion AH = $05 gibt ein Zeichen aus dem Register DL auf dem zugeordneten Drucker aus. Beispiel:
```
USES   Dos;
VAR    reg : Registers;
BEGIN
reg.dl := BYTE('*');           (* Datenbyte '*'   *)
reg.ah := $05; MsDos(reg);     (* Druckerausgabe  *)
```

Der BIOS-Interrupt $17 stellt drei Funktionen zur Voreinstellung (Initialisierung), Statusabfrage und zur Ausgabe eines Zeichens auf dem Paralleldrucker zur Verfügung. Dabei enthält das Register DX die Nummer der Druckerschnittstelle (0 für LPT1). Das folgende Beispiel initialisiert den Drucker LPT1, fragt den Status ab (ohne ihn auszuwerten!) und überträgt

ein Zeichen. Nach der Ausgabe des Zeichens wird im Register AH der Druk-
kerstatus zurückgeliefert.

```
USES   Dos;
VAR    reg : Registers;
BEGIN
reg.dx := 0;                       (* Schnittstelle LPT1 *)
reg.ah := $01; Intr($17,reg); (* Initialisieren      *)
reg.ah := $02; Intr($17,reg); (* Ergebnis ah=Status *)
reg.al := BYTE('*');               (* Ausgabezeichen     *)
reg.ah := $00; Intr($17,reg); (* Ausgabe, ah=Status *)
```

Der folgende Abschnitt zeigt die direkte Programmierung des Schnittstellenbausteins.

4.1   Aufbau und Programmierung der Druckerschnittstelle

Für die technische Ausführung der Druckerschnittstelle gibt es verschiedene Schaltungen, die auf der Hauptplatine oder auf der Bildschirmkarte
(Herculeskarte) oder auf besonderen Schnittstellenkarten angeordnet sein
können. Die im Anhang dargestellte Schaltung besteht aus mehreren TTL-
Bausteinen. Sie können durch besondere Schnittstellenbausteine (z.B.
82C11B) ersetzt werden. Der in *Bild 4-1* dargestellte Schaltplan ist ein
hardwareunabhängiges Modell.

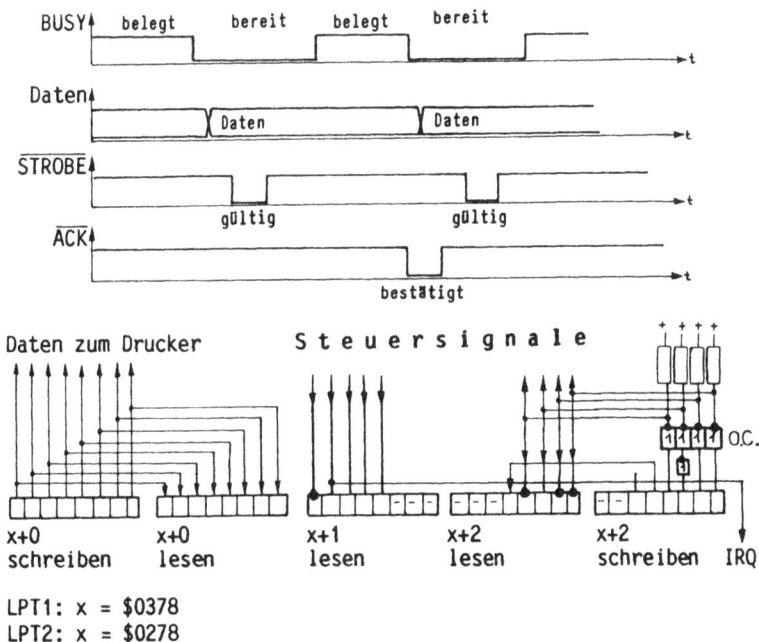

Bild 4-1: Druckerschnittstelle und Übertragungsprotokoll

Die Druckerschnittstelle besteht aus fünf Registern oder Ports auf drei
aufeinanderfolgenden Adressen. Die Anfangsadresse "x" läßt sich auf den
meisten Schnittstellenkarten mit Brücken (Jumpern) einstellen, so daß
mehrere Druckerschnittstellen in einem System betrieben werden können.
Liegt die Schnittstelle "LPT2" beispielsweise auf der Anfangsadresse x =
$0278, so können die Ports unter den Adressen $0278+0, $0278+1 = $0279
und $0278+2 = $027A mit dem Pseudofeld Port[portadresse] angesprochen werden. In den folgenden Beispielen wird diese Anfangsadresse "x"
entweder als Konstante vereinbart (CONST x = $0278) oder als Variable
vom Datentyp WORD gelesen (Write('x eingeben> '); ReadLn(x);)
oder nach Eingabe einer Druckernummer der BIOS-Variablen entnommen:

```
VAR    nr,x : WORD;
BEGIN
Write('LPT1, 2, 3 oder 4 >'); ReadLn(nr);
x := MemW[$0040:nr*2 + 6];
Port[x+0] := $55        (* Portausgabe *)
```

Das auszugebende Zeichen wird in den Ausgabeport (x+0) geschrieben und
dort so lange gespeichert, bis es durch ein neues Zeichen überschrieben
wird. Eine "0" erscheint als Low-Potential (< 0.4 V), eine "1" als High-
Potential (> 2.4 V). Das Leitungspotential kann durch einen auf der gleichen Adresse (x+0) liegenden Eingabeport wieder zurückgelesen werden.
Ein Low-Potential (< 0.8 V) ergibt eine "0", ein High-Potential (>2.0 V) eine
"1".

Auf der Adresse x+1 befindet sich ein Eingabeport, mit dem vom Drucker
ausgehende Statussignale gelesen werden können. Die Punkte an den
Bausteinen bedeuten, daß die Signale invertiert (negiert) werden. Beim
BUSY-Eingang z.B. erscheint ein Low-Potential der Leitung als "1" und ein
High-Potential als "0". Der ACK-Eingang z.B. wird zweimal invertiert; eine
doppelte Verneinung bedeutet aber wieder "ja": Low ergibt "0" und High
ergibt "1".

Auf der Adresse x+2 befindet sich ein Ausgabeport für Steuersignale zum
Drucker und ein Eingabeport, mit dem die Signale teilweise wieder zurückgelesen werden können. Auch hier bedeuten die Punkte wieder eine Invertierung des Signals. Die Interruptsteuerung wird in normalen Druckeran-
wendungen nicht verwendet. Über Brücken läßt sich die Nummer des
Interrupts (z.B. IRQ7 für LPT1) einstellen.

Die Datenübertragung von der Schnittstelle zum Drucker erfolgt im Quit-
tungs- oder Handshakebetrieb. Ist der Drucker bereit (BUSY = Low), so
wird das auszugebende Zeichen in den Datenausgabeport geschrieben. Ein
Low-Impuls auf dem Steuerausgang DS (Data Strobe = Datenimpuls) meldet
dem Drucker, daß gültige Daten anliegen. Während der Übernahme und
Verarbeitung des Zeichens meldet der Drucker mit BUSY = High, daß er z.Z.
belegt ist. Die Übernahme des Zeichens wird vom Drucker mit einem Low-
Impuls auf der ACK-Leitung bestätigt (Acknowlege = Bestätigung). Nach-
dem der Drucker wieder bereit ist (BUSY = Low), erfolgt die Übertragung
des nächsten Zeichens. Auf eine Auswertung des Bestätigungssignals ACK
und eine Interruptauslösung wird in den meisten Steuerprogrammen verzichtet. Die restlichen Status- bzw. Steuersignale melden z.B. das Papier-

ende oder bringen den Drucker in eine Grundstellung (Reset). Sie können
den Unterlagen des verwendeten Druckers entnommen werden. Der Anhang enthält die Stiftbelegung mit den Signalbezeichnungen.

```
PROGRAM prog4p0;   (* Bild 4-2: Schnittstellentest *)
USES Crt, Aushexbi;   (* enthält Auswhex, Ausbbin *)
VAR     abst,padr : WORD;
        z : CHAR;
        wert : BYTE;
BEGIN
WriteLn('Installierte Parallelschnittstellen:');
FOR abst := 4 TO 7 DO
BEGIN
 Write(' LPT',abst-3,': '); Auswhex(MemW[$0040:abst*2]);
END; WriteLn;
Write(' Adresse eingeben (hexadezimal $xxxx): '); ReadLn(padr);
REPEAT
  WriteLn;
  Write(' Daten: '); Ausbbin(Port[padr+0]);
  Write(' Status: '); Ausbbin(Port[padr+1]);
  Write(' Steuer: '); Ausbbin(Port[padr+2]); WriteLn;
  Write('Ausgabe: Daten = D Keine = X Ende = E  Steuer = S > ');
  z := UpCase(ReadKey); WriteLn(z);
  IF z = 'D' THEN
  BEGIN
    Write('Datenbyte eingeben (hexadezimal $xx): '); ReadLn(wert);
    Port[padr+0] := wert;
  END;
  IF z = 'S' THEN
  BEGIN
     Write('Steuerbyte eingeben (hexadezimal $xx): '); ReadLn(wert);
     Port[padr+2] := wert;
  END;
UNTIL z = 'E';
END.
```

```
Installierte Parallelschnittstellen:
  LPT1: $0378   LPT2: $0278   LPT3: $0000   LPT4: $0000
 Adresse eingeben (hexadezimal $xxxx): $0278

 Daten: %00000000   Status: %01111111   Steuer: %11100000
Ausgabe: Daten = D Keine = X Ende = E  Steuer = S > D
Datenbyte eingeben (hexadezimal $xx): $55

 Daten: %01010101   Status: %01111111   Steuer: %11100000
Ausgabe: Daten = D Keine = X Ende = E  Steuer = S > S
Steuerbyte eingeben (hexadezimal $xx): $00

 Daten: %01010101   Status: %01111111   Steuer: %11100000
Ausgabe: Daten = D Keine = X Ende = E  Steuer = S > S
Steuerbyte eingeben (hexadezimal $xx): $aa

 Daten: %01010101   Status: %01111111   Steuer: %11101010
Ausgabe: Daten = D Keine = X Ende = E  Steuer = S > D
Datenbyte eingeben (hexadezimal $xx): $00
```

Bild 4-2: Testprogramm der Druckerschnittstelle

Das in *Bild 4-2* dargestellte Programmbeispiel dient zur Untersuchung von
Druckerschnittstellen. Nach Ausgabe der beim Systemstart erkannten
Schnittstellenadressen wird vom Benutzer die Eingabe der Portanfangs-
adresse verlangt; damit können auch Schnittstellen auf anderen Adressen
untersucht werden. In einer Leseschleife werden die drei Eingabeports
binär angezeigt. Der Benutzer kann nun wählen, ob er Daten oder Steuersignale ausgeben will oder ob er nur eine weitere Anzeige wünscht. Mit
diesem Testprogramm ist es durchaus möglich, durch Anlegen von Datenbytes und Ausgabe der DS-Impulse Zeichen auf dem Drucker auszugeben.
Normalerweise kann man jedoch davon ausgeben, daß die Druckerausgabe
problemlos durch die Betriebssystemsoftware erfolgt, so daß man von
Sonderfällen abgesehen auf eigene Druckerprogramme verzichten kann.
Die folgenden Abschnitte beschäftigen sich daher mit der Verwendung der
Druckerschnittstelle zur Übertragung von digitalen Signalen sowie zur
parallelen Rechnerkopplung.

4.2   Die Übertragung digitaler Daten

Die Druckerschnittstelle kann zur Eingabe und Ausgabe von digitalen Signalen für Anwendungen in der Meß-, Steuerungs- und Regelungstechnik
verwendet werden. *Bild 4-3* zeigt die drei üblicherweise in der TTL-
Technik verwendeten Ausgangsschaltungen.

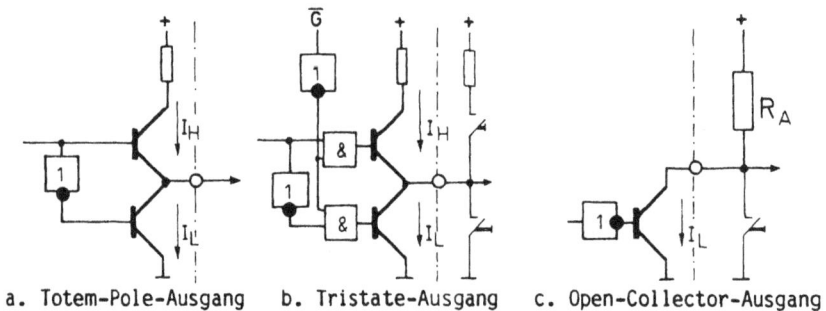

a. Totem-Pole-Ausgang   b. Tristate-Ausgang   c. Open-Collector-Ausgang

Bild 4-3: Ausgangsschaltungen der TTL-Technik

Der Totem-Pole- oder Gegentaktausgang (Bild 4-3a) wird durch einen der
beiden Ausgangstransistoren entweder auf High- oder auf Low-Potential
gelegt; eine mit einem derartigen Ausgang angesteuerte Leitung kann
normalerweise nur als Ausgang verwendet werden. Bei dem Tristate-Ausgang (Bild 4-3b) sorgt ein zusätzlicher Steuereingang dafür, daß beide
Ausgangstransistoren abgeschaltet werden können. Der Ausgang befindet
sich dann in einem dritten "hochohmigen" Zustand. Dadurch, daß nun ein
anderer Ausgang ein Signal auf die Leitung legen kann, ist ein Betrieb in
beiden Richtungen (bidirektional) auf einer Leitung möglich. Der Open-
Collector-Ausgang nach Bild 4-3c eignet sich ebenfalls für den bidirektionalen Betrieb einer Leitung. Das durch den Arbeitswiderstand auf High

gelegte Leitungspotential kann von mehreren Schaltern bzw. Ausgangstransistoren auf Low gezogen werden. Welche Betriebsarten sind nun für
die Leitungen der Druckerschnittstelle möglich?

Die folgenden Betrachtungen beziehen sich auf die ursprüngliche TTL-
Ausführung des Druckerports. Der Datenausgang (Adresse x+0) besteht
aus einem 8-bit-D-Register 74LS374, das bei High max. 2.6 mA abgeben und
bei Low max. 24 mA aufnehmen kann. Dieser TTL-Baustein besitzt einen
Tristatesteuereingang, der jedoch fest auf Low gelegt ist, so daß kein
Tristatezustand möglich ist und der Ausgang immer ein festes Potential
liefert. Daher ist kein Eingabebetrieb für diesen Port vorgesehen. Der Zustand der Datenleitungen kann jedoch durch einen Bustreiber 74LS244
(Adresse x+0) zurückgelesen werden. In einigen Veröffentlichungen wird
empfohlen, einfach durch Einschreiben von Einsen die Ausgänge auf High
zu legen; sie könnten dann wahlweise durch Schalter oder TTL-Ausgänge
auf Low gezogen und zurückgelesen werden. Damit wäre auch eine Dateneingabe durch Lesen des Datenports (Adresse x+0) möglich. An anderer
Stelle wird geraten, den fest auf Low gelegten Tristatesteuereingang OC
des Bausteins 74LS374 aufzutrennen und mit dem noch freien Ausgang B5
des Steuerports (Adresse x+2) zu verbinden. Dieser bestimmt dann die
Richtung der Datenübertragung: B5=0 bedeutet dann schreiben; B5=1 bedeutet dann lesen. In allen folgenden Beispielen wird auf ein Zurücklesen
des Datenports (x+0) und damit auf einen bidirektionalen Betrieb an diesem
Port verzichtet, da nicht sichergestellt ist, daß die genannten Vorschläge
auch an allen Bauformen und unter allen Betriebsbedingungen einwandfrei
arbeiten.

Die fünf Leitungen des Statusports (Adresse x+1) können nur als Eingänge
verwendet werden. Der Steuerausgang (Adresse x+2) besteht in der TTL-
Ausführung aus einem 6-bit-D-Register 74LS174. Die vier unteren Ausgänge B0 bis B3 liegen an invertierenden Treibern 7405 mit offenem Kollektor
(max. 16 mA nach Low). Diese Ausgänge können auf der gleichen Portadresse (x+2) wieder zurückgelesen werden; daher ist ein bidirektionaler
Betrieb dieser vier Steuerleitungen möglich.

Sieht man einmal von den Eingabemöglichkeiten des Datenports ab, so können von den 17 Leitungen der Druckerschnittstelle acht nur als Ausgang,
fünf nur als Eingang und vier in beiden Richtungen (bidirektional) verwendet werden. Die Abschnitte 4.6 und 9.2.2 zeigen Schaltungen und Verfahren, mit denen die Druckerschnittstelle zu einem universellen Interface
für (fast) beliebig viele digitale Eingabe- und Ausgabesignale erweitert
werden kann.

Für orientierende Untersuchungen ist es zweckmäßig, die Anschlußleitun-
gen des Druckerports mit Eingabe- und Ausgabeschaltungen zu versehen.
Bild 4-4 zeigt den Anschluß des Druckerports an die Testplatine eines
Mikrocomputer Versuchs- und Übungssystems (MVUS) mit Kippschaltern
für die Eingabe und Leuchtdioden für die Ausgabe von digitalen Signalen.

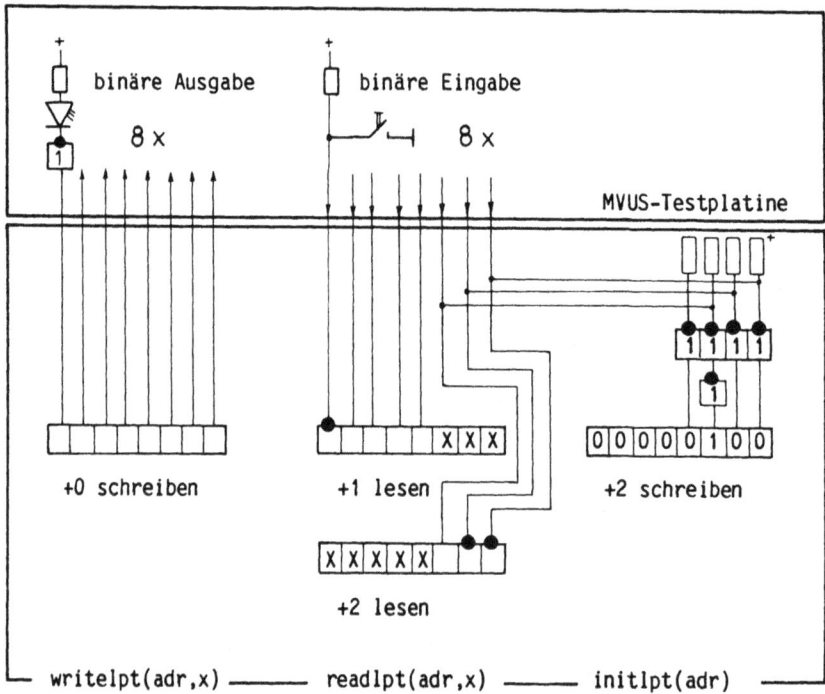

Bild 4-4: Versuchsschaltung für digitale Signalübertragung

Der Zustand der acht Datenausgänge (Adresse +0) wird mit Leuchtdioden angezeigt. Eine logische "0" erscheint auf der Leitung als Low-Potential und wird über den Inverter zu High gemacht: die Leuchtdiode geht aus. Eine logische "1" legt die Leitung auf High und den Ausgang des Inverters auf Low: die Leuchtdiode geht an. Die fünf Statuseingänge und drei bi-direktionalen Steuerleitungen werden mit Widerständen auf High gehalten und können mit Kippschaltern zur Dateneingabe auf Low gelegt werden. Dazu ist es jedoch erforderlich, die drei Steuerausgänge der Drucker-schnittstelle vorher auf High zu bringen. Dies geschieht durch Ausgabe des Bitmusters $04 = 0000 0100 auf dem Steuerport (Adresse +2). Die Einga-beleitungen der beiden Ports können durch Maskierung und Invertierung zu einem Eingabedatenbyte zusammengesetzt werden.

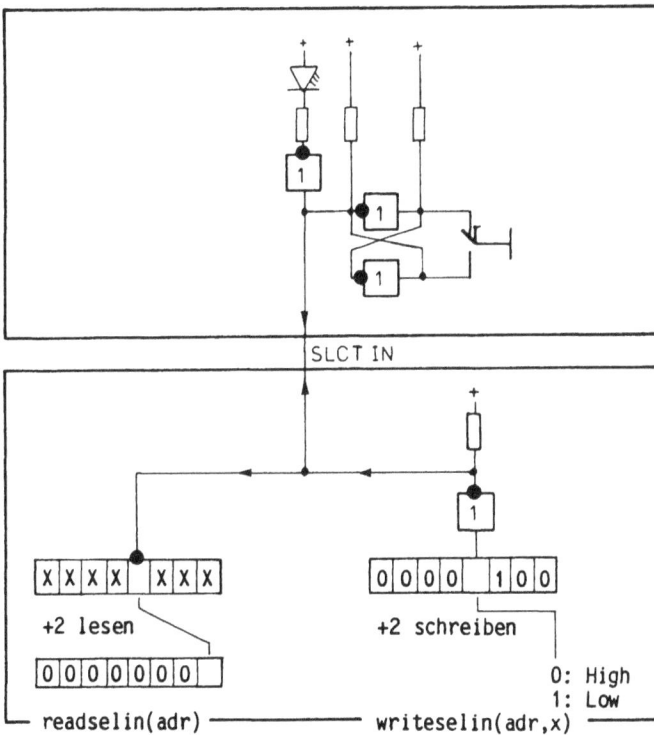

+2 lesen

+2 schreiben

0: High
1: Low

readselin(adr) ——————————— writeselin(adr,x)

Bild 4-5: Bidirektionale Steuerleitung SLCT IN

Bild 4-5 zeigt die Schaltung der Leitung SLCT IN, die in den folgenden Beispielen als bidirektionale Steuerleitung verwendet wird.

Durch den invertierenden Treiber mit offenem Kollektor am Steuerportausgang (Adresse +2) ist ein Betrieb in beiden Richtungen möglich. Für eine Signaleingabe muß jedoch der Ausgang auf High gelegt werden. Auf der Testplatine wird der Leitungszustand mit einem Inverter und einer Leuchtdiode angezeigt. Die Leitung wird mit einem Widerstand auf High gehalten und kann mit einem entprellten Taster (RS-Flipflop) auf Low gebracht werden. Die Schaltung kann mit dem in *Bild 4-6* dargestellten Testprogramm untersucht werden.

```
PROGRAM prog4p1;      (* Bild 4-6: Kippschalter ein => LED aus *)
USES   Crt;
VAR    nr,padr : WORD;
       daten : BYTE;
PROCEDURE initlpt(adr : BYTE);        (* Port initialisieren *)
BEGIN
  Port[adr+2] := $04       (* 0000 0100 Steuerausgaenge High *)
END;
PROCEDURE readlpt(adr : WORD; VAR x : BYTE);   (* Port lesen *)
VAR   x1, x2 : BYTE;
BEGIN
  INLINE($FA);                (* CLI ; Interrupts sperren *)
  x1 := Port[adr+1]; x2 := Port[adr+2];
  INLINE($FB);                (* STI ; Interrupts freigeben *)
  x := ((x1 XOR $80) AND $F8) OR ((x2 XOR $03) AND $07);
END;
PROCEDURE writelpt(adr : WORD; x : BYTE);   (* Port ausgeben *)
BEGIN
  Port[adr+0] := x
END;
FUNCTION readselin(adr : WORD) : BOOLEAN;    (* SLCT IN lesen *)
BEGIN
  readselin := NOT (BOOLEAN((Port[padr+2] AND $08) SHR 3))
END;
PROCEDURE writeselin(adr : WORD; x : BOOLEAN); (* SLCT ausge. *)
BEGIN
  IF x THEN Port[adr+2] := $04 ELSE Port[adr+2] := $0C
END;
BEGIN  (* Hauptprogramm *)
Write(' LPT1, 2, 3 oder 4 >'); ReadLn(nr);
padr := MemW[$0040:nr*2+6];
WriteLn(' Kippschalter nach Leuchtdioden bis SLCT IN = LOW ');
initlpt(padr);
writeselin(padr,FALSE); Delay(1000); writeselin(padr,TRUE);
WHILE readselin(padr) DO
BEGIN
  readlpt(padr,daten);
  writelpt(padr,daten)
END
END.
```

Bild 4-6: Testprogramm für digitale Ein/Ausgabe

Das Hauptprogramm besteht im wesentlichen aus einer bedingten Schleife, die durch den Taster auf der Testplatine (Leitung SLCT IN) abgebrochen werden kann. In der Schleife wird das an den Kippschaltern eingestellte Bitmuster auf den Leuchtdioden wieder angezeigt. Die Initialisierung (Einstellung) der ausgewählten Druckerschnittstelle sowie die Eingabe und Ausgabe wird mit benutzerdefinierten Prozeduren und Funktionen durchgeführt. Die Prozedur init1pt legt alle vier bidirektionalen Steuerleitungen auf High und ermöglicht damit eine Dateneingabe. Die Prozedur readlpt setzt ein Eingabebyte aus den Status- und Steuersignalen zusammen. Das logische XOR invertiert alle Bitpositionen, in denen die Maske ein Einerbit enthält. Das logische AND löscht alle Bitpositionen, in denen die Maske ein Nullbit enthält. Das logische OR setzt die beiden Teile der Eingabe zu einem Byte zusammen. Die Prozedur writelpt gibt ein Byte

auf dem Druckerport aus. Die Funktion readselin formt das Potential der
Statusleitung SLCT IN in ein logisches Ergebnis um: ein High-Potential
ergibt TRUE, ein Low-Potential liefert FALSE. Die Prozedur writeselin
gibt ein TRUE als High-Potential und ein FALSE als Low-Potential aus. Mit
der Testplatine lassen sich digitale Ein- und Ausgabesignale für Übungs-
und Testzwecke simulieren. Die Platine enthält gleichzeitig ein Steckbrett,
auf dem weitere Testschaltungen wie z.B. die im nächsten Abschnitt dargestellte Analogperipherie aufgebaut werden können.

4.3   Die Ein/Ausgabe analoger Daten

Ein *Digital/Analogwandler* verwandelt einen binären Eingangswert in eine
analoge Ausgangsspannung. Der Eingangswert $00 liefert z.B. in der uni-
polaren Schaltung eine Ausgangsspannung von 0 Volt, der Eingangswert
$FF ergibt am Ausgang + 5 Volt. Dazwischen liegen bei einem 8-bit-Wandler
noch 253 weitere Spannungsstufen. In der bipolaren Schaltung liegt die
Ausgangsspannung z.B. zwischen - 2.55 Volt ($00) und + 2.55 Volt ($FF).
0 Volt entspricht dem digitalen Wert $7F. Der Wandlerbaustein besteht im
wesentlichen aus Flipflops zur Speicherung des digitalen Eingangswertes,
einem R-2R-Netzwerk zur Bewertung der Bitpositionen und einem Verstärker, der die bewerteten Teilspannungen addiert. Mit Operationsverstärkern läßt sich die normalerweise zwischen 0 und 2.55 Volt liegende analoge
Ausgangsspannung verstärken (0 bis + 10 V) bzw. auf bipolares Potential
verschieben (- 5 V bis + 5 V). Die Umsetzzeit zwischen dem Einschreiben
des digitalen Wertes und der analogen Ausgabe hängt nur von der Schalt-
zeit der Bauteile ab und liegt unter 1 µs.

Ein *Analog/Digitalwandler* verwandelt eine analoge Eingangsspannung in
einen digitalen Ausgangswert. In der unipolaren Schaltung liefert z.B. eine
Eingangsspannung von 0 Volt den digitalen Wert $00 und ein Eingang von
+ 5 Volt den Wert $FF. Wie bei Digital/Analogwandlern gibt es auch den bi-
polaren Betrieb z.B. zwischen + 2.55 und - 2.55 Volt. Die meisten Umwandlungsverfahren vergleichen die umzusetzende Spannung mit einer von
einem Digital/Analogwandler erzeugten Vergleichsspannung:
- *Rampenumsetzer* benutzen eine Sägezahnspannung zum Vergleich.
  Wegen ihrer langen Umsetzzeit im Millisekundenbereich werden sie vorwiegend zur Erfassung langsamer Vorgänge verwendet.

- Umsetzer nach dem Verfahren der *schrittweisen Näherung* (Sukzessive
  Approximation oder Wägeverfahren) führen den Vergleich bitweise beginnend mit der werthöchsten Bitposition durch. Ein 12-bit-Wandler benötigt 12 Schritte. Die Umsetzzeit liegt zwischen 1 und 20 µs.

- *Parallelumsetzer* erzeugen für jede Stufe eine eigene Vergleichsspannung; ein 8-bit-Wandler besteht also aus 256 Vergleichern und einer digitalen Bewertungsschaltung. Wegen der hohen Umsetzgeschwindigkeit
  (< 1 µs) können diese Wandler im DMA betrieben werden.

- *Nachlaufumsetzer* stellen lediglich fest, ob sich die umzusetzende Spannung gegenüber der vorhergehenden Wandlung erhöht oder vermindert
  hat und liefern daher die kürzeste Umsetzzeit.

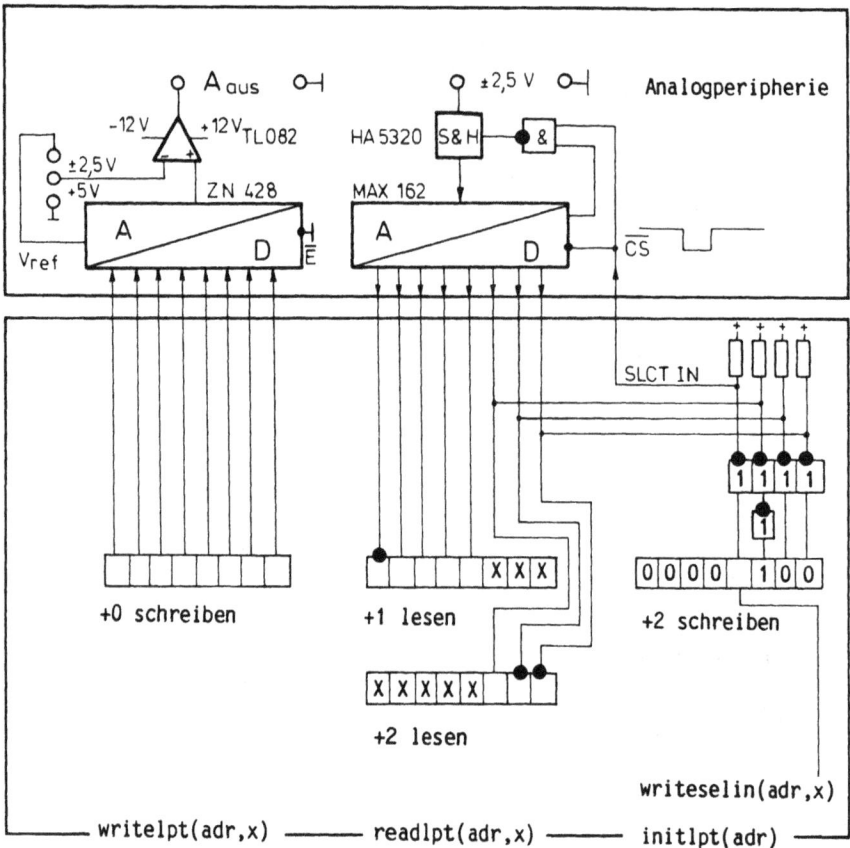

Bild 4-7: Analogperipherie an der Druckerschnittstelle

Die in *Bild 4-7* dargestellte Schaltung besteht aus einem 8-bit-Digital/
Analogwandler und einem 12-bit-Analog/Digitalwandler nach dem Verfah-
ren der schrittweisen Näherung (Umsetzzeit 4 μs). Sie wird direkt an der
Druckerschnittstelle betrieben.

Für die analoge Ausgabe kann die gleiche Prozedur writelpt wie für die
digitale Ausgabe (Programm Bild 4-6) verwendet werden. Am Analogeingang liegt ein Abtast- und Halteverstärker (S&H = Sample And Hold), der
während der Umsetzzeit den Eingang vom Wandler trennt. Der Leseimpuls
wird von der Prozedur writeselin erzeugt. Die Prozedur readlpt liest
nur die oberen acht Bitpositionen des 12-bit-Wandlers; die unteren vier
werden nicht berücksichtigt. *Bild 4-8* zeigt ein Testprogramm, das zum
Einstellen und Abgleichen der Wandler und Verstärkerbausteine dienen
kann. Dazu muß der Ausgang des Digital/Analogwandlers mit dem Eingang
des Analog/Digitalwandlers verbunden werden.

```
PROGRAM prog4p2;        (* Bild 4-8: Abgleich Analogschaltungen *)
VAR    nr,padr : WORD;
          daten : BYTE;
PROCEDURE initlpt(adr : WORD);          (* Port initialisieren *)
BEGIN
   Port[adr+2] := $04        (* 0000 0100 Steuerausgaenge High *)
END;
PROCEDURE readlpt(adr : WORD; VAR x : BYTE);    (* Port lesen *)
VAR    x1, x2 : BYTE;
BEGIN
   x1 := Port[adr+1]; x2 := Port[adr+2];
   x := ((x1 XOR $80) AND $F8) OR ((x2 XOR $03) AND $07);
END;
PROCEDURE writelpt(adr : WORD; x : BYTE);    (* Port ausgeben *)
BEGIN
   Port[adr+0] := x
END;
FUNCTION readselin(adr : WORD) : BOOLEAN;    (* SLCT IN lesen *)
BEGIN
   readselin := NOT (BOOLEAN((Port[padr+2] AND $08) SHR 3))
END;
PROCEDURE writeselin(adr : WORD; x : BOOLEAN); (* SLCT IN aus *)
BEGIN
   IF x THEN Port[adr+2] := $04 ELSE Port[adr+2] := $0C
END;
BEGIN  (* Hauptprogramm *)
Write(' LPT1, 2, 3 oder 4 >'); ReadLn(nr);
padr := MemW[$0040:nr*2+6];
WriteLn(' Analog aus => analog ein bis SLCT IN = LOW ');
initlpt(padr);
WHILE readselin (padr) DO
BEGIN
   Write('Eingabe 0..255: > '); ReadLn(daten);
   writelpt(padr,daten);        (* analog aus *)
   writeselin(padr,FALSE);      (* CS = LOW   *)
   readlpt(padr,daten);         (* analog ein *)
   writeselin(padr,TRUE);       (* CS = HIGH  *)
   WriteLn('Ausgabedaten =  ',daten)
END
END.

 LPT1, 2, 3 oder 4 >2
 Analog aus => analog ein bis SLCT IN = LOW
Eingabe 0..255: > 255
Ausgabedaten =  255
Eingabe 0..255: >
```

Bild 4-8: Testprogramm für den Wandlerabgleich

Das Hauptprogramm initialisiert die ausgewählte Druckerschnittstelle, die Schleife kann durch ein Low-Potential am bidirektionalen Eingang SLCT IN abgebrochen werden. Die digitale Eingabe des Benutzers im Bereich von $00 bis $FF wird analog ausgegeben und kann mit einem Voltmeter gemessen werden. Die analoge Eingangsspannung wird gewandelt und digital auf dem Bildschirm ausgegeben. Ist der Analogausgang mit dem Analogeingang verbunden, so können die Abgleichwiderstände der Verstärker so eingestellt werden, daß der von Tastatur eingegebene Zahlenwert wieder auf dem Bildschirm erscheint. *Bild 4-9* zeigt ein Programm, mit dem die Abtastung und sofortige Ausgabe von Analogsignalen untersucht werden kann.

```
PROGRAM prog4p3;    (* Bild 4-9 analog ein => analog aus *)
VAR   x1, x2, daten : BYTE;
         nr, padr : WORD;
BEGIN
Write('LPT1, 2, 3 oder 4 >'); ReadLn(nr);
padr := MemW[$0040:nr*2+6];
Port[padr+2] := $04;           (* 0000 0100  CS = High   *)
WriteLn('Analog ein => analog aus bis SLCT IN = LOW ');
INLINE($FA);                   (* CLI  Interrupts gesp. *)
WHILE (Port[padr+2] AND $08) = 0 DO
BEGIN
  Port[padr+2] := $0C;         (* 0000 1100  CS = Low    *)
  x1 := Port[padr+1]; x2 := Port[padr+2];  (* analog ein *)
  Port[padr+2] := $04;         (* 0000 0100  CS = High   *)
  daten := ((x1 XOR $80) AND $F8) OR ((x2 XOR $0B) AND $07);
  Port[padr+0] := daten;            (* analog aus       *)
END;
INLINE($FB)                    (* STI  Interrupts frei *)
END.
```

Bild 4-9: Abtastung und Ausgabe eines Analogsignals

Für die digitale Verarbeitung von analogen Signalen im Echtzeitbetrieb
z.B. durch digitale Filterung ist es erforderlich, das Eingangssignal möglichst schnell und kontinuierlich abzutasten. Das Testprogramm verzichtet
daher auf bequeme, aber langsame Unterprogramme und greift direkt auf
die Portbausteine zu. Eine noch schnellere Abtastung ließe sich durch Einfügen von Assemblercode mit INLINE erreichen. Für eine Beurteilung der
Abtastgüte wird der gewandelte Wert wieder analog ausgegeben und kann
mit einem Oszilloskop beobachtet werden. Für die Dauer eines Abtast- und
Ausgabezyklus wird die Interruptsteuerung gesperrt. Bei Frequenzen
oberhalb etwa 5 kHz zeigte sich bei dem verwendeten Rechner der stö-
rende Einfluß der Refresh-Steuerung. Eine schnelle, kontinuierliche und
unterbrechungsfreie Abtastung war nicht möglich. Der nächste Abschmitt
zeigt daher die Kopplung des PC über die Druckerschnittstelle mit einem
Mikrocomputer, der unterbrechungsfrei, also ohne Timerinterrupt und
Refresh, die analoge Ein/Ausgabe übernimmt.

4.4 Die Rechner-Rechner-Kopplung

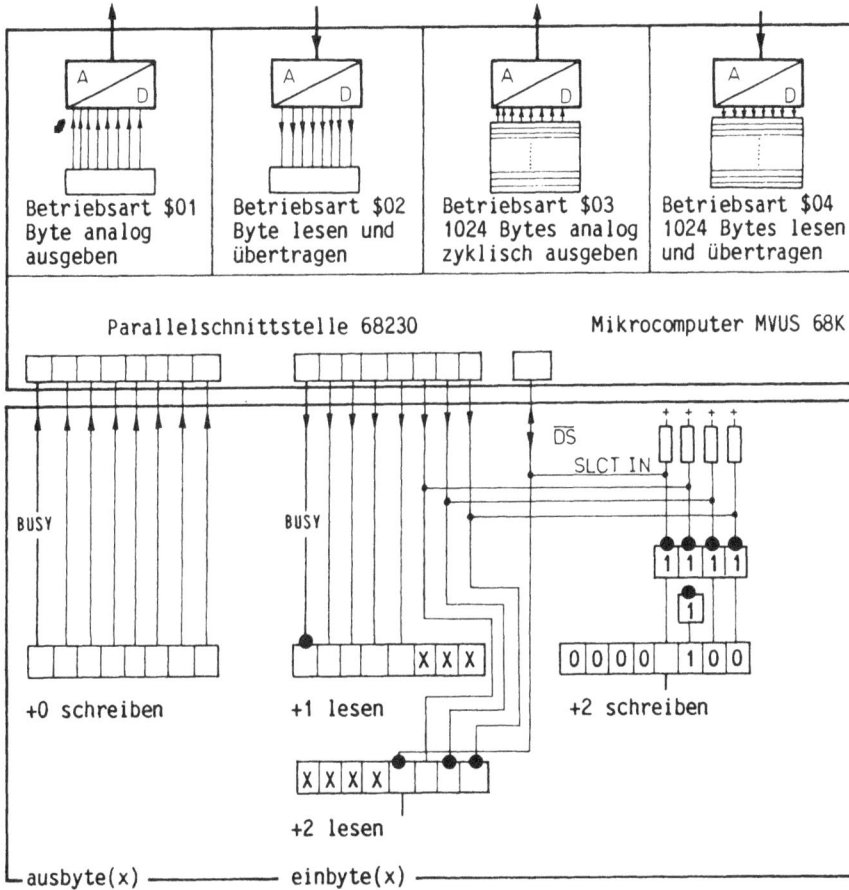

A D   A D   A D   A D

Betriebsart $01
Byte analog
ausgeben

Betriebsart $02
Byte lesen und
übertragen

Betriebsart $03
1024 Bytes analog
zyklisch ausgeben

Betriebsart $04
1024 Bytes lesen
und übertragen

Parallelschnittstelle 68230   Mikrocomputer MVUS 68K

$\overline{DS}$
SLCT IN

BUSY   BUSY

1 1 1 1

1

0 0 0 0   1 0 0

+0 schreiben   +1 lesen   X X X   +2 schreiben

X X X X

+2 lesen

ausbyte(x) ———— einbyte(x)

Bild 4-10: Bidirektionale Rechnerkopplung

Die in *Bild 4-10* dargestellte Rechnerkopplung verbindet den PC über die
Druckerschnittstelle mit einem Peripherierechner, der einen 16-bit-Mikro-
prozessor 68000 enthält. Das Bild zeigt nur die Parallelschnittstelle 68230,
an die die Leitungen der Druckerschnittstelle zur Datenübergabe angeschlossen sind. Dabei kann der PC sowohl Daten ausgeben als auch Daten
einlesen; der Betrieb erfolgt also bidirektional in beiden Richtungen; der
PC ist einmal Sender und einmal Empfänger. Gleiches gilt für den Peripherierechner. *Bild 4-11* zeigt das verwendete Datenübertragungsprotokoll,
das von dem in Bild 4-1 dargestellten Druckerprotokoll abweicht.

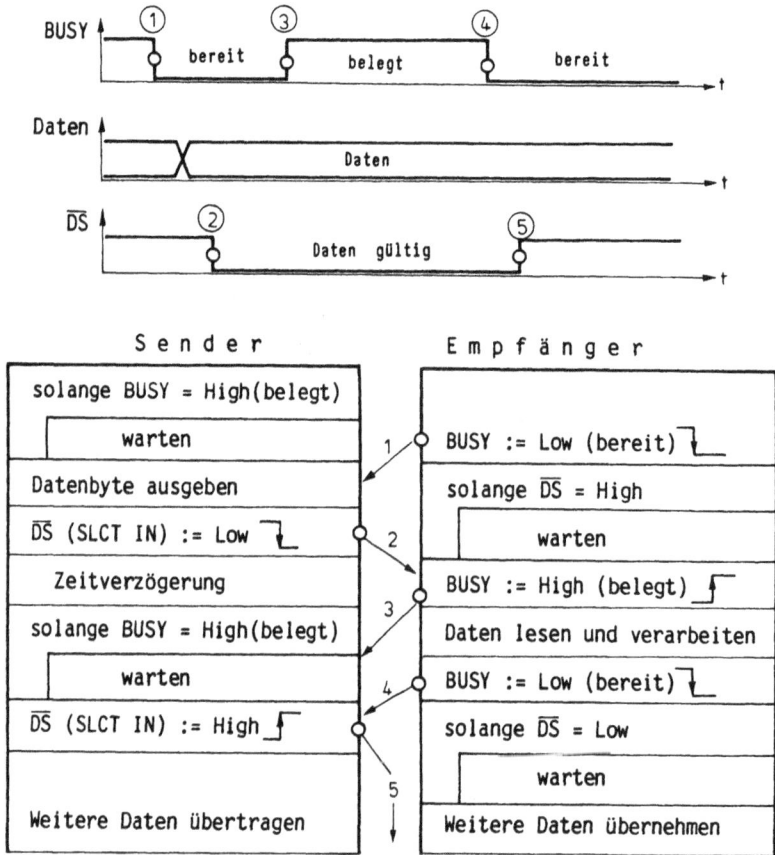

Bild 4-11: Übertragungsprotokoll der Rechnerkopplung

Zum Zeitpunkt (1) legt der Empfänger seinen Ausgang BUSY auf Low und meldet sich bereit. Erkennt der Sender aus seinem BUSY-Eingang, daß der Empfänger bereit ist (BUSY = Low), so legt er das auszugebende Byte auf die Datenleitungen und macht dann zum Zeitpunkt (2) seinen Ausgang DS (Data Strobe) Low; die Daten sind gültig. Erkennt der Empfänger zum Zeitpunkt (3), daß gültige Daten anliegen, so meldet er sich zunächst belegt und legt dazu seinen BUSY-Ausgang auf High. Dann werden die Daten gelesen und ausgegeben bzw. gespeichert. Nach der Verarbeitung meldet sich der Empfänger zum Zeitpunkt (4) wieder bereit (BUSY = Low). Daraufhin macht der Sender zum Zeitpunkt (5) das Strobe-Signal wieder High und kann nun neue Daten übertragen. *Bild 4-12* zeigt die Pascalprogrammierung des Übertragungsprotokolls.

```
PROGRAM prog4p4;      (* Bild 4-12 parallele Rechnerkopplung *)
USES Crt;             (* MVUS-Programm prog4p4.68k         *)
CONST   lpt = $0278; wartezeit = 10;
TYPE    feldtyp = ARRAY[1..1024] OF BYTE;
VAR     x,z : BYTE;
        y : feldtyp;
        i : INTEGER;
PROCEDURE ausbyte(x:BYTE);              (* Byte ausgeben    *)
VAR     warte : INTEGER;
BEGIN
  WHILE (Port[lpt+1] AND $80) = $00 DO; (* Busy = High      *)
  Port[lpt+0] := x;                     (* Busy = Low       *)
  Port[lpt+2] := $0C;                   (* SLCT IN := Low   *)
  FOR warte := 1 TO wartezeit DO ;      (* warten           *)
  WHILE (Port[lpt+1] AND $80) = $00 DO; (* Busy = High *)
  Port[lpt+2] := $04;                   (* SLCT IN := High *)
END;
PROCEDURE ausfeld(x:feldtyp);           (* Feld ausgeben    *)
VAR    i : INTEGER;
BEGIN
  FOR i := 1 TO 1024 DO ausbyte(x[i]);
END;
PROCEDURE einbyte(VAR x:BYTE);          (* Byte lesen       *)
VAR    x1,x2 : BYTE;
BEGIN
  INLINE($FA);                          (* CLI ; Int. gesp *)
  Port[lpt+0] := $7F;                   (* bereit Busy = 0 *)
  WHILE (Port[lpt+2] AND $08) = $00 DO; (* warten bis DS=0 *)
  Port[lpt+0] := $FF;                   (* belegt Busy = 1 *)
  x1 := Port[lpt+1];
  x2 := Port[lpt+2];
  x := ((x1 XOR $80) AND $F8) OR ((x2 XOR $03) AND $07);
  Port[lpt+0] := $7F;                   (* bereit Busy = 1 *)
  WHILE (Port[lpt+2] AND $08) = $08 DO; (* warten bis DS=1 *)
  INLINE($FB);                          (* STI ; INT frei  *)
END;
PROCEDURE einfeld(VAR x:feldtyp);       (* Feld lesen       *)
VAR   i : INTEGER;
BEGIN
  FOR i := 1 TO 1024 DO einbyte(x[i]);
END;
BEGIN  (* Hauptprogramm zum Test der Betriebsarten *)
Port[lpt+2] := $04;                     (* SLCT IN := High *)
WriteLn('Eingabeschleife bis Wert = 123');
REPEAT
  Write('Eingabe:'); ReadLn(x);
  ausbyte(1); ausbyte(x);               (* Betriebsart 1   *)
  ausbyte(3); einbyte(z);               (* Betriebsart 3   *)
  writeLn('Ausgabe:',z);
UNTIL x = 123;
FOR i := 1 TO 1024 DO y[i] := i;
ausbyte(2); ausfeld(y);                 (* Betriebsart 2   *)
REPEAT
  Delay(1000);
  WriteLn('Feld ein:');
  ausbyte(4); einfeld(y);               (* Betriebsart 4   *)
  WriteLn('Feld aus:');
  ausbyte(2); ausfeld(y);               (* Betriebsart 2   *)
UNTIL KeyPressed
END.
```

Bild 4-12: Programm zur parallelen Rechnerkopplung

Die Prozedur ausbyte gibt ein Zeichen aus, wenn der PC als Sender arbeitet. Die Prozedur einbyte liest ein Zeichen von der Druckerschnittstelle ein. Da nun die Analogperipherie nicht mehr aus einfachen Wandlerbausteinen besteht, sondern mit einem "intelligenten" Rechner ausgerüstet ist, lassen sich auf dem Peripherierechner verschiedene Wandlerschaltungen auswählen und auch Werte speichern. Zur Auswahl der Betriebsart wurde vereinbart, vor der eigentlichen Datenübertragung zunächst ein Steuerbyte an den Peripherierechner zu senden.

In der *Betriebsart 1* folgt auf das Steuerbyte $01 ein Datenbyte, das auf einem 8-bit-Digital/Analogwandler (unipolar 0 bis +5V) ausgegeben wird.

In der *Betriebsart 2* sendet der PC das Steuerbyte $02 und erwartet dann ein Datenbyte von einem 8-bit-Analog/Digitalwandler (unipolar 0 bis +5V 12 μs Wandlungszeit). Das Starten der Umwandlung und das Auslesen des Wandlerbausteins übernimmt der Peripherierechner.

In der *Betriebsart 3* folgen auf das Steuerbyte $03 genau 1024 Datenbytes, die in dem Peripherierechner zunächst gespeichert und dann zyklisch auf einem 12-bit-Digital/Analogwandler ausgegeben werden. Dieser ist bipolar geschaltet und mit einem einstellbaren Tiefpassfilter und einem Ausgangskondensator ausgerüstet. Da nur Bytes übertragen werden, liegen die vier unteren Datenbits des Wandlers fest auf Low. Jeder Wert wird 4 μs lang gehalten. Am Beginn des Ausgabezyklus wird auf einem 8-bit-Digital/Analogwandler ein kurzer Triggerimpuls für ein Oszilloskop ausgegeben. Die zyklische Ausgabe der Analogwerte erfolgt durch den Peripherierechner ohne Beteiligung des PC. Sie wird durch ein neues Steuerbyte abgebrochen.

In der *Betriebsart 4* sendet der PC das Steuerbyte $04 und erwartet dann genau 1024 Datenbytes von einem 12-bit-Analog/Digitalwandler. Dieser ist bipolar geschaltet und mit einem Eingangskondensator, einem einstellbaren Tiefpassfilter und einer Abtast- und Halteschaltung ausgerüstet. Nach dem Empfang des Steuerbytes $04 liest der Peripherierechner zunächst 1024 Werte mit einer Abtastrate von 4 μs (250 kHz) in einen Pufferspeicher und überträgt sie anschließend byteweise an den PC; die unteren vier Bits werden abgeschnitten.

4.5 Die Interruptsteuerung der Druckerschnittstelle

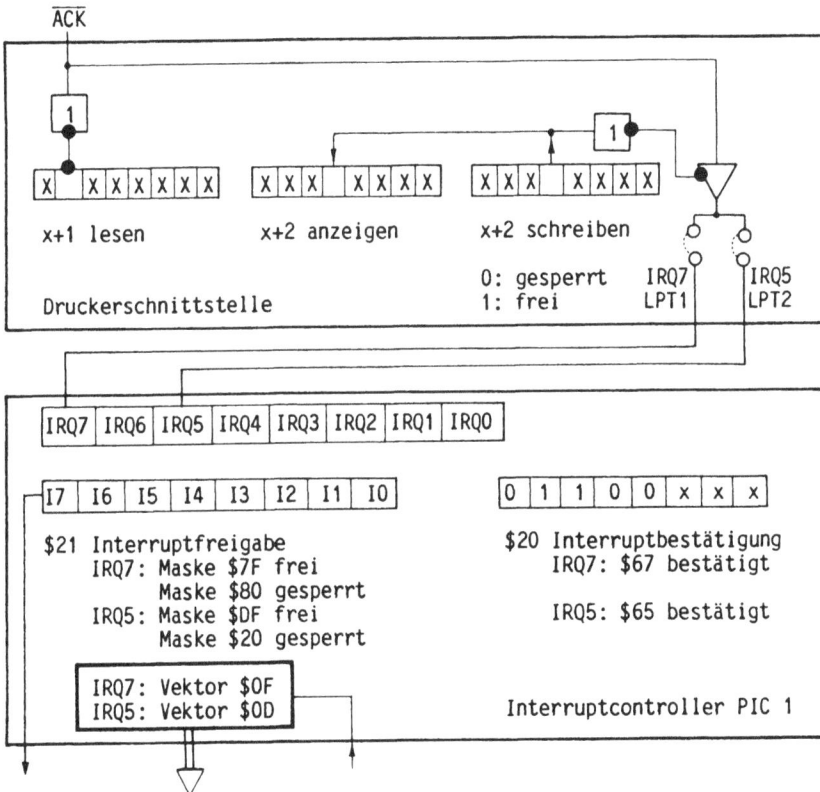

Bild 4-13: Die Auslösung eines Druckerinterrupts

Bild 4-13 zeigt ein Modell der Interruptsteuerung, die jedoch in den meisten Druckerprogrammen nicht verwendet wird. Die Schaltung der beiden Interruptsteuerbausteine entspricht dem Modell "AT". Standardmäßig ist für die Druckerschnittstelle "LPT1" der Interrupt "IRQ7" und für "LPT2" der Interrupt "IRQ5" vorgesehen. Dies läßt sich bei den meisten Schnittstellenkarten durch Brücken (Jumper) einstellen. Der Interrupt muß sowohl auf der Druckerschnittstelle (Steuerregister Bit B4) als auch im Interruptsteuerbaustein PIC freigegeben werden. Er wird durch eine steigende Flanke des Bestätigungssignals ACK ausgelöst. Am Ende des Interruptprogramms ist es erforderlich, den Interrupt im Interruptsteuerbaustein PIC zu bestätigen. *Bild 4-14* zeigt ein Programmbeispiel, das in einer Schleife abwechselnd zwei Bitmuster ausgibt, bis die Schleife durch einen ACK-Impuls abgebrochen wird. Dabei sollte möglichst ein entprellter Taster als Signalquelle verwendet werden.

```
PROGRAM prog4p5;      (* Bild 4-14 IRQ5 durch ACK-Signal *)
USES Dos, Crt;
CONST   marke : BOOLEAN = FALSE;
PROCEDURE ende; INTERRUPT;
BEGIN
   marke := TRUE;            (* Marke fuer Programmende    *)
   Port[$20] := $65          (* PIC Interrupt 5 bestaetigt *)
END;
BEGIN   (* Hauptprogramm *)
SetIntVec($0D,addr(ende));      (* Vektor umlenken       *)
Port[$21] := Port[$21] AND $DF; (* 1101 1111 IRQ5 frei *)
Port[$0278+2] := $14;           (* 0001 0100   ACK frei *)
WriteLn('Blinken bis ACK-Impuls ');
REPEAT
   Port[$0278] := $55; Delay(1000); (* 01010101 ausgeben *)
   Port[$0278] := $AA; Delay(1000); (* 10101010 ausgeben *)
UNTIL marke;
Port[$21] := Port[$21] OR $20;  (* 0010 0000 IRQ5 gesp *)
END.
```

Bild 4-14: Interrupt durch einen ACK-Impuls

4.6   Erweiterung des Druckerports

In den Anwendungen, bei denen die 17 Leitungen des Druckerports nicht
ausreichen, müssen über zusätzliche Ausgabespeicher und Eingabemulti-
plexer weitere Ein/Ausgabekanäle geschaffen werden. Die universellste
Lösung besteht darin, gemäß *Bild 4-15* einen bidirektionalen 8-bit-Bus mit
fünf zusätzlichen Steuerleitungen am Druckerport aufzubauen.

Die unteren vier Bits liefert der Steuerport (Adresse +2), der ja intern
schon mit Offenen-Kollektor-Ausgängen ausgerüstet ist. Die oberen vier
Bits liefert der Datenport (Adresse +0), der zusätzlich mit (invertierenden)
Treibern mit Offenen-Kollektor-Ausgängen ausgerüstet wird, in Verbindung mit dem Statusport (Adresse +1). Die Datenausgabe geschieht durch
Schreiben in die Ausgaberegister. Vor der Dateneingabe müssen die Ausgänge durch Schreiben auf High gebracht werden. Dann lassen sich die
außen anliegenden Potentiale von den Eingaberegistern lesen.

Die unteren vier Bits des Datenports können zur Steuerung der Datenübertragung verwendet werden. Mit einem Schreibsignal lassen sich Aus-
gabedatenspeicher, mit einem Lesesignal Eingabedatenspeicher freigeben.
Liegen mehrere Speicherbausteine am Bus, so müssen sie durch eine
Adresse unterschieden werden. Dies kann direkt durch die Steuerleitungen oder durch eine Auswahlschaltung (Decoder) oder durch besondere
Adreßspeicher geschehen. Der Abschnitt 9.2.2 zeigt als Beispiel den Aufbau
eines Peripheriebus am Druckerport, der die Signale der PC-Peripherie
nachbildet und damit den Betrieb von PC-Peripheriekarten am Druckerport ermöglicht.

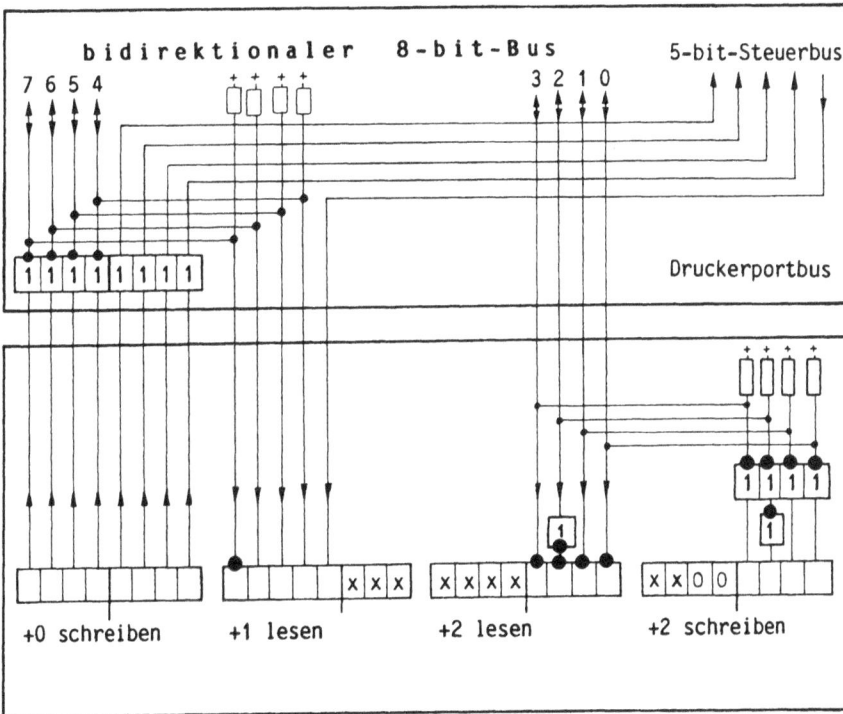

Bild 4-15: Erweiterung des Druckerports zu einem Bussystem

Die Druckerschnittstelle arbeitet mit TTL-Pegel. Die Kabellänge ist ohne besondere Treiberbausteine auf 1 bis 2 m begrenzt. Die Geschwindigkeit der Datenübertragung hängt sowohl von der Hardware des Rechners (Takt und Bitbreite des Prozessors) als auch von der Software (Programmiersprache) ab. Die im nächsten Kapitel behandelte Serienschnittstelle arbeitet wesentlich langsamer, sie läßt jedoch größere Reichweiten zu.

5. Die serielle Schnittstelle

Die serielle Schnittstelle dient zum Anschluß von Hilfsgeräten (serielle Drucker, Plotter oder Maus) und zur Verbindung von Rechnern untereinander z.B. über das Telefonnetz. *Bild 5-1* zeigt den Aufbau einer seriellen Datenübertragungsstrecke.

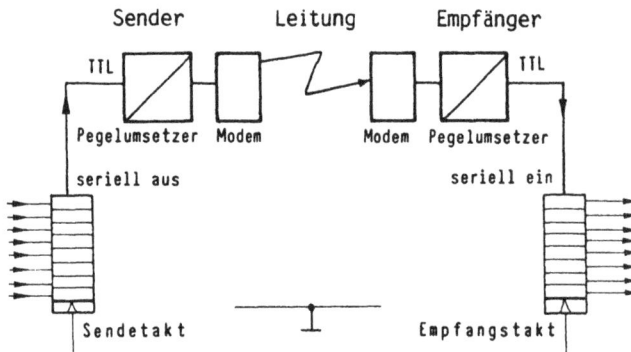

Bild 5-1: Das Prinzip der seriellen Datenübertragung

Die zu übertragenden Daten wie z.B. Texte liegen normalerweise in bytecodierter Form vor. Sie werden vom Sender von der byteparallelen Darstellung in eine bitserielle Darstellung umgewandelt. Dies geschieht hardwaremäßig durch ein Schieberegister mit parallelen Eingängen und einem seriellen Ausgang, der TTL-Pegel liefert: < 0.4 V für Low und > 2.4 V für High. Bei Übertragungsstrecken länger als 1 m verwendet man zur Verbesserung der Übertragungssicherheit Pegelumsetzer. Das unter der Bezeichnung V.24 (RS 232C) bekannte Verfahren setzt den TTL-Low-Pegel in eine Spannung von > 5 Volt und den TTL-High-Pegel in eine Spannung von < – 5 Volt um. Zur Datenübertragung in Telefonnetzen müssen die digitalen Signale mit Modems (Modulator/Demodulator) in Tonfrequenz (z.B. 1200 Hz/ 2400 Hz) umgesetzt werden. Auf der Empfängerseite werden die seriellen Daten nach entsprechender Umsetzung (Modem und Pegelumsetzer) wieder einem Schieberegister zugeführt, das die seriell ankommenden Eingangsdaten wieder zu einem Byte zusammensetzt und byteparallel dem empfangenden Gerät oder Rechner übergibt. Gegenüber einer parallelen Datenübertragung (z.B. Druckerschnittstelle) sind nur eine Datenleitung sowie die Masseleitung (Ground) erforderlich. Sender und Empfänger müssen mit dem gleichen Schiebetakt arbeiten und synchronisiert werden. *Bild 5-2* zeigt das üblicherweise verwendete asynchrone serielle Übertragungsverfahren (TTL-Pegel am Ausgang des Senders).

Abtastungen durch den Empfänger

Ausgang (TTL)

| S | B0 | B1 | B2 | B3 | B4 | B5 | B6 | B7 | P | S | S |

Ruhe ... Ruhe ... t

Datenbits

Startbit

Stopbits

Paritätsbit

Übertragungsrahmen mit Daten

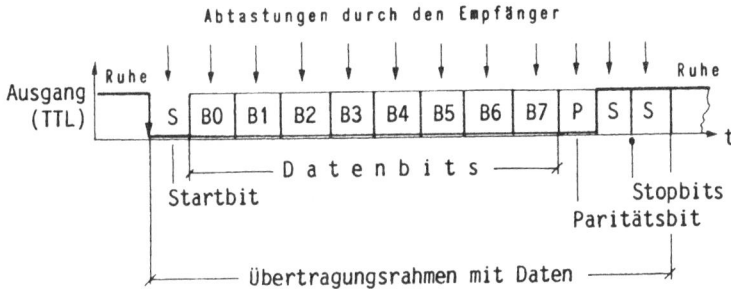

Baud (bit/s)	Bitzeit	Zeichenzeit (10 bit)
110	9.091 ms	100 ms
150	6.667 ms	67 ms
300	3.333 ms	33 ms
600	1.667 ms	16 ms
1200	833 µs	8 ms
2400	416 µs	4 ms
4800	208 µs	2 ms
9600	104 µs	1 ms
19200	52 µs	500 µs

Zeichenzeit für
1 Startbit
8 Datenbits
0 Paritätsbits
1 Stopbit
──────────
10 bit/Zeichen

Bild 5-2: Die asynchrone serielle Datenübertragung

Wird kein Zeichen übertragen, so liegt der Ausgang des Senders auf TTL-High. Der üblicherweise verwendete V.24-Pegelumsetzer legt die Leitung auf ca. - 12 Volt. Die Übertragung eines Zeichens beginnt mit einem Startbit (TTL-Low bzw. bei V.24-Pegel ca. + 12 Volt). Durch die fallende Flanke des Startbits wird der Empfänger synchronisiert. Dann folgen je nach verwendetem Code 5 bis 8 Datenbits. Ein besonders zu vereinbarendes Paritätsbit dient der Codesicherung. Ein oder zwei Stop-Bits, die immer TTL-High (V.24 ca. - 12 Volt) sind, schließen die Übertragung des Zeichens ab. Die Datenbits werden mit dem wertniedrigsten Bit zuerst gesendet. Da keine Taktinformationen übertragen werden, müssen Übertragungsparameter zwischen Sender und Empfänger vereinbart werden. Dies sind die Baudrate (bit/sec), die Anzahl der Datenbits und die Verwendung eines Paritätsbits. Die folgenden Beispiele arbeiten mit 4800 Baud, 8 Datenbits, ohne Parität und mit einem Stopbit. Die Übertragung eines Zeichens mit Rahmen (10 bit) dauert dabei ca. 2 ms. Beim praktischen Aufbau einer asynchronen seriellen Datenübertragungsstrecke werden zusätzlich Modemsteuersignale zwischen Sender und Empfänger übertragen. *Bild 5-3* zeigt die übliche Beschaltung der seriellen PC-Schnittstelle sowie den zeitlichen Verlauf der Signale (TTL- und V.24-Pegel). Die Bedeutung der Modemsteuersignale wird im Bild 5-7 näher erläutert.

Die Signalbezeichnungen beziehen sich auf den Anschluß eines Modems, selbst wenn keins vorhanden ist und die Verbindung direkt mit TTL- bzw. V.24-Pegel erfolgt. Die Modemsignale müssen bei der PC-Schnittstelle durch Software kontrolliert und ausgegeben werden; z.B. durch die BIOS- und DOS-Systemsoftware. In diesen Betriebssystemprogrammen sendet die

M o d e m = Modulator / Demodulator

Empfangsteil   M o d e m - Steuerung   Sendeteil

| Daten | ein: +12V | konst +12V | -12V/ +12V | ein: +12V | Daten |

| V.24 / TTL | V.24 / TTL | V.24 / TTL | V.24 / TTL | V.24 / TTL | V.24 / TTL |

TxD   CTS   DTR   RTS   DSR   RxD

Sender   S c h n i t t s t e l l e n - Steuerung   Empfänger

S e r i e n s c h n i t t s t e l l e

Initialisierung | Zeichen $0F empfangen | Zeichen $55 senden

TxD +5V / TTL 0   s 1 0 1 0 1 0 1 0 s s   t

TxD +12V / V.24 -12V   t

RxD +5V / TTL 0   s 1 1 1 1 0 0 0 0 s s   t

RxD +12V / V.24 -12V   t

RTS +5V / TTL 0   t

RTS +12V / V.24 -12V   t

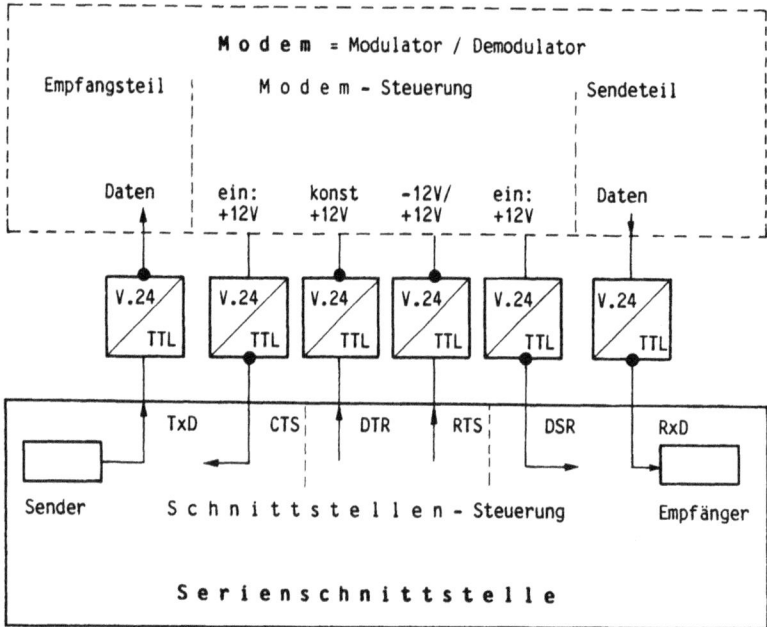

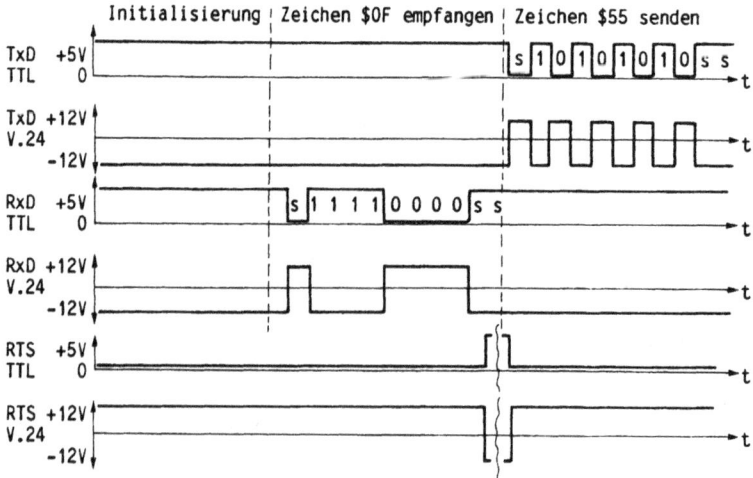

Bild 5-3: **Schnittstellensteuerung und Signalverlauf**

Schnittstelle nur dann, wenn der Eingang CTS (Clear To Send) eingeschaltet ist (> + 3 Volt); sie empfängt nur dann, wenn der Eingang DSR (Data Set Ready) eingeschaltet ist (> + 3 Volt). Die Ausgänge DTR (Data Terminal Ready) und RTS (Request To Send) liegen nach der Initialisierung der Schnittstelle durch das Betriebssystem auf festem Potential (> + 5 Volt). Der Datenausgang TxD liegt im Ruhezustand auf TTL-High bzw. V.24 (< - 5 Volt).

5.1 Der Zugriff über das Betriebssystem

Die in einem Rechner installierten asynchronen seriellen Schnittstellen werden mit "COM1" oder "AUX" sowie mit "COM2", "COM3" und "COM4" bezeichnet. COM bedeutet Communication, AUX bedeutet Auxiliary. Nach dem Start des Betriebssystems ist normalerweise die serielle Schnittstelle "COM1" ("AUX") zugeordnet. Die Portadressen der beim Systemstart erkannten seriellen Schnittstellen werden in den BIOS-Variablen $0040:$0000 bis $0040:$0006 festgehalten. Standardmäßig sind folgende Portadressen für die Serienschnittstellen vorgesehen:

```
COM1: $03F8
COM2: $02F8
COM3: $03E8
COM4: $02E8
```

Mit dem Betriebssystembefehl "MODE" lassen sich die voreingestellten Übertragungsparameter der Schnittstellen und die Zuordnungen ändern. Das folgende Beispiel initialisiert die Serienschnittstelle "COM1" für 4800 Baud, ohne Parität, 8 Datenbits und 2 Stopbits sowie für einen Druckerbetrieb. Die für den Paralleldrucker "LPT1" bestimmte Ausgabe wird dann auf die serielle Schnittstelle "COM1" und damit auf einen seriellen Drucker umgelenkt.

```
>MODE com1:4800,N,8,2,p
>MODE lpt1:=com1:
```

Der BIOS-Interrupt $14 stellt vier Funktionen zur Voreinstellung (Initialisierung), zum Zeichen senden, zum Zeichen lesen und zur Statusabfrage zur Verfügung. Dabei enthält das Register DX die Nummer der seriellen Schnittstelle (0 für COM1). Der DOS-Interrupt $21 liefert Funktionen zum Empfangen und Senden von Zeichen über die serielle Schnittstelle COM1. *Bild 5-4* zeigt ein Testprogramm, das Zeichen von der Tastatur (Konsole) seriell ausgibt und seriell ankommende Zeichen auf dem Bildschirm anzeigt.

Vor einem Testlauf des Programmbeispiels ist darauf zu achten, daß die Gegenstation (Terminal, Rechner oder Schnittstellentestgerät) die Steuersignale CTS und DSR liefert und selbst direkt oder mit den Steuerausgängen DTR und RTS eingeschaltet wird (Bild 5-3). In der zweiten Testschleife (DOS-Interrupt $21) ist zu beachten, daß die Eingabefunktion (AH = 3) wartet, bis ein Zeichen seriell empfangen wurde. Eine Statusabfrage ist nur über den BIOS-Interrupt $14 möglich. Der Empfangscode $03 (Strg und C) löst einen Interrupt $23 aus. Da nur wenige Gegenstationen auf das in Bild 5-3 dargestellte Übertragungsprotokoll mit RTS eingestellt sind, greift man in der praktischen Anwendung meist direkt auf den Schnittstellenbaustein zu.

```
PROGRAM prog5p5;      (* Bild 5-4  BIOS- und DOS-Funktionen *)
USES   Dos, Crt;
CONST  konfig = $c7;          (* Parameter 110 0   0 1 1 1 *)
(* 4800 Bd (ungerade) ohne Parität 2 Stopbits 8 Datenbits *)
       comnr = 0;           (* 0 = COM1  1 = COM2        *)
VAR    reg : Registers;     (* Dos -Registerdefinitionen *)
         z : CHAR;
BEGIN
(* Initialisierung und Übertragung mit BIOS-Interrupt $14 *)
reg.ah := 0; reg.al := konfig;       (* Initialisierung *)
reg.dx := comnr; Intr($14,reg);      (* dx bleibt !!!!! *)
(* Schnittst. => Konsole; Konsole => Schnittst.  bis esc *)
WriteLn; WriteLn('Eingabe bis esc'); z := #$00; (* <> esc *)
REPEAT
  reg.ah := 3;  Intr($14,reg);  (* Status lesen         *)
  IF (reg.ah AND $01) <> 0 THEN  (* 0000 0001 Empfänger ? *)
  BEGIN
    reg.ah := 2; Intr($14,reg);  (* Zeichen vom Empfänger *)
    Write(CHAR(reg.al));         (* nach Bildschirm      *)
  END;
  IF KeyPressed THEN             (* wenn Taste betätigt  *)
  BEGIN
    z := ReadKey;               (* Tastencode abholen   *)
    REPEAT
      reg.ah := 3; Intr($14,reg);  (* Status lesen       *)
    UNTIL (reg.ah AND $60) <> 0;  (* 0110 0000 Sender ?  *)
    reg.ah := 1; reg.al := BYTE(z);
    Intr($14,reg);              (* Zeichen senden       *)
  END
UNTIL z = #$1b;                 (* Abbruch mit Taste esc *)
(* Lese- und Ausgabeschleife mit DOS-Interrupt $21       *)
WriteLn; WriteLn('Eingabe bis esc'); z := #$00; (* <> esc *)
REPEAT
  reg.ah := 3; MsDos(reg);     (* COM1 warten auf Zeichen *)
  Write(CHAR(reg.al));         (* nach Bildschirm ausgeben *)
  IF KeyPressed THEN           (* wenn Taste betätigt    *)
  BEGIN
    z := ReadKey; reg.dl := BYTE(z);
    reg.ah := 4; MsDos(reg)    (* Zeichen über COM1 senden *)
  END
UNTIL z = #$1b                 (* Abbruch mit Taste esc   *)
END.

Eingabe bis esc
ABCDEF
Eingabe bis esc
0123456789
```

Bild 5-4: Test der BIOS- und DOS-Funktionen

5.2   Aufbau und Programmierung des Schnittstellenbausteins

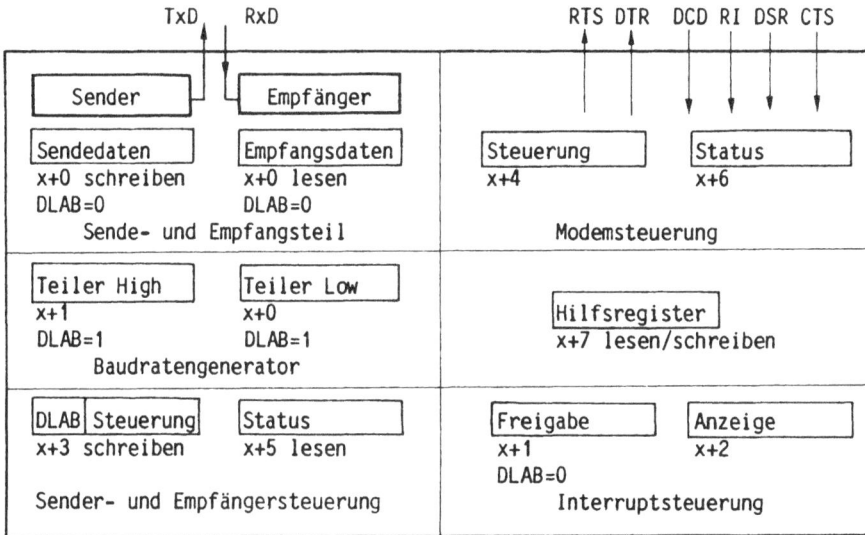

Bild 5-5: Die Register und Anschlüsse der Serienschnittstelle

Der Schnittstellenbaustein *(Bild 5-5)* trägt in den meisten Fällen die Bezeichnung UART 8250 (Universal Asynchronous Receiver Transmitter). Er wird über TTL/V.24-Treiber bzw.-Empfänger an einen 9poligen oder 25poligen Stecker angeschlossen. Der Anhang enthält die genormten Anschlußbezeichnungen und Stiftbelegungen. Der Baustein besteht aus einem Sende- und einem Empfangsteil, einem programmierbaren Baudratengenerator für den Übertragungstakt, einer Sender- und Empfängersteuerung, einer Modemsteuerung und einer Interruptsteuerung sowie einem Hilfsregister ohne besondere Funktionen. Da für die insgesamt 11 Register nur 8 Adressen zur Verfügung stehen, wird ein Steuerbit DLAB zur Adreßumschaltung verwendet. Die Anfangsadresse "x" der Schnittstelle läßt sich bei den meisten Schnittstellenkarten mit Brücken (Jumpern) einstellen, so daß mehrere Serienschnittstellen in einem System betrieben werden können. In den folgenden Programmbeispielen wird die Anfangsadresse "x" entweder als Konstante vereinbart (CONST x = $02F8;) oder als Variable vom Datentyp WORD gelesen (Write('x eingeben >'); ReadLn(x);) oder nach Eingabe einer Kennzahl der BIOS-Variablen entnommen:

```
VAR  nr,x : WORD;
BEGIN
Write('COM1, 2, 3 oder 4 >'); ReadLn(nr);
x := MemW[$0040:2*(nr-1)];
Port[x+7] := $55;      (* Hilfsregister *)
```

TxD   ↑RxD   RCLK   BAUDOUT

┌───┐

Schieberegister   Schieberegister :16

| x | x | x | x | x | x | x | x | | x | x | x | x | x | x | x | x | Abtastungen: Schiebetakt*16

Sendedaten   Empfangsdaten
x+0 schreiben   x+0 lesen
DLAB=0   DLAB=0

:16 — Teiler für Baudratengenerator (Takt*16)

1.8432 MHz

| x | x | x | x | x | x | x | | x | x | x | x | x | x | x |

Teiler High   Teiler Low
x+1   x+0 $Teiler = \dfrac{1.8432*10^6}{Baudrate*16}$
DLAB=1   DLAB=1

Baudrate	110	150	300	600	1200	2400	4800	9600	19200
Teiler Takt*16	1047	768	384	192	96	48	24	12	6

Leitungssteuerregister   Leitungsstatusregister
x+3   x+5

| B7 | B6 | B5 | B4 | B3 | B2 | B1 | B0 | | B7 | B6 | B5 | B4 | B3 | B2 | B1 | B0 |

```
                    0  0: 5 bit                              0: leer
                    0  1: 6 bit                              1: voll
                    1  0: 7 bit                              Empfangsdatenr.
                    1  1: 8 bit                         0: kein Überlauf
                    Datenbits                           1: Empfängerüberl.
                0: 1 Stopbit                        0: kein Paritätsf.
                1: 2 Stopbits                       1: Paritätsfehler
                1: 1 1/2 (5 bit)                 0: kein Stopbitfehler
            0: kein Paritätsbit                  1: Stopbitfehler
            1: mit Paritätsbit               0: kein Empfängerbreak
        0: ungerade Parität                  1: Empfängereingang Low
        1: gerade Parität                0: Sendedatenregister voll
    0: ohne Ausgleichsparität            1: Sendedatenregister leer
    1: mit Ausgleichsparität         0: Sendeschieberegister voll
0: Senderfreigabe                    1: Sendeschieberegister leer
1: TxD = 0 (Break)               0: B7 ist immer 0
0: (DLAB) Sendedatenregister
   Interruptfreigaberegister
1: (DLAB) Teilerregister
```

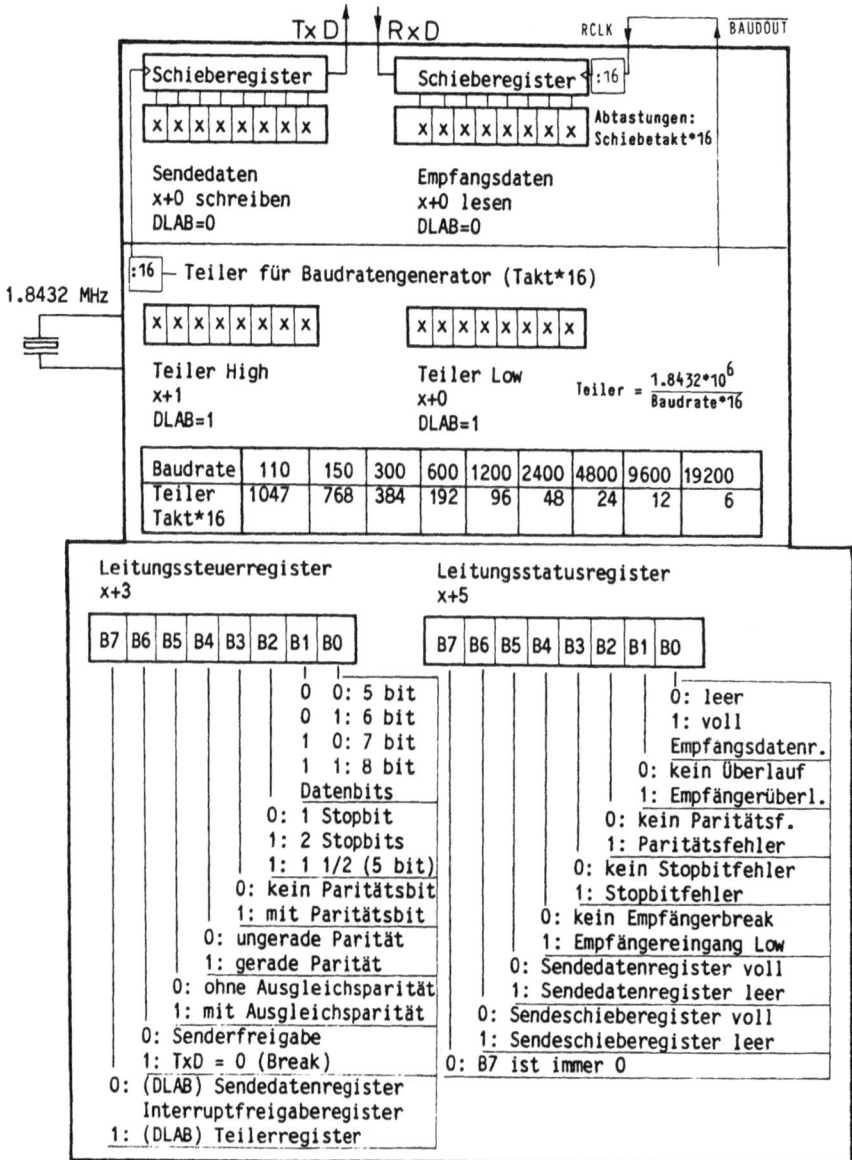

Bild 5-6: Sender- und Empfängersteuerung mit Baudratengenerator

Bild 5-6 zeigt die Sender- und Empfängersteuerung sowie den programmierbaren Baudratengenerator.

Vor der Datenübertragung werden üblicherweise die Übertragungsparameter festgelegt; sie gelten gleichermaßen für den Sender und für den Empfänger. Dazu wird zunächst das Adreßumschaltbit DLAB im Leitungssteuerregister (x+3) auf 1 gesetzt. Dadurch werden beim Zugriff auf die Registeradressen (x+1) und (x+0) die beiden Teilerregister des Baudratengenerators adressiert. Die Teilerformel berücksichtigt, daß standardmäßig die Empfangsleitung mit dem 16fachen Übertragungtakt abgetastet wird. Für 4800 Baud und einen Quarz von 1.8432 MHz ergibt sich ein Teilerfaktor von 24. Nach der Umschaltung von DLAB auf 0 sind unter der Adresse (x+0) die beiden Datenregister und unter (x+1) das Interruptfreigaberegister verfügbar. Das Steuerbyte für 8 Datenbits, 2 Stopbits, kein Paritätsbit und eingeschalteten Sender lautet 0000 0111 binär ($07). Es wird in das Leitungssteuerregister geschrieben. Damit sind die Übertragungsparameter festgelegt. Auf der Adresse (x+0) befinden sich zwei Register. Wird in diese Adresse geschrieben, so gelangen die Daten in das Sendedatenregister, wird von dieser Adresse gelesen, so wird das Empfangsdatenregister geleert. Das Leitungsstatusregister (x+5) zeigt im Bit B0 an, ob ein Datenbyte im Empfangsdatenregister bereit liegt. Das folgende Beispiel liest das Leitungsstatusregister und prüft es mit der Maske 0000 0001:

```
IF (Port[x+5] AND $01) <> 0 THEN    (* Daten bereit *)
```

Die Bitpositionen B5 und B6 zeigen an, ob das Sendedatenregister bzw. das Sendeschieberegister frei sind zur Übernahme eines neuen Zeichens. Das folgende Beispiel liest das Leitungsstatusregister und prüft es mit der Maske 0110 0000:

```
IF (Port[x+5] AND $60) <> 0 THEN    (* Sender frei *)
```

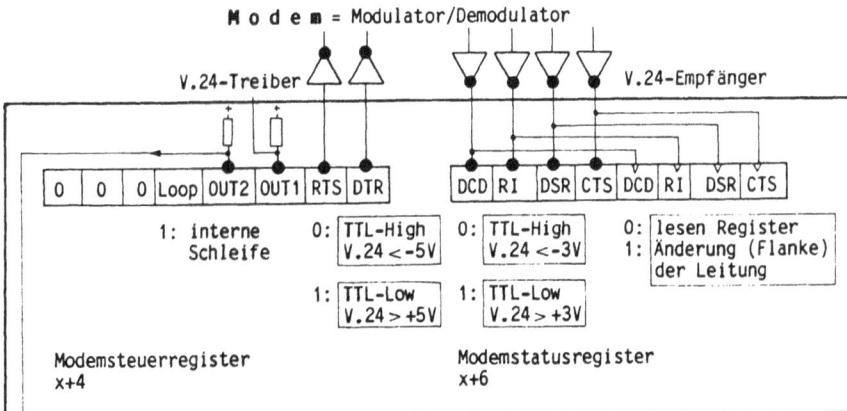

```
OUT2 = Ausgang für Interruptsteuerung
OUT1 = nicht verwendet
 RTS = Request To Send = Schnittstelle schaltet Sendeteil des Modems ein
 DTR = Data Terminal Ready = Sendeteil der Schnittstelle ist bereit
 DCD = Data Channel Detected = Modem meldet, daß Empfangspegel anliegt
  RI = Ring Indicator = Modem meldet ankommenden Ruf
 DSR = Data Set Ready = Modem meldet sich betriebsbereit
 CTS = Clear To Send = Modem meldet sich sendebereit
```

Bild 5-7: Die Modemsteuerung der Serienschnittstelle

Im Gegensatz zu Schnittstellenbausteinen anderer Hersteller werden die in *Bild 5-7* dargestellten Modemsteuersignale nur durch Übertragungs-programme erzeugt und ausgewertet; sie haben keinen direkten Einfluß auf die Hardware des Bausteins. Die genormten Signalbezeichnungen orientieren sich am Anschluß eines Modems, sie werden jedoch auch in Betriebsarten ohne Modem verwendet. Die vier Eingänge (DCD, RI, DSR und CTS) werden in den oberen vier Bitpositionen des Modemstatusregisters als Leitungszustände angezeigt; in den vier unteren Bitpositionen er-scheinen Änderungen (Flanken) des Leitungszustandes als 1. Diese vier Anzeigebits werden durch ein Lesen des Modemstatusregisters wieder zu-rückgesetzt. Abschnitt 5.4 behandelt die Interruptsteuerung der Schnitt-stelle. Bei einer Bewertung der Leitungspotentiale ist besonders zu be-achten, daß die Signale sowohl in der Schnittstelle invertiert als auch mit V.24-Pegelwandlern umgesetzt werden. Schreibt man z.B. durch einen Befehl in das Bit B0 (DTR) des Modemsteuerregisters eine 0, so erscheint am Ausgang des Bausteins ein TTL-High und am Stecker der Schnittstelle ein Leitungspotential von < − 5 Volt (z.B. −12 V). Eine 1 ergibt TTL-Low und auf der Leitung eine Spannung von > + 5 Volt (z.B. +12 V). Liegt z.B. am Eingang DCD des Steckers ein Leitungspotential von < − 3 Volt (z.B. − 10 V), so erscheint am Baustein ein TTL-High und im Bit B7 des Modemstatus-registers eine 0. Ein Leitungspotential > + 3 Volt (z.B. + 10 V) liefert am Baustein ein TTL-Low und im Bit B7 eine logische 1. Bild 5-8 zeigt den Auf-bau eines Schnittstellentestgerätes, das besonders für die Untersuchung der Modemsteuersignale eingesetzt wurde.

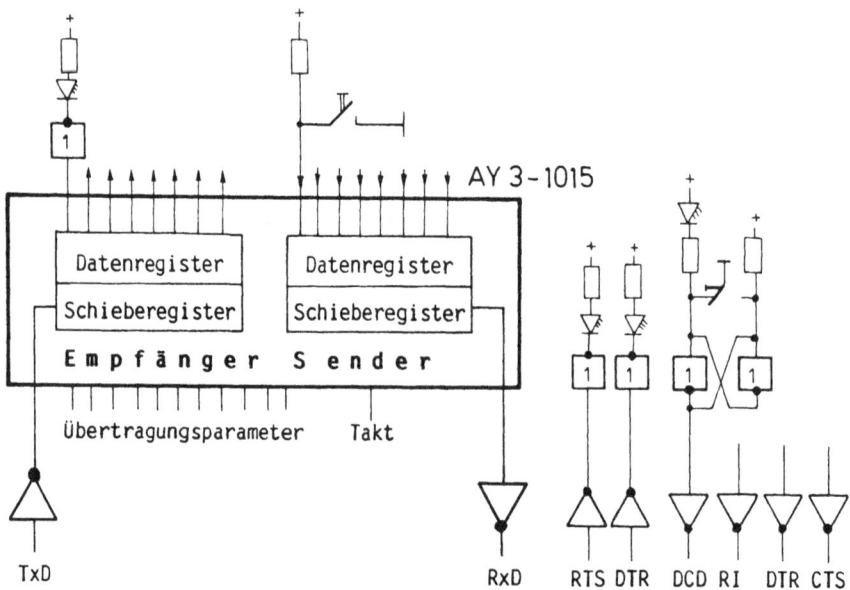

Bezeichnungen der Serienschnittstelle

Bild 5-8: Schnittstellentestgerät

Das Gerät enthält einen seriellen Schnittstellenbaustein (AY-3-1015), bei
dem sich die Übertragungsparameter durch Hardware an Schaltern einstellen lassen, einen ebenfalls einstellbaren Baudratengenerator sowie
LED-Anzeigen und Schalter für die Modemsteuersignale. Die empfangenen
Daten werden an acht Leuchtdioden angezeigt; die zu sendenden Daten an
acht Kippschaltern eingestellt. *Bild 5-9* zeigt ein Testprogramm, mit dem
die serielle Schnittstelle untersucht werden kann.

```
PROGRAM prog5p0;          (* Bild 5-9 Schnittstellentest *)
USES  Crt, Aushexbi;      (* Auswhex, Ausbin                *)
VAR   abst, x, rate, teil : WORD;
      z : CHAR;
      wert : BYTE;
      baud : INTEGER;
PROCEDURE teiler(bd : INTEGER);        (* Baudrate einstellen *)
VAR fakt : WORD;
BEGIN
  fakt := LONGINT(1843200 DIV (LONGINT(bd) * 16)); (* Teiler *)
  Port[x+3] := Port[x+3] OR $80;    (* 1000 0000: DLAB := 1 *)
  Port[x+1] := Hi(fakt); Port[x+0] := Lo(fakt);
  Port[x+3] := Port[x+3] AND $7F;   (* 0111 1111: DLAB := 0 *)
END;
BEGIN           (* H a u p t p r o g ra m m *)
WriteLn('Installierte Serienschnittstellen:');
FOR abst := 0 TO 3 DO
BEGIN
  Write(' COM',abst+1,': '); Auswhex(MemW[$0040:abst*2]);
END; WriteLn;
Write(' Anfangsdresse hexadezimal $xxxx >'); ReadLn(x); WriteLn;
Write('Schnittstelle initialisieren j/n? >');
z := Upcase(ReadKey); WriteLn(z);
IF z = 'J' THEN
BEGIN
  Port[x+7] := $55;          (* 0101 0101 Test Hilfsregister   *)
  IF Port[x+7] <> $55 THEN WriteLn('Fehler Hilfsregister !!!');
  teiler(4800);              (* Baudrate 4800 Bd eingest. *)
  Port[x+3] := $07;          (* 0000 0111 Ohne Par 2 Stp 8 Dat *)
  Port[x+4] := $00;          (* 0000 0000 Int gesp RTS=0 DTR=0 *)
  Port[x+1] := $00;          (* 0000 0000 Interrupts gesperrt  *)
  wert := Port[x+0];         (* Empfangsdatenregister leeren   *)
  wert := Port[x+2];         (* Interruptstatus loeschen      *)
  wert := Port[x+6];         (* Modemstatus loeschen          *)
  WriteLn('4800 Bd Ohne Par.2 Stopbit 8 Datenbit Int gesp. RTS=0 DTR=0');
  WriteLn;
END;
REPEAT
  Port[x+3] := Port[x+3] OR $80;     (* 1000 0000 DLAB = 1 *)
  teil := WORD(Port[x+1]*256) + Port[x+0];
  Port[x+3] := Port[x+3] AND $7F;    (* 0111 1111 DLAB = 0 *)
  rate := LONGINT(1843200 DIV (LONGINT(teil) * 16));
  Write('Baudrate: ',rate,' Bd  Teiler = ',teil);
  Write('  Hilfsreg = '); Ausbbin(Port[x+7]); WriteLn;
  Write(' Leitung: Steuerung = '); Ausbbin(Port[x+3]);
  Write(' Anzeige = '); Ausbbin(Port[x+5]); WriteLn;
  Write('  Modem: Steuerung = '); Ausbbin(Port[x+4]);
  Write(' Anzeige = '); Ausbbin(Port[x+6]); WriteLn;
  Write('Interpt.: Steuerung = '); Ausbbin(Port[x+1]);
  Write(' Anzeige = '); Ausbbin(Port[x+2]); WriteLn;
  WriteLn('Senden = S  Empfangen = E  Baudrate = B  Leitung = L');
  Write('Modem = M  Interrupt = I  Hilfsreg. = H  Weiter = X  Ende = * >');
```

```
   z := Upcase(ReadKey); WriteLn;
   CASE z OF
   'S' : BEGIN
         Write('Zeichen hexadezimal $xx >'); ReadLn(wert);
         WHILE (Port[x+5] AND $60) = $00 DO;   (* 0110 0000 *)
         Port[x+0] := wert;                    (* Senden    *)
         END;
   'E' : BEGIN
         WHILE (Port[x+5] AND $01) = $00 DO;   (* 0000 0001 *)
         wert := Port[x+0];                    (* Abholen   *)
         Write('Zeichenmuster: '); ausbbin(wert);
         WriteLn('  Zeichen: ',CHAR(wert));
         END;
   'B' : BEGIN
         Write('Baudrate dezimal eingeben >'); ReadLn(baud);
         teiler(baud);
         END;
   'L' : BEGIN
         Write('Leitungssteuerbyte hexadezimal $xx >'); ReadLn(wert);
         wert := wert AND $7F; (* 0111 1111  DLAB = 0 gesetzt !!!! *)
         Port[x+3] := wert;
         END;
   'M' : BEGIN
         Write('Modemsteuerbyte hexadezimal $xx >'); ReadLn(wert);
         Port[x+4] := wert;
         END;
   'I' : BEGIN
         Write('Interruptsteuerbyte hexadezimal $xx >'); ReadLn(wert);
         Port[x+1] := wert;
         END;
   'H' : BEGIN
         Write('Hilfsregisterbyte hexadezimal $xx >'); ReadLn(wert);
         Port[x+7] := wert;
         END;
   END;
   WriteLn;
   UNTIL z = '*';
   END.


Installierte Serienschnittstellen:
   COM1: $03F8   COM2: $02F8   COM3: $0000   COM4: $0000
   Anfangsdresse hexadezimal $xxxx >$02f8

Schnittstelle initialisieren j/n? >N
Baudrate: 2400 Bd  Teiler = 48    Hilfsreg = %01010101
 Leitung: Steuerung = %00000011    Anzeige = %01100000
   Modem: Steuerung = %00000000    Anzeige = %00000000
Interpt.: Steuerung = %00000000    Anzeige = %00000001
Senden = S  Empfangen = E  Baudrate = B  Leitung = L
Modem = M  Interrupt = I  Hilfsreg. = H  Weiter = X  Ende = *  >
Zeichen hexadezimal $xx >$55
```

Bild 5-9: Testprogramm für die serielle Schnittstelle

Das Programm stellt zunächst fest, welche seriellen Schnittstellen beim
Systemstart erkannt wurden und initialisiert dann wahlweise die ausgewählte Schnittstelle mit vorgegebenen Übertragungsparametern. Dann

werden alle Registerinhalte binär angezeigt. In einer Schleife, die durch
die Eingabe einer Endemarke (*) abgebrochen werden kann, kann nun der
Benutzer wahlweise ein Zeichen senden bzw. empfangen, die Baudrate ändern, das Leitungssteuerregister mit neuen Übertragungsparametern
programmieren, Modemsteuersignale ausgeben, die Interrupts freigeben
(Abschnitt 5.4) oder das Hilfsregister beschreiben. Bei jedem neuen
Schleifendurchlauf erscheinen die aktuellen Registerinhalte. Als Gegenstation diente sowohl das Schnittstellentestgerät (Bild 5-8) als auch ein
Übungsrechner (MVUS 68K), mit dem die Übertragungsprotokolle des folgenden Abschnitts untersucht wurden.

5.3   Serielle Übertragungsverfahren

Bei der Datenübertragung unterscheidet man den Simplexbetrieb, bei dem
das eine Gerät nur als Sender und das andere nur als Empfänger arbeitet
(z.B. Druckeranschluß) und den Duplexbetrieb, bei dem beide Geräte über
zwei getrennte Datenkanäle miteinander verkehren können. Die folgenden
Beispiele arbeiten im Duplexverfahren, um sowohl die Probleme des Sendens als auch des Empfangens darstellen zu können. Die Gegenstation, ein
Übungsrechner (MVUS 68K), wurde einmal als "Echo" betrieben, das alle
ankommenden Zeichen zurückschickt, zum anderen als Testsender, der
einen laufenden Dezimalzähler mit Wagenrücklauf und Zeilenvorschub am
Zeilenende an die PC-Schnittstelle überträgt.

Das *Senden* ist relativ einfach; bevor das Zeichen in das Sendedatenregister geschrieben wird, kontrolliert man, eventuell in einer Warteschleife,
die Anzeigebits B6 bzw. B5 des Leitungsstatusregisters, ob das vorher-
gehende Zeichen schon übertragen wurde.

Beim *Empfangen* werden die ankommenden Datenbits zunächst in einem
Schieberegister aufgefangen und dann parallel dem Empfangsdatenregister übergeben. Dabei wird gleichzeitig das Anzeigebit B0 des Leitungsstatusregisters auf 1 gesetzt. Wird nun das im Empfangsdatenregister
befindliche Zeichen nicht schnell genug vom Programm gelesen, so kann es
von nachfolgenden Zeichen überschrieben werden und damit verloren gehen. Dieser Überlauffehler wird zusammen mit dem Paritätsfehler, dem
Stopbitfehler und einer dauernden Leitungsunterbrechung (Break) im
Leitungsstatusregister angezeigt. Berücksichtigt man die Laufzeit der Zeichen auf der Leitung, so erscheint bei 4800 Baud und maximaler Sendege-
schwindigkeit alle 2 ms ein neues Zeichen. Diese Zeit reicht bei Pascalprogrammen mit Sicherheit aus, die Zeichen fortlaufend im Arbeitsspeicher
abzulegen.

Bei der *Bildschirmausgabe* der ankommenden Zeichen ergibt sich jedoch
ein extrem zeitkritisches Problem; das Rollen des Bildschirms am Ende der
untersten Zeile durch das Steuerzeichen "Zeilenvorschub" (lf). In diesem
Fall müssen nämlich alle Zeilen nach oben verschoben werden, damit am
unteren Rand eine Leerzeile entsteht. Dieser Vorgang dauert bei normaler
Bildschirmausgabe rund 15 ms, bei schnellen Assemblerprogrammen, die
direkt auf den Bildspeicher zugreifen, wurden vom Verfasser immer noch
ca. 12 ms für das Rollen des Bildschirms gemessen. Während dieser Zeit
könnten also Zeichen bei der seriellen Übertragung verloren gehen.

5.3.1   Die Drei-Draht-Verbindung

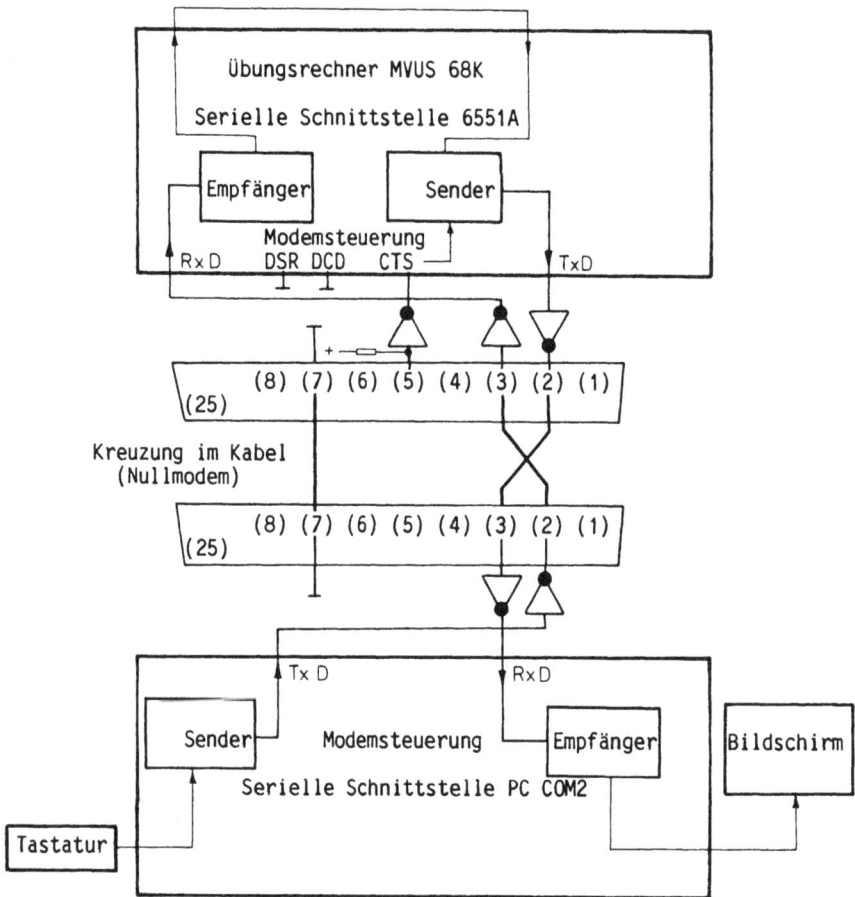

Bild 5-10: Die Drei-Draht-Verbindung

Bei der in *Bild 5-10* dargestellten Rechnerkopplung verwendet man drei Leitungen: eine Sendeleitung, eine Empfangsleitung und die gemeinsame Masseverbindung. Sind die 25poligen Anschlußstecker beider seriellen Schnittstellen entsprechend der V.24-Norm belegt, so muß der Senderausgang TxD (Stift 2) der einen Schnittstelle mit dem Empfängereingang RxD (Stift 3) der anderen Schnittstelle verbunden werden und umgekehrt. Diese Kreuzung findet normalerweise im Kabel statt und wird als "Nullmodemschaltung" bezeichnet. Da bei der Drei-Draht-Verbindung keine Modemsteuersignale übertragen werden, mußte der Eingang CTS der Gegenstation (MVUS) fest auf + 12 V gelegt werden, um den Sender einzuschalten. *Bild 5-11* zeigt das Übertragungsprogramm der seriellen PC-Schnittstelle.

```
PROGRAM prog5p1;  (* Bild 5-11  Drei-Draht-Verbindung *)
USES  Crt;
CONST t = 24;      (* 4800 Baud *)
      p = $07;     (* Ohne Par. 8 Daten 2 Stop *)
      x = $02F8;   (* Schnittstelle COM2 *)
VAR   zein, zaus : BYTE;
PROCEDURE init;            (* Schnittstelle initialisieren *)
BEGIN
  Port[x+3] := $80;               (* 1000 0000 DLAB := 1 *)
  Port[x+1] := Hi(t); Port[x+0] := Lo(t);
  Port[x+3] := p;                 (* 0xxx xxxx DLAB := 0 *)
  zein := Port[x+0];              (* Empfangsdaten leeren *)
END;
PROCEDURE send(z : BYTE);                  (* Byte senden *)
BEGIN
  WHILE Port[x+5] AND $20 = $00 DO; (* 0010 0000 warten *)
  Port[x+0] := z;    (* Zeichen nach Sendedatenregister *)
END;
PROCEDURE empf(VAR z : BYTE);            (* Byte abholen *)
BEGIN
  z := Port[x+0]; (* Zeichen von Empfangsdatenregister *)
END;
PROCEDURE bild(z : BYTE);          (* Bildschirmausgabe *)
BEGIN
  CASE z OF
  $08 : GotoXY(WhereX-1,WhereY);   (* Cursor links      *)
  $0C : GotoXY(WhereX+1,WhereY);   (* Cursor rechts     *)
  $0D : GotoXY(1,WhereY);          (* CR Wagenrueckl    *)
  $00 : ;                          (* Fuellzeichen      *)
  ELSE
  Write(CHAR(z));
  END;
END;
BEGIN        (* H a u p t p r o g r a m m *)
init;              (* Serienschnittstelle initialisieren *)
zaus := $00;          (* ungleich Abbruchzeichen !!! *)
REPEAT
  IF KeyPressed THEN             (* Tastaturzeichen ? *)
  BEGIN
    zaus := BYTE(UpCase(ReadKey)); (* Klein -> Gross  *)
    IF zaus <> $1B THEN send(zaus); (* Serielle Ausgabe *)
  END;
  IF Port[x+5] AND $01 <> $00 THEN (* 0000 0001 Empf.? *)
  BEGIN
    empf(zein);                    (* Zeichen abholen  *)
    bild(zein);                    (* Bildschirmausg.  *)
  END;
UNTIL zaus = $1B;             (* Esc - Taste: Abbruch *)
END.
```

Bild 5-11: Testprogramm der Drei-Draht-Verbindung

Nach der Initialisierung des Schnittstellenbausteins werden alle von der Tastatur eingegebenen Zeichen seriell gesendet und alle seriell ankommenden Zeichen auf dem Bildschirm ausgegeben. Die Prozedur bild der Bildschirmausgabe berücksichtigt besondere Steuercodes der Gegenstation. Das Steuerzeichen "Zeilenvorschub" (lf) wird von der Write-Prozedur ausgeführt.

Im Echobetrieb schickt die Gegenstation alle ankommenden Zeichen wieder
zurück; die Zeit zwischen der Übertragung zweier Zeichen wird durch die
langsame Tastatureingabe des Benutzers bestimmt. Im Sendebetrieb
schickt die Gegenstation mit maximaler Geschwindigkeit fortlaufende Dezi-
malzahlen mit einem Wagenrücklauf (cr) und einem Zeilenvorschub (lf) am
Ende. Durch das "Rollen" des Bildschirms (10 bis 15 ms) gingen die ersten
Zeichen am Zeilenanfang verloren. Als Abhilfemaßnahme wurde die Gegenstation so umprogrammiert, daß sie nach jedem Zeilenvorschub eine Wartezeit von 15 ms einlegte.

5.3.2   Das Hardware-Handshake-Verfahren

Das Handshakeverfahren zur Datenübertragung läuft allgemein in folgen-
den Schritten ab:
- Der Empfänger fordert vom Sender ein Zeichen an.
- Der Sender sendet das Zeichen.
- Der Empfänger bestätigt die Übernahme des Zeichens.

Dadurch wird sichergestellt, daß kein Zeichen verloren geht. Dies wird mit
zusätzlichem Leitungs- und Zeitaufwand für die Anforderungs- und Bestä-
tigungssignale erkauft. *Bild 5-12* zeigt ein häufig verwendetes Übertragungsverfahren, das nur mit einer Steuerleitung arbeitet.

Der Modemsteuerausgang RTS (Stift 4) des Empfängers wird mit dem
Modemsteuereingang CTS (Stift 5) des Senders verbunden. Auch hier ist
wieder eine Kreuzung der Leitungen im Kabel (Nullmodem) erforderlich.
CTS > + 3 Volt schaltet den Sender ein, CTS < – 3 Volt schaltet ihn aus. In
dem PC-Schnittstellenbaustein 8250 muß CTS durch Software ausgewertet
werden, in der Serienschnittstelle 6551A der Gegenstation (MVUS) wirkt
CTS direkt auf den Sender (Hardware). Das in *Bild 5-13* dargestellte Programmbeispiel zeigt das Übertragungsprogramm der PC-Schnittstelle.

Nach der Initialisierung der Serienschnittstelle sendet das Programm alle
von der Tastatur eingegebenen Zeichen seriell aus und zeigt alle seriell
ankommenden Zeichen auf dem Bildschirm an. Die Sendeprozedur send
prüft vor dem Senden eines Zeichens den Modemsteuereingang CTS, ob der
Empfänger den Sender freigegeben hat, und dann, ob das Sendedatenregister leer ist. Die Bildschirmausgabeprozedur bild sperrt den Sender
der Gegenstation mit RTS, wenn ein Rollen des Bildschirms (Zeilenvor-
schubzeichen $0A) durchgeführt wird. In dem vorliegenden Anwendungs-
beispiel steht für die Verarbeitung der anderen Zeichen genügend Zeit
(ca. 2 ms) zur Verfügung.

Ähnliche Übertragungsverfahren lassen sich auch mit dem Modemsteuerausgang DTR und den Modemsteuereingängen DCD, RI und DSR programmieren. Abschnitt 5.4 zeigt die Möglichkeiten einer Interruptsteuerung.

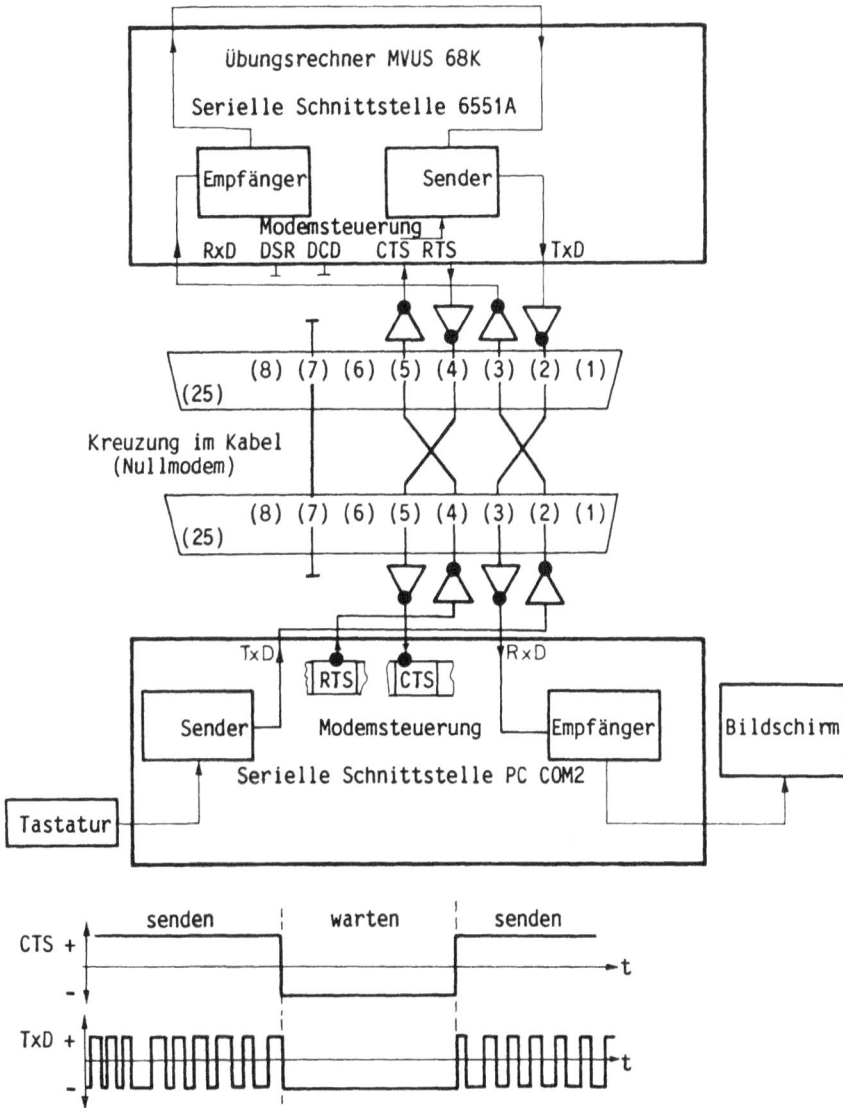

Bild 5-12: Das RTS-CTS-Handshakeverfahren

```
PROGRAM prog5p3; (* Bild 5-13  RTS-CTS-Handshake *)
USES  Crt;
CONST t = 24;      (* 4800 Baud *)
      p = $07;     (* Ohne Par. 8 Daten 2 Stop *)
      x = $02F8;   (* Schnittstelle COM2 *)
VAR   zein, zaus : BYTE;
PROCEDURE init;        (* Schnittstelle initialisieren *)
BEGIN
  Port[x+3] := $80;            (* 1000 0000 DLAB := 1 *)
  Port[x+1] := Hi(t); Port[x+0] := Lo(t);
  Port[x+3] := p;              (* 0xxx xxxx DLAB := 0 *)
  Port[x+4] := $02;            (* 0000 0010 RTS =+12V *)
  zein := Port[x+0];           (* Empfangsdaten leeren *)
END;
PROCEDURE send(z : BYTE);                (* Byte senden *)
BEGIN
  WHILE Port[x+6] AND $10 = $00 DO; (* 0001 0000 CTS=-12V *)
  WHILE Port[x+5] AND $20 = $00 DO; (* 0010 0000 warten *)
  Port[x+0] := z;    (* Zeichen nach Sendedatenregister *)
END;
PROCEDURE empf(VAR z : BYTE);           (* Byte abholen *)
BEGIN
  z := Port[x+0]; (* Zeichen von Empfangsdatenregister *)
END;
PROCEDURE bild(z : BYTE);            (* Bildschirmausgabe *)
BEGIN
  CASE z OF
  $08 : GotoXY(WhereX-1,WhereY); (* Cursor links  *)
  $0C : GotoXY(WhereX+1,WhereY); (* Cursor rechts *)
  $0D : GotoXY(1,WhereY);        (* CR Wagenrueckl *)
  $00 : ;                        (* Fuellzeichen  *)
  $0A : BEGIN
          Port[x+4] := $00; (* 0000 0000 RTS = -12V  *)
          Write(#$0A);      (* Bild rollen *)
          Port[x+4] := $02; (* 0000 0010 RTS = +12V  *)
        END;
  ELSE
  Write(CHAR(z));
  END;
END;
BEGIN     (* H a u p t p r o g r a m m *)
init;                (* Serienschnittstelle initialisieren *)
zaus := $00;              (* ungleich Abbruchzeichen !!! *)
REPEAT
  IF KeyPressed THEN              (* Tastaturzeichen ? *)
  BEGIN
    zaus := BYTE(UpCase(ReadKey)); (* Klein -> Gross    *)
    IF zaus <> $1B THEN send(zaus); (* Serielle Ausgabe  *)
  END;
  IF Port[x+5] AND $01 <> $00 THEN (* 0000 0001 Empf. ? *)
  BEGIN
    empf(zein);                  (* Zeichen abholen   *)
    bild(zein);                  (* Bildschirmausgabe *)
  END;
UNTIL zaus = $1B;                (* Esc - Taste: Abbruch  *)
END.
```

Bild 5-13: Testprogramm für RTS-CTS-Handshake

5.3.3   Das Software-Handshake-Verfahren

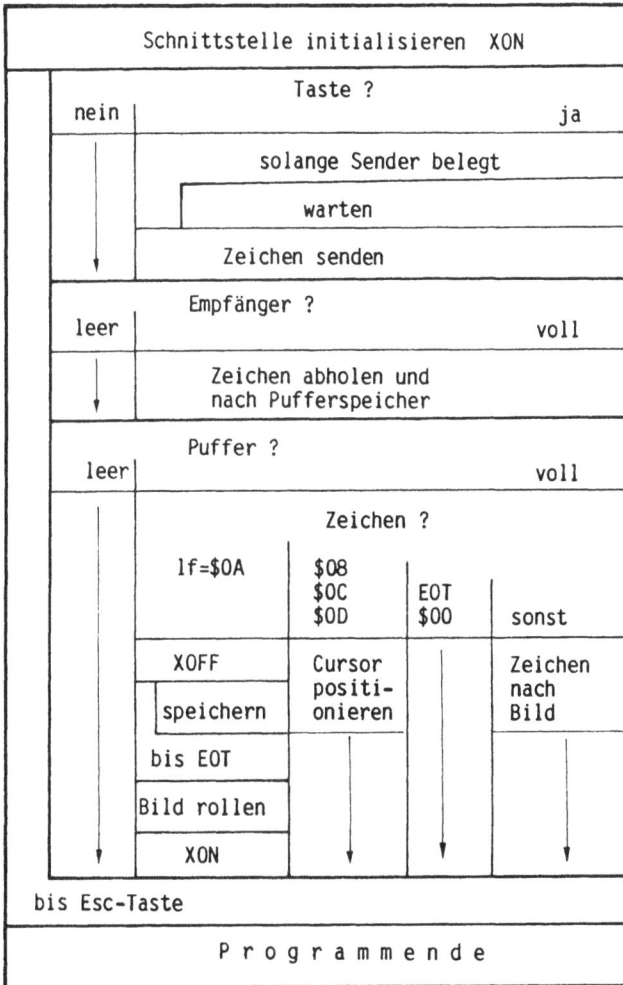

```
┌─────────────────────────────────────────────────────────┐
│          Schnittstelle initialisieren   XON               │
│  ┌──────────────────────────────────────────────────────┐│
│  │                Taste ?                                 ││
│  │  nein │                                    ja          ││
│  │       │  ┌───────────────────────────────────────────┐││
│  │       │  │        solange Sender belegt               │││
│  │       │  │  ┌────────────────────────────────────────┐│││
│  │       ↓  │  │            warten                       ││││
│  │       │  ├──────────────────────────────────────────┤ ││
│  │       ↓  │      Zeichen senden                        ││
│  ├──────────────────────────────────────────────────────┤│
│  │                Empfänger ?                             ││
│  │  leer │                                    voll        ││
│  │       │  ┌───────────────────────────────────────────┐││
│  │       ↓  │    Zeichen abholen und                     │││
│  │       │  │    nach Pufferspeicher                     │││
│  ├──────────────────────────────────────────────────────┤│
│  │                Puffer ?                                ││
│  │  leer │                                    voll        ││
│  │       │  ┌───────────────────────────────────────────┐││
│  │       │  │              Zeichen ?                      │││
│  │       │  │                                            │││
│  │       │  │ 1f=$0A │ $08    │        │                 │││
│  │       │  │        │ $0C    │ EOT    │                 │││
│  │       │  │        │ $0D    │ $00    │ sonst           │││
│  │       │  ├────────┼────────┼────────┼─────────────────┤││
│  │       │  │  XOFF  │ Cursor │        │ Zeichen         │││
│  │       │  │        │ positi-│        │ nach            │││
│  │       ↓  │  speichern│onieren│       │ Bild           │││
│  │       │  ├────────┤        │        │                 │││
│  │       │  │ bis EOT│        │        │                 │││
│  │       │  ├────────┤        │        │                 │││
│  │       │  │ Bild rollen│     │        │                 │││
│  │       │  ├────────┤        │        │                 │││
│  │       ↓  │  XON   │   ↓    │   ↓    │    ↓            │││
│  ├──────────────────────────────────────────────────────┘│
│  │  bis Esc-Taste                                         ││
│  └──────────────────────────────────────────────────────┘│
│           P r o g r a m m e n d e                         │
└─────────────────────────────────────────────────────────┘
```

Bild 5-14: Der Ablauf des XON-XOFF-Protokolls (Sender)

Anstelle der Modemsteuersignale lassen sich auch Steuerzeichen zum Ein- und Ausschalten des Senders verwenden, die über den fast immer vorhandenen Datenrückkanal vom Empfänger zum Sender übertragen werden. In dem Beispiel der *Bilder 5-14* und *5-15* werden folgende ASCII-Steuerzeichen verwendet:

- mit dem Steuerzeichen $11=XON schaltet der Empfänger den Sender ein
- mit dem Steuerzeichen $13=XOFF schaltet der Empfänger den Sender aus

Das Testprogramm sendet alle über die Tastatur eingegebenen Zeichen über die serielle Schnittstelle aus und zeigt alle seriell ankommenden Zeichen auf dem Bildschirm an. Während des zeitkritischen Rollens des Bildschirms durch das Steuerzeichen Zeilenvorschub ($0A) wird der Sender mit XOFF ausgeschaltet und danach mit XON wieder freigegeben. Im Gegensatz zu den Hardware-Handshakesignalen (RTS-CTS), die sofort auf den Sender wirken, muß das Steuerzeichen XOFF erst über den Rückkanal gesendet und dann vom Sender softwaremäßig ausgewertet werden. Da während dieser Verzögerungszeit jedoch noch Zeichen über den Datenkanal übertragen werden können, mußten in dem Testprogramm zusätzlich ein Pufferspeicher und ein Bestätigungszeichen (Endemarke EOT $04) verwendet werden:

- alle ankommenden Zeichen werden zunächst in einen Pufferspeicher (Ringpuffer) gebracht.
- die Zeichen werden in der Reihenfolge, in der sie in den Puffer geschrieben wurden, auf dem Bildschirm ausgegeben.
- erkennt der Sender (Gegenstation) das Steuerzeichen XOFF, so sendet er das Bestätigungszeichen EOT ($04) und wartet, bis er mit XON wieder eingeschaltet wird.
- hat der Empfänger das Steuerzeichen XOFF gesendet, so bringt er alle noch ankommenden Zeichen bis zur Endemarke EOT in den Pufferspeicher.

Zwischen Sender und Empfänger lassen sich weitere Übertragungsprotokolle vereinbaren, die z.B. auch eine Fehlerkontrolle mit Prüfsummen oder eine Identifizierung bestimmter Teilnehmer in einem Netzwerk enthalten können.

```
PROGRAM prog5p2; (* Bild 5-15  XON-XOFF-Protokoll *)
USES  Crt;
CONST t = 24;       (* 4800 Baud *)
      p = $07;      (* Ohne Par. 8 Daten 2 Stop *)
      x = $02F8;    (* Schnittstelle COM2 *)
      xon = $11;    (* Steuerzeichen bereit *)
      xoff = $13;   (* Steuerzeichen belegt *)
      eot = $04;    (* Steuerzeichen Endemarke *)
      np = 1024;    (* Pufferlaenge *)
VAR   zpuf : ARRAY[1..np] OF BYTE;    (* Empfangspuffer *)
      ezeig, azeig : WORD;            (* Pufferzeiger   *)
      ende : BOOLEAN;
PROCEDURE init;       (* Schnittstelle initialisieren *)
BEGIN
  Port[x+3] := $80;            (* 1000 0000 DLAB := 1 *)
  Port[x+1] := Hi(t); Port[x+0] := Lo(t);
  Port[x+3] := p;              (* 0xxx xxxx DLAB := 0 *)
  zpuf[1] := Port[x+0];        (* Empfangsdaten leeren *)
END;
PROCEDURE send(z : BYTE);                (* Byte senden *)
BEGIN
  IF z = $1B THEN ende := TRUE ELSE
  BEGIN
    WHILE Port[x+5] AND $60 = $00 DO; (* 0110 0000 warten *)
    Port[x+0] := z;   (* Zeichen nach Sendedatenregister *)
  END;
END;
```

```
PROCEDURE empf;              (* Byte abholen und nach Puffer *)
BEGIN
  zpuf[ezeig] := Port[x+0];
  IF ezeig = np THEN ezeig := 1 ELSE Inc(ezeig);
END;
PROCEDURE bild;              (* Bildschirmausgabe *)
VAR    y,z : BYTE;
BEGIN
  z := zpuf[azeig];
  IF azeig = np THEN azeig := 1 ELSE Inc(azeig);
  CASE z OF
  $08 : GotoXY(WhereX-1,WhereY); (* Cursor links    *)
  $0C : GotoXY(WhereX+1,WhereY); (* Cursor rechts   *)
  $0D : GotoXY(1,WhereY);        (* CR Wagenrueckl *)
  $00 : ;                        (* Fuellzeichen    *)
  $0a : BEGIN
          send(xoff);            (*  nicht bereit   *)
          REPEAT
            IF Port[x+5] AND $01 <> $00 THEN
            BEGIN
              y := Port[x+0]; zpuf[ezeig] := y;
              IF ezeig = np THEN ezeig := 1 ELSE Inc(ezeig);
            END;
          UNTIL y = eot;
          Write(#$0A); send(xon);    (* wieder bereit *)
        END;
  eot: ;
  ELSE
  Write(CHAR(z));
  END;
END;
BEGIN    (* H a u p t p r o g r a m m *)
init; ende := FALSE; send(xon); (* Initialisieren XON senden*)
ezeig := 1; azeig := 1;   (* Index Pufferspeicher       *)
REPEAT
  IF KeyPressed THEN send(BYTE(UpCase(ReadKey))); (* senden *)
  IF Port[x+5] AND $01 <> $00 THEN empf; (* Zeichen holen    *)
  IF (ezeig <> azeig) THEN bild;       (* Puffer ausgeben *)
UNTIL ende;                            (* Esc-Taste: Ende *)
END.
```

Bild 5-15: Testprogramm des XON-XOFF-Protokolls

5.4 Die Interruptsteuerung der Serienschnittstelle

Die besonders beim seriellen Empfang auftauchenden Zeitprobleme lassen sich einfach mit Hilfe der Interrupttechnik lösen: jedes ankommende Zeichen unterbricht das laufende Programm und startet ein Unterbrechungsprogramm, das es vom Empfänger abholt. *Bild 5-16* zeigt ein Modell für die Interruptsteuerung der Serienschnittstelle.

| x | x | x | x | OUT2 | x | x | x |

0: gesperrt
1: frei

Modemsteuerregister
x+4

Modemstatussignale

| x | x | x | x | DCD | RI | DSR | CTS |

≥1

Modemstatusregister
x+6

Priorität

≥1

| B7 | B6 | B5 | B4 | B3 | B2 | B1 | B0 |

≥ 1

&
&
&
&

INTRPT

Sende-
Daten-
Register
leer

Fehler:
Break-
Rahmen-
Parität-
Überlauf

Empfangs-
Daten-
Register
voll

Leitungsstatusregister
x+5

| 0 | 0 | 0 | 0 | x | x | x | x |

Interrupt
0: gesperrt
1: frei

Empf-
Daten
Sende-
Daten
Empfänger-
Fehler
Modemstatus

Interruptfreigaberegister
x+1

| 0 | 0 | 0 | 0 | x | x | x |

kein Interrupt	0	0	1
Empfängerfehler	1	1	0
Empfangsdaten	1	0	0
Sendedaten	0	1	0
Modemstatus	0	0	0

Interruptanzeigeregister
x+2

COM2
COM1

| IRQ7 | IRQ6 | IRQ5 | IRQ4 | IRQ3 | IRQ2 | IRQ1 | IRQ0 |

| I7 | I6 | I5 | I4 | I3 | I2 | I1 | I0 |

| 0 | 1 | 1 | 0 | 0 | x | x | x |

$21: Interruptfreigabe
    IRQ4: Maske $EF frei
           Maske $10 gesperrt
    IRQ3: Maske $F7 frei
           Maske $08 gesperrt

$20: Interruptbestätigung
    IRQ4: $64 bestätigt

    IRQ3: $63 bestätigt

IRQ4: COM1   IRQ3: COM2

IRQ4: Vektor $0C
IRQ3: Vektor $0B

Interruptcontroller PIC 1

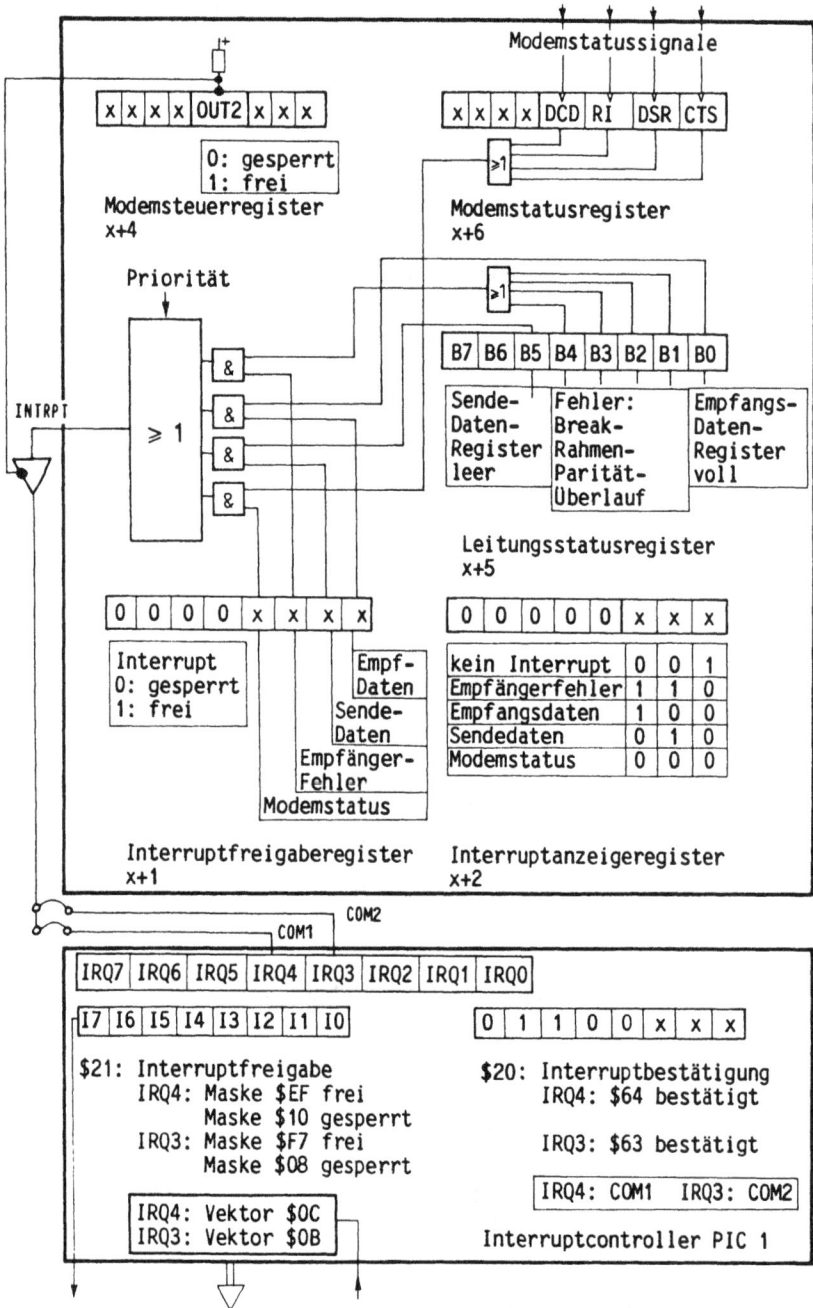

Bild 5-16: Das Modell der Interruptsteuerung

Ein Interrupt kann durch mehrere "Ereignisse" bei der seriellen Datenübertragung mit folgender Priorität ausgelöst werden:
- es wird ein Übertragungsfehler erkannt,
- es ist ein neues Zeichen im Empfangsdatenregister erschienen,
- das Sendedatenregister wurde geleert oder
- die Modemsteuereingänge haben sich geändert.

Treten mehrere Ereignisse gleichzeitig auf, so wird das mit höherer Priorität bevorzugt. Die vier Interruptquellen lassen sich im Interruptfreigaberegister der Schnittstelle einzeln sperren und freigeben. Das Interruptanzeigeregister zeigt die Quelle des Interrupts an. Es wird beim Lesen wieder zurückgesetzt. Die Art des Fehlers wird im Leitungsstatusregister angezeigt, das auslösende Modemsteuersignal im Modemstatusregister. Der
Schnittstellenbaustein hat für alle Interruptquellen einen gemeinsamen
Interruptausgang. Das Interruptsignal wird durch einen auf der Schnittstellenkarte befindlichen besonderen Treiberbaustein und Brücken auf
die Interruptleitungen des PC-Sytembus geschaltet. Der Treiber muß
durch den Ausgang OUT2 des Modemsteuerregisters mit einer 1 freigegeben werden. Standardmäßig sind für die Schnittstelle "COM1" ("AUX") der
Interrupt "IRQ4" und für "COM2" der Interrupt "IRQ3" vorgesehen. Diese
müssen im Maskenregister des Interruptsteuerbausteins PIC freigegeben
werden. In der Vektortabelle des Betriebssystems ist der Vektor auf das
entsprechende Interruptprogramm umzulenken. Jede Annahme eines
Interrupts muß im Steuerregister des Interruptsteuerbausteins PIC bestätigt werden. *Bild 5-17* zeigt ein Testprogramm, in dem alle seriell ankommenden Zeichen durch einen Interrupt gelesen werden. Es wird die in Bild
5-10 dargestellte Drei-Draht-Verbindung ohne Modemsteuersignale und
Softwarehandshake verwendet.

```
PROGRAM prog5p4;    (* Bild 5-17  Empfaengerinterrupt *)
USES  Crt, Dos;
CONST t = 24;          (* 4800 Baud                    *)
      p = $07;         (* Ohne Par. 8 Daten 2 Stop     *)
      x = $02F8;       (* Schnittstelle COM2           *)
      irqena = $F7;    (* Maske PIC IRQ3 freigeben     *)
      irqdis = $08;    (* Maske PIC IRQ3 sperren       *)
      irqack = $63;    (* PIC IRQ3 bestaetigen         *)
      irqvec = $0B;    (* Vektor fuer IRQ3             *)
      np = 1024;       (* Pufferlaenge                 *)
VAR   zpuf : ARRAY[1..np] OF BYTE; (* Empfangspuffer *)
      ezeig, azeig : WORD;         (* Pufferzeiger   *)
      ende : BOOLEAN;
PROCEDURE init;        (* Schnittstelle initialisieren *)
BEGIN
  Port[x+3] := $80;             (* 1000 0000 DLAB := 1 *)
  Port[x+1] := Hi(t); Port[x+0] := Lo(t);(* Baudrate *)
  Port[x+3] := p;               (* 0xxx xxxx DLAB := 0 *)
  zpuf[1] := Port[x+0];         (* Empfangsdaten leeren *)
  Port[x+1] := $01;             (* 0000 0001 Empf.-Int. *)
  Port[x+4] := $08;        (* 0000 1000 OUT2 Int. frei *)
  zpuf[1] := Port[x+2]; (* Interruptanzeige loeschen *)
  Port[$21] := Port[$21] AND irqena; (* PIC IRQ frei *)
END;
```

```
PROCEDURE send(z : BYTE);              (* Byte senden *)
BEGIN
  IF z = $1B THEN ende := TRUE ELSE              ^
  BEGIN
    WHILE Port[x+5] AND $60 = $00 DO; (* 0110 0000 n *)
    Port[x+0] := z; (* Zeichen n. Sendedatenregister *)
  END;
END;
PROCEDURE empf; INTERRUPT;         (* Byte nach Puffer *)
BEGIN
  zpuf[ezeig] := Port[x+0];
  IF ezeig = np THEN ezeig := 1 ELSE Inc(ezeig);
  Port[$20] := irqack;  (* PIC Interrupt bestaetigen *)
END;
PROCEDURE bild;               (* Bildschirmausgabe *)
VAR   y,z : BYTE;
BEGIN
  z := zpuf[azeig];
  IF azeig = np THEN azeig := 1 ELSE Inc(azeig);
  CASE z OF
  $08 : GotoXY(WhereX-1,WhereY);   (* Cursor links   *)
  $0C : GotoXY(WhereX+1,WhereY);   (* Cursor rechts  *)
  $0D : GotoXY(1,WhereY);          (* CR Wagenrueckl *)
  $00 : ;                          (* Fuellzeichen   *)
  ELSE
  Write(CHAR(z));
  END;
END;
BEGIN    (* H a u p t p r o g r a m m *)
init; ende := FALSE;      (* Initialisieren         *)
ezeig := 1; azeig := 1;  (* Index Pufferspeicher    *)
SetIntVec(irqvec,Addr(empf)); (* Interruptvektor uml.*)
REPEAT
  IF KeyPressed THEN send(BYTE(UpCase(ReadKey)));
  IF (ezeig <> azeig) THEN bild;  (* Puffer ausgeben *)
UNTIL ende;                       (* Esc-Taste: Ende *)
Port[$21] := Port[$21] OR irqdis; (* PIC Int. sperren*)
END.
```

Bild 5-17: Testprogramm für den Empfängerinterrupt

Zu der üblichen Initialisierung der Serienschnittstelle mit den Übertragungsparametern kommt die Initialisierung der Interruptsteuerung sowohl im Schnittstellenbaustein (Interruptfreigaberegister) als auch auf der Schnittstellenkarte (Modemsteuerausgang OUT2), im Interruptsteuerbaustein PIC (Maskenregister) und in der Vektortabelle (SetIntVec) des Betriebssystems. Alle ankommenden Zeichen werden vom interruptgesteuerten Empfangsprogramm empf zunächst in einen Pufferspeicher (Ringpuffer) gebracht und in der Hauptprogrammschleife auf dem Bildschirm ausgegeben. Da das "zeitkritische" Rollen des Bildschirms beliebig unterbrochen werden kann, können keine ankommenden Zeichen mehr verloren gehen. Besondere Handshakeverfahren sind daher nicht erforderlich.

Der Abschnitt 1.6 über die Interruptsteuerung enthält in den Bildern 1-24 und 1-25 ein Anwendungsbeispiel, bei dem ein DCD-Interrupt der seriellen Schnittstelle für den Abbruch einer Ausgabeschleife verwendet wird.

5.5 Die serielle Mausschnittstelle

Die Maus besteht aus einer Rollkugel, deren Lage von zwei Lichtschranken abgetastet wird. Dadurch lassen sich Bewegungen in X- und in Y-Richtung erkennen. Dazu kommen zwei bzw. drei Steuertasten ("Fire Button"). Die Übertragung der Mausdaten erfolgt meist über die serielle Schnittstelle. Dann wird oft eine Diskette mit einem Auswerteprogramm (Treiber) mitgeliefert, das eine einfache Einbindung der Maus in Anwendungssoftware (z.B. Textverarbeitung) und in Benutzerprogramme (z.B. Pascalprogramme) ermöglicht. Als Verbindung zwischen der mitgelieferten Software und dem Mausanwender dient meist der Interrupt $33. Einzelheiten der Parameterübergabe finden sich in den Unterlagen der Maushersteller. Die folgenden Programmbeispiele gehen davon aus, daß der Maustreiber installiert ist, d.h. daß der Interruptvektor $33 auf das geladene Maustreiberprogramm zeigt, und daß die Maus angeschlossen ist. Beides ließe sich auch durch das Programm über Parameter prüfen.

```
PROGRAM prog5p6;      (* Bild 5-18: Maussteuerung *)
USES  Dos, Crt;
CONST maus = $33;    (* Maus-Interrupt          *)
VAR   reg : Registers;
      z : CHAR;
      xwert, ywert : INTEGER;
BEGIN
ClrScr; GotoXY(1,25);
Write(' * * * Maus bitte bewegen! Abbruch mit Esc-Taste * * *':65);
xwert := 40; ywert := 12; z := #00;         (* ungleich Esc *)
REPEAT
  reg.ax := 11; Intr(maus,reg);    (* relative Mausbewegung *)
  xwert := xwert + INTEGER(reg.cx) DIV 8;
  ywert := ywert + INTEGER(reg.dx) DIV 8;
  IF xwert < 1 THEN xwert := 1;      (* Grenze linker Rand  *)
  IF xwert >80 THEN xwert := 80;     (* Grenze rechter Rand *)
  IF ywert < 1 THEN ywert := 1;      (* Grenze oberer Rand  *)
  IF ywert >24 THEN ywert := 24;     (* Grenze unterer Rand *)
  GotoXY(xwert,ywert);               (* Cursor positionieren *)
  IF KeyPressed THEN BEGIN z := ReadKey; Write(z) END
UNTIL z = #$1B;                      (* Abbruch durch Esc   *)
ClrScr
END.
```

Bild 5-18: Beispiel einer Maussteuerung

Das in *Bild 5-18* dargestellte Programmbeispiel zeigt die Anwendung einer Maustreiberfunktion zur Ermittlung der relativen Mausbewegung. Übergibt man dem Interrupt $33 im AX-Register den Kennwert 11, so erhält man im CX-Register die Bewegung der Maus in X-Richtung und im DX-Register die Bewegung in Y-Richtung. Die Werte haben die Einheit Bildpunkte (z.B. 1/200 Zoll). Das Vorzeichen enthält die Bewegungsrichtung (rechts/links bzw. oben/unten). Die Funktion ermittelt die Abweichung der augenblicklichen Mausposition gegenüber der vorhergehenden Abfrage. Das Beispielprogramm steuert damit den Cursor innerhalb des Bildschirmfensters. Über die vordefinierte Eingabefunktion ReadKey kann ein beliebiges Zeichen über die Tastatur eingegeben und an der Cursorposition auf den Bildschirm gebracht werden.

```
PROGRAM prog5p7;      (* Bild 5-19: Cursorsteuerung *)
USES   Dos, Crt;
CONST maus = $33;     (* Maus-Interrupt              *)
VAR    reg : Registers;
       z : CHAR;
       xalt, yalt, taste : WORD;
       links, mitte, rechts : BOOLEAN;
BEGIN
reg.ax := 1; Intr(maus,reg);      (* Mauscursor ein          *)
reg.cx := 0; reg.dx := 23*8;      (* Zeile 0 bis 23          *)
reg.ax := 8; Intr(maus,reg);      (* Vertikale Cursorgrenze *)
reg.ax := 3; Intr(maus,reg);      (* Cursorausgangsposition *)
xalt := reg.cx; yalt := reg.dx; taste := reg.bx AND $07;
z := #0; ClrScr; GotoXY(1,25);
Write('Abbruch mit Esc ! Xpos = ',xalt DIV 8:2,' Ypos = ',yalt DIV 8:2);
REPEAT
  GotoXY(17,25); reg.ax := 3; Intr(maus,reg);(* Cursor und Taste *)
  IF (reg.cx <> xalt) THEN                  (* Änderung Xpos ?  *)
  BEGIN
    xalt := reg.cx;
    GotoXy(26,25); Write(xalt DIV 8:2)
  END;
  IF (reg.dx <> yalt) THEN                  (* Änderung Ypos ?  *)
  BEGIN
    yalt := reg.dx;
    GotoXY(36,25); Write(yalt DIV 8:2)
  END;
  IF ((reg.bx AND $07) <> taste) THEN     (* Änderung Maustaste ?*)
  BEGIN
    taste := reg.bx AND $07;
    links := (taste AND $01) = 1;
    GotoXY(39,25); IF links THEN Write('<links>') ELSE Write(' ':8);
    mitte := (taste AND $04) = 4;
    GotoXY(47,25); IF mitte THEN Write('<mitte>') ELSE Write(' ':8);
    rechts := (taste AND $02) = 2;
    GotoXY(55,25);IF rechts THEN Write('<rechts>') ELSE Write(' ':9)
  END;
  IF KeyPressed THEN                        (* Tastatureingabe ? *)
  BEGIN
    z := ReadKey; GotoXY(66,25);
    IF z <> #0 THEN Write('Taste: ',z) ELSE Write('Taste:#',ReadKey)
  END
UNTIL z = #$1B;                   (* Abbruch durch Esc   *)
reg.ax := 2; Intr(maus,reg);      (* Mauscursor aus      *)
ClrScr
END.
```

Bild 5-19: Beispiel eines Mauscursors

Die mit der Maus gelieferte Treibersoftware erlaubt meist auch die Posi-
tionierung eines besonderen "Mauscursors", der mit der Maus über den
Bildschirm bewegt werden kann. Davon unabhängig ist der gewohnte Ein-/
Ausgabecursor des Betriebssystem (ReadLn, WriteLn). Das in *Bild 5-19*
dargestellte Programmbeispiel schaltet mit der Funktion AX = 1 den Maus-
cursor ein und mit der Funktion AX = 2 den Mauscursor wieder aus. Die
Funktion AX = 8 legt den vertikalen Bereich fest. Für den horizontalen
Bereich bleibt der Vorgabewert erhalten; er ließe sich mit der Funktion

AX = 7 ändern. Die Funktion AX = 3 ermittelt die augenblickliche absolute
Cursorposition und den Zustand der Maustasten. Sie werden durch das
Programmbeispiel in der untersten Bildschirmzeile angezeigt. Die Tasta-
tureingaben erscheinen in der rechten unteren Ecke an der Position des
Ein/Ausgabecursors.

```
PROGRAM prog5p8; (* Bild 5-20  serieller Mausanschluss  *)
USES  Crt, Aushexbi;
CONST t = 96;      (* 1200 Baud *)
      p = $03;     (* Ohne Par. 8 Daten 1 Stop *)
VAR  z : CHAR;
     x : WORD;
PROCEDURE init;         (* Schnittstelle initialisieren *)
BEGIN
   Port[x+3] := $80;           (*  1000 0000 DLAB := 1 *)
   Port[x+1] := Hi(t); Port[x+0] := Lo(t);
   Port[x+3] := p;             (*  0xxx xxxx DLAB := 0 *)
   z := CHAR(Port[x+0]);       (* Empfangsdaten leeren *)
END;
BEGIN           (* H a u p t p r o g r a m m *)
REPEAT
   Write('Schnittstelle ? COM1 = 1  COM2 = 2 >');
   z := ReadKey; WriteLn(z);
   IF z = '1' THEN x := $03F8;
   IF z = '2' THEN x := $02F8;
UNTIL (z='1') OR (z='2');
ClrScr; init; z := #00;        (* initialisieren      *)
REPEAT
   IF (Port[x+5] AND $01) <> $00 THEN Ausbhex(Port[x+0]);
   IF KeyPressed THEN BEGIN z := ReadKey; ClrScr END
UNTIL z = #$1B                 (* Esc - Taste: Abbruch *)
END.
```

$83 $00 $00 $00 $00 $87 $00 $00 $00 $00 $85 $00 $00 $00 $00 $87 $00 $00 $00 $00
$86 $00 $00 $00 $00 $86 $01 $00 $00 $00 $87 $FF $00 $00 $00 $87 $01 $00 $01 $00
$87 $01 $00 $00 $00 $87 $FF $FF $FF $00 $87 $FF $00 $00 $00 $87 $FF $FF $FF $00
$87 $FE $00 $FE $00 $87 $FE $01 $FE $FF $87 $FF $FF $00 $00 $87 $FF $FF $00 $00
$87 $01 $00 $00 $00 $87 $01 $00 $00 $00

Bild 5-20: Die Rohdaten der seriellen Mausschnittstelle

Das in *Bild 5-20* dargestellte Programmbeispiel liefert die "Rohdaten", die
die Maus über die serielle Schnittstelle an das Treiberprogramm sendet. Im
Gegensatz zu dem Treiber, der mit einem Empfängerinterrupt gesteuert
wird, übernimmt das Programmbeispiel die ankommenden Daten durch
Auswertung der Bitposition B0 des Leitungsstatusregisters und gibt sie
hexadezimal auf dem Bildschirm aus. Die in dem Beispiel untersuchte Maus
sendete bei jeder Bewegung und bei jeder Änderung der Tasten 5 Zeichen.

Es gibt jedoch auch Bauformen von Mäusen, die nicht über die serielle
Schnittstelle, sondern wie ein Steuerknüppel (Joystick) angeschlossen
und betrieben werden (Kapitel 6).

6. Der Spieleadapter (Gameport)

Die als Spieleadapter oder Gameport bezeichnete Schnittstelle des PC dient zum Anschluß von Steuerknüppeln (Joysticks), mit denen z.B. Bildschirmspiele betrieben werden können. Dabei unterscheidet man *digitale* Geräte mit einer meist 9poligen Buchse und *analoge* Geräte mit einer meist 15poligen Buchse. Bei einem digitalen Joystick schaltet der Steuerknüppel lediglich vier Schalter in den vier verschiedenen Richtungen ein bzw. aus. Er kann z.B. an den Steuereingängen der Druckerschnittstelle betrieben werden. Der Spieleadapter des PC benötigt jedoch einen *analogen* Joystick, bei dem der Steuerknüppel zwei Potentiometer bewegt, die je nach Auslenkung unterschiedliche Widerstandswerte liefern.

6.1   Die Schaltung des analogen Joysticks

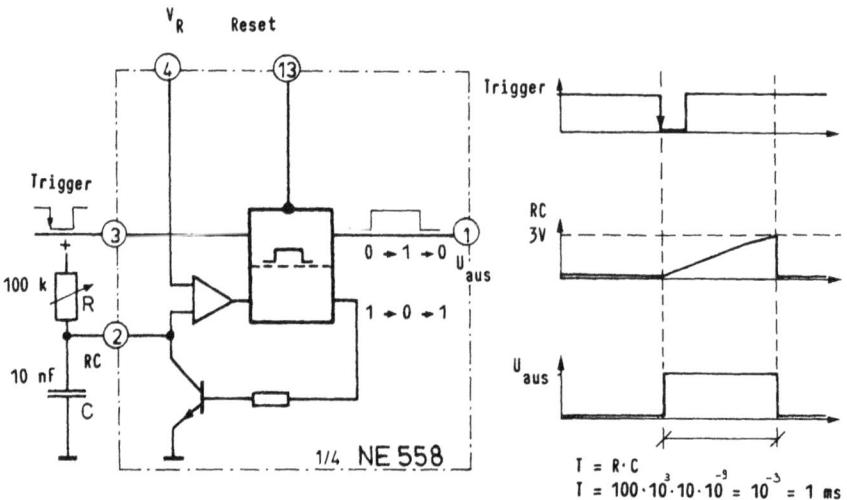

$$T = R \cdot C$$
$$T = 100 \cdot 10^3 \cdot 10 \cdot 10^{-9} = 10^{-3} = 1 \text{ ms}$$

Bild 6-1: Widerstandsmessung mit einem Monoflop

Die von einem analogen Joystick gelieferten Widerstandswerte werden von dem Spieleadapter mit der in *Bild 6-1* dargestellten Schaltung gemessen. Nach einem Zurücksetzen (Reset) durch das Einschalten der Versorgungsspannung liegt der Ausgang (Stift 1) zunächst auf Low-Potential. Der invertierte Ausgang ist High und schaltet den internen Transistor durch und legt damit den Anschluß RC (Stift 2) auf Low-Potential. Dadurch ist der Kondensator kurzgeschlossen. Ein Triggerimpuls (Auslöseimpuls) kippt das Monoflop kurzzeitig um. Der Ausgang (Stift 1) geht auf High, der invertierte Ausgang wird Low, und der Transistor sperrt. Dadurch kann

PC - Erweiterungsstecker

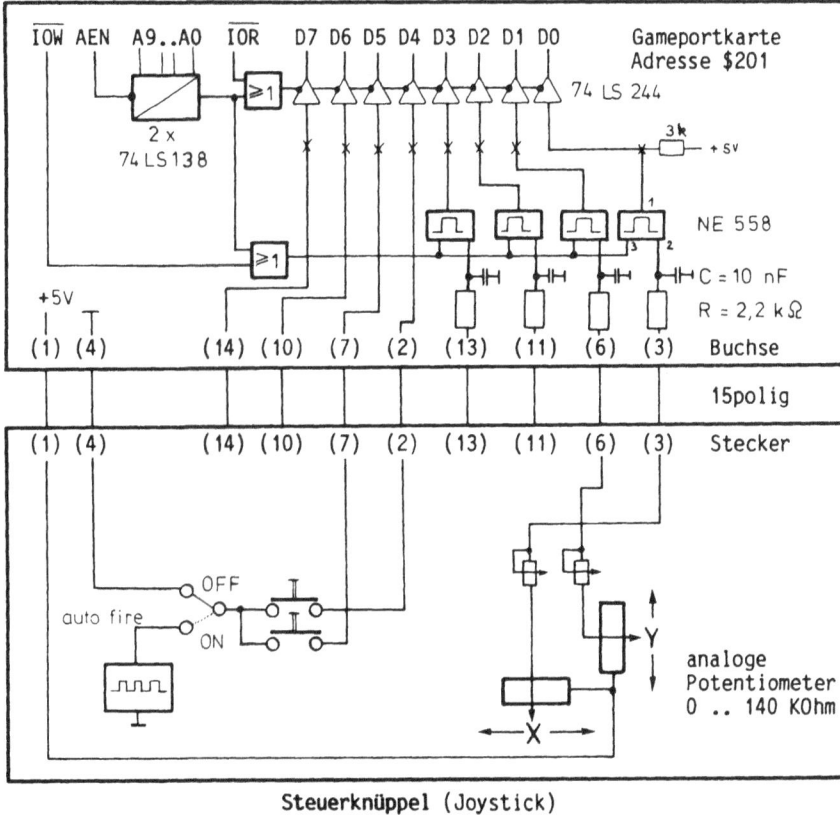

Steuerknüppel (Joystick)

Bild 6-2: Spieleadapterkarte und analoger Joystick

sich nun der Kondensator über den Widerstand aufladen. Beim Erreichen eines Schwellwertes wird das Monoflop wieder zurückgesetzt. Der Ausgang wird wieder Low, und der Transistor schaltet den Kondensator wieder kurz. Die Länge des Ausgangsimpulses ist proportional der Zeitkonstanten $T = R \cdot C$ der äußeren RC-Schaltung; bei konstantem C also proportional dem Widerstand R und damit der Auslenkung des Joysticks. Die Widerstands-messung wird auf eine Messung der Länge eines Ladeimpulses zurückge-führt. *Bild 6-2* zeigt den Aufbau einer Spieleadapterkarte und die Schal-tung eines analogen Joysticks.

Ein analoger Joystick enthält einen Steuerknüppel für die beiden Poten-tiometer in X- und Y-Richtung sowie zwei digitale Taster, die auch "Fire Button" oder Feuertasten genannt werden. An die Karte lassen sich zwei dieser Geräte anschließen. Die beiden Potentiometer werden über die in Bild 6-1 erläuterte Schaltung an die beiden Datenbits D0 und D1 ange-schlossen, die beiden Taster an die Datenbits D4 und D5. Die vier anderen

Bitpositionen dienen zur Kontrolle eines zweiten Joysticks. Für den Spieleadapter (Gameport) ist im PC der Bereich von $200 bis $20F der Periphe-
rieportadressen'vorgesehen. Über eine Adreßdecodierlogik erhält die in
dem Beispiel Bild 6-2 gezeigte Karte die Portadresse $201. Ein Schreibbe-
fehl auf die Portadresse $201 löst einen Triggerimpuls für alle vier Mono-
flops aus; Daten werden dabei nicht übernommen. Ein Lesebefehl auf die
Portadresse $201 liest den augenblicklichen Zustand der vier Feuertasten
und der vier Monoflops. Das folgende Beispiel startet den Meßvorgang und
mißt den Widerstand des X-Potentiometers (Maske 0000 0001) mit einem
Zähler.

```
VAR     zaehl : LONGINT;
BEGIN
zaehl := 0;                    (* Zähler löschen *)
Port[$201] := 0;               (* Triggerimpuls  *)
WHILE (Port[$201] AND $01) <> 0 DO Inc(zaehl);
```

6.2   Die Programmierung über das Betriebssystem

```
PROGRAM prog6p0;  (* Bild 6-3: BIOS-Joysticktest *)
USES    Dos, Crt;
VAR     reg : Registers;
        xa,ya,xp,yp : WORD;
        taste : BYTE;
        oben,unten : BOOLEAN;
BEGIN
ClrScr;
reg.ah := $84; reg.dx := 0; Intr($15,reg);     (* Tasten  *)
taste := req.al;
reg.ah := $84; reg.dx := 1; Intr($15,reg);     (* Knüppel *)
xa := reg.ax; ya := reg.bx;
GotoXY(1,25);
Write('Knüppel 1: X =',xa:4,' Y =',ya:4,' ':8);
REPEAT
  reg.ah := $84; reg.dx := 1; Intr($15,reg);   (* Knüppel *)
  reg.ax := reg.ax AND $FFF0; reg.bx := reg.bx AND $FFF0;
  IF xa <> reg.ax THEN
  BEGIN xa := reg.ax; GotoXY(15,25); Write(xa:4) END;
  IF ya <> reg.bx THEN
  BEGIN ya := reg.bx; GotoXY(23,25); Write(ya:4) END;
  xp := Round(xa/2.5); yp := Round(ya/8);
  IF xp < 1 THEN xp := 1; IF xp > 80 THEN xp := 80;
  IF yp < 1 THEN yp := 1; IF yp > 24 THEN yp := 24;
  GotoXY(xp,yp);
  reg.ah := $84; reg.dx := 0; Intr($15,reg);   (* Tasten  *)
  IF taste <> reg.al THEN
  BEGIN
    taste := reg.al;
    oben := taste AND $10 = 0;
    unten := taste AND $20 = 0;
    GotoXY(30,25); IF oben THEN Write('<oben>') ELSE Write(' ':6);
    GotoXY(40,25); IF unten THEN Write('<unten>') ELSE Write(' ':7)
  END
UNTIL KeyPressed
END.
```

Bild 6-3: Testprogramm mit dem BIOS-Interrupt $15

Das in *Bild 6-3* dargestellte Testprogramm benutzt den BIOS-Interrupt $15 zur Auswertung eines Joysticks. Mit den Kennwerten AH = $84 und DX = 1 liefert der Interrupt $15 in den Wortregistern AX, BX, CX und DX Zähler für die Länge des Ladeimpulses zurück. Sie sind ein Maß für den Widerstand der Potentiometer und damit für die Stellung der Steuerknüppel. Für den Joystick Nr. 1 enthält AX die Position des X-Potentiometers und BX die Position des Y-Potentiometers. Die Kennwerte AH = $84 und DX = 0 liefern den Status der vier möglichen Feuertasten im Byteregister AL. Für den Joystick Nr. 1 steht der Zustand der Taste 1 in der Bitposition B5, der Zustand der Taste 2 in B4. Eine 0 bedeutet gedrückt, eine 1 bedeutet nicht gedrückt. Das Programmbeispiel zeigt die beiden Positionszähler und den Zustand der beiden Feuerknöpfe in der untersten Bildschirmzeile an. Mit dem Steuerknüppel läßt sich der Cursor wie mit einer Maus über den Bildschirm bewegen.

6.3   Die Programmierung über den Peripherieport

```
PROGRAM prog6p2;        (* Bild 6-4 Port-Joysticktest *)
USES    Crt,Aushexbi; (* enthält Ausbbin           *)
CONST   jadr = $201;  (* Portadresse Joystick      *)
VAR     zaehl : WORD;
BEGIN
ClrScr;
REPEAT
  zaehl := 0; WHILE (Port[jadr] AND $03) <> 0 DO;
  INLINE($FA);          (* Interrupt gesperrt *)
  Port[jadr] := $00;  (* Triggerimpuls      *)
  WHILE (Port[jadr] AND $01) <> 0 DO Inc(zaehl);
  INLINE($FB);          (* Interrupt frei     *)
  GotoXY(1,25); Write('X = ',zaehl:5);
  zaehl := 0; WHILE (Port[jadr] AND $03) <> 0 DO;
  INLINE($FA);          (* Interrupt gesperrt *)
  Port[jadr] := $00;  (* Triggerimpuls      *)
  WHILE (Port[jadr] AND $02) <> 0 DO Inc(zaehl);
  INLINE($FB);          (* Interrupt frei     *)
  GotoXY(15,25); Write('Y = ',zaehl:5);
  GotoXY(25,25);
  IF (Port[jadr] AND $10) = 0 THEN Write('<oben>')
  ELSE Write(' ':6);
  GotoXY(35,25);
  IF (Port[jadr] AND $20) = 0 THEN Write('<unten>')
  ELSE Write(' ':7);
  GotoXY(45,25); Ausbbin(Port[jadr]);
UNTIL KeyPressed
END.
```

Bild 6-4: Testprogramm mit Portzugriff

Das in *Bild 6-4* dargestellte Programmbeispiel greift unter der Portadresse $201 direkt auf den Spieleadapter zu. In der untersten Bildschirmzeile

werden die Position des Steuerknüppels in X- und in Y-Richtung sowie der
Zustand der beiden Feuertasten angezeigt. Vor jeder Widerstandsmessung
wird der Zähler gelöscht. Die erste WHILE-DO-Schleife wartet gegebenenfalls auf das Ende noch laufender Ladeimpulse. Vor Beginn der Messung
werden alle Interrupts mit dem Assemblerbefehl CLI (Code $FA) gesperrt.
Die Ausgabeanweisung (Port[jadr] := 0) liefert den Triggerimpuls für
alle vier Monoflops. Die zweite WHILE-DO-Schleife wartet auf das Ende des
jeweils ausmaskierten Ladeimpulses und zählt dabei den Zähler aufwärts.
Nach der Freigabe der Interrupts mit dem Assemblerbefehl STI (Code $FB)
wird der Zählerstand als Maß für den gemessenen Widerstand und damit als
Position des Steuerknüppels angezeigt. Die Ausgabe der Tastenzustände
erfolgt durch Ausmaskierung der entsprechenden Bitpositionen nach dem
Lesen des Ports. Aus dem zusätzlich binär angezeigten Portzustand läßt
sich ersehen, ob ein zweiter Joystick angeschlossen ist. Der folgende Abschnitt zeigt, daß sich die Länge des Ladeimpulses auch mit dem Timer des
PC messen läßt.

6.4   Die Impulslängenmessung mit dem Timer

```
PROGRAM prog6p1;      (* Bild 6-5: Widerstandsmessung *)
USES   Crt;
CONST  jport = $201; (* Portadresse des Joysticks     *)
       korr = 33;                (* Korrekturwert      *)
VAR    x,ha,he,la,le : BYTE;
       i,wa,we : WORD;
       summe,zeit : LONGINT;
BEGIN
ClrScr;
REPEAT
  summe := 0;
  FOR i := 1 TO 10 DO
  BEGIN
    x := Mem[$40:$6C];           (* Warten             *)
    WHILE x = Mem[$40:$6C] DO; (* bis Start Timer 0    *)
    INLINE($FA);                 (* CLI Interruptsperre *)
    Port[$43] := $04; la := Port[$40]; ha := Port[$40];
    Port[jport] := 0;            (* Triggerimpuls       *)
    WHILE (Port[jport] AND $01) <> 0 DO; (* warten      *)
    Port[$43] := $04; le := Port[$40]; he := Port[$40];
    INLINE($FB);                 (* Interruptfreigabe   *)
    wa := (WORD(la) OR (WORD(ha) SHL 8));
    we := (WORD(le) OR (WORD(he) SHL 8));
    summe := summe + (wa-we);
  END;
  zeit := Round(summe/10*0.419) - korr;
  GotoXY(30,12); Write(zeit:6,' us  => ');
  IF zeit < 10 THEN Write(zeit*100:8,' Ohm');
  IF (zeit >= 10) AND (zeit < 10000) THEN Write(zeit/10:8:3,' kOhm');
  IF zeit >= 10000 THEN Write(zeit/10000:8:3,' MOhm')
UNTIL KeyPressed
END.
```

Bild 6-5: Widerstandsmessung mit dem Spieleadapter

Das in *Bild 6-5* dargestellte Programmbeispiel verwendet anstelle eines Joysticks einen einstellbaren Drehwiderstand (Potentiometer) zwischen den Anschlüssen Stift (1) (+5V) und Stift (3) (X-Achse) des Spieleadapters. Der Widerstand wird einmal als Impulslänge in μs und als Widerstandswert in Ohm auf dem Bildschirm angezeigt. Die Messung der Länge des Ladeimpulses erfolgt durch den Timer 0 des Systembausteins 8253 (Abschnitt 3.3). Der Quarz von 1.193182 MHz liefert die Periodendauer von 0.8380951 μs und eine Länge der Halbperiode von 0.4190476 μs. In der voreingestellten Betriebsart 3 (Schrittweite 2 und Rechteckausgang) entspricht ein Timerschritt einer Zeit von ca. 0.419 μs und ein Timerdurchlauf einer Zeit von 0.419·65536 = 27.46 ms. Zwei Durchläufe ergeben einen Timer Tic von ca. 55 ms. Das Testprogramm wartet durch Kontrolle der Timer Tic Variablen auf den Start des Timers, sperrt alle Interrupts (Befehl CLI) und liest den Anfangswert des Timers. Der Ausgabebefehl auf den Spieleadapterport triggert das Monoflop. Am Ende des Ladeimpulses werden der Timerstand erneut ausgelesen und die Interrupts wieder freigegeben (STI). Die Zählerdifferenz mal 0.419 ergibt die Impulslänge in μs. Wegen der starken Streuung der Meßergebnisse wird ein Mittel aus 10 Messungen gebildet. Der Korrekturwert korr berücksichtigt, daß auf der Karte bereits ein Widerstand von 2.2 KOhm in Reihe liegt. Er wurde aus einer Kurzschlußmessung ermittelt. Auf der Karte befindet sich ein Ladekondensator von 10 nF. Nach der Formel für die Zeitkonstante bzw. Impulslänge $T = R \cdot C$ ergibt sich der Widerstand $R = T / C$. Mit C = 10 nF und T in der Einheit μs erhält man den Widerstand $R = 100 \cdot T$ in Ohm. Die maximale Meßzeit beträgt ca. 27 ms entsprechend 2.7 MOhm.

7. Der Anschluß von Peripheriekarten

Die bisher behandelten Schnittstellen (Parallele Schnittstelle, serielle Schnittstelle und Spieleadapter) befinden sich meist auf einer Peripheriekarte, die innerhalb des Rechnergehäuses installiert ist. Dort gibt es weitere Steckplätze für den Einbau zusätzlicher Karten. Dazu muß jedoch das Gehäuse geöffnet werden. Für Messungen der Bussignale und für den häufigen Wechsel von Karten empfiehlt es sich, über ein Flachbandkabel eine Buserweiterungsplatine anzuschließen, auf die dann zusätzliche Peripheriekarten außerhalb des Rechnergehäuses aufgesteckt werden können. Ein Wechsel der Karten sollte in jedem Fall nur bei ausgeschaltetem Rechner vorgenommen werden.

7.1 Die Adressierung der Peripherie

```
PROGRAM prog7p1; (* Bild 7-1: Testschleife Timing *)
USES    Crt;
CONST   karte = $318;     (* Kartenadresse A4=A3=1 *)
BEGIN
Port[karte+3] := 0;       (* Reset Ausgänge High *)
REPEAT
  INLINE($BA/$1A/$03/     (*      MOV  DX,031AH *)
         $EC/             (* LOOP IN   AL,DX    *)
         $EE/             (*      OUT  DX,AL    *)
         $EB/$FC)         (*      JMP  LOOP     *)
UNTIL KeyPressed
END.
```

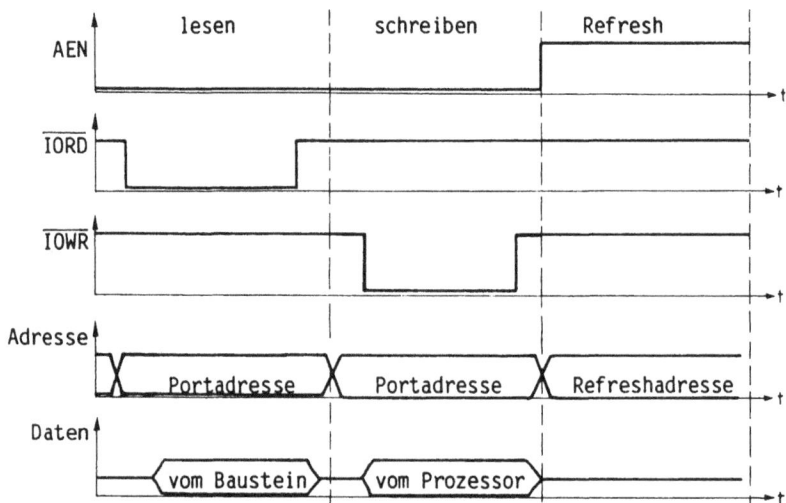

Bild 7-1: Testschleife und Timing des Peripheriezugriffs

Auch beim Einbau fertiger Peripheriekarten ist darauf zu achten, daß ihre Adressen nicht mit den Adressen bereits installierter Peripheriebausteine kollidieren. Daher wird zunächst das Verfahren des Peripheriezugriffs und der Bausteinadressierung im PC dargestellt. *Bild 7-1* zeigt ein Testprogramm, mit dessen Hilfe der zeitliche Verlauf (Timing) der Signale auf dem externen Peripheriebus gemessen werden kann.

In Turbo Pascal erfolgt der Zugriff auf die Peripherie über das Pseudofeld Port[adresse]. Erscheint das Feld in einem arithmetischen Ausdruck, so erzeugt der Compiler den Peripherielesebefehl IN. Wird dieser Maschinenbefehl zur Laufzeit des Programms ausgeführt, so legt der Prozessor die Portadresse auf den Adreßbus und erzeugt ein Lesesignal IORD. Dadurch wird ein Baustein (Port) ausgewählt, der seinen Inhalt (Wert) auf den Datenbus legt. Dieser wird vom Prozessor übernommen. Erscheint das Pseudofeld Port[adresse] auf der linken Seite einer Wertzuweisung, so erzeugt der Compiler den Peripherieschreibbefehl OUT. Bei der Ausführung dieses Maschinenbefehls zur Laufzeit des Programms legt der Prozessor die Portadresse auf den Adreßbus, das Ergebnis der rechten Seite der Anweisung als Datum auf den Datenbus und erzeugt das Schreibsignal IOWR. Der adressierte Portbaustein übernimmt den Wert vom Datenbus und speichert ihn. IO bedeutet Input (Eingabe) bzw. Output (Ausgabe). RD steht für Read (lesen) und WR für Write (Schreiben). Beide Signale sind "aktiv Low" und bestimmen sowohl die Richtung als auch den zeitlichen Ablauf des Peripheriezugriffs. Bei Speicherzugriffen sind beide Signale High. Gleiches gilt für das Wiederauffrischen (Refresh) dynamischer Speicherbausteine. In diesen Buszyklen liegt das Steuersignal AEN (Address Bus Enable = Adreßbusfreigabe) auf High. Die Testschleife des Bildes 7-1 könnte anstelle der mit INLINE eingefügten Maschinenbefehle auch - allerdings langsamer - mit dem Pseudofeld Port programmiert werden:

```
REPEAT
  Port[karte+2] := Port[karte+2]
UNTIL KeyPressed
```

Peripheriekarten *(Bild 7-2)* werden fast immer über einen bidirektionalen Bustreiber an den unteren Datenbus D0 bis D7 angeschlossen, auch wenn der PC mit einem 16- oder 32-bit-Prozessor ausgerüstet ist. Von der 16 bit langen Portadresse werden nur die unteren 10 bit verwendet (Abschnitt 1.5). Die oberen Adreßleitungen (A9 abwärts) bestimmen über eine Adreßauswahlschaltung (Adreßvergleicher) die Basisadresse der Karte. Sie kann mit Brücken oder Schaltern innerhalb bestimmter Grenzen auf der Karte eingestellt werden. Die unteren Adreßleitungen (A0 aufwärts) bestimmen über einen Adreßdecoder die Adresse der Bausteine auf der Karte (Abstand von der Basisadresse). Die Signale zur Bausteinauswahl werden zusätzlich mit den Lese- und Schreibsignalen verknüpft. In den technischen Unterlagen, die jedem Rechner und jeder Peripheriekarte mitgeliefert werden, finden sich Tabellen mit freien Adressen, die der Benutzer mit zusätzlichen Peripheriekarten belegen kann. *Bild 7-3* zeigt Beispiele freier Portadressen.

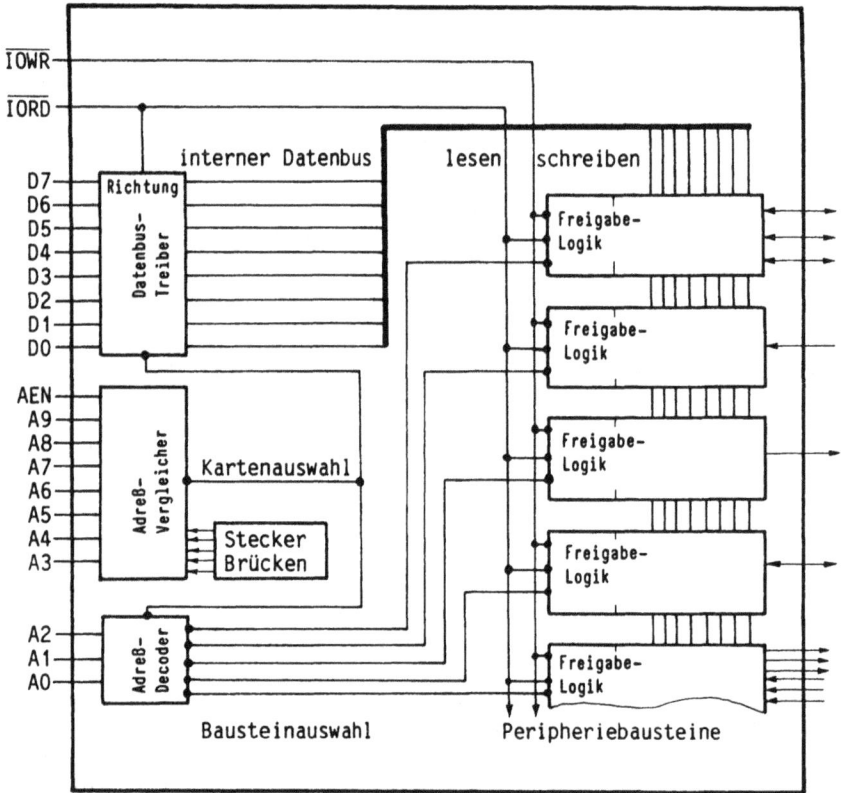

Bild 7-2: Der Aufbau einer Peripheriekarte

Bereich	Anwendung
$100..$1EF	frei für Anwenderperipherie
$200..$20F	Spieleadapter (Gameport)
$270..$27F	2. Paralleldrucker (LPT2)
$2F0..$2FF	2. Serienschnittstelle (COM2)
$300..$31F	Prototyp-Adapter-Karte

Bild 7-3: Beispiele freier Peripherieadressen

7.2   Die Entwicklung einer Peripheriekarte

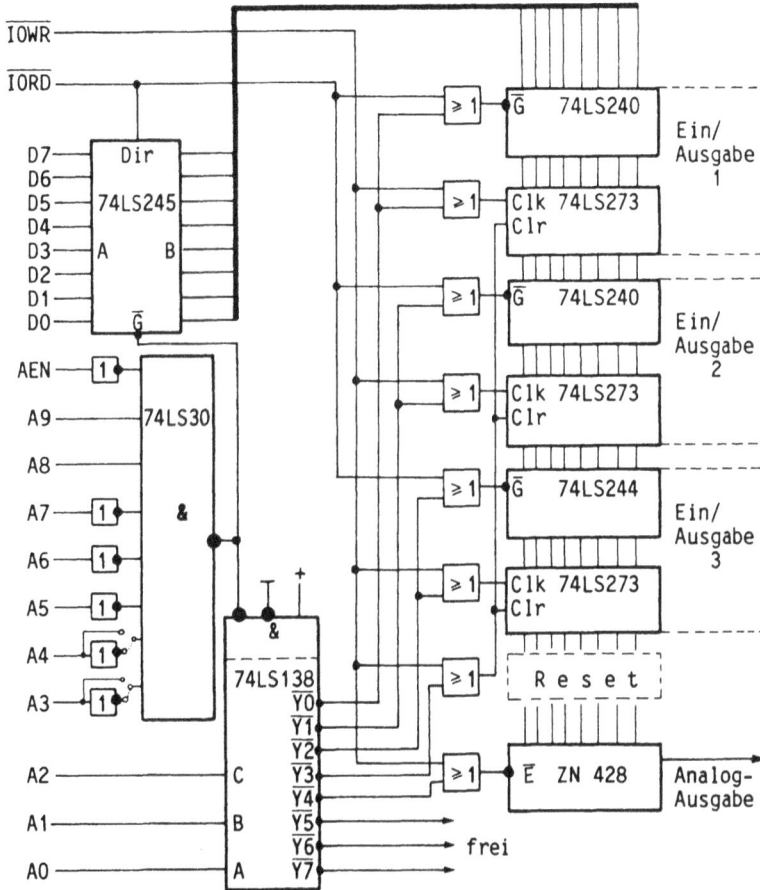

Bild 7-4: Karten- und Bausteinauswahl

Die in *Bild 7-4* dargestellte Schaltung wurde auf einer Lochrasterplatine aufgebaut, die lediglich die Steckeranschlüsse für den PC-Bus enthielt. Alle Verbindungen wurden mit Draht gefädelt und angelötet. Die Kartenadresse wird nicht mit einem Vergleicher, sondern mit einer Logikverknüpfung der Adreßleitungen A9 bis A3 und dem Signal AEN gebildet. Sie liegt im Bereich der Prototyp-Adapter-Karte ab Adresse $300. Die Adreßleitungen A3 und A4 lassen sich mit Brücken umschalten. Mit den drei unteren Adreßleitungen A0 bis A2 werden acht Bausteinadressen decodiert. Auf den drei untersten Adreßplätzen Y0, Y1 und Y2 liegen je zwei Bausteine, ein 8-bit-Register zur Ausgabe von Daten und ein 8-bit-Bustreiber zum

Lesen von Daten. Die Unterscheidung erfolgt durch eine Verknüpfung der Freigabesignale mit den Lese- und Schreibsignalen IORD und IOWR, die zusätzlich für das korrekte Timing zuständig sind. Der Adreßplatz Y3 dient, verknüpft mit dem Schreibsignal IOWR, zum Löschen der Ausgabespeicher (Reset). Auf dem Adreßplatz Y4 liegt, verknüpft mit dem Schreibsignal IOWR, ein 8-bit-Digital/Analogwandler. Die drei obersten Adreßplätze sind frei für Erweiterungen. *Bild 7-5* zeigt den Adreßplan.

Kartenadresse	AEN	A9	A8	A7	A6	A5	A4	A3	A2	A1	A0
x = $300	0	1	1	0	0	0	0	0	0	0	0
:	:	:	:	:	:	:	:	:	:	:	:
x = $307	0	1	1	0	0	0	0	0	1	1	1
x = $308	0	1	1	0	0	0	0	1	0	0	0
:	:	:	:	:	:	:	:	:	:	:	:
x = $30F	0	1	1	0	0	0	0	1	1	1	1
x = $310	0	1	1	0	0	0	1	0	0	0	0
:	:	:	:	:	:	:	:	:	:	:	:
x = $317	0	1	1	0	0	0	1	0	1	1	1
x = $318	0	1	1	0	0	0	1	1	0	0	0
:	:	:	:	:	:	:	:	:	:	:	:
x = $31F	0	1	1	0	0	0	1	1	1	1	1

Baustein	Adresse	A2	A1	A0
E/A 1	x + 0	0	0	0
E/A 2	x + 1	0	0	1
E/A 3	x + 2	0	1	0
Reset	x + 3	0	1	1
ZN 428	x + 4	1	0	0
frei	x + 5	1	0	1
frei	x + 6	1	1	0
frei	x + 7	1	1	1

Bild 7-5: Adreßplan der Karte und der Bausteine

Durch die Umschaltung der Adreßleitungen A3 und A4 mit Brücken lassen sich vier verschiedene Kartenadressen einstellen. Damit kann die Karte zusammen mit anderen Karten gleicher Bauform im Adreßbereich der Prototyp-Adapter-Karten von $300 bis $31F betrieben werden. Auf den drei untersten Adreßplätzen x+0 bis x+2 liegen je zwei Bausteine. Sie werden in Pascal unter der gleichen Portadresse angesprochen. Das Lesen geschieht in einem arithmetischen Ausdruck auf der rechten Seite, das Schreiben auf der linken Seite einer Wertzuweisung. Das folgende Beispiel liest den Leitungszustand des E/A-Kanals 2 und gibt ihn auf Kanal 1 aus:

```
CONST   karte = $300; (* Kartenadresse für A3 = A4 = 0 *)
BEGIN
Port[karte+0] := Port[karte+1]; (* Kanal 1 <= Kanal 2 *)
```

Bei der Ausgabe des Rücksetzimpulses (Reset) können beliebige Daten in der Anweisung erscheinen, sie werden nicht gespeichert; wichtig ist nur das Aussenden der Adresse. Auf dem Digital/Analogwandler können nur Daten ausgegeben werden. Beispiele:

```
Port[karte+3] := $00;  (* Reset: Ausgabe löschen      *)
Port[karte+4] := $FF;  (* Maximalwert analog ausgeben *)
```

Die Kanäle 1 und 2 wurden für eine bidirektionale Datenübertragung ausgelegt. *Bild 7-6* zeigt die Schaltung.

+5 V

8 x 3.3 KOhm

74LS240

D7
D6
D5
D4
D3
D2
D1
D0

$\overline{G}$

3.3K

6.2K

74LS273   7416

D7	D7	Q7	1
D6	D6	Q6	1
D5	D5	Q5	1
D4	D4	Q4	1
D3	D3	Q3	1
D2	D2	Q2	1
D1	D1	Q1	1
D0	D0	Q0	1
Clk	Clr		

O.C.

8 x 6.2 KOhm

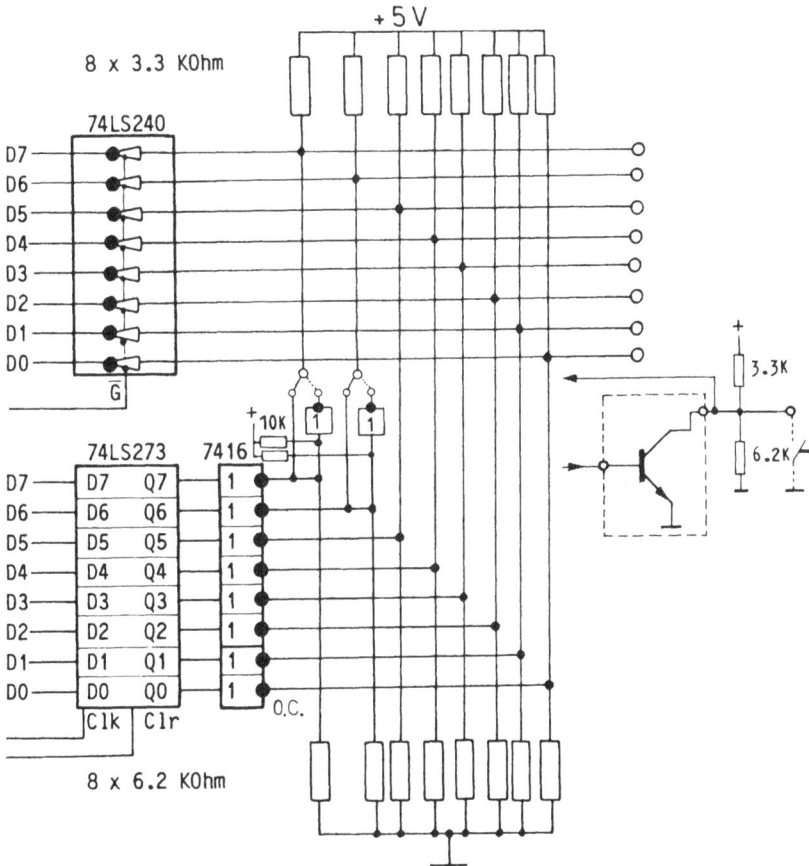

Bild 7-6: Schaltung der bidirektionalen Ein/Ausgabe

Bei einer bidirektionalen Datenübertragung dient eine Leitung sowohl als
Ausgang als auch als Eingang. Als Eingangsschaltung verwendet man üblicherweise einen Bustreiber, der das Potential der Leitung auf den Datenbus schaltet. Das Leitungspotential kann jedoch gleichzeitig von zwei Sen-
dern beeinflußt werden; durch den Datenausgang der Schnittstelle und
eine äußere Schaltung (z.B. Taster). Da Tristateausgänge zusätzliche Steuersignale benötigen, wurde hier die Open-Collector-Schaltung (Abschnitt
4.2) gewählt. Dem 8-bit-Register mit Totem-Pole-Ausgang wurde ein invertierender Treiber mit offenem Kollektor nachgeschaltet. Nach einem Zurücksetzen mit Reset bzw. nach einem Einschreiben von $00 liegen die
Ausgänge des Registers auf Low, die Ausgänge der Treiber und damit die
Leitungen auf High. Sie können nun von äußeren Schaltungen (z.B. einem
Taster) auf Low gebracht werden. Eine Leitung kann also nur gelesen
werden, wenn sie von der Schnittstelle auf High gelegt wurde. Wegen der
Open-Collector-Ausgänge sind Arbeitswiderstände gegen die Betriebsspannung erforderlich. Sie entsprechen mit zusätzlichen Widerständen

gegen Masse der IEC-Bus-Norm (Kapitel 8). Für besondere Anwendungsfäl-
le, bei denen die Leitung nach einem Zurücksetzen auf Low liegen muß,
wurden zwei Ausgänge nochmals invertiert. Sie lassen sich mit Brücken
umschalten. Die in *Bild 7-7* dargestellte Schaltung des Kanals 3 arbeitet
unidirektional; Eingabe und Ausgabe sind völlig getrennt.

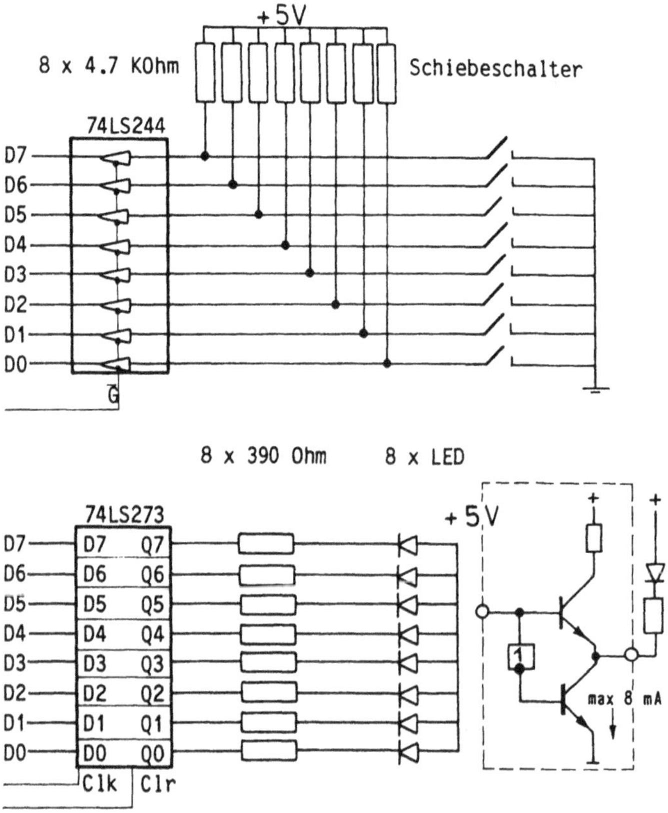

Bild 7-7: Schaltung der unidirektionalen Ein/Ausgabe

An den Eingabeport sind acht Schiebeschalter angeschlossen, mit denen
sich besondere Betriebsparameter auf der Karte einstellen lassen, die vom
Programm auszuwerten sind. An den Ausgabeport sind acht Leuchtdioden
angeschlossen, mit denen sich Betriebszustände wie z.B. Fehlermeldungen
anzeigen lassen. Die Totem-Pole-Ausgänge des Bausteins liefern bei High
maximal $20 \cdot 0.02 = 0.4$ mA und können bei Low maximal $20 \cdot 0.4 = 8$ mA aufnehmen. Daher wurden die Leuchtdioden mit Widerständen gegen die Betriebsspannung von + 5 Volt geschaltet. Nach einem Zurücksetzen (Reset) bzw.
nach dem Einschreiben einer logischen 0 liegt der Ausgang auf Low-Potential, und die Leuchtdiode geht an. Nach dem Einschreiben einer logischen
1 liefert der Ausgang ein High-Potential, und die Leuchtdiode geht aus.

Das folgende Beispiel gibt den Zustand der Schiebeschalter invertiert auf
den Leuchtdioden aus:

```
CONST    karte = $300;    (* Kartenadresse für A3 = A4 = 0 *)
VAR      x : BYTE;
BEGIN
x := Port[karte+2];       (* Schiebeschalter lesen          *)
Port[karte+2] := NOT x;   (* invertiert ausgeben            *)
```

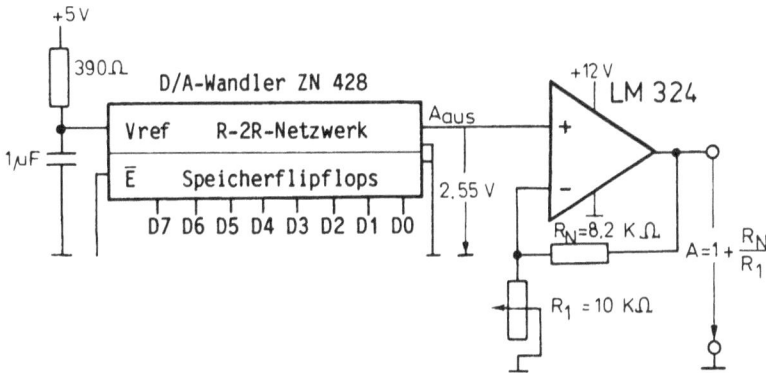

Bild 7-8: Die Schaltung des Analogausgangs

Die in *Bild 7-8* dargestellte Schaltung des Analogausgangs besteht aus einem 8-bit-Digital/Analogwandler mit nachgeschaltetem Operationsverstärker, der zwischen + 12 Volt und Masse betrieben wird. Der Wandlerbaustein
liefert an seinem Ausgang eine Spannung von 0 Volt (Daten $00) und + 2.55
Volt (Daten $FF = 255). Die Verstärkung läßt sich am Potentiometer einstel-
len; so z.B. auf einen Bereich der Ausgangsspannung von 0 bis + 10 Volt.
Zum Abgleich eignet sich das in *Bild 7-9* dargestellte Testprogramm. An
den Analogausgang wurde ein Voltmeter angeschlossen, an den beiden
bidirektionalen Ein/Ausgabeports 1 und 2 befand sich eine Testschaltung
mit Kippschaltern und Leuchtdioden (Abschnitt 4.2 Bild 4-4).

```
PROGRAM prog7p0; (* Bild 7-9: Kartentest Ein/Aus *)
USES    Crt;
CONST   karte = $318;    (* Kartenadresse A4=A3=1 *)
VAR     x : BYTE;
BEGIN
Port[karte+3] := 0;        (* Reset Ausgänge High *)
REPEAT                     (* Testschleife        *)
  x := Port[karte+2];      (* Port 3 Schalter     *)
  Port[karte+2] := x;      (* => Port 3 LED       *)
  x := Port[karte+0] ;     (* Port 1 Eingabe      *)
  Port[karte+1] := x;      (* => Port 2 Ausgabe   *)
  Port[karte+4] := x       (* => analoge Ausgabe  *)
UNTIL KeyPressed           (* bis beliebige Taste *)
END.
```

Bild 7-9: Testprogramm der Karte und Bausteine

Unter der Bezeichnung "Prototyp-Adapter-Karte" gibt es im Handel Karten mit bereits vorgefertigtem Businterface. Dies besteht aus dem Datenbustreiber und einem Adreßvergleicher, mit dem sich die Kartenadresse einstellen läßt. Auf einem Lochrasterfeld kann der Anwender eigene Peripherieschaltungen aufbauen. Der Bereich der Portadressen von $300 bis $31F ist standardmäßig für diese Karten reserviert.

7.3   Peripheriekarten für technische Anwendungen

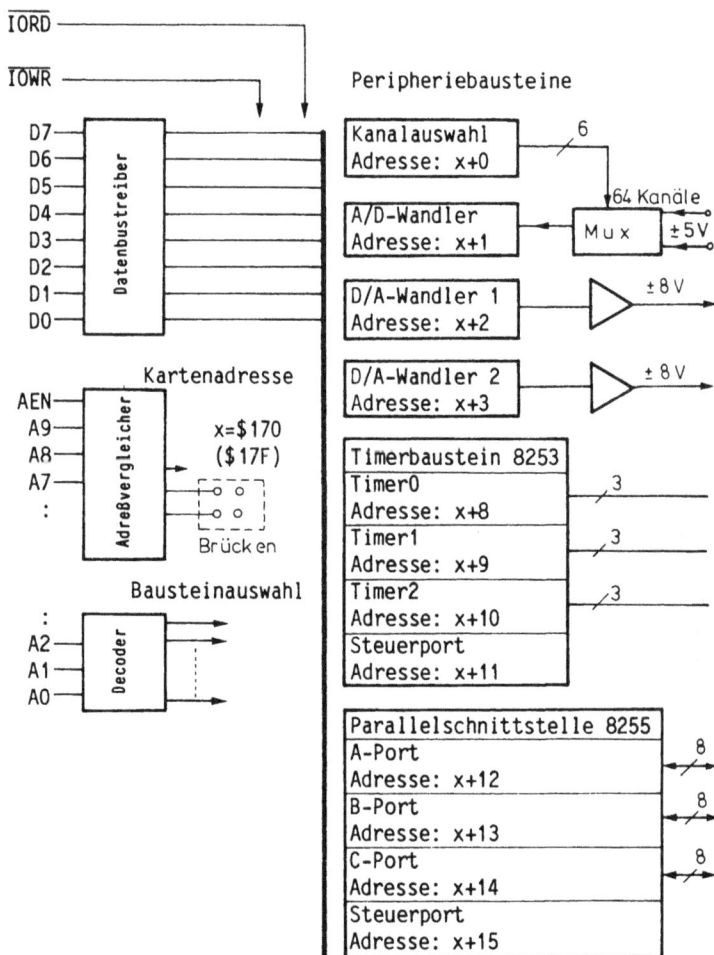

Bild 7-10: Aufbau einer universellen Peripheriekarte

Auf dem Markt wird eine Vielzahl von zusätzlichen Peripheriekarten für den PC angeboten. Dazu gehören neben den üblichen Schnittstellen- und Graphikkarten auch Peripheriekarten für technische Anwendungen. Sie enthalten Parallelschnittstellen für digitale Ein/Ausgabe, Serienschnittstellen für besondere serielle Datenübertragungsverfahren wie z.B. synchrone Verfahren und Netzwerke, Timerbausteine für die Erzeugung und Zählung von Rechtecksignalen sowie Analogperipherie. *Bild 7-10* zeigt dazu ein Beispiel.

Die als Beispiel verwendete Karte enthält einen programmierbaren parallelen Schnittstellenbaustein 8255 mit 24 digitalen Ein/Ausgabeleitungen, einen programmierbaren Timerbaustein 8253, zwei Digital/Analogwandler und einen Analog/Digitalwandler mit insgesamt 64 analogen Eingangskanälen, die durch einen Multiplexer umgeschaltet werden können. Die Kartenadresse läßt sich über Brücken einstellen; die folgenden Beispiele verwenden die Adresse $170 als Basisadresse für alle Register (Ports) der Karte.

7.3.1 Die Parallelschnittstelle 8255 der Karte

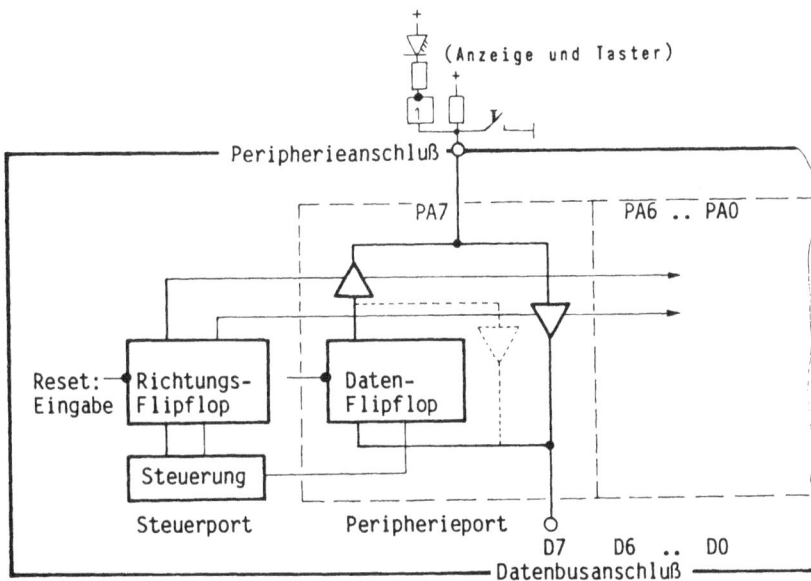

Bild 7-11: Programmierbare Ein/Ausgabe (8255 Betriebsart 0)

Die in *Bild 7-11* dargestellte Schaltung zeigt das Prinzip einer programmierbaren Parallelschnittstelle. Im Gegensatz zu den in den Bildern 7-6 und 7-7 dargestellten TTL-Schaltungen, bei denen die Richtung der Datenübertragung durch den Aufbau der Bausteine festliegt, wird bei einer Parallelschnittstelle die Richtung der Datenübertragung durch Programmieren des Bausteins bestimmt. Dazu enthält der Peripherieport sowohl Speicher mit Tristatesteuerung zur Datenausgabe als auch Eingangstreiber zum Lesen des Leitungszustandes. Ein Richtungsflipflop im Steuerport bestimmt, welcher der beiden Datenwege benutzt wird. Nach dem Einschalten der Versorgungsspannung bzw. nach einem Zurücksetzen mit Reset befindet sich das Richtungsflipflop zunächst im Eingabezustand; der Ausgangstreiber des Datenflipflops ist tristate und damit abgeschaltet und beeinflußt die Peripherieleitung nicht. Beim Lesen des Peripherieports wird der augenblickliche Zustand der Peripherieleitung gelesen. Liegt die Leitung auf Low, so ergibt sich eine logische 0; liegt sie auf High, so ergibt sich eine 1. Für die *Datenausgabe* muß der Steuerport der Schnittstelle besonders programmiert werden. Durch ein bestimmtes Steuerbyte wird das Richtungsflipflop auf Ausgabe geschaltet, und der Ausgangstreiber schaltet den Inhalt des Datenflipflops auf die Peripherieleitung. Beim Beschreiben des Peripherieports gelangen die Daten in das Datenflipflop. Eine logische 0 erscheint als Low, eine logische 1 als High am Ausgang. Dieser Zustand bleibt bis zu einer Änderung mit einer neuen Schreibanweisung erhalten. Liest man einen auf Ausgang programmierten Peripherieport, so wird der Inhalt des Datenflipflops, und nicht der Leitungszustand gelesen. Die Parallelschnittstelle 8255 besitzt jeweils nur ein Richtungsflipflop für den gesamten A-Port, den gesamten B-Port sowie für das obere und das untere Halbbyte des C-Ports. *Bild 7-12* zeigt als Beispiel die drei Peripherieports A, B und C sowie den Steuerport zur Programmierung der Schnittstelle in der Betriebsart 0.

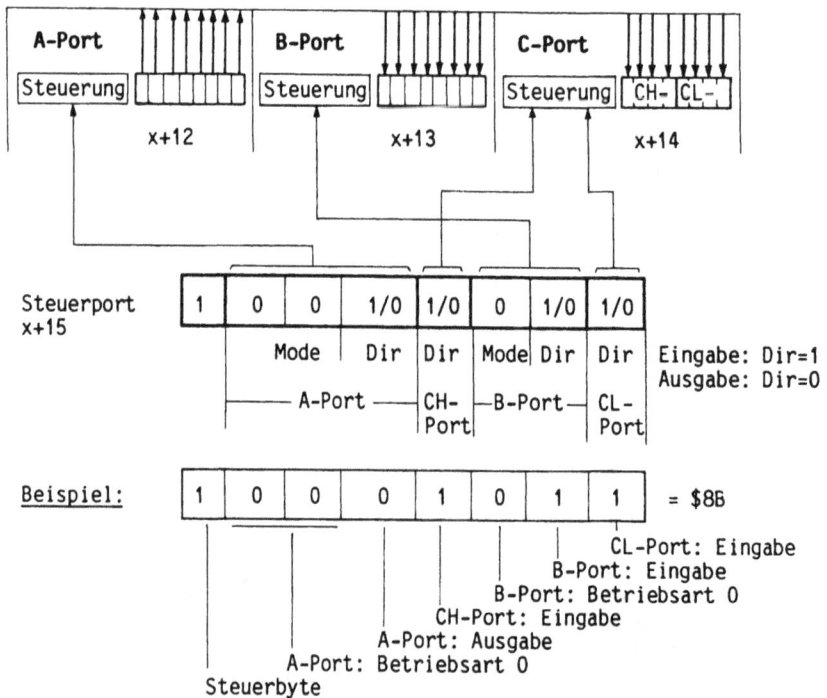

Bild 7-12: Baustein 8255 in der Betriebsart 0

In der Betriebsart 0 (Mode 0) werden die vier Ports gruppenweise als Eingabe bzw. als Ausgabe verwendet. Dabei ergeben sich insgesamt 16 Kombinationen. Das Steuerbyte $8B z.B. programmiert den A-Port als Ausgang und den B-Port sowie beide Teile des C-Ports als Eingang. Es ist vor Beginn der Datenübertragung in den Steuerport zu schreiben. Dies bezeichnet man als Initialisierung der Schnittstelle. In der Betriebsart 1 enthalten der A- und der B-Port sowohl Ausgabe- als auch Eingabespeicher, die durch Signale des C-Ports gesteuert werden. In der Betriebsart 2 dient der A-Port als bidirektionaler Bus. Einzelheiten können den Unterlagen des Bausteinherstellers entnommen werden. *Bild 7-13* zeigt ein Testprogramm, das zunächst die Schnittstelle initialisiert und dann in einer Schleife die am B-Port anliegenden Signale auf dem A-Port wieder ausgibt. Die am C-Port anliegenden Daten werden als Dezimalzahl auf dem Bildschirm angezeigt.

```
PROGRAM prog7p5; (* Bild 7-13 Test 8255 Betriebsart 0 *)
USES    Crt;
CONST   karte = $170;
VAR     x : BYTE;
BEGIN
Clrscr;
Port[karte+15] := $8B;    (* A = aus B = ein  C = ein *)
REPEAT
   Port[karte+12] := Port[karte+13];   (* A <= B-Port *)
   x := Port[karte+14];                (* x <= C-Port *)
   GotoXY(20,12); Write('C-Port = ',x:3)
UNTIL KeyPressed
END.
```

Bild 7-13: Testprogramm der Parallelschnittstelle 8255

7.3.2 Der Timerbaustein 8253 der Karte

Der in *Bild 7-14* als Modell dargestellte Timer 8253 der Karte wird auch im PC zur Systemsteuerung verwendet (Abschnitte 3.3 und 6.4). Neuere Rechnerschaltungen (AT) verwenden den ähnlich aufgebauten Baustein 8254. Der Baustein enthält drei gleich aufgebaute Timer 0, 1 und 2 auf drei Portadressen sowie einen allen Timern gemeinsamen Steuerport zur Programmierung der Timerfunktionen. Der 16-bit-Abwärtszähler jedes Timers kann wahlweise als Dualzähler oder als vierstelliger Dezimalzähler (BCD-Code) programmiert werden. Der Zähltakt wird vom Eingang "Clk" geliefert. Er kann je nach Betriebsart durch den Eingang "Gate" gesperrt bzw. freigegeben werden. Schreibt man einen Zähleranfangswert in den Timerport, so gelangt dieser zunächst in ein Laderegister und erst nach dem Start des Timers in den eigentlichen Zähler. Zum Auslesen des Timers ist es zweckmäßig, den Zählerstand durch eine Steuerportfunktion zunächst in ein Zwischenregister (Leseregister) zu bringen und dieses dann auszulesen. Der Zugriff auf das Lade- bzw. Leseregister erfolgt byteweise in den programmierbaren Zugriffsarten "nur Low-Byte", "nur High-Byte" oder "erst Low dann High". Je nach Betriebsart werden beim Zählernulldurchgang

Laderegister   Gate   Clk   Out

Register laden	High	Low

Zähler laden

16-bit-Abwärtszähler

Zähler lesen

Register lesen	High	Low

Leseregister

Nullerkennung   Steuerung

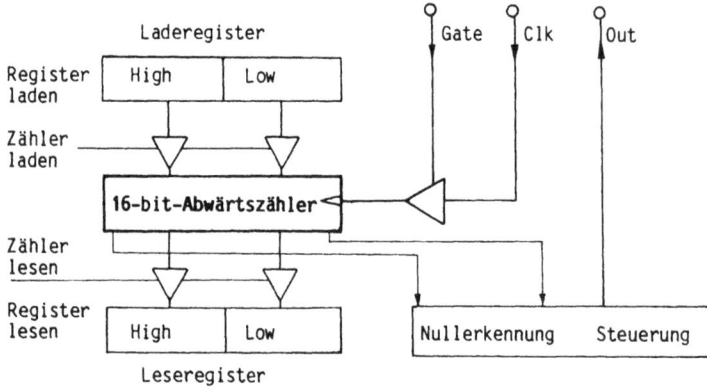

Timer0: x+8
Timer1: x+9
Timer2: x+10

Steuerport: x+11

SC1	SC0	RL1	RL0	M2	M1	M0	BCD

Auswahl   Zugriff   Betriebsart   zählen 0: 16-bit-dual
                                             1: 4xBCD-Code

0: 000: Flanke bei Zählerstand 0
1: 001: Programmierbares Monoflop
2: 010: Frequenzteiler Impulsausgang
3: 011: Frequenzteiler Rechteckausgang
4: 100: Impuls bei Zählerstand 0
5: 101 wie 4, durch Gate triggerbar

00: Timer0   00: Zählerstand nach Leseregister speichern
01: Timer1   01: nur Low-Byte lesen/speichern
10: Timer2   10: nur High-Byte lesen/speichern
              11: zuerst Low- dann High-Byte lesen/speichern

Beispiel:

0	0	1	1	0	1	1	0	= $36

Timer0   Reihenfolge   Betriebsart 3   dual
          Low- /High-   Programmieren

Beispiel:

0	0	0	0	0	0	0	0	= $00

Timer0   Zähler nach   x   x   x   x
          Leseregister   beliebig x=0 gesetzt

Bild 7-14: Aufbau und Steuerung des Timers 8253

verschiedene Funktionen ausgelöst, die eine Änderung des Timerausgangs "Out" zur Folge haben. In den zyklischen (periodischen) Betriebsarten wird der Zähler nach dem Nulldurchgang erneut aus dem Laderegister mit dem Zähleranfangswert geladen.

Der zur *Systemsteuerung* verwendete Timerbaustein 8253 (8254) des PC arbeitet mit einem Takt von 1.193182 MHz auf allen drei Timern. Timer 0 wird im PC in der Betriebsart 3 für den Timer Tic verwendet; der Gateeingang gibt den Takt immer frei; der Ausgang Out löst über den Interruptsteuerbaustein PIC einen Interrupt aus.

Der Timer der Peripheriekarte gestattet die Untersuchung der Betriebsart 3, die in den Bausteinunterlagen z.T. unterschiedlich beschrieben wird. *Bild 7-15* zeigt ein Testprogramm dieser Betriebsart.

```
PROGRAM prog7p4;  (* Bild 7-15 Timer 0 Betriebsart 3 *)
USES    Crt;
CONST   karte = $170;
VAR     thigh, tlow : BYTE;
        time,teiler : WORD;
BEGIN
Port[karte+11] := $36;         (* Timer 0 Betrieb 3     *)
teiler := 10;                  (* Teilungsfaktor 10     *)
Port[karte+8] := Lo(teiler);   (* Low-Byte laden        *)
Port[karte+8] := Hi(teiler);   (* High-Byte laden       *)
Clrscr;
REPEAT
  Port[karte+11] := $00;       (* Timer 0 einfrieren    *)
  tlow := Port[karte+8];       (* Low-Byte lesen        *)
  thigh := Port[karte+8];      (* High-Byte lesen       *)
  time := (WORD(tlow) OR (WORD(thigh) SHL 8));
  GotoXY(20,12); Write(time:5) (* Zähler ausgeben       *)
UNTIL KeyPressed
END.
```

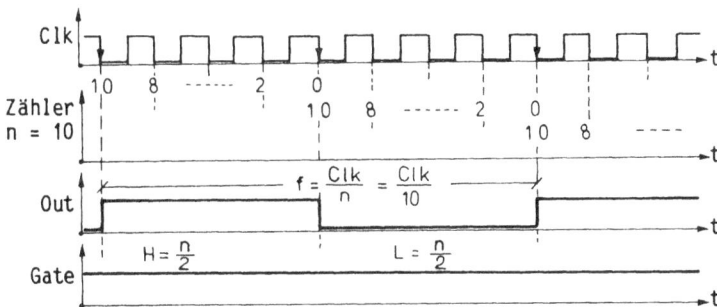

Bild 7-15: Timer 8253 in der Betriebsart 3 (Frequenzteiler)

Der Timer 0 der Peripheriekarte wird in dem Beispiel für die Betriebsart 3 als Frequenzteiler mit dem Teilungsfaktor 10 programmiert. Eine am Clk-Eingang anliegende Rechteckschwingung (Rechteckgenerator) erscheint durch den Faktor 10 geteilt am Out-Ausgang. Die Gate-Eingang liegt fest auf High und gibt den Zähler dauernd frei. In einer Testschleife wird der augenblickliche Zählerstand ausgelesen und auf dem Bildschirm angezeigt. Für eine Periode der Ausgangsfrequenz macht der Timer zwei Durchläufe mit der Schrittweite -2.

7.3.3   Der Analogteil der Karte

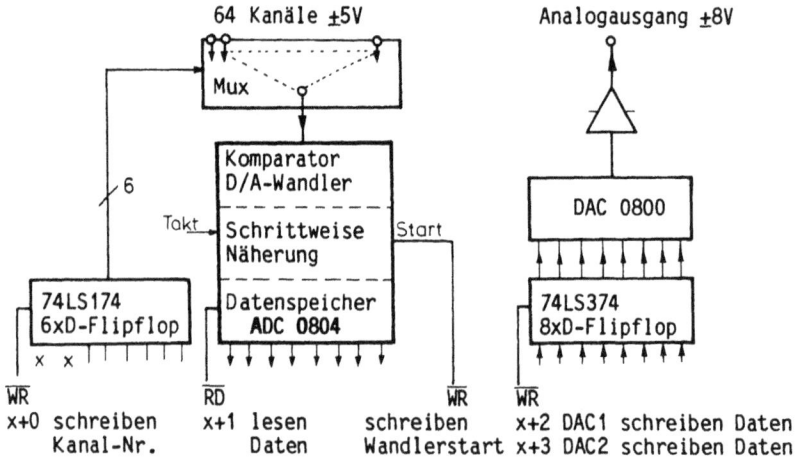

Bild 7-16: Der Aufbau des Analogteils

Der in *Bild 7-16* dargestellte Analogteil der Karte besteht aus zwei 8-bit-Digital/Analogwandlern und einem 8-bit-Analog/Digitalwandler, der mit einem Multiplexer auf 64 analoge Eingangskanäle geschaltet werden kann. Die Kanalauswahl erfolgt durch ein 6-bit-Register auf der Portadresse x+0. Das in *Bild 7-17* dargestellte Testprogramm gibt eine Sägezahnfunktion von −8 Volt bis + 8 Volt auf beiden Digital/Analogwandlern aus. Bei dem zur Verfügung stehenden Rechner ergab sich eine Periode von ca. 1.5 ms (Frequenz ca. 667 Hz). Bei 256 Schritten sind dies etwa 6 μs für einen Schleifenschritt.

```
PROGRAM prog7p3; (* Bild 7-17 Test D/A-Wandler *)
USES    Crt;
CONST   karte = $170;          (* Kartenadresse *)
VAR     i : BYTE;
BEGIN
REPEAT
  FOR i := 0 TO 255 DO         (* Sägezahnkurve *)
  BEGIN
  Port[karte+2] := i; (* Ausgabe Wandler D/A 0 *)
  Port[karte+3] := i  (* Ausgabe Wandler D/A 1 *)
  END
UNTIL KeyPressed
END.
```

Bild 7-17: Test der Digital/Analogwandler

Der Analog/Digitalwandler arbeitet nach dem Verfahren der schrittweisen Näherung (Wägeverfahren) mit einer Umsetzzeit von ca. 160 µs, die jedoch von dem angelegten Wandlungstakt abhängt. Das Umwandlungsverfahren wird durch Einschreiben eines beliebigen Wertes in den Wandler gestartet. Der Ausgang INTR des Bausteins ist während der Umsetzzeit High. Mit der fallenden Flanke des Signals könnte ein Interupt ausgelöst werden, um die gewandelten Werte durch Lesen des Bausteins abzuholen. Da die vorliegende Karte nicht für einen Interruptbetrieb ausgelegt ist, wurde der Ausgang INTR dazu benutzt, die Wartezeit (Umsetzzeit) zwischen dem Start des Wandlers und dem Auslesen des gewandelten Wertes oszilloskopisch zu bestimmen. In dem in *Bild 7-18* dargestellten Testprogramm sind ca. 100 Durchläufe der FOR-TO-DO-Warteschleife erforderlich. Das Programm gibt den gewandelten Wert auf einem Digital/Analogwandler wieder aus. Bei einer Sinusfunktion von 1 kHz und einer Abtastrate von ca. 160 µs/Wert wird eine Periode ca. 6 mal abgetastet.

```
PROGRAM kap7p2; (* Bild 7-18 Test A/D-Wandler *)
USES    Crt;
CONST   karte = $170;        (* Kartenadresse *)
        fertig = 100;        (* Wandlungszeit *)
VAR     i : INTEGER;
        x : BYTE;
BEGIN
Port[karte+0] := 0;          (* Analogkanal 0 *)
REPEAT
  Port[karte+1] := 0;        (* Startimpuls   *)
  FOR i := 1 TO fertig DO;   (* Warten        *)
  x := Port[karte+1];        (* Daten lesen   *)
  Port[karte+2] := x;        (* analog aus    *)
UNTIL KeyPressed
END.
```

Bild 7-18: Test des Analog/Digitalwandlers

An die Parallelschnittstelle 8255 ließen sich weitere analoge Bausteine anschließen, wie z.B. die in Bild 4-7 (Abschnitt 4.3) gezeigte Schaltung, die dort an der Druckerschnittstelle betrieben wird. Der dort verwendete Digital/Analogwandler ließe sich z.B. am A-Port und der Analog/Digitalwandler (Umsetzzeit 4 µs) am B-Port betrieben werden. Der Lese- und Startimpuls könnte durch einen Ausgang des C-Ports erzeugt werden.

7.4   Systemfremde Peripheriebausteine

Bei der Entwicklung von Peripheriekarten wird man in der Regel auf TTL-
Bausteine (Abschnitt 7.2) oder auf Peripheriebausteine der 8085/80x86-
Familie zurückgreifen (Abschnitt 7.3), die in ihrem Bustiming dem der
Mikroprozessoren 80x86 angepaßt sind. Die beiden Steuersignale IORD und
IOWR liefern dabei sowohl die Richtung der Datenübertragung (lesen bzw.
schreiben) als auch den Zeitraum, in dem die Daten gültig sind. Bei den
Peripheriebausteinen anderer Hersteller (z.B. Motorola) werden alle Buszugriffe gesteuert durch ein Richtungssignal R/W (lesen/schreiben) und
ein Timingsignal (Daten gültig), das den Baustein zum richtigen Zeitpunkt
mit CS freigibt. *Bild 7-19 zeigt* einen Vergleich der beiden Buszugriffsver-
fahren am Beispiel der Parallelschnittstelle 68230, die zur Familie der
68000-Prozessoren gehört.

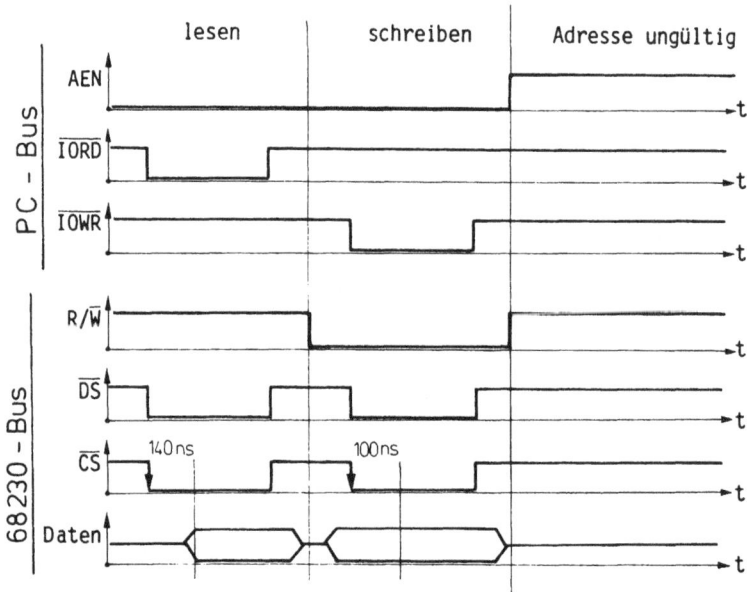

Bild 7-19: Bustiming der Parallelschnittstelle 68230

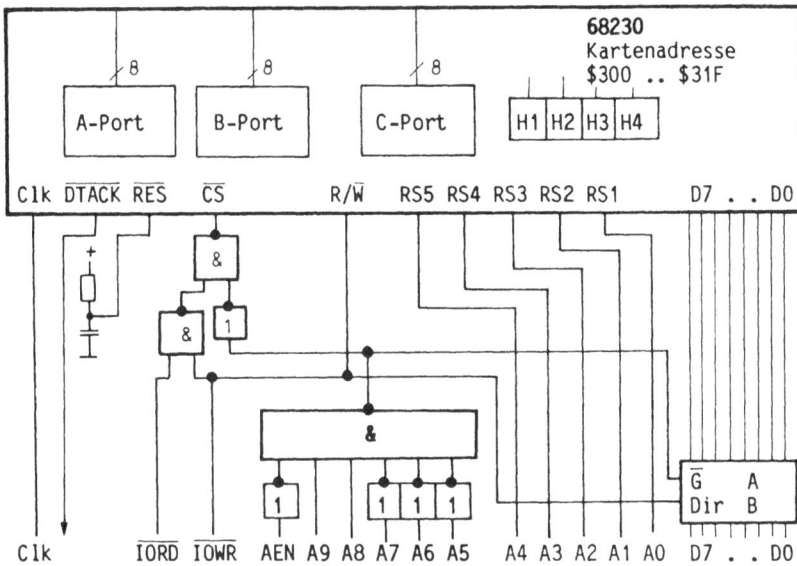

Bild 7-20: Parallelschnittstelle 68230 am PC-Bus

In einem Lesezyklus liegt das Richtungssignal R/W auf High. Wird dabei der Baustein mit CS = Low freigegeben, so liefert er den Inhalt des adressierten Ports auf den Datenbus. In einem Schreibzyklus liegt das Richtungssignal R/W auf Low. Mit der fallenden Flanke des Freigabesignals übernimmt der Baustein die am Datenbus anliegenden Daten. Sie müssen also schon **vor** diesem Zeitpunkt gültig sein und noch mindestens 100 ns lang anstehen. Mit der in *Bild 7-20* gezeigten Schaltung kann der Baustein dem Bustiming des PC-Peripheriebus angepaßt werden. Das Timing der Bausteinfreigabe wird durch eine Verknüpfung der Signale IORD und IOWR gebildet. Das Signal IOWR entspricht dem Richtungssignal R/W. Falls die Daten in einem Schreibzyklus bei der fallenden Flanke der Bausteinfreigabe noch nicht gültig sind, muß dieses Signal z.B. durch eine Hintereinanderschaltung mehrerer Inverter künstlich verzögert werden.

8. Der IEC-Meßgerätebus

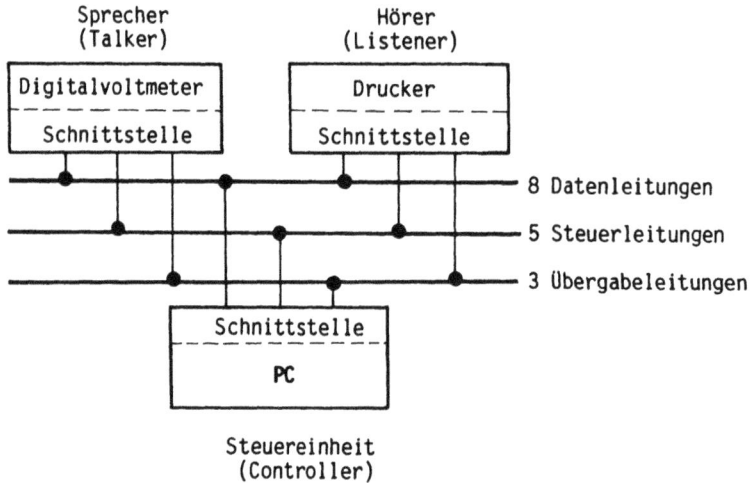

Bild 8-1: Der Anschluß von Geräten an den IEC-Bus

Der IEC-Bus - auch IEEE-Bus oder GPIB-Bus genannt - dient zur Zusammenschaltung von Geräten beim automatisierten Messen, Steuern und Prüfen. An den Bus können, wie in *Bild 8-1* dargestellt, "Listener" (Hörer), "Talker" (Sprecher) und ein "Controller" (Steuereinheit) angeschlossen werden. Dabei unterscheidet man das eigentliche Gerät, wie z.B. ein Digitalvoltmeter, und das Interface (Schnittstelle), mit der es an den Bus angeschlossen ist und das alle Einstell- und Übertragungsvorgänge kontrolliert. An den IEC-Bus lassen sich entsprechend der Norm maximal 15 Talker und 15 Listener anschließen. Die Auswahl erfolgt durch eine Adresse, die meist an den Geräten eingestellt werden kann. Bei der Datenübertragung darf immer nur ein Gerät als Talker senden; jedoch können mehrere Geräte gleichzeitig als Listener Daten empfangen. Die Auswahl und die Kontrolle der Geräte übernimmt die Steuereinheit. Von verschiedenen Herstellern werden Interfacekarten einschließlich Software angeboten, mit denen man den PC als Steuereinheit für den IEC-Bus verwenden kann.

Dieser Abschnitt gibt einen Einblick in die Vorgänge auf dem IEC-Bus anhand eines praktischen Beispiels, das jedoch keinen Anspruch auf eine Einhaltung der IEC-Bus-Normen erhebt. Es dürfte jedoch auch für Leser, die nicht mit dem IEC-Bus arbeiten, von Interesse sein, weil es die Zusammenarbeit von Hardware und Software in einem Handshakebetrieb sowie die Unterteilung einer Aufgabe auf mehrere Unterprogramme zeigt. Als Interface dient die in Abschnitt 7.2 beschriebene Peripheriekarte. Die beiden Ein/Ausgabekanäle 1 und 2 der Karte (Bild 7-6) wurden auf die genormte 24polige IEC-Bus-Buchse geführt. *Bild 8-2* zeigt die Adressen der Ports sowie die Vereinbarung globaler Größen und der hardwareabhängigen Ein/Ausgabe-Unterprogramme.

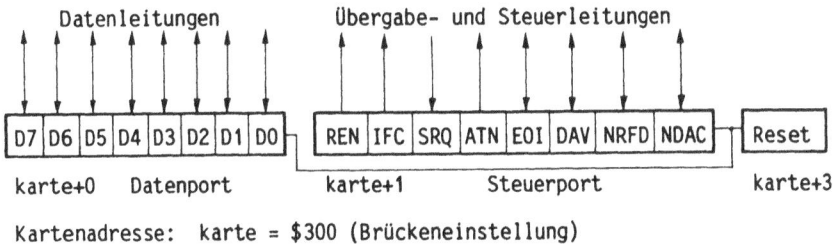

Kartenadresse: karte = $300 (Brückeneinstellung)

```
PROGRAM prog8p0; (* Bild 8-2: IEC-Bus-Controller *)
USES    Crt;
CONST   karte = $300;  (* Kartenadresse    *)
         ren = $80;    (* Maske 1000 0000 REN  *)
         ifc = $40;    (* Maske 0100 0000 IFC  *)
        sqre = $20;    (* Maske 0010 0000 SRQ  *)
         atn = $10;    (* Maske 0001 0000 ATN  *)
         eoi = $08;    (* Maske 0000 1000 EOI  *)
         dav = $04;    (* Maske 0000 0100 DAV  *)
        nrfd = $02;    (* Maske 0000 0010 NRFD *)
        ndac = $01;    (* Maske 0000 0001 NDAC *)
         dcl = $14; unl = $3F; unt = $5F; gtl = $01;
VAR     mode, status, daten : BYTE;
        ergebnis, betrieb : STRING;
        ohm : REAL;
        fehler : INTEGER;
(*      Hardwareabhängige Ein/Ausgabe-Prozeduren       *)
PROCEDURE maus;     (* mode = Steuerleitungen ausgeben *)
BEGIN  Port[karte+1] := NOT mode  END;
FUNCTION mein : BYTE; (* Zustand Steuerleitungen lesen *)
BEGIN   mein := NOT Port[karte+1]  END;
PROCEDURE daus(x : BYTE);   (* Datenleitungen ausgeben *)
BEGIN  Port[karte+0] := x  END;
FUNCTION dein : BYTE;           (* Datenleitungen lesen *)
BEGIN   dein := Port[karte+0]  END;
PROCEDURE res; (* Reset Speicher löschen Ausgänge High *)
BEGIN  Port[karte+3] := 0  END;
PROCEDURE analog(x : BYTE);     (* Ausgabe D/A-Wandler *)
BEGIN  Port[karte+4] := x  END;
PROCEDURE ledaus(x : BYTE);    (* Ausgabe Leuchtdioden *)
BEGIN  Port[karte+2] := x  END;
FUNCTION schaltein : BYTE;    (* Schiebeschalter lesen *)
BEGIN   schaltein := Port[karte+2]  END;
```

Bild 8-2: Adressen der Ports und Programmdefinitionen

Im Vereinbarungsteil des Hauptprogramms werden globale Konstanten und ein Zustandsbyte *mode* definiert, die in allen Funktionen und Prozeduren verfügbar sind und daher nicht in den Parameterlisten erscheinen. Die Variable mode vom Datentyp BYTE beschreibt den Zustand der Steuerport-ausgabe. Die Reihenfolge, in der die Portanschlüsse an die fünf Steuerlei-tungen und drei Übergabeleitungen des IEC-Bus angeschlossen sind, wurde willkürlich gewählt; wichtig ist nur, daß die Steuerleitungen richtig angesteuert bzw. gelesen werden. Das Bit B2 des Steuerports wird z.B. auf den Stift 6 der 24poligen Buchse geführt, der für das Bussignal "DAV" vorgesehen ist. Die Auswahl der Signale auf dem Steuerport erfolgt durch konstante Masken, die nach den Signalbezeichnungen benannt wurden. Die Maske dav für das Signal "DAV" lautet z.B. 0000 0100 = $04. Soll die Leitung auf High (1) gesetzt werden, so wird auf das Zustandsbyte mode die ODER-Funktion mit der Maske angewendet. Soll die Leitung auf Low (0) gelegt werden, so wird die UND-Funktion mit der Negation der Maske angewendet. Die Prozedur maus schaltet das Zustandsbyte auf den Steuerbus. Das folgende Beispiel legt den Ausgang DAV erst auf Low und dann auf High:

```
CONST   dav = $04;          (* Maske DAV 0000 0100 *)
BEGIN
mode := mode AND NOT dav; maus; (* AND 1111 1011 *)
mode := mode OR dav; maus;  (*  OR 0000 0100 *)
```

Die Funktion mein liest den Zustand des Steuerbus über den Eingabekanal des Steuerports. Die Auswahl der einzelnen Leitungen erfolgt wieder durch die Masken. Die UND-Funktion der Maske angewendet auf das gelesene Steuerbyte blendet die entsprechende Bitposition aus. Ist das Ergebnis 0, so war die Bitposition 0; ist das Ergebnis gleich der Maske, so war sie 1. Das folgende Beispiel wartet zuerst, bis die Leitung DAV auf Low liegt; und dann, bis sie wieder High ist:

```
CONST   dav = $04;          (* Maske DAV 0000 0100 *)
BEGIN
REPEAT UNTIL (mein AND dav) = 0;   (* bis DAV = Low *)
REPEAT UNTIL (mein AND dav) = dav; (* bis DAV = High*)
```

Die hardwareabhängigen Ein/Ausgabeprozeduren berücksichtigen die Adressen der Ports als Abstand von der Kartenadresse und das übertragungsverhalten der Bausteine wie z.B. invertierender Treiber. *Bild 8-3* zeigt die Zeitdiagramme der fünf Steuerleitungen und drei Übergabeleitungen in den drei Betriebszuständen "Schnittstellennachricht", "Gerätenachricht" und "Gerätenachricht mit Endesignal". Dargestellt werden die auf den Leitungen direkt meßbaren Zustände. Der Datenbus erscheint hexadezimal zusammengefaßt.

Liegt das Signal "REN" (Remote Enable = Freigabe der Fernsteuerung) auf Low, so ist die Fernsteuerung der angeschlossenen Geräte eingeschaltet. Ein Low-Impuls auf der Leitung "IFC" (Interface Clear = Schnittstelle zurücksetzen) bringt die angeschlossenen Schnittstellen in einen Grundzustand. Mit einem Low-Signal "SRQ" (Service Request = Bedienungsanforderung) können die angeschlossenen Geräte die Steuereinheit unterbrechen und eine Bedienung anfordern (Interrupt).

Mit dem Zustandssignal "ATN" (Attention = Achtung!) unterscheidet die Steuereinheit zwischen Schnittstellennachrichten (Low) und Gerätenachrichten (High). Das Signal "EOI" (End Or Indentify = Nachrichtenende oder Erkennung) hat zwei Funktionen. Beim Aussenden einer Gerätenachricht (ATN = High) der Steuereinheit oder eines Talkers kennzeichnet sie das letzte Zeichen; beim Aussenden einer Schnittstellennachricht (ATN = Low) leitet sie die Parallelabfrage einer SRQ-Anforderung ein.

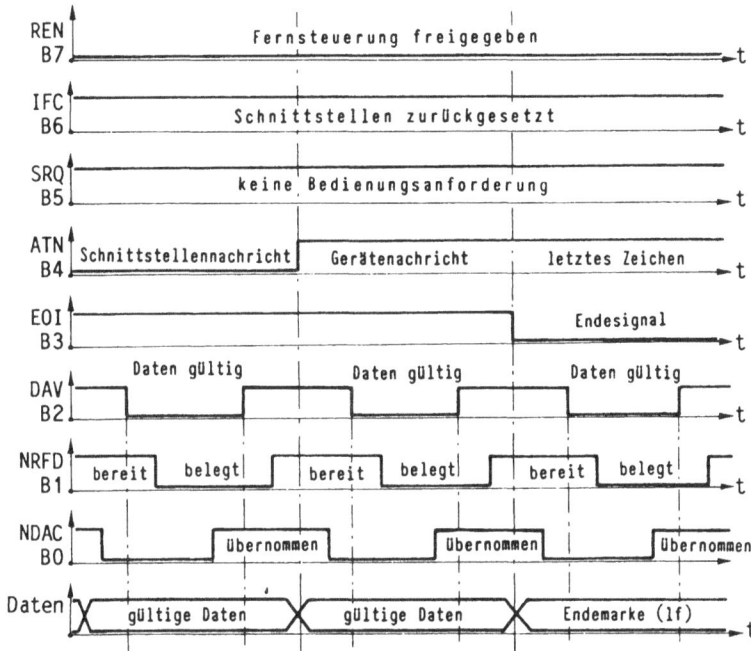

Bild 8-3: Das Übergabeprotokoll des IEC-Bus (Leitungszustände)

Mit dem Übergabesignal "DAV" (Data Valid = Daten gültig) auf Low zeigt der Sender (Talker oder Steuereinheit), daß gültige Daten bzw. Nachrichten auf dem Datenbus liegen. Die Signale "NRFD" (Not Ready For Data = Nicht bereit zur Datenübernahme) und "NDAC" (No Data ACcepted = keine Daten angenommen) müssen von allen Geräten einschließlich der Steuereinheit mit Offenen-Kollektor-Ausgängen betrieben werden. Nur wenn alle aktivierten Listener (bzw. die Steuereinheit) bereit sind, liegt die Leitung NRFD auf High (Geräte bereit). Nur wenn alle aktivierten Listener (bzw. die Steuereinheit) die Daten übernommen haben, liegt die Leitung NDAC auf High (Bestätigung der Datenübernahme). Die Steuereinheit muß sowohl Nachrichten senden als auch empfangen. *Bild 8-4* zeigt die Struktogramme und die entsprechenden Prozeduren zum Senden bzw. Empfangen eines Zeichens.

Für den *Empfang* eines Zeichens legt die Schnittstelle NDAC auf Low (keine Daten übernommen)) und NRFD auf High (empfangsbereit). Werden gültige Daten durch DAV = Low angezeigt, so erklärt sich die Schnittstelle durch NRFD = Low für nicht bereit (also beschäftigt) und übernimmt den Zustand des Datenbus. Durch eine Verknüpfung von EOI und ATN wird eine Endemarke gebildet und mit dem logischen Referenzparameter mark dem aufrufenden Programm übergeben. Die Datenübernahme wird mit NDAC = High bestätigt. Beendet der Sender mit DAV = High die Datenübergabe, so meldet sich die Schnittstelle mit NRFD = High wieder empfangsbereit.

Empfänger	Sender

NDAC = 0 NRFD = 1: bereit
⌐ DAV testen
bis DAV = 0
NRFD = 0: nicht bereit (belegt)
Daten bzw. Endemarke lesen
NDAC = 1: übernommen
⌐ DAV testen
bis DAV = 1
NRFD = 1: bereit

DAV = 1: keine Daten
⌐ NRFD und NDAC testen
bis NDAC = 0 UND NRFD = 1
Daten bzw. Endemarke ausgeben
DAV = 0: Daten gültig
⌐ NDAC testen
bis NDAC = 1
DAV = 1: Daten fertig
alle Datenausgänge High

```
(* Bild 8-4:   Prozeduren Zeichen empfangen und senden *)
(* mode = Zustand des Steuerports ist global *)
PROCEDURE empf(VAR x:BYTE; VAR mark : BOOLEAN);
BEGIN
    mode := mode AND NOT ndac; maus;         (* NDAC = 0 *)
    mode := mode OR nrfd; maus;              (* NRFD = 1 *)
    REPEAT  UNTIL (mein AND dav) = 0;    (* bis DAV = 0 *)
    mode := mode AND NOT nrfd; maus;         (* NRFD = 0 *)
    x := dein;
    mark:=((mein AND eoi)=0) AND ((mein AND atn)=atn);
    mode := mode OR ndac; maus;              (* NDAC = 1 *)
    REPEAT  UNTIL (mein AND dav) = dav;   (* bis DAV = 1 *)
    mode := mode OR nrfd; maus;              (* NRFD = 1 *)
END;
PROCEDURE send(x : BYTE);
BEGIN
    mode := mode OR dav; maus;               (* DAV = 1  *)
    REPEAT  UNTIL ((mein AND nrfd)=nrfd) AND ((mein AND ndac)=0);
    daus(x);
    mode := mode AND NOT dav; maus;          (* DAV = 0  *)
    REPEAT  UNTIL (mein AND ndac) = ndac;(* bis NDAC = 1 *)
    mode := mode OR dav; maus;               (* DAV = 1  *)
    daus($00);                               (* Daten 1  *)
END;
```

Bild 8-4: Empfangs- und Sendeprozeduren

Für das **Senden** eines Zeichens bringt die Schnittstelle vorsichtshalber
DAV auf High (Keine gültigen Daten). Dann wartet sie, bis alle Busteilneh-
mer bereit sind (NRFD = High). Gleichzeitig wird geprüft, ob NDAC auf Low
liegt. Sind alle Empfänger bereit, so wird das zu übertragende Zeichen auf
den Datenbus gelegt und mit DAV = Low für gültig erklärt. Erst, wenn alle
Empfänger mit NDAC = High die Übernahme bestätigt haben, wird DAV
wieder auf High gelegt. Durch Ausgabe von logischen Nullen, die invertiert
als High erscheinen, wird der Datenbus freigegeben und kann von einem
anderen Sender belegt werden.

	einschalten	initialisieren	zurücksetzen
			Geräte | Listener | Talker

REN ——→ t

IFC ——→ t

SRQ ——→ t

ATN ——→ t

EOI ——→ t

DAV
NRFD   senden   senden   senden
NDAC ——→ t

Daten   DCL=$14   UNL=$3F   UNT=$5F ————→ t

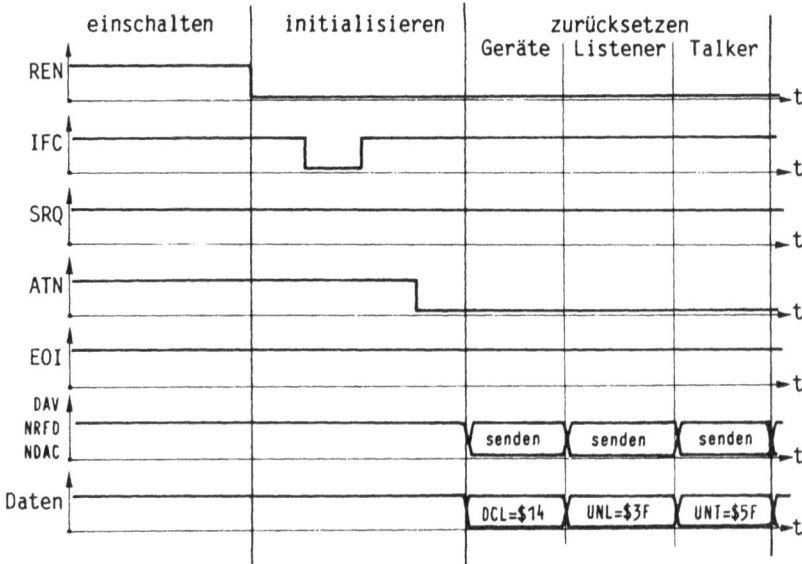

```
(* Bild 8-5: Initialisierung aller IEC-Bus-Einheiten *)
PROCEDURE init(VAR status,daten : BYTE);
(* mode = Zustand des Steuerports ist global *)
BEGIN
  res;   mode := $FF;     (* Reset Ports Leitungen High *)
  Delay(1);               (* 1 ms warten         *)
  mode := mode AND NOT ren; maus;   (* REN = 0 Remote *)
  Delay(1);               (* 1 ms warten         *)
  mode := mode AND NOT ifc; maus;   (* IFC = 0 Clear  *)
  Delay(1);               (* 1 ms warten         *)
  mode := mode OR ifc; maus;        (* IFC = 1        *)
  Delay(1);               (* 1 ms warten         *)
  status := mein; daten := dein;    (* Zustand lesen  *)
  mode := mode AND NOT atn; maus;   (* ATN = 0 Interf *)
  Delay(1);               (* 1 ms warten         *)
  send(dcl);              (* Device Clear        *)
  send(unl);              (* Entadr. Listen      *)
  send(unt)               (* Entadr. Talker      *)
END;
```

Bild 8-5: Initialisierung der Schnittstelle

Die in *Bild 8-5* dargestellte Initialisierung der Schnittstelle und des IEC-Bus löscht zunächst durch einen Rücksetzimpuls (Reset) alle Ausgabespeicher der Karte; wegen der Inverter liegen alle 16 IEC-Bus-Leitungen auf High. Entsprechend wird das globale Zustandsbyte mode in allen Bitpositionen auf 1 gesetzt. Mit dem Signal REN = Low werden alle angeschlossenen Teilnehmer in den Fernsteuerzustand gebracht und mit einem Rücksetzimpuls IFC in einen Grundzustand versetzt. Dann werden die Schnittstellennachrichten DCL (Device Clear = Gerät zurücksetzen), UNL (Unlisten = Entadressieren aller Listener) und UNT (Untalk = Entadressieren aller Talker) an alle angeschlossenen Geräte gesendet. Nun kann der Datenverkehr über den IEC-Bus beginnen.

Gerätenachrichten bzw. Daten werden vorzugsweise als ASCII-Zeichen übertragen und in Pascal daher vom Datentyp STRING vereinbart. Die in *Bild 8-6* dargestellte Prozedur auslist übergibt eine Nachricht an einen Listener. Sie macht keinen Gebrauch von der Möglichkeit, gleichzeitig an mehrere Listener zu senden.

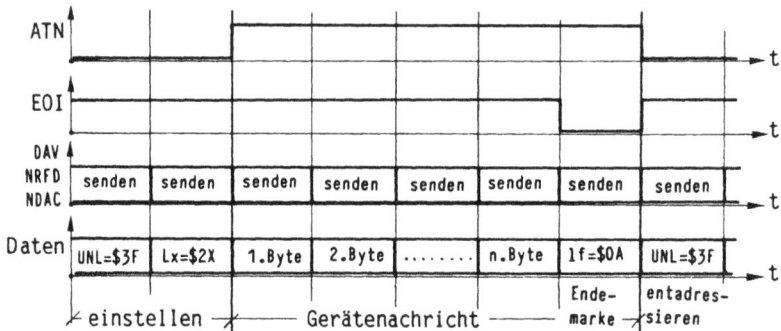

```
(* Bild 8-6: Nachricht an Listener ausgeben *)
PROCEDURE auslist(adr:BYTE; wert:STRING; mark:CHAR);
VAR  i : BYTE;
BEGIN
   mode := mode AND NOT atn; maus;      (* ATN = 0 Interf  *)
   send(unl);                           (* Entadr. Listen  *)
   send($20 + adr);                     (* Listener adr.   *)
   mode := mode OR atn; maus;           (* ATN = 1 Gerät   *)
   FOR i := 1 TO BYTE(wert[0]) DO  send(BYTE(wert[i]));
   mode := mode AND NOT eoi; maus;      (* EOI = 0 Signal  *)
   send(BYTE(mark));                    (* Endemarke       *)
   mode := mode OR eoi;                 (* EOI = 1         *)
   mode := mode AND NOT atn; maus;      (* ATN = 0 Interf  *)
   send(unl)                            (* Entadr. Listen  *)
END;
```

Bild 8-6: Nachricht an einen Listener ausgeben

Die Listeneradresse wird als Wertparameter übernommen und mit der zusätzlichen Kennung $20 versehen zur Adressierung des Gerätes ausgesendet. Die Länge der Nachricht ist im Element [0] der Zeichenkette gespeichert und wird als Zähler verwendet. Danach wird eine als Wertparameter übergebene Endemarke zusammen mit dem EOI-Signal übertragen. Die Nachricht UNL = $3F entadressiert alle Listener. Als Endemarke dienen – je nach Vereinbarung – vorzugsweise die ASCII-Zeichen "cr = $0D" für Wagenrücklauf oder "lf = $0A" (Zeilenvorschub) oder auch nur das Signal EOI. *Bild 8-7* zeigt die Aufnahme einer Nachricht von einem Talker.

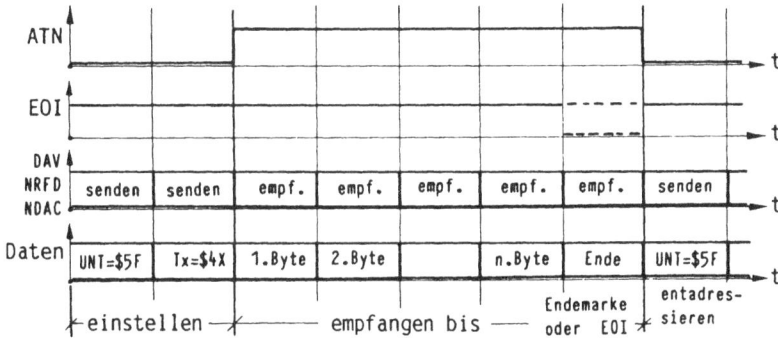

```
(* Bild 8-7: Nachricht vom Talker aufnehmen *)
PROCEDURE eintalk(adr:BYTE; VAR wert:STRING; mark:CHAR);
VAR  x,i : BYTE; ende : BOOLEAN;
BEGIN
  mode := mode AND NOT atn; maus;    (* ATN = 0 Interf  *)
  send(unt);                         (* Entadr. Talker  *)
  send($40 + adr);                   (* Talker adress.  *)
  mode := mode OR atn;               (* ATN = 1 Gerät   *)
  i := 0;
  REPEAT                             (* Leseschleife    *)
    empf(x,ende); Inc(i);            (* Zeichen lesen   *)
    wert[i] := CHAR(x)               (* speichern       *)
  UNTIL ende OR (x = BYTE(mark));    (* bis Endemarke   *)
  wert[0] := CHAR(i);                (* Zahl der Zeich  *)
  mode := mode AND NOT atn; maus;    (* ATN = 0 Interf  *)
  send(unt)                          (* Entadr. Talker  *)
END;
```

Bild 8-7: Nachricht von einem Talker aufnehmen

Nach dem Einstellen durch Aussenden der Talkeradresse mit der zusätzlichen Kennung $40 speichert das Programm alle ankommenden Zeichen in einen String. Als Abbruchbedingung dient das Signal EOI bzw. eine als Wertparameter übergebene Marke (z.B. cr). Die Anzahl der empfangenen Zeichen wird als Stringlänge im Element [0] vermerkt. Danach wird der Talker wieder entadressiert. Die in *Bild 8-8* dargestellte Freigabeprozedur gibt ein bestimmtes Gerät mit der Schnittstellennachricht GTL (Go TO Local = lokaler Betrieb) frei und entadressiert alle Listener. Alle Steuerleitungen werden wieder auf High gelegt, darunter auch das Signal REN. Dadurch gehen alle angeschlossenen Einheiten wieder in den Zustand "Eigensteuerung".

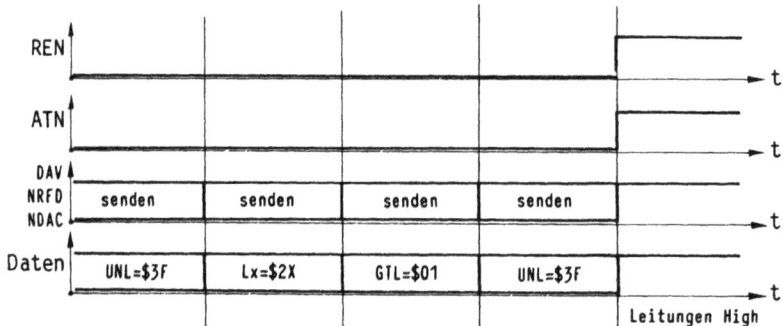

```
(* Bild 8-8: Gerät freigeben und IEC-Bus freigeben     *)
PROCEDURE frei(adr : BYTE; VAR status,daten : BYTE);
BEGIN
   mode := mode AND NOT atn; maus;    (* ATN = 0 Interf *)
   send(unl);                         (* Entadr. Listen *)
   send($20 + adr);                   (* Listener adr.  *)
   send(gtl);                         (* Go To Local    *)
   send(unl);                         (* Entadr. Listen *)
   mode := $FF; maus;  (* 1111 1111 alle Ausgänge High *)
   status := mein; daten := dein    (* Zustand lesen   *)
END;
```

Bild 8-8: Gerät und IEC-Bus freigeben

Die in den Bildern dargestellten Unterprogramme dienen lediglich zum Verständnis der Vorgänge auf dem IEC-Bus und nutzen keinesfalls alle in der Norm vorgesehenen Möglichkeiten wie z.B. den Interrupt durch SRQ aus. Sie wurden dazu verwendet, mit dem in *Bild 8-9* dargestellten Multimeter (HM 8112-2) über den IEC-Bus Messungen durchzuführen. Dieses Gerät verfügt über eine IEC-Bus-Schnittstelle und ist standardmäßig auf die Geräteadresse 7 eingestellt. Beim Senden wird standardmäßig das letzte Zeichen durch das Signal EOI gekennzeichnet. Die Geräteschnittstelle erkennt die Nachrichten DCL (Device Clear) und GTL (Go To Local). Das Bild zeigt die wichtigsten Einstellnachrichten.

Nach dem Einschalten des Fernsteuerbetriebes und der Initialisierung müssen die Gerätefunktionen programmiert werden. Dabei wird dem Gerät als Listener eine Zeichenkette mit Einstellnachrichten übergeben. In dem in *Bild 8-10* dargestellten Programmbeispiel sind dies die Einstellungen:
- Ohmmeterbetrieb,
- Bereichsautomatik ein,
- Integrationszeit 100 ms,
- kontinuierliche Messung,
- nur Meßergebnisse ausgeben,
- kein SRQ (Interrupt) und
- ohne Kanalwähler (Scanner).

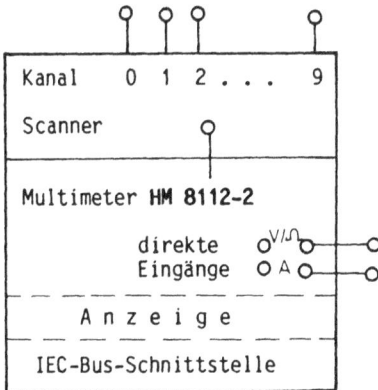

Standardadresse 07
Endemarke EOI
Nachrichten DCL und GTL

Nachricht	Beschreibung
VD	Gleichspannungsmessung
VA	Wechselspannungsmessung
ID	Gleichstrommessung
IA	Wechselstrommessung
02	Ohmmeter Widerstandsmessung 2-Draht
A1	Bereichsautomatik ein
T1	Integrationszeit 100 ms
T3	Integrationszeit 1 s
S0	(S/Null): startet kontinuierliche Messung
S1	startet einmalige Messung
L0	(L/Null): nur Meßergebnis ausgeben
Q0	(Q/Null): ohne SRQ-Anforderung
M0	(M/Oh): ohne Scanner
Mx	(M/Null..9): Scannerkanal 0..9

Bild 8-9: Einstellnachrichten eines Multimeters (HM 8112-2)

Mit jeder folgenden Adressierung als Talker liefert das Gerät einen Meß-
wert als String, der direkt in einer WriteLn-Prozedur auf dem Bildschirm
bzw. Drucker ausgegeben werden kann. Das von dem untersuchten Gerät
gelieferte Datenformat kann mit der vordefinierten Pascalprozedur Val
aus der STRING-Darstellung in eine REAL-Zahlendarstellung überführt
werden und steht als dann auch als Rechengröße zur Verfügung.

Für die Arbeit mit dem IEC-Bus ist es zweckmäßig, die Unterprogramme in
einer Unit (Programmbibliothek) abzulegen und mit USES dem aufrufenden
Programm zuzuordnen. *Bild 8-11* zeigt dazu ein Beispiel. Aus der mit USES
Iecbus zugeordneten Unit werden die Unterprogramme Init, Auslist,
Eintalk und Frei verwendet. Das Programmbeispiel nimmt die Kennlinie
des ebenfalls auf der Interfacekarte befindlichen Digital/Analogwandlers
auf. Der in der FOR-TO-DO-Schleife erzeugte digitale Wert wird mit der
Prozedur Analog - ebenfalls aus der Unit Iecbus - über den Wandler
ausgegeben. Mit dem Digitalvoltmeter wird die analoge Ausgangsspannung
gemessen, über den IEC-Bus gelesen und als Zahlenwert ausgegeben. Zusätzlich wird die Differenz zwischen zwei Schritten berechnet.

```
┌─────────────────────────────────┐
│  IEC-Bus initialisieren         │
├─────────────────────────────────┤
│  Multimeter einstellen          │
├───┬─────────────────────────────┤
│   │ Widerstand über den         │
│   │ IEC-Bus lesen               │
│   ├─────────────────────────────┤
│   │ Wert umwandeln und          │
│   │ auf Bildschirm ausgeben     │
├───┴─────────────────────────────┤
│  bis Taste gedrückt             │
├─────────────────────────────────┤
│  IEC-Bus freigeben              │
└─────────────────────────────────┘
```

```
          Multimeter
          HM8112-2  Ω

       IEC-Bus
                          ┌──────────────┐
          PC              │ IEC-Bus      │
                          │ Interface-   │
                          │ Karte        │
                          ├──────────────┤
                          │ D/A-Wandler  │
                          └──────────────┘
```

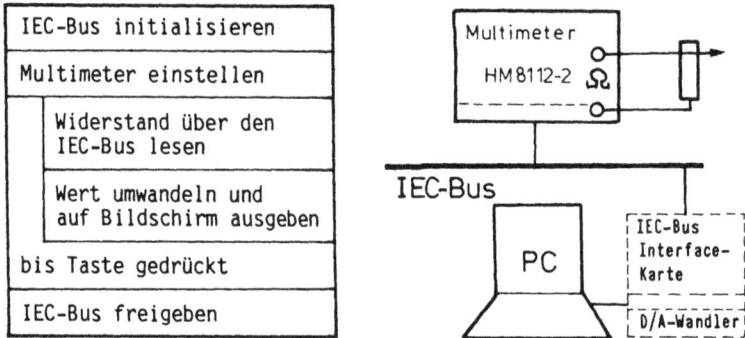

```
(* Bild 8-10: Hauptprogramm Widerstandmessung *)
BEGIN
  WriteLn(' Widerstandsmessung HM8112-2  über IEC-Bus');
  WriteLn(' Abbruch mit beliebiger Taste !!!!!!!!!!!!!');
  init(status,daten);                 (* Initialisierung *)
  betrieb := 'O2 A1 T1 SO LO QO MO';  (* Betrieb: Ohm *)
  auslist(7,betrieb,#$0D);            (* Betriebsdaten    *)
  REPEAT                              (* Arbeitsschleife *)
    eintalk(7,ergebnis,#$0A);         (* Widerstand lesen *)
    VAL (ergebnis,ohm,fehler);        (* REAL - Umwandlung*)
    Write('Widerstand: ',ergebnis,'  REAL: ');
    IF fehler = 0 THEN WriteLn(ohm:10:3,' Ohm')
       ELSE WriteLn(' Umwandlungsfehler')
  UNTIL KeyPressed;                   (* bis bel. Taste  *)
  frei(7,status,daten);               (* Gerät und Bus frei *)
END.


  Widerstandsmessung HM8112-2  über IEC-Bus
  Abbruch mit beliebiger Taste !!!!!!!!!!!!!
Widerstand: 001.00241E+5  REAL: 100241.000 Ohm
Widerstand: 001.00224E+5  REAL: 100224.000 Ohm
Widerstand: 001.00231E+5  REAL: 100231.000 Ohm
Widerstand: 001.00231E+5  REAL: 100231.000 Ohm
Widerstand: 001.00233E+5  REAL: 100233.000 Ohm
Widerstand: 001.00228E+5  REAL: 100228.000 Ohm
Widerstand: 001.00231E+5  REAL: 100231.000 Ohm
Widerstand: 001.00229E+5  REAL: 100229.000 Ohm
Widerstand: 001.00230E+5  REAL: 100230.000 Ohm
Widerstand: 001.00229E+5  REAL: 100229.000 Ohm
Widerstand: 001.00229E+5  REAL: 100229.000 Ohm
Widerstand: 001.00231E+5  REAL: 100231.000 Ohm
Widerstand: 001.00230E+5  REAL: 100230.000 Ohm
Widerstand: 001.00229E+5  REAL: 100229.000 Ohm
Widerstand: 001.00230E+5  REAL: 100230.000 Ohm
Widerstand: 001.00232E+5  REAL: 100232.000 Ohm
Widerstand: 001.00231E+5  REAL: 100231.000 Ohm
```

Bild 8-10: Testprogramm Widerstandsmessung

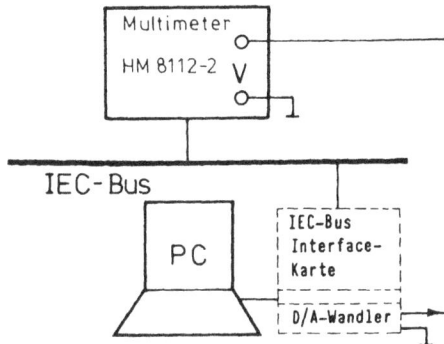

```
PROGRAM prog8p2; (* Bild 8-11: Ausgang D/A-Wandler messen *)
USES    Iecbus; (* Init, Auslist, Eintalk, Frei, Analog   *)
VAR  status,daten : BYTE;
     betrieb,ergebnis : STRING;
     volt,alt,d : REAL;
     fehler,i : INTEGER;
BEGIN
WriteLn(' Kennlinie eines D/A-Wandlers ');
Init(status,daten);   (* IEC-Bus und Gerät initialisieren *)
betrieb := 'VD A1 T3 SO LO QO MO';  (* Betrieb: Voltmeter *)
Auslist(7,betrieb,#$OD);          (* Gerät einstellen    *)
alt := 0;                         (* Anfangswert 0 Volt  *)
FOR i := 0 TO 9 DO
BEGIN
  Analog(BYTE(i));                (* Wert nach D/A-Wandler *)
  Eintalk(7,ergebnis,#$OA);   (* analogen Ausgang messen *)
  Val(ergebnis,volt,fehler);   (* nach REAL umwandeln     *)
  IF fehler <> 0 THEN WriteLn('Umwandlungsfehler !!!!!!');
  d := volt - alt;             (* Abweichung vom Vorgänger *)
  WriteLn('Digital:',i:4,' analog: ',volt:9:6,' Volt D =',d:9:6);
  alt := volt                  (* neuer Vorgänger *)
END;
frei(7,status,daten)
END.
 Kennlinie eines D/A-Wandlers
Digital:   0 analog:  0.012877 Volt D = 0.012877
Digital:   1 analog:  0.049310 Volt D = 0.036433
Digital:   2 analog:  0.088190 Volt D = 0.038879
Digital:   3 analog:  0.127538 Volt D = 0.039348
Digital:   4 analog:  0.167068 Volt D = 0.039530
Digital:   5 analog:  0.209485 Volt D = 0.042417
Digital:   6 analog:  0.245576 Volt D = 0.036091
Digital:   7 analog:  0.284772 Volt D = 0.039196
Digital:   8 analog:  0.323240 Volt D = 0.038468
Digital:   9 analog:  0.362448 Volt D = 0.039208
```

Bild 8-11: Messung der Kennlinie eines D/A-Wandlers

9. Anwendungsbeispiele

Dieser Abschnitt beschränkt sich auf einfache Beispiele mit Modell- und Übungscharakter. Entsprechend der Zielsetzung dieses Buches stehen dabei technische Anwendungen im Vordergrund, die über die Peripherieschnittstellen an den PC angeschlossen werden. Dazu zählen:
- die parallele Druckerschnittstelle (Kapitel 4),
- die serielle Schnittstelle (Kapitel 5),
- der Spieleadapter oder Gameport (Kapitel 6),
- zusätzliche Peripheriekarten (Kapitel 7) und
- der IEC-Meßgerätebus (Kapitel 8).

9.1 Beispiele aus der Digitaltechnik

Bei der parallelen Datenübertragung über den Druckerport oder über besondere Peripheriekarten mit TTL-Bausteinen oder über Parallelschnittstellen (MOS oder CMOS-Technik) arbeitet man mit TTL-Pegel. Ein Ausgang liefert bei Low eine Spannung < 0.4 Volt und bei High eine Spannung > 2.4 Volt. Die Belastbarkeit der Ausgänge muß den Unterlagen der Bausteinhersteller entnommen werden. Standard-TTL-Logik mit einem fan-out von 10 nimmt bei Low einen Strom von 16 mA auf und liefert bei High einen Strom von 0.4 mA. LS-Bustreiber nehmen üblicherweise bei Low 48 mA auf; Ausgänge mit offenem Kollektor (O.C.) maximal 40 mA. Bei höheren Belastungen und anderen Pegeln (z.B. CMOS) sind besondere Treiberbausteine erforderlich. Die Belastbarkeit der MOS- und CMOS-Schnittstellenbausteine ist wesentlich geringer. Die MOS-Ausführung der Parallelschnittstelle 8255 (Abschnitt 7.3.1) nimmt bei Low ein Strom von 1.7 mA auf und liefert bei High 0.2 mA; die CMOS-Ausführung 82C55 bei beiden Pegeln ca. 2.5 mA.

Die Serienschnittstelle nach V.24 bzw. RS 232C arbeitet bipolar mit Spannungen < -5 Volt bzw. > +5 Volt sowohl bei den Datenkanälen als auch bei den Modemsteuersignalen. Die Ausgänge der V.24-Treiber haben üblicherweise eine Strombegrenzung auf ca. 10 mA bei Belastungswiderständen > 300 Ohm.

9.1.1 Die Messung von Zeiten

Bild 9-1 zeigt eine typische Versuchsanordnung für die Messung der Zeit zwischen zwei Impulsen. Das Steuersignal "S" löst den zu messenden Vorgang aus, in dem Beispiel den Fall einer Kugel. Der Durchgang durch die erste Lichtschranke ergibt den ersten Impuls, der Durchgang durch die zweite Lichtschranke ergibt den zweiten Impuls. Die Fallgeschwindigkeit kann aus der Zeit zwischen den steigenden Flanken der Impulse bestimmt werden. Bei derartigen Meßaufgaben muß man zwischen Langzeitmessungen im Sekundenbereich und Kurzzeitmessungen im Millisekundenbereich unterscheiden. *Bild 9-2* zeigt die Simulation einer Langzeitmessung.

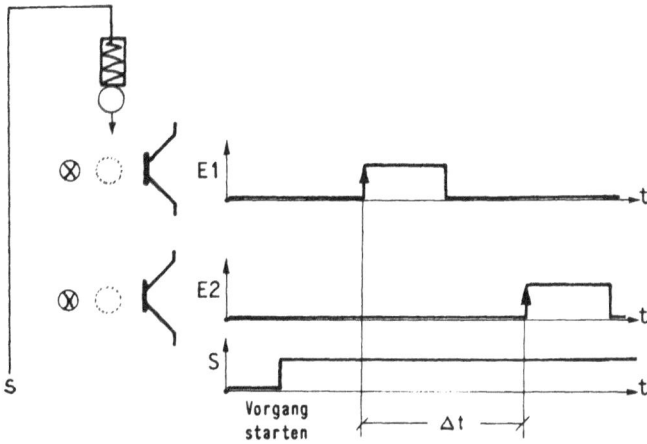

Bild 9-1: Zeitmessung zwischen zwei Impulsen

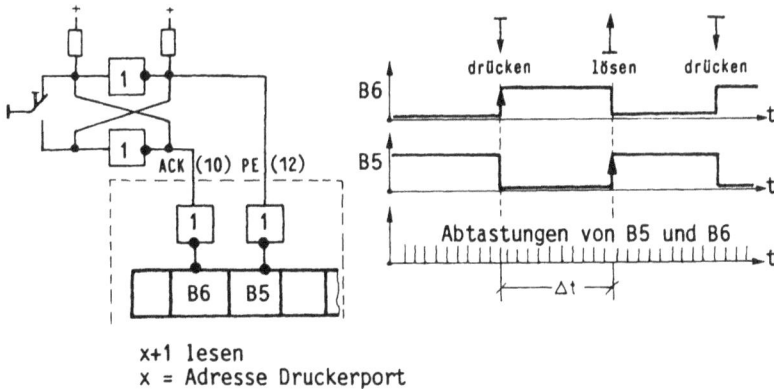

Bild 9-2: Versuchsschaltung für Langzeitmessung

Die Dauer der zu messenden Zeit wird bestimmt durch das Drücken und das Loslassen eines Tasters. Dabei ist es wichtig, daß die Signale wie in der vorliegenden Schaltung durch ein RS-Flipflop entprellt werden. Die beiden Impulse, die beim Drücken und beim Loslassen des Tasters entstehen, werden den Steuereingängen ACK und PE einer Druckerschnittstelle zugeführt und softwaremäßig abgetastet. *Bild 9-3* zeigt das Programm.

```
┌─────────────────────────────────────┐
│ Portadresse  x  lesen                │
│ ┌───────────────────────────────────┤
│ │ Meldung: "bereit"                  │
│ │ ┌─────────────────────────────────┤
│ │ │ Leitung B6 lesen                 │
│ │ bis B6 = High                      │
│ │ t₁ = Startzeit                     │
│ │ ┌─────────────────────────────────┤
│ │ │ Leitung B5 lesen                 │
│ │ bis B5 = High                      │
│ │ t₂ = Endezeit                      │
│ │ Ergebnis berechnen und             │
│ │ auf Bildschirm ausgeben            │
│ Testschleife bis Abbruch             │
└─────────────────────────────────────┘
```

```
PROGRAM prog9p5;     (* Bild 9-3: Langzeitmessung  GetTime  *)
USES    Dos, Crt;    (* enthält GetTime-Prozedur            *)
CONST   b5 = $20;    (* Maske 0010 0000 PE-Eingang          *)
        b6 = $40;    (* Maske 0100 0000 ACK-Eingang         *)
VAR     x,a : WORD;
        h1,m1,s1,x1, h2,m2,s2,x2 : WORD;
        t1,t2,dt : REAL;
        z : CHAR;
BEGIN
Write('Versuch bereit an LPT 1, 2, 3 oder 4 ->'); ReadLn(x);
x := MemW[$40 : 2*x+6]; a := x+1;
REPEAT
  WriteLn(#$0A,#$0D,'Vorgang starten !');
  REPEAT  UNTIL (Port[a] AND b6) = b6;   (* Flanke -> High *)
  GetTime(h1,m1,s1,x1);                  (* Anfangszeit     *)
  REPEAT  UNTIL (Port[a] AND b5) = b5;   (* Flanke -> High *)
  GetTime(h2,m2,s2,x2);                  (* Endzeit         *)
  t1 := (((h1*60.0 + m1)*60.0) + s1)*100.0 + x1;  (* 1/100 *)
  t2 := (((h2*60.0 + m2)*60.0) + s2)*100.0 + x2;  (* 1/100 *)
  dt := (t2-t1)/100;                              (* sek    *)
  IF dt = 0 THEN Write('Meßzeit zu kurz !!!') ELSE
  Write('Zeit: ',dt:8:2,' sek (',1/dt:8:4,' Hz)');
  Write('  weiter mit cr ->'); z := ReadKey;
UNTIL z <> #$0D
END.
```

Bild 9-3: Langzeitmessung mit der Prozedur GetTime

Das Programm setzt voraus, daß sich der Eingang ACK (B6) zunächst auf
Low-Potential befindet und tastet die Leitung ab. Nach der steigenden
Flanke des Anfangsimpulses wird die Systemuhr mit der vordefinierten
Prozedur GetTime gelesen (USES Dos erforderlich!). Sie liefert die Zeit
in den Einheiten Stunde, Minute, Sekunde und Hundertstelsekunde. Bei
der steigenden Flanke am Eingang PE (B5) wird die Systemuhr erneut ausgelesen. Die Zeiten werden für die Berechnung der Differenz in Hunderts-
telsekunden als REAL-Größen umgerechnet. Die Genauigkeit des Verfah-
rens hängt besonders bei kurzen Zeiten von der Abtastrate der Warteschleifen REPEAT .. UNTIL ab. Eine Verbesserung ließe sich durch Verwendung von Maschinencode mit INLINE erzielen. Durch die periodischen

Interrupts des Systemtimers 8253 (Timer Tic und Refresh) entstehen Lük-
ken bei der Abtastung. Sie lassen sich durch Sperren und anschließendes
Freigeben der Interrupts z.B. mit den Maschinenbefehlen CLI und STI
unterdrücken; vorausgesetzt, daß bei dem verwendeten Rechnermodell ein
Refresh des Arbeitsspeichers weiterhin gewährleistet ist.

Für die Simulation von Kurzzeitmessungen kann entsprechend *Bild 9-4* ein
Rechteckgenerator herangezogen werden. Der TTL-Ausgang wird direkt
an die Druckerporteingänge ACK und PE angeschlossen. Für bipolare
CMOS-Signale könnten die Modem-Steuereingänge der seriellen Schnittstelle verwendet werden. Sie haben gegenüber der Druckerschnittstelle
den Vorteil, daß sie flankenempfindlich sind und einen Interrupt auslösen
können.

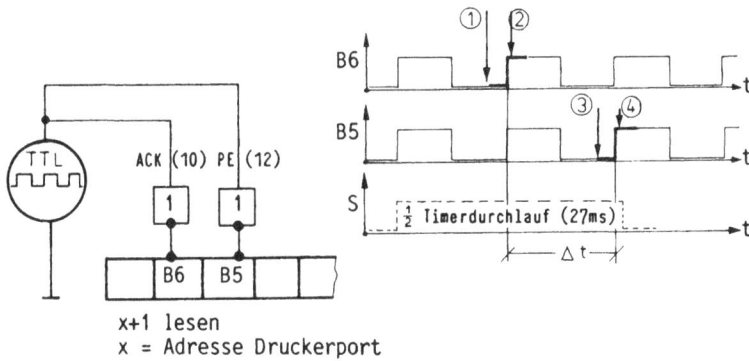

Bild 9-4: Versuchsschaltung für Kurzzeitmessung

Da der Rechteckgenerator auf beiden Leitungen fortlaufend Impulse sendet, werden zuerst der Anfangsimpuls auf der Leitung B6 und dann der
Endimpuls auf der Leitung B5 durch Flankenabtastung herausgegriffen.
Die Zeit zwischen den beiden steigenden Flanken wird durch Auslesen des
Systemtimers *Timer 0* bestimmt, der entsprechend Abschnitt 3.3 Bild 3-8
mit einem Takt von 1.193182 MHz (Periode 0.8380951 μs) betrieben wird. Da
wegen der Betriebsart 3 nur maximal 32 768 Durchläufe ausgewertet werden können, beträgt die Meßzeit ca. 27.5 ms, wenn die Messung beim Neuladen des Timers begonnen wird. Rechteckgenerator und Timer laufen
asynchron. Durch das Warten auf die steigende Flanke des Startimpulses
reduziert sich die zu messende Zeit (ungünstigster Fall) auf maximal 13.5
ms. Die kleinste mit genügender Genauigkeit zu messende Zeit hängt wieder von der Abtastrate der Warteschleifen (Programm Bild 9-5) ab und
kann von Rechnermodell zu Rechnermodell verschieden sein. Sie liegt in
der Größenordnung von 10 bis 200 μs.

```
┌─────────────────────────────────────────┐
│ Portadresse  x   lesen                    │
├─────────────────────────────────────────┤
│         Meldung: "bereit"                 │
│    ┌──────────────────────────────────┐  │
│    │ Timer Tic lesen                   │  │
│    ├──────────────────────────────────┤  │
│    │ bis Neuladen                      │  │
│    │    ┌──────────────────────────┐   │  │
│    │    │ Leitung B6 lesen          │   │  │
│ ①  │    ├──────────────────────────┤   │  │
│    │ bis B6 = Low                     │  │
│    │    ┌──────────────────────────┐   │  │
│    │    │ Leitung B6 lesen          │   │  │
│    │    ├──────────────────────────┤   │  │
│    │ bis B6 = High                    │  │
│ ②  │ Timer lesen t₁                   │  │
│    │    ┌──────────────────────────┐   │  │
│    │    │ Leitung B5 lesen          │   │  │
│    │    ├──────────────────────────┤   │  │
│ ③  │ bis B5 = Low                     │  │
│    │    ┌──────────────────────────┐   │  │
│    │    │ Leitung B5 lesen          │   │  │
│    │    ├──────────────────────────┤   │  │
│    │ bis B5 = High                    │  │
│ ④  │ Timer lesen t₂                   │  │
│    ├──────────────────────────────────┤  │
│    │ Ergebnis berechnen und            │  │
│    │ auf Bildschirm ausgeben           │  │
├─────────────────────────────────────────┤
│ Testschleife bis Abbruch                  │
└─────────────────────────────────────────┘
```

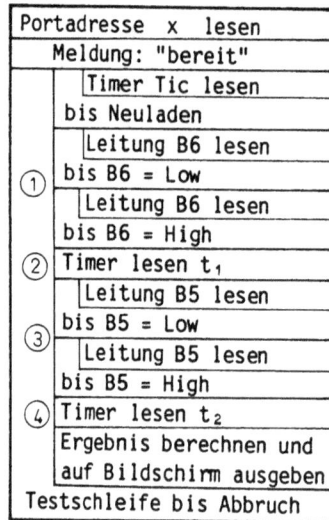

```pascal
PROGRAM prog9p6;    (* Bild 9-5: Kurzzeitmessung Timer 0    *)
USES    Crt;
CONST   b5 = $20;   (* Maske 0010 0000 PE-Eingang           *)
        b6 = $40;   (* Maske 0100 0000 ACK-Eingang          *)
VAR      x,a : WORD;
        tic, t1l,t1h, t2l,t2h : BYTE;
        t1,t2 : LONGINT;
           dt : REAL;
            z : CHAR;
BEGIN
Write('Versuch bereit an LPT 1, 2, 3 oder 4 ->'); ReadLn(x);
x := MemW[$40 : 2*x + 6]; a := x+1; Port[x+0] := $00;
REPEAT
  WriteLn(#$0A,#$0D,'Vorgang starten !');
  tic := Mem[$40 : $6C];
  WHILE tic = Mem[$40 : $6C] DO;          (* bis Timerstart *)
  REPEAT  UNTIL (Port[a] AND b6) = $00;  (* bis B6 = Low   *)
  REPEAT  UNTIL (Port[a] AND b6) = b6;   (* Flanke -> High *)
  Port[$43]:=$00; t1l:=Port[$40]; t1h:=Port[$40]; (* Anf.  *)
  REPEAT  UNTIL (Port[a] AND b5) = $00;  (* bis B5 = Low   *)
  REPEAT  UNTIL (Port[a] AND b5) = b5;   (* Flanke -> High *)
  Port[$43]:=$00; t2l:=Port[$40]; t2h:=Port[$40];  (* Ende *)
  t1 := WORD(t1h SHL 8) OR WORD(t1l);
  t2 := WORD(t2h SHL 8) OR WORD(t2l);
  dt := (t1-t2)*0.419;                    (* in usek    *)
  IF dt <= 0 THEN Write('Meßzeit zu lang !!!') ELSE
  Write('Zeit: ',dt:10:3,' usek (',1/dt*1e3:10:3,' kHz)');
  Write(' weiter mit cr ->'); z := ReadKey; WriteLn
UNTIL z <> #$0D
END.
```

Bild 9-5: Kurzzeitmessung mit dem Systemtimer 0

Das Programm *Bild 9-5* wartet durch Abfrage der Timer Tic Variablen auf
den Zeitpunkt, zu dem der Timer 0 neu geladen wird. Dann stehen maximal
27.5 ms für die Messung zur Verfügung. Sie beginnt durch Auslesen des
Timers, wenn die steigende Flanke am Eingang ACK (B6) erkannt wurde
und endet mit der steigenden Flanke am Eingang PE (B5). Das Beispiel verzichtet mit Rücksicht auf eine mögliche Beeinträchtigung des Systems auf
eine Umprogrammierung des Timers auf eine andere Betriebsart bzw. auf
eine Umlenkung des Timer Tic Interrupts auf einen programmgesteuerten
Zähler, der die Timerüberläufe zählt und damit die Meßzeit beliebig verlängern würde.

Durch die softwaregesteuerte Abtastung der Signalleitungen ergeben sich
Schwierigkeiten bei kurzen Impulsen, die bei den zwischen 10 und 200 μs
liegenden Abtastraten der Warteschleifen nicht erkannt werden. *Bild 9-6*
zeigt eine Schaltung zur Verlängerung der Impulse.

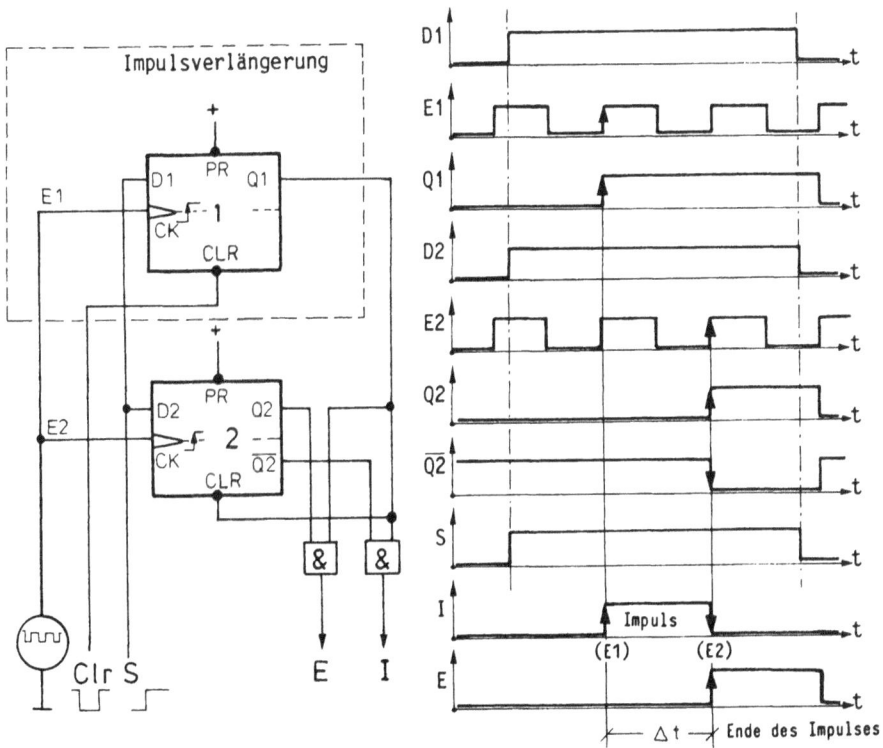

Bild 9-6: Impulsverlängerung und Meßzeiterzeugung

Die Schaltung besteht aus einem (positiv) flankengesteuerten Flipflop 1
mit einem statischen Eingang CLR, über den es in den Anfangszustand Q1 =
0 gebracht werden kann. Vor Beginn der Messung liegt der (vom Programm
gesteuerte) Eingang D1 des Flipflops auf Low, so daß Störimpulse oder
periodische Impulse eines Taktgenerators am Takteingang keinen Einfluß
haben. Wird die Messung mit einem High-Signal am Eingang D1 gestartet,

so bringt die erste steigende Flanke am Takteingang das Flipflop auf Q1 = 1. Dieser Zustand bleibt auch nach einer fallenden Flanke des Impulses erhalten. Steuert man mit dem Ausgang Q1 den statischen CLR-Eingang eines zweiten Flipflops, so wird dieses nur nach der steigenden Flanke des ersten Impulses aufnahmebereit für die Speicherung des zweiten Impulses. Eine logische UND-Verknüpfung des Ausganges Q1 mit dem invertierten Ausgang Q2 liefert einen Impuls, der mit der steigenden Flanke am Eingang des Flipflops 1 beginnt und mit der steigenden Flanke am Flipflop 2 endet; also der zu messenden Zeit entspricht. Die logische UND-Verknüpfung beider Q-Ausgänge liefert ein Signal für das Ende der Meßzeit. Dadurch reduziert sich die Messung der Zeitdifferenz zwischen den steigenden Flanken zweier Impulse auf die Messung der Länge eines Einzelimpulses. Dies läßt sich ohne eine fehlerbehaftete programmgesteuerte Abtastung der Signale mit einem externen Timer durchführen.

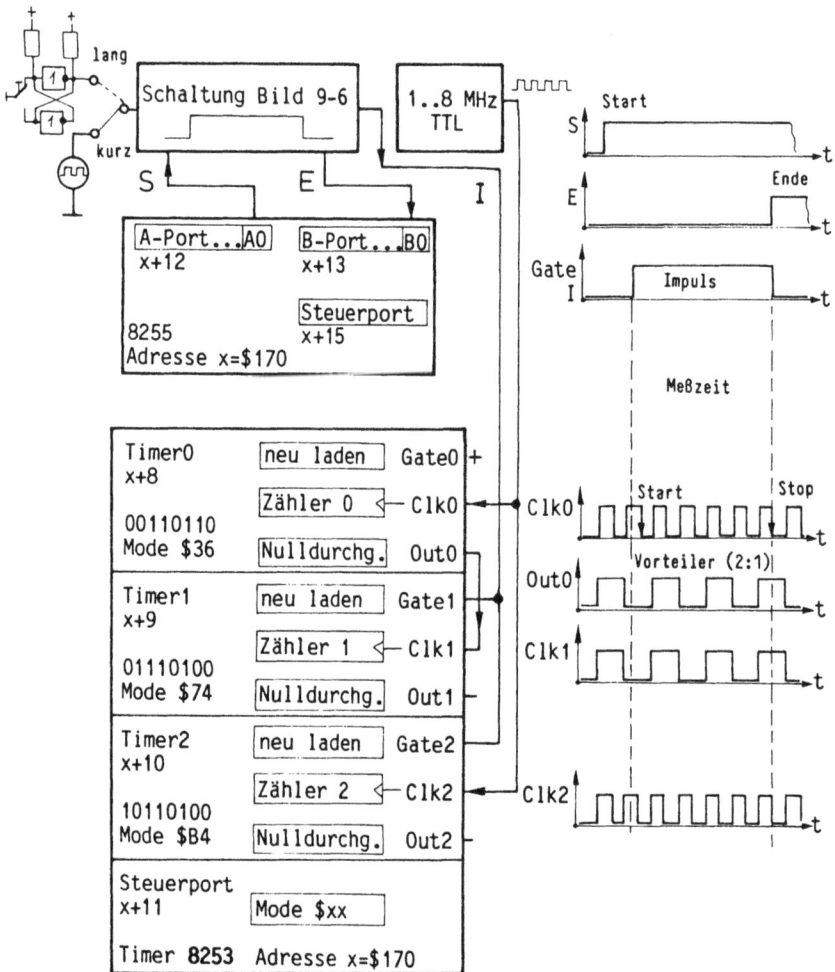

Bild 9-7: Versuchsschaltung mit einem Timer als Zeitmesser

Die in *Bild 9-7* dargestellte Schaltung verwendet einen Timerbaustein 8253 zur Messung der Impulslänge. Dieser befindet sich auf der in Abschnitt 7.3.2 beschriebenen zusätzlichen Peripheriekarte. Der Systemtimer gleichen Typs kann nicht verwendet werden! Liegt der Steuereingang "Gate" der Timer in der Betriebsart 2 auf High-Potential, so zählen die Timer mit der Schrittweite 1 abwärts. Sie werden mit einem Low-Signal am Gate-Eingang angehalten. Die in Bild 9-6 gewonnene Impulslänge steuert also in Bild 9-7 hardwaremäßig die Gateingänge der beiden Timer 1 und 2 des Bausteins 8253. Der Zähltakt an den Clk-Eingängen der Timer darf beim Baustein 8253 lt. Datenblatt maximal 2.6 MHz, beim kompatiblen Baustein 8254 je nach Ausführung zwischen 5 und 10 MHz betragen. Der am PC-Bus verfügbare Takt (Stift B20) von 4.77 MHz ist also gegebenenfalls herunterzuteilen oder es ist ein Quarztaktgenerator mit TTL-Ausgang zu verwenden.

Der Timer 0 der Schaltung arbeitet in der Betriebsart 3 ähnlich wie in Bild 7-15 dargestellt als programmierbarer Frequenzteiler und liefert den Zähltakt für den Timer 1; Timer 2 erhält immer den ungeteilten Takt. *Bild 9-8* zeigt das Programm für die Messung der Zeit zwischen zwei Impulsen unabhängig von der Impulslänge und unabhängig von der Abtastrate der Programmschleifen.

Die Parallelschnittstelle 8255 der Peripheriekarte wird zur Steuerung der Auffangschaltung Bild 9-6 verwendet und muß entsprechend programmiert werden. Nach dem Lesen der Frequenz des externen Zähltaktes und des Teilerfaktors (> 3!) für den Timer 0 wird die Auffangschaltung bereit gemacht. Das Ende der Messung wird in einer Warteschleife durch Software abgefragt. Dies ist jedoch ohne Einfluß auf das Meßergebnis, da die Steuerung der Zähler hardwaremäßig erfolgt. Ein Zählerüberlauf wird durch einen kurzen Impuls am OUT-Ausgang der Timer 1 und 2 gemeldet, aber nicht ausgewertet, da dies nur über zusätzliche Auffangschaltungen möglich ist. Ebenso stößt eine zunächst naheliegende Hintereinanderschaltung der Timer auf Schwierigkeiten, da die Timer vor dem ersten Taktimpuls, der den Zähler aus dem Laderegister lädt, nicht richtig ausgelesen werden können. Erst alle nachfolgenden Taktimpulse zählen abwärts. Daher sind 65536 Taktimpulse erforderlich, um einen mit $FFFF (65535) geladenen Zähler bis auf 0 herunterzuzählen.

Die Versuchsschaltung wurde mit einem Timer 8254 und einem externen Taktgenerator von 8 MHz betrieben und lieferte bis zu einer Meßzeit von ca. 1 µs (8 Zähltakte) brauchbare Ergebnisse mit dem Timer 2. Bei Zeiten über ca. 8 ms (125 Hz) mußte der Vorteiler (Timer 0) für den Timer 1 entsprechend eingestellt werden. Die maximale Meßzeit liegt dann bei ca. 536 Sekunden.

Der Refresh-Timer (Timer 1) und der Sound-Timer (Timer 2) des internen Systemtimerbausteins sowie der Adreßzähler der DMA-Steuerung können ebenfalls als genaue und hochauflösende Zeitbasis für Zeit- und Frequenzmessungen verwendet werden. Diese Funktionen sind jedoch teilweise vom vorliegenden Rechnermodell abhängig. Daher wird auf die einschlägige Literatur verwiesen.

```
PROGRAM prog9p7;    (* Bild 9-8: Zeitmessung mit Timer 8253 *)
USES    Crt;
CONST   x = $170;   (* Adresse der Peripheriekarte           *)
        a0 = $01;   (* 0000 0001 Port A0: Steuerleitung       *)
        b0 = $01;   (* 0000 0001 Port B0: Meßzeitkontrolle   *)
VAR     t1h,t11,t2h,t21 : BYTE;
        teil,clk : WORD;
        t1,t2 : LONGINT;
        dt1,dt2,t1m,t2m : REAL;
        z : CHAR;
BEGIN
(* Parallelschnittstelle und Timer programmieren  *)
Port[x+15] := $8B; (* 8255 A-Port=Aus  B-Port=Ein *)
Port[x+12] := $00; (* Steuerausgang PA0 = Low       *)
Port[x+11] := $36; (* 00 11   011 0 Timer 0 Mode 3 *)
Port[x+11] := $74; (* 01 11   010 0 Timer 1 Mode 2 *)
Port[x+11] := $B4; (* 10 11   010 0 Timer 2 Mode 2 *)
Write('Takt in [MHz]:'); ReadLn(clk);
Write('Teiler Timer0:'); ReadLn(teil);
t1m := 65.536*teil/clk;  t2m := 65.536/clk;
WriteLn('Timer 1 max = ',t1m:8:3,' ms (',1e3/t1m:8:3,' Hz)');
WriteLn('Timer 2 max = ',t2m:8:3,' ms (',1e3/t2m:8:3,' Hz)');
WriteLn('Meßschleife Abbruch mit Taste <> cr');
REPEAT
  Port[x+8]  := Lo(teil); Port[x+8]  := Hi(teil);
  Port[x+9]  := $FF; Port[x+9]  := $FF;  (* 65536  *)
  Port[x+10] := $FF; Port[x+10] := $FF;  (* 65536  *)
  Port[x+12] := a0;     (* Steuerausgang PA0 = High *)
  (* Warten auf Ende der Messung dann Timer lesen  *)
  REPEAT  UNTIL (Port[x+13] AND b0) = b0; (* High*)
  Port[x+12] := $00;    (* Steuerausgang PA0 = Low   *)
  Port[x+11] := $40;    (* Timer 1 lesen 01 00 xxxx *)
  t11 := Port[x+9]; t1h := Port[x+9];
  t1 := 65536 - ((Longint(t1h) SHL 8) OR LONGINT(t11));
  dt1 := t1*teil/clk*1e-3;
  WriteLn('Timer1: ',dt1:10:3,' msek (',1/dt1*1e3:8:3,' Hz)');
  Port[x+11] := $80;    (* Timer 2 lesen  10 00 xxxx *)
  t21 := Port[x+10]; t2h := Port[x+10];
  t2 := 65536 - ((LONGINT(t2h) SHL 8) OR LONGINT(t21));
  dt2 := t2/clk;
  WriteLn('Timer2: ',dt2:10:3,' usek (',1/dt2*1e3:8:3,' kHz)');
  Write(' weiter mit cr ->'); z := ReadKey; WriteLn
UNTIL z <> #$0D
END.
```

Bild 9-8: Zeitmessung mit dem Timer 8253 (8254)

9.1.2   Die Messung von Frequenzen

Die Beispiele setzen voraus, daß das zu messende Eingangssignal auf TTL-Pegel liegt. Analoge Signale müssen gegebenenfalls verstärkt und wie in Bild 9-11 auf TTL-Pegel gebracht werden.

Die Messung besonders von niedrigen Frequenzen (↑ca. 1 Hz) kann, wie im vorigen Abschnitt gezeigt, auch auf eine Messung der Zeit zwischen zwei Impulsflanken zurückgeführt werden. Daher zeigen die Programme der Bilder 9-3, 9-5 und 9-8 neben der gemessenen Zeit auch in Klammern die Frequenz an für den Fall, daß an den Eingängen nicht Einzelimpulse, sondern periodische Signale anliegen. Bei höheren Frequenzen ist es besser, die Anzahl der Schwingungen (Impulse) in einer vorgegebenen Zeiteinheit (z.B. 1 Sekunde) zu zählen. Als Zeitbasis können verwendet werden:
- der Systemtimer (Bild 9-9) oder
- der Uhrenbaustein (Bild 9-11) oder
- die serielle Schnittstelle (Bild 9-13) oder
- ein externer Timerbaustein (Bild 9-15).

Bild 9-9 zeigt ein einfaches Beispiel für eine Frequenzmessung über den Druckerport mit dem Systemtimer.

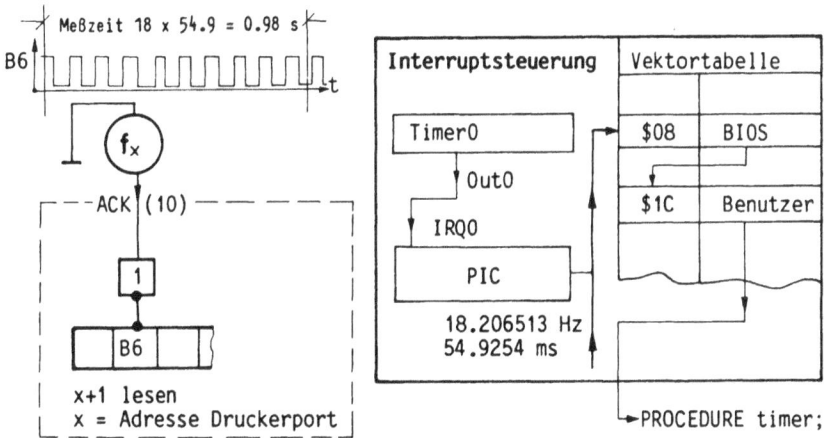

Bild 9-9: Frequenzmessung mit dem Systemtimer

Das zu messende Signal liegt am Eingang ACK des Druckerports und wird dort durch ein Programm abgetastet, das alle Änderungen des Signalzustandes, also die Flanken, zählt. Der Timer Tic des Betriebssystems liefert die Meßzeit. Da die auswertbare Durchlaufzeit des Timers 0 von 0.5·55 ms zu kurz ist, wird der dem Benutzer zur Verfügung gestellte Timer Tic Interrupt $1C auf eine Prozedur t i m e r umgelenkt, die einen Zähler in der Einheit 55 ms bis auf Null herunterzählt. *Bild 9-10* zeigt das Programm.

```
PROGRAM prog9p8; (* Bild 9-10: Frequenzmessung mit Druckerport *)
USES    Dos,Crt;
CONST   ntic = 18;                         (* faktor * 54.9254 ms *)
VAR     nr,x,a : WORD;
        zeit,alt,tic : BYTE;
        flanke : LONGINT;
        f : REAL;
PROCEDURE timer; INTERRUPT;
BEGIN  Dec(zeit)  END;
BEGIN  (* H a u p t p r o g r a m m *)
Write('Versuch bereit an LPT 1, 2, 3 oder 4 ->'); ReadLn(nr);
x := MemW[$40 : 2*nr + 6]; a := x+1;
SetIntVec($1C,Addr(timer));  (* Timer Tic Benutzerinterrupt *)
ClrScr;
GotoXy(20,10); Write('Abbruch mit beliebiger Taste! ');
REPEAT
  flanke := 0;                     (* Flankenzähler löschen *)
  tic := Mem[$40 : $6C];
  WHILE tic = Mem[$40 : $6C] DO;    (* Warten auf Neuladen  *)
  zeit := ntic;                     (* Faktor *  55 ms      *)
  alt := Port[a] AND $40;           (* Ausgangszustand ACK  *)
  REPEAT
    IF alt <> (Port[a] AND $40) THEN   (* Flanken zählen    *)
    BEGIN  Inc(flanke); alt := Port[a] AND $40 END
  UNTIL zeit = 0;
  f := flanke * 0.5/(ntic*54.9254);
  GotoXY(25,15);
  IF f >= 1 THEN Write('f = ',f:7:3,' kHz':4);
  IF f < 1 THEN Write('f = ',f*1e3:7:3,' Hz':4)
UNTIL KeyPressed; ClrScr;
END.
```

Bild 9-10: Programm zur Frequenzmessung mit dem Systemtimer

Bei jedem Timerinterrupt (ca. alle 55 ms) zählt die benutzerdefinierte Prozedur timer die globale Variable zeit um 1 herab. Die Variable zeit wird in der Schleife, die die Flanken des Meßsignals zählt, als Abbruchbedingung ausgewertet. Bei einem Vorgabewert von 18 beträgt die Meßzeit ca. 1 sek. Sie beginnt erst nach einem Neuladen des Timers (Änderung der Timer Tic Variablen). Das Erkennen einer Signaländerung (Flanke) geht wesentlich einfacher und schneller als das in den Bildern 9-3 und 9-5 verwendete Verfahren, das steigende bzw. fallende Flanken bestimmt. Für die Berechnung der Frequenz ist jedoch die Anzahl der gemessenen Flanken durch 2 zu teilen. Das Programm lieferte bis zu einer Frequenz von ca. 40 kHz brauchbare Ergebnisse. Darüber hinaus war die Abtastrate zu niedrig, um alle Flanken des Meßsignals zu erfassen. Für sehr niedrige Frequenzen müßte die Meßzeit verlängert werden. Das in den Bildern 9-11 und 9-12 gezeigte Beispiel ermöglicht es dem Benutzer, die Meßzeit als Variable einzugeben.

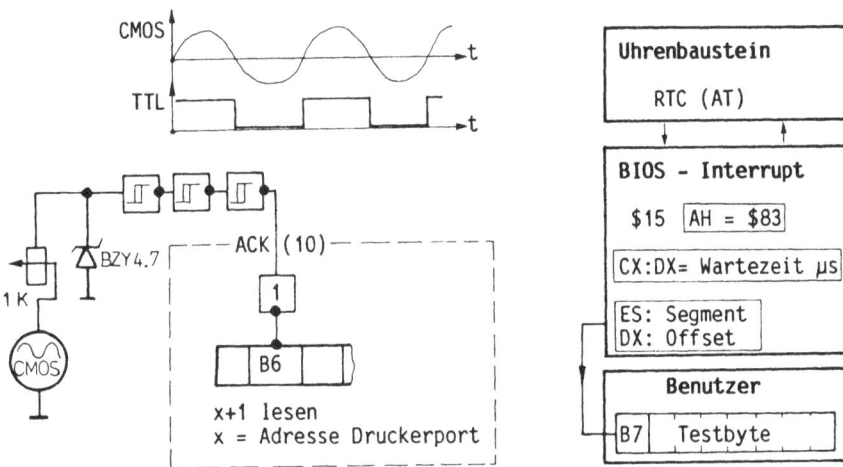

Bild 9-11: Pegelumformung und Messung mit dem Uhrenbaustein

Die in *Bild 9-11* gezeigte Schaltung enthält vor dem Eingang ACK des Druk-
kerports einen Pegelumformer, der am Ausgang TTL-Pegel liefert. Er besteht aus einer Zener-Diode mit Vorwiderstand, die bei allen negativen
Spannungen (< 0 Volt) Low-Potential liefert und alle positiven Spannungen
auf 4.7 Volt (High-Pegel) begrenzt. Der Vorwiderstand muß gegebenenfalls
der Amplitude des Signals angepaßt werden. Als Zeitbasis dient der auch
in PC- und XT-Rechnern oft verwendete Uhrenbaustein RTC. Der BIOS-
Interrupt $15 mit dem Kennwert AH = $83 gestattet die Vorgabe einer Wartezeit, nach der das höchste Bit B7 einer vom Benutzer zu bestimmenden
Bytevariablen auf 1 gesetzt wird. Laut Systembeschreibung wird im Register CX der High-Teil und im Register DX der Low-Teil der Wartezeit in der
Einheit µs übergeben. Bei Versuchen zeigte es sich jedoch, daß die Wartezeit nur in der Einheit ms einstellbar ist. *Bild 9-12* zeigt das Programm.

```
PROGRAM prog9p9; (* Bild 9-12: Frequenzmessung mit RTC *)
USES    Dos, Crt;
VAR     Reg : Registers;    (* Dos Prozessorregister   *)
        test : BYTE;        (* von Intr $15 gesetzt    *)
        nr, x, a : WORD;
        alt : BYTE;
        flanke, zeit : LONGINT;
        f, mess : REAL;
BEGIN
Write('Versuch bereit an LPT 1, 2, 3 oder 4 ->'); ReadLn(nr);
x := MemW[$40 : 2*nr + 6]; a := x+1;
Write('Meßzeit [sek] ->'); ReadLn(mess);
zeit := Round(mess * 1e6);
ClrScr;
GotoXy(20,10); Write('Abbruch mit beliebiger Taste! ');
```

```
REPEAT
  flanke := 0; test := 0;              (* Flankenzähler löschen *)
  Reg.cx := zeit DIV $10000; Reg.dx := zeit MOD $10000;
  test := 0; Reg.es := Seg(test); Reg.bx := Ofs(test);
  Reg.ah := $83; Reg.al := 0; Intr($15,Reg); (* starten    *)
  alt := Port[a] AND $40;              (* Ausgangszustand ACK *)
  REPEAT
    IF alt <> (Port[a] AND $40) THEN      (* Flanken zählen *)
    BEGIN  Inc(flanke); alt := (Port[a] AND $40) END
  UNTIL test = $80;                    (* bis Ende Meßzeit    *)
  f := flanke * 0.5/mess;
  GotoXY(25,15);
  IF f >= 1e3 THEN Write('f = ',f*1e-3:7:3,' kHz':4);
  IF f < 1e3 THEN Write('f = ',f:7:3,' Hz':4);
UNTIL KeyPressed; ClrScr;
END.
```

Bild 9-12: Programm zur Frequenzmessung mit dem Uhrenbaustein

Die Variable test des Programms wird von dem Interrupt $15 nach Ablauf der eingestellten Wartezeit in der werthöchsten Bitposition B7 auf 1 gesetzt. Dies dient als Abbruchbedingung für eine Schleife, die die Flanken am Druckerporteingang ACK (B6) zählt. Die Übergabe der Variablenadresse erfolgt in den Registern ES (Segment) und BX (Offset). Wegen der durch den Uhrenbaustein ausgelösten Interrupts (jede ms) zeigte es sich bei Versuchen, daß das Verfahren nur bis zu einer Frequenz von ca. 2 kHz brauchbar ist. Dagegen liefert die in *Bild 9-13* dargestellte Serienschnittstelle eine Zeitbasis, die ohne Interrupts arbeitet.

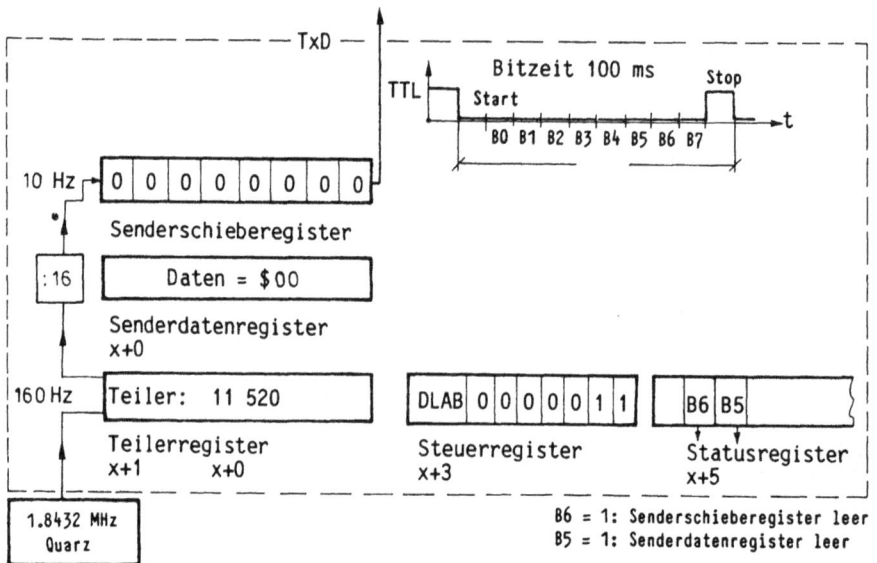

Bild 9-13: Die serielle Schnittstelle als Zeitbasis

Der Sende- und Empfangstakt der Serienschnittstelle wird von einem quarzstabilisierten Taktgenerator abgeleitet. Ein programmierbarer Teiler teilt die Quarzfrequenz von meist 1.8432 MHz auf das 16fache des Schiebetaktes herunter und bestimmt dadurch die Bitzeit [sek] bzw. die Baudrate [bit/sek]. Die Formel lautet:

$$\text{Teiler} = \frac{1.8432 \cdot 10^6}{\text{Baudrate} \cdot 16} = \frac{1.8432 \cdot 10^6 \cdot \text{Bitzeit [s]}}{16}$$

$$= 115200 \cdot \text{Bitzeit [s]}$$

Der Teiler ist vom Datentyp WORD und kann maximal 65535 betragen. Dies entspricht einer Bitzeit von ca. 1.76 s (0.57 bit/s). Nach Angaben des Bausteinherstellers beträgt die maximal zulässige Baudrate 56000 (57600) Baud. Das entspricht bei einem Teiler von 2 einer Bitzeit von ca. 17.36 µs. *Bild 9-14* zeigt ein Programmbeispiel, das die serielle Schnittstelle als Zeitbasis für eine Frequenzmessung am Druckerport verwendet.

```
PROGRAM prog9p11; (* Bild 9-14: Meßzeit mit Serienschnittst. *)
USES    Crt;
CONST   teiler = 11520;        (* Bitzeit 0.1 sek            *)
        muster = $00;          (* Sendemuster 0000 0000      *)
VAR     nr, x, a, y, b : WORD;
        alt : BYTE;
        flanke : LONGINT;
        f: REAL;
BEGIN
Write('Versuch bereit an LPT 1, 2, 3 oder 4 ->'); ReadLn(nr);
x := MemW[$40 : 2*nr + 6]; a := x+1;
Write('Zeitmessung durch COM 1, 2, 3 oder 4 ->');
ReadLn(nr); y := MemW[$40 : 2*(nr-1)]; b := y+5;
Port[y+3] := $80; (* DLAB = 1 *)
Port[y+1] := Hi(teiler); Port[y+0] := Lo(teiler);
Port[y+3] := $03; (* DLAB = 0 , 8 Daten 1 Stop 0 Parit. *)
ClrScr;
GotoXy(20,10); Write('Abbruch mit beliebiger Taste! ');
REPEAT
  flanke := 0;
  INLINE($FA);                 (* CLI Interrupts gesperrt *)
  Port[y+0] := muster;         (* Muster senden           *)
  alt := Port[a] AND $40;      (* Ausgangszustand ACK     *)
  REPEAT
    IF alt <> (Port[a] AND $40) THEN  (* Flanken ACK zählen *)
    BEGIN  Inc(flanke); alt := (Port[a] AND $40) END
  UNTIL (Port[b] AND $20) <> 0;  (* bis Muster gesendet    *)
  INLINE($FB);                 (* STI Interrupts frei     *)
  f := flanke*0.5;
  GotoXY(25,15);
  IF f >= 1e3 THEN Write('f = ',f*1e-3:7:3,' kHz':4);
  IF f < 1e3 THEN Write('f = ',f:7:3,' Hz':4);
UNTIL KeyPressed; ClrScr;
END.
```

Bild 9-14: Programm mit Serienschnittstelle als Zeitbasis

Zur Ausgabe eines Zeichen schreibt man es in das Sendedatenregister auf der Portadressse x+0. Von dort gelangt es automatisch in das eigentliche Sendeschieberegister und wird seriell mit dem wertniedrigsten Bit zuerst herausgeschoben. Eine 1 in der Bitposition B6 des Leitungsstatusregisters zeigt an, daß sowohl das Datenregister als auch das Schieberegister leer sind. Eine 1 in der Bitposition B5 zeigt, daß das Datenregister leer ist und neue Daten annehmen kann. Startet man also die Meßzeit durch Übergabe eines beliebigen Bitmusters an das Datenregister, so kann man durch laufende Beobachtung des Leitungsstatusregisters das Ende der Meßzeit ermitteln. Das Programmbeispiel programmiert die Schnittstelle für eine Bitzeit von 0.1 sek und die Übertragungskennwerte 8 Datenbits, 1 Stopbit und ohne Paritätsbit. Unter Berücksichtigung des Startbits beträgt die Zeit für das Senden eines Zeichens also 10·100 ms = 1 Sekunde. Bei Versuchen zeigte es sich, daß die Bitposition B6 erst nach einer gewissen Verzögerungszeit das Ende der Zeichenausgabe anzeigte (Korrekturfaktor 0.91). Die Abfrage der Bitposition B5 (Sendeschieberegister und Datenregister leer) lieferte bis zu einer Frequenz von ca. 40 kHz brauchbare Ergebnisse ohne Korrektur.

Alle Zeit- und Frequenzmessungen, bei denen Signale durch Programmschleifen abgetastet werden, sind sowohl durch Refresh- und Interruptunterbrechungen als auch durch die Abtastrate der Schleife fehlerbehaftet. Die in den Beispielen angegebene Frequenzgrenze von ca. 40 kHz entspricht einer Abtastrate von ca. 25 µs. Sie wurde an einem 80386-Rechner bei einer Taktfrequenz von 16 MHz gemessen. Bei 20 MHz (Turboschalter!) zeigt der gleiche Rechner eine obere Grenze von ca. 50 kHz. Wie bei der Messung von Zeiten muß also auch für eine rechnerunabhängige Frequenzmessung ein externer Timer herangezogen werden. *Bild 9-15* zeigt dazu eine Schaltung.

Timer 0 arbeitet in der Betriebsart (Mode) 3 als Vorteiler für den Timer 1, der in der Betriebsart 1 (Monoflop) Anfang und Ende der Meßzeit bestimmt. Beispielsweise liefert eine externe Taktfrequenz (Quarztaktgenerator) von 1 MHz bei einem Vorteiler von 1000 (Timer 0) und einem Meßzeitfaktor von 1000 (Teiler Timer 1) eine Meßzeit von 1 sek. Während der Meßzeit wird der Timer 2 freigegeben, der in der Betriebsart 0 alle am Takteingang anliegenden fallenden Flanken zählt. Bei einem Überlauf wird der Ausgang OUT 2 auf 1 gesetzt.

Das in *Bild 9-16* dargestellte Programmbeispiel verwendet die Parallelschnittstelle 8255 zur Steuerung des Frequenzmessers. Der Ausgang PA0 startet die Meßzeit, am Eingang PB0 wird das Ende der Meßzeit kontrolliert. Ein Zählerüberlauf erscheint als 1 am Eingang PB1. Der Frequenzmesser arbeitet völlig unabhängig vom Takt und von Programmunterbrechungen des Rechners. Die obere Frequenzgrenze wird allein durch die Ausführung des Timerbausteins bestimmt. Bei der Ausführung 8253 beträgt sie 2.6 MHz, bei den Ausführungen 8254-2 und 82C54 liegt sie bei 10 MHz. Die untere Frequenzgrenze läßt sich durch die beiden Teiler in weiten Grenzen einstellen.

Start   Überlauf   Ende

A-Port..AO   B-Port B1BO
x+12   x+13

              Steuerport
8255   x+15
Adresse x=$170

1..8 MHz   Zeitbasis
TTL

Timer0   neu laden   Gate0   +
x+8
          Zähler 0 ←Clk0
00110110
Mode $36 Nulldurchg. Out0

Timer1   neu laden   Gate1
x+9
          Zähler 1 ←Clk1
01110010
Mode $72 Nulldurchg. Out1

Timer2   neu laden   Gate2
x+10   Ende
          Zähler 2 ←Clk2
10110000
Mode $B0 Nulldurchg. Out2
                                Überlauf

Steuerport
x+11   Mode $xx

Timer 8253 Adresse x=$170

f_x

1 MHz = 1 000 000 µs

ClkO

Teiler : 1000

Clk1

Out1   Teiler : 1000

Gate2   1 sek

fx   Meßzeit

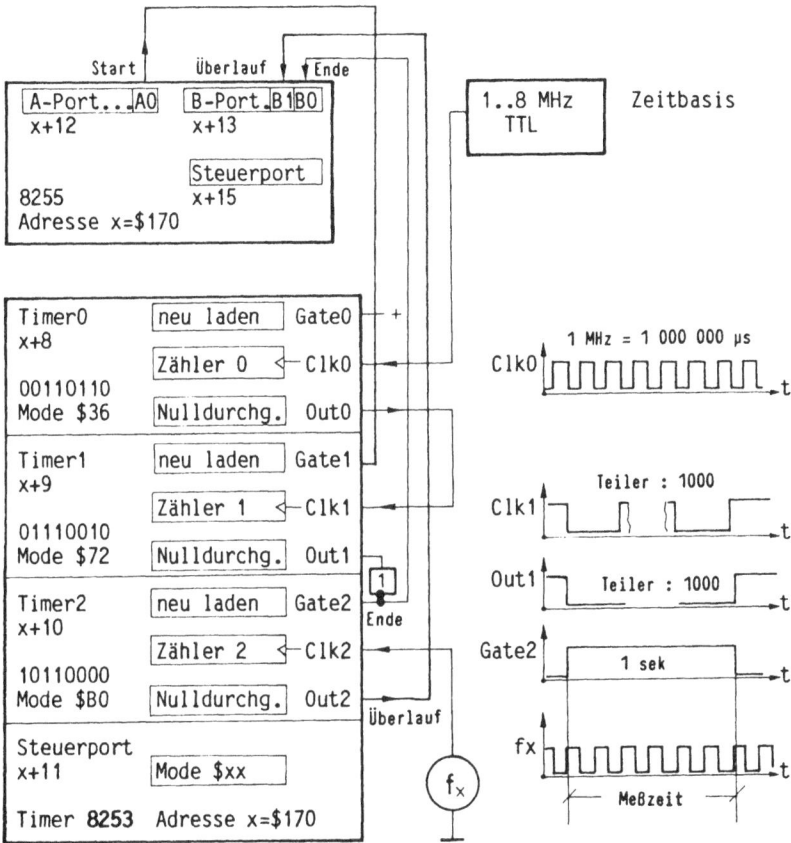

Bild 9-15: Frequenzmessung mit einem externen Timer

```
PROGRAM prog9p12;   (* Bild 9-16: Frequenzmessung mit Timer *)
USES    Crt;
CONST   x = $170;   (* Adresse der Peripheriekarte          *)
        b0 = $01;   (* 0000 0001 Port BO: Meßzeitkontrolle  *)
        b1 = $02;   (* 0000 0010 Port B1: Überlaufkontrolle *)
VAR     h,l : BYTE;
        teil,zeit,faktor : WORD;
        n : LONGINT;
        clk,mess,f : REAL;
        z : CHAR;
BEGIN
(* Parallelschnittstelle und Timer programmieren  *)
Port[x+15] := $8B; (* 8255 A = aus  B = Eingabe       *)
Port[x+12] := $00; (* PAO = Gate 1 = Low              *)
Port[x+11] := $36; (* 00 11  011 0 Timer 0 Mode 3 *)
Port[x+11] := $72; (* 01 11  001 0 Timer 1 Mode 1 *)
Port[x+11] := $B0; (* 10 11  000 0 Timer 2 Mode 0 *)
```

```
ClrScr; Write('Takt [MHz]:'); ReadLn(clk);
Write(' Vorteiler:'); ReadLn(teil);
WriteLn('Meßtakt=',clk/teil*1e3:7:3,' kHz');
Port[x+8] := Lo(teil); Port[x+8] := Hi(teil);
Write('Meßzeitfaktor *',teil/clk*1e-3:7:3,' ms ->');
ReadLn(zeit); GotoXY(20,10);
Write('Meßschleife Abbruch mit Taste ');
REPEAT
  Port[x+9]  := Lo(zeit); Port[x+9]  := Hi(zeit);
  Port[x+10] := $FF; Port[x+10] := $FF;  (* 65536  *)
  Port[x+12] := $01;                      (* Start *)
  REPEAT  UNTIL (Port[x+13] AND b0) = b0; (* HIGH  *)
  (* Warten auf Ende der Messung dann Timer lesen  *)
  REPEAT  UNTIL (Port[x+13] AND b0) = 0; (* B0=Low *)
  Port[x+12] := $00;                      (* Stop *)
  Port[x+11] := $80;  (* Timer 2 lesen 10 00 xxxx *)
  l := Port[x+10]; h := Port[x+10];
  n := 65535 - ((Longint(h) SHL 8) OR LONGINT(l));
  mess := (LONGINT(teil)*LONGINT(zeit))/(clk*1e6);
  f := n/mess; GotoXY(15,15);
  IF (Port[x+13] AND b1) = b1 THEN Write('überlauf!!!':47) ELSE
  Write('Perioden: ',n:5,'/',mess*1e3:8:3,' ms  f = ',f:11:3,' Hz');
UNTIL KeyPressed;
ClrScr
END.
```

Bild 9-16: Programm zur Frequenzmessung mit dem Timer

9.1.3 Die Ausgabe von Rechtecksignalen

Für die Ausgabe von Rechtecksignalen bieten sich zunächst die Drucker-
portausgänge sowie die Modemsteuerausgänge RTS und DTR der seriellen
Schnittstelle in Verbindung mit Warteschleifen an. Dies führt sowohl zu
den bereits diskutierten Ungenauigkeiten durch kurzzeitige Programmunterbrechungen als auch dazu, daß der Rechner während der Ausgabe
für andere Aufgaben nicht mehr verwendet werden kann. *Bild 9-17* zeigt
ein Programm, das den bereits in den Bildern 9-7 und 9-16 dargestellten
externen Timer als Rechteckgenerator programmiert, der nach dem Start
völlig unabhängig vom einstellenden Programm arbeitet und auch nach
dessen Beendigung weiterläuft.

Die Gateeingänge aller drei Timer liegen fest auf High und geben die Timer
frei. Timer 0 arbeitet in der Betriebsart 3 als Vorteiler für die beiden Timer
1 und 2 (Betriebsart 3), die an ihren Ausgängen zwei verschiedene, ebenfalls einstellbare Rechteckfrequenzen liefern. Dazu wird der Ausgang OUT
des Timers 0 mit den Takteingängen der beiden Timer 1 und 2 verbunden.
Die Teilerfaktoren müssen größer als 1 sein. Bei ungeraden Teilern ist der
Low-Zustand um einen Takt kürzer als der High-Zustand.

```
PROGRAM prog9p13; (* Bild 9-17: Timer als Rechteckgenerator *)
USES    Crt;
CONST   x = $170;                 (* Adresse Peripheriekarte *)
VAR     teil : WORD;
        z : CHAR;
BEGIN
Port[x+11] := $36; (* 00 11 011 0  Timer 0 Mode 3 *)
Port[x+11] := $76; (* 01 11 011 0  Timer 1 Mode 3 *)
Port[x+11] := $B6; (* 10 11 011 0  Timer 2 Mode 3 *)
REPEAT
  Write('Vorteiler ( > 1 ) Timer 0: '); ReadLn(teil);
  Port[x+8] := Lo(teil); Port[x+8] := Hi(teil);
  Write('Teiler ( > 1 ) Ausgang Timer 1: '); ReadLn(teil);
  Port[x+9] := Lo(teil); Port[x+9] := Hi(teil);
  Write('Teiler ( > 1 ) Ausgang Timer 2: '); ReadLn(teil);
  Port[x+10] := Lo(teil); Port[x+10] := Hi(teil);
  WriteLn('Schleifenabbruch durch beliebige Taste');
  REPEAT  UNTIL KeyPressed; z := ReadKey;
  Write('Neuprogrammierung ? j/n ->');
  z := UpCase(ReadKey); WriteLn(z)
UNTIL z <> 'J'
END.
```

Bild 9-17: Externer Timer als Rechteckgenerator

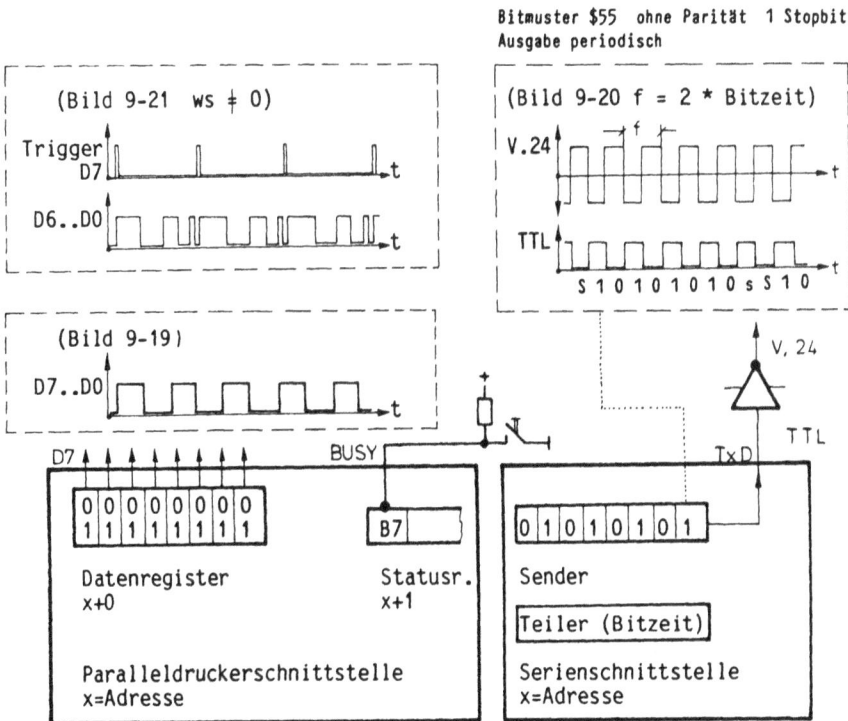

Bitmuster $55 ohne Parität 1 Stopbit
Ausgabe periodisch

```
PROGRAM prog9p14; (* Bild 9-18: Rechteck über Schnittstellen *)
USES    Crt;
VAR     wert : BYTE;
        nr, x, th, tl, teiler : WORD;
        i, j, w, wx, ws : LONGINT;
        f : REAL;
        s, z, e : CHAR;
BEGIN
REPEAT
  WriteLn(' Betriebsart mit Kennbuchstaben eingeben');
  WriteLn('D = Delay-Prozedur Druckerausgang < 500 Hz');
  WriteLn('S = Serienschnittstelle Senderausgang  TxD');
  WriteLn('W = Programmwarteschleifen  Druckerausgang');
  Write('E = Ende         D oder S oder W oder E -> ');
  z := UpCase(ReadKey); WriteLn(z);
  CASE z OF
  'E' : WriteLn('Ende des Programms');
```

Bild 9-18: Schnittstellen als Rechteckgenerator

Bei dem in *Bild 9-18* dargestellten Beispiel werden die üblicherweise immer vorhandenen Schnittstellen des PC als Rechteckgeneratoren verwendet. Dabei stehen drei Betriebsarten zur Auswahl:
- Ausgabe am Druckerport bis ca. 500 Hz oder
- Ausgabe an der seriellen Schnittstelle bis ca. 28 kHz oder
- Ausgabe am Druckerport bis ca. 50 kHz mit Warteschleifen.
Diese Betriebsarten werden in folgenden Bildern einzeln behandelt.

```
(* Bild 9-19: Ausgabe am Druckerport Delay-Prozedur *)
  'D' : BEGIN
        Write('Ausgabe an LPT 1, 2, 3 oder 4 -> '); ReadLn(nr);
        x := MemW[$40 : 2*nr + 6];
        Write('High-Zeit ganzzahlig [ms] -> '); ReadLn(th);
        Write(' Low-Zeit ganzzahlig [ms] -> '); ReadLn(tl);
        WriteLn('Frequenz = ',1000/(th+tl):8:3,' Hz');
        WriteLn('Abbruch mit beliebiger Taste');
        REPEAT
          Port[x] := $FF; Delay(th);
          Port[x] := $00; Delay(tl);
        UNTIL Keypressed; e := ReadKey
        END;
```

Bild 9-19: Ausgabe am Druckerport mit Delay-Prozedur

Bei der in *Bild 9-19* dargestellten Betriebsart wird die vordefinierte Prozedur Delay als Zeitbasis verwendet. Die Wartezeit wird als Datentyp WORD in der Einheit Millisekunde übergeben. Durch Eingabe unterschiedlicher Wartezeiten für High und für Low lassen ganzzahlige Tastverhältnisse einstellen. Durch die realativ lange Wartezeit machen sich die durch Interrupts und Refresh verursachten Programmunterbrechungen sowie die Schleifenkontrolle mit der Funktion ReadKey, die zu einer etwas längeren Low-Zeit führt, kaum bemerkbar.

```
(* Bild 9-20: Ausgabe an Serienschnittstelle TxD *)
  'S' : BEGIN
        Write('Ausgabe an COM 1, 2, 3 oder 4 -> '); ReadLn(nr);
        x := MemW[$40 : 2*(nr-1)];
        Write('Sollfrequenz 0.001 .. 28.8 [kHz] -> '); ReadLn(f);
        teiler := Round(0.5*115.2/f);
        IF teiler < 2 THEN teiler := 2;
        f := 0.5*115.2/teiler;
        WriteLn('Teiler: ',teiler,' Istfrequenz = ',f:6:3,' kHz');
        Port[x+3] := $80;   (* DLAB = 1 *)
        Port[x+1] := Hi(teiler); Port[x+0] := Lo(teiler);
        Port[x+3] := $03;   (* DLAB = 0  8 Daten  1 Stop  0 Par *)
        WriteLn('Abbruch mit beliebiger Taste');
        REPEAT
          Port[x+0] := $55;   (* Muster 0101 0101 senden *)
          WHILE (Port[x+5] AND $20) = 0 DO;   (* bis Sender frei *)
        UNTIL KeyPressed; e := ReadKey;
        END;
```

Bild 9-20: Ausgabe an der Serienschnittstelle

Die in *Bild 9-20* dargestellte Betriebsart verwendet den Teiler der Serien-
schnittstelle als unterbrechungsfreie Zeitbasis. Die Übertragung eines
Zeichens beginnt mit einem Startbit (TTL-Low) und endet mit einem Stopbit
(TTL-High). Überträgt man in diesem "Zeitrahmen" das Bitmuster $55 =
0101 0101, so ergibt sich eine Rechteckfunktion im Tastverhältnis 1:1.
Dabei ist zu beachten, daß das wertniedrigste Bit (eine 1), die dem Startbit
(einer 0) folgt, zuerst herausgeschoben wird. Wegen des ganzzahligen
Teilers lassen sich auch nur ganzzahlige Teilfrequenzen von 28.8 kHz einstellen. Nach der Ausgabe eines Zeichens von 10 Bits (5 Perioden) muß wieder das Bitmuster $55 in das Datenregister gebracht werden. Das Pro-
gramm kontrolliert dies durch Abfragen der Bitposition B5 des Leitungsstatusregisters in einer Warteschleife. Löst man jedoch in diesem Fall
einen Interrupt aus, so kann eine Interruptprozedur die Ausgabe der
neuen Bitfolge vornehmen. In diesem Fall läuft der Rechteckgenerator "im
Hintergrund"; das Programm könnte weitere Aufgaben durchführen. *Bild
9-22* zeigt dazu ein Beispiel.

Die in *Bild 9-21* dargestellte Betriebsart verzichtet auf eine einstellbare Zeitbasis und verwendet einfache FOR-TO-DO-Schleifen zur Zeitverzö-
gerung. Der Rechteckgenerator muß also mit einem Oszilloskop oder einem
Frequenzmesser kalibriert (eingestellt) werden. Bei der Untersuchung von
Filtern benötigt man z.B. einen Funktionsgenerator, der keine feste, sondern eine zeitlich veränderliche Frequenz liefert (Wobbelgenerator). Dazu
kann in der vorliegenden Betriebsart der Endwert der frequenzbestim-
menden FOR-TO-DO-Schleife mit einer beliebigen Schrittweite vermindert
werden; ausgehend von einem Anfangswert erhöht sich also mit jeder
Halbperiode die Frequenz bis zu einem Maximalwert, der durch den Zähler
Null bestimmt wird. Der Beginn dieser Impulsfolge (Anfangsfrequenz) wird
durch einen kurzen Impuls am werthöchsten Portausgang B7 angezeigt,
der zur Triggerung (Auslösung) eines Oszilloskops verwendet werden
kann. Zur Verminderung der Wartezeit wird die Betriebsart nicht mit einer

```
(* Bild 9-21: Ausgabe an Druckerport Warteschleifen *)
    'W' : BEGIN
          Write('Ausgabe an LPT 1, 2, 3 oder 4 -> '); ReadLn(nr);
          x := MemW[$40 : 2*nr + 6];
          Write('Interrupts mit CLI sperren ?   j/n -> ');
          s := UpCase(ReadKey); WriteLn(s);
          Write('Anfangswert des Zählers ganzzahlig -> '); ReadLn(w);
          Write('Verminderungsschritte  (0 = keine) -> '); ReadLn(ws);
          WriteLn('Abbruch mit High am BUSY-Eingang');
          IF ws <= 0 THEN
          BEGIN
            IF s = 'J' THEN INLINE($FA); (* CLI = Interrupt gesp. *)
            wert := $00;
            REPEAT
              Port[x] := wert; FOR i := 1 TO w DO;
              wert := wert XOR $FF;
            UNTIL (Port[x+1] AND $80) = $00;
            IF s = 'J' THEN INLINE($FB);  (* STI = Interrupt frei *)
          END
          ELSE  (* ws <> 0 *)
          BEGIN
            WriteLn('Triggersignal an Ausgang B7');
            IF s = 'J' THEN INLINE($FA);  (* CLI = Interrupt gesp. *)
            wert := $00;
            REPEAT
              Port[x] := $80; Port[x] := $00;  (* Triggersignal *)
              i := w;
              REPEAT
                  Port[x] := wert; FOR j := 1 TO i DO;
                  wert := wert XOR $7F; i := i - ws
              UNTIL i < 0
            UNTIL (Port[x+1] AND $80) = $00;
            IF s = 'J' THEN INLINE($FB)    (* STI = Interrupt frei *)
          END
          END
        ELSE
          Write('Falscher Kennbuchstabe !!!')
        END
UNTIL z = 'E'
END.
```

Bild 9-21: Ausgabe am Druckerport mit Warteschleifen

Taste (ReadKey-Funktion), sondern durch ein High-Signal am BUSY-Eingang des Druckerports abgebrochen. Bei einem Zähleranfangswert von 0,
gesperrten Interrupts und ohne Wobbelfunktion (Verminderungsschritte
= 0) lieferte der untersuchte Rechner (Takt 16 MHz) eine Frequenz von ca.
50 kHz.

9.2 Beispiele aus der Mikrocomputertechnik

Der PC läßt sich auch als Werkzeug für die Entwicklung von Mikrocomputerschaltungen verwenden, so z.B. für die Untersuchung von seriellen und
parallelen Schnittstellen und von Peripheriekarten. Dabei ist jedoch die
relativ geringe Arbeitsgeschwindigkeit gegenüber den durch Hardware
realisierten Entwicklungssystemen zu berücksichtigen.

9.2.1 Ausgabe und Speicherung von Bitmustern

```
PROGRAM prog9p15; (* Bild 9-22: Testsender *)
USES    Dos, Crt;
CONST   max = 100;
VAR     nr, x , teiler, i, n : WORD;
        lteiler : LONGINT;
        irqsper,irqfrei,irqbest,irqvekt,mode,d,dummy : BYTE;
        muster : ARRAY[1..max] OF BYTE;
        baud : REAL;
        z : CHAR;
PROCEDURE senden; INTERRUPT;  (* Neues Muster ausgeben *)
BEGIN
  Inc(i); IF i > n THEN i := 1;
  Port[x] := muster[i];        (* neue Ausgabe des Musters *)
  Port[$20] := irqbest;        (* PIC  Interrupt bestätigt *)
END;
BEGIN  (* *** H a u p t p r o g r a m m  *** *)
Write('Ausgabe TxD von COM 1, 2, 3 oder 4  -> '); ReadLn(nr);
x := MemW[$40 : 2*(nr-1)];
Write('Interrupt IRQ 2, 3, 4, 5, 6 oder 7  -> '); ReadLn(nr);
irqsper := $01 SHL nr;   (* Maske PIC Interruptsperre     *)
irqfrei := NOT irqsper;  (* Maske PIC Interruptfreigabe   *)
irqbest := $60 OR nr;    (* Maske PIC Interruptbestätigung *)
irqvekt := $08 + nr;     (* Interruptvektor in Tabelle    *)
SetIntVec(irqvekt,Addr(senden));(* Interruptvektor umlenken *)
dummy := Port[x+2];          (* Interruptanzeige loeschen  *)
Port[x+1] := $02;        (* Maske 0000 0010 Int Sender leer*)
Port[x+4] := $08;        (* Maske 0000 1000 OUT2=1 Int frei*)
Port[$21] := Port[$21] AND irqfrei; (* PIC Interrupt frei  *)
Write('Sollwert Baurate 1.7578 .. 57600 [bit/s] -> '); ReadLn(baud);
lteiler := Round(115200 / baud);
IF lteiler < 2 THEN teiler := 2
ELSE IF lteiler > 65535 THEN teiler := 65535
ELSE teiler := lteiler;
WriteLn('Teiler = ',teiler,'  Baudrate = ',115200/teiler:8:1,' bit/s',
' Bitzeit = ',teiler/115.2:8:4,' ms');
Write('Anzahl der Datenbits 5..8 -> '); ReadLn(d);
d := d - 5; mode := d AND $03;
Write('Anzahl der Stopbits 1..2 -> '); ReadLn(d);
IF d = 2 THEN mode := mode OR $4;
Write('Mit Paritätsbit   j = ja  -> '); z := Upcase(ReadKey); WriteLn(z);
IF z = 'J' THEN mode := mode OR $08;
IF z = 'J' THEN
BEGIN
Write('Gerade Parität    j = ja  -> '); z := UpCase(ReadKey); WriteLn(z);
IF z = 'J' THEN mode := mode OR $10;
END;
```

```
Write('Ausgleichsparität j = ja -> '); z := UpCase(ReadKey); WriteLn(z);
IF z = 'J' THEN mode := mode OR $20;
Port[x+3] := $80;        (* DLAB = 1                         *)
Port[x+1] := Hi(teiler); Port[x+0] := Lo(teiler);
Port[x+3] := mode;       (* DLAB = 0  x Daten  x Stop  x Par *)
REPEAT
  REPEAT
    Write('Zahl der Muster  1..',max:4,'  -> '); ReadLn(n);
  UNTIL (n>0) AND (n<= max);
  FOR i := 1 TO n DO
  BEGIN
    Write(i:4,'. Muster eingeben $xx ->'); ReadLn(muster[i])
  END;
  Port[x] := muster[1];
  Write('Neues Muster?  j = ja -> '); z:= UpCase(ReadKey); WriteLn(z)
UNTIL z <> 'J';
Port[x+1] := $00;                    (* Alle Interrupts gesperrt  *)
Port[x+4] := $00;                    (* OUT2=0 Interrupt gesperrt *)
Port[$21] := Port[$21] OR irqsper    (* PIC Interrupt gesperrt    *)
END.


Ausgabe TxD von COM 1, 2, 3 oder 4  -> 2
Interrupt IRQ 2, 3, 4, 5, 6 oder 7  -> 3
Sollwert Baurate 1.7578 .. 57600 [bit/s] -> 1200
Teiler = 96  Baudrate =    1200.0 bit/s  Bitzeit =    0.8333 ms
Anzahl der Datenbits 5..8 -> 8
Anzahl der Stopbits  1..2 -> 2
Mit Paritätsbit   j = ja  -> J
Gerade Parität    j = ja  -> J
Ausgleichsparität j = ja  -> J
Zahl der Muster  1.. 100  -> 1
   1. Muster eingeben $xx  ->$55
Neues Muster?  j = ja -> N
```

Bild 9-22: Testsender für serielle Schnittstellen

Bild 9-22 zeigt ein Programmbeispiel, das u.a. zur Untersuchung von seriellen Schnittstellen von Mikrocomputern verwendet werden kann. Dabei
werden periodisch Bitmuster auf einer seriellen Schnittstelle ausgegeben.
Die Übertragungsparameter (Baudrate, Zahl der Daten- und Stopbits und
die Parität) lassen sich in einem Benutzerdialog einstellen. Die zu übertragenden Zeichen werden nicht als String, sondern einzeln als Bitmuster
hexadezimal eingegeben, um auch Sonderzeichen und Steuerzeichen senden zu können. Die Ausgabe erfolgt zyklisch durch eine Interruptprozedu-
dur, so daß während des Sendens neue Bitmuster eingegeben werden können. Für das Bitmuster $55 = 0101 0101 bei acht Datenbits und einem Stop-
bit ohne Parität arbeitet der Sender als Rechteckgenerator ähnlich Bild
9-20 mit einem Tastverhältnis von 1:1. Durch entsprechende Kombinationen
von Übertragungsparametern und Bitmustern läßt sich ein vielseitig ver-
wendbarer Mustergenerator programmieren. Wie in dem nächsten Beispiel
gezeigt wird, wäre es auch möglich, die zu sendenden Bitmuster von einer
Datendatei zu laden oder direkt eingegebene Musterfolgen als Datendatei
für spätere Untersuchungen aufzubewahren.

```
PROGRAM prog9p16; (* Bild 9-23: Parallele Bitmusterausgabe *)
USES    Crt;
CONST   nmax = 2048;                    (* max. Speichertiefe *)
VAR     i,j,n,nwert,nr,x,verz : WORD;
        tab : ARRAY[1..nmax] OF BYTE;
        s,z : CHAR;
        daten : FILE OF BYTE;
        name : STRING;
BEGIN
Write('Ausgabe an LPT 1, 2, 3 oder 4 -> '); ReadLn(nr);
x := MemW[$40 : 2*nr + 6];
Write('Muster von Datei laden j = ja -> '); z := UpCase(ReadKey); WriteLn(z);
IF z = 'J' THEN
BEGIN
  Write('Dateiname xxxxxxxx.BDA -> '); ReadLn(name);
  Assign(daten,name); (*$I-*)  Reset(daten)  (*$I+*);
  IF IOResult = 0 THEN
  BEGIN
    nwert := 0;
    REPEAT
      Read(daten,tab[nwert+1]); Inc(nwert)
    UNTIL Eof(daten) OR (nwert > nmax);
    WriteLn(nwert,' Muster geladen'); Close(daten)
  END
  ELSE  (* IOResult <> *)
  BEGIN
   WriteLn('Datei >',name,'< nicht vorhanden'); z := 'N'
  END
END;
IF z <> 'J' THEN
BEGIN
  REPEAT
    Write('Anzahl der Bytes (max ',nmax,')   -> '); ReadLn(nwert);
  UNTIL (nwert > 0) AND (nwert <= nmax);
  FOR i := 1 TO nwert DO
  BEGIN  Write(i:3,'.Byte $xx -> '); ReadLn(tab[i])  END;
END;
Write('   Verzögerungszähler -> '); ReadLn(verz);
Write('Interruptsperre j = ja -> '); s := UpCase(ReadKey); WriteLn(s);
IF s = 'J' THEN INLINE($FA);          (* CLI Interrupts gesperrt *)
WriteLn('Daten am Druckerausgang  Triggerimpuls an DS (Stift 1)');
WriteLn('Schleifenabbruch mit beliebiger Taste');
REPEAT
  Port[x+2] := $04; Port[x] := 0; Port[x+2] := $05; (* Triggerimpuls *)
  FOR i := 1 TO nwert DO
  BEGIN  Port[x] := tab[i]; FOR j := 1 TO verz DO;  END; Port[x] := 0;
UNTIL KeyPressed; z := ReadKey;
IF s = 'J' THEN INLINE($FB);          (* STI Interrupts frei *)
Write('Tabelle als Datei speichern j = ja -> ');
z := UpCase(ReadKey); WriteLn(z);
IF z = 'J' THEN
BEGIN
  Write('Dateiname xxxxxxxx.BDA -> '); ReadLn(name);
  Assign(daten,name); Rewrite(daten);
  FOR i := 1 TO nwert DO Write(daten,tab[i]);
  Close(daten)
END
END.
```

Bild 9-23: Testsender für parallele Schnittstellen

Das in *Bild 9-23* dargestellte Programmbeispiel sendet zyklisch Bitmuster (Bytes) parallel über den Druckerport und kann zur Untersuchung von Parallelschnittstellen dienen. Die zu sendenden Bytes können entweder von einer Datendatei geladen oder direkt in einem Dialog hexadezimal eingegeben werden. Direkt eingegebene Daten lassen sich auch für spätere Anwendungen als Datendatei abspeichern. Die Geschwindigkeit der Ausgabe (Ausgabetakt) kann vom Benutzer eingegeben werden. Die in dem Beispiel gewählte Zeitbasis in Form von Warteschleifen liefert die höchste Geschwindigkeit; sie ist jedoch abhängig vom verwendeten Rechner und muß mit einem Zähler oder Oszilloskop bestimmt werden. Am Anfang eines Ausgabezyklus wird ein positiver Impuls ausgegeben, mit dem ein Oszilloskop getriggert werden kann. So wurden beispielsweise die mit dem folgenden Beispiel Bild 9-25 aufgenommenen Prellungen eines Tasters aus einer Datendatei auf einem Oszilloskop sichtbar gemacht. Schaltet man an den Ausgang des Druckerports einen Digital/Analogwandler (Beispiel Bild 4-7), so kann das Programm auch zur Ausgabe von analogen Daten verwendet werden.

```
PROGRAM prog9p17; (* Bild 9-24: Bitmuster speichern *)
USES      Crt;
CONST     nmax = 2048; max = 10;
VAR       i,ianf,iend,j,n,nwert,nr,x,a,verz : WORD;
          alt,h,l,nmark,maske : BYTE;
          tab : ARRAY[1..nmax] OF BYTE;
          s,z : CHAR;
          m : ARRAY[1..max] OF BYTE; mz : ARRAY[1..max] OF CHAR;
          daten : FILE OF BYTE;
          name : STRING;
BEGIN
Write('Eingabe an LPT 1, 2, 3 oder 4 -> '); ReadLn(nr);
x := MemW[$40 : 2*nr + 6];  a := x+1;   (* Einganeport *)
REPEAT
  Write('Speichertiefe (max ',nmax:4,') -> '); ReadLn(nwert);
UNTIL (nwert > 0) AND (nwert <= nmax);
Write('      Verzögerungszähler -> '); ReadLn(verz);
Write(' Interruptsperre j = ja -> '); s := UpCase(ReadKey); WriteLn(s);
Write(' Maske (1 = Trigger) $xx -> '); ReadLn(maske);
IF maske = 0 THEN maske := $FF;     (* sonst kein Start möglich ! *)
WriteLn('Vorgang am Druckerporteingang ',nr,' starten! ');
IF s = 'J' THEN INLINE($FA);        (* CLI Interrupts gesperrt *)
IF verz = 0 THEN                    (* max Geschwindigkeit    *)
BEGIN
  alt := Port[a] AND maske; WHILE (Port[a] AND maske) = alt DO;
  FOR i := 1 TO nwert DO tab[i] := Port[a]  (* Werte speichern *)
END;
IF verz <> 0 THEN                   (* mit Verzögerung        *)
BEGIN
  alt := Port[a] AND maske; WHILE (Port[a] AND maske) = alt DO;
  FOR i := 1 TO nwert DO
  BEGIN tab[i] := Port[a]; FOR j := 1 TO verz DO;  END;
END;
IF s = 'J' THEN INLINE($FB);            (* STI Interrupts frei *)
(* Bitpositionen B7 (BUSY) komplementieren und Werte ausgeben  *)
FOR i := 1 TO nwert DO tab[i] := (tab[i] XOR $80) AND $F8;
```

```
REPEAT
  Write('Anfang der Ausgabe (min    1) -> '); ReadLn(ianf);
  Write(' Ende des Ausgabe (max ',nwert:4,') ->'); ReadLn(iend);
  Write('Anzahl der Marker (max ',max:4,' ) -> '); ReadLn(nmark);
  FOR i := 1 TO nmark DO
  BEGIN
    Write(i:2,'.Muster $xx -> '); ReadLn(m[i]);
    Write(i:2,'.Marker  x  -> '); ReadLn(mz[i])
  END;
  FOR i := ianf TO iend DO
  BEGIN
    h := tab[i] DIV $10; IF h > 9 THEN h := h + 7;
    l := tab[i] MOD $10; IF l > 9 THEN l := l + 7;
    Write(i:3,'.Aufzeichnung: $',Chr(h+$30),Chr(l+$30),' %');
    FOR j := 7 DOWNTO 3 DO Write((tab[i] SHR j) AND $01); Write(' ':3);
    FOR j := 7 DOWNTO 3 DO IF ((tab[i] SHR j) AND $01) = 0 THEN
    Write(#179:3) ELSE Write(#178:3);
    FOR j := 1 TO nmark DO IF tab[i] = m[j] THEN Write(mz[j]:6); WriteLn;
    IF (i MOD 24) = 0 THEN
    BEGIN  Write('Weiter mit cr -> '); z := ReadKey; WriteLn(z) END
  END;
  Write('Nochmal ausgeben j = ja -> '); z := UpCase(ReadKey); WriteLn(z)
UNTIL z <> 'J';
Write('Werte als Datei speichern j = ja -> ');
z := UpCase(ReadKey); WriteLn(z);
IF z = 'J' THEN
BEGIN
  Write('Dateiname xxxxxxxx.BDA -> '); ReadLn(name);
  Assign(daten,name); Rewrite(daten);
  FOR i := 1 TO nwert DO Write(daten,tab[i]); Close(daten)
END
END.
```

Bild 9-24: Speicherung und Auswertung von Bitmustern

Das in *Bild 9-24* dargestellte Programmbeispiel arbeitet nach dem Prinzip
eines Logikanalysators; nur sehr viel langsamer! Nach der Erfüllung einer
Triggerbedingung werden die an den fünf Steuereingängen des Druckerports anliegenden Daten fortlaufend in einem Feld gespeichert. Zur Erzie-
lung einer schnellen Abtastung der Eingänge wurde wieder auf eine genaue Zeitbasis verzichtet; sie kann z.B. durch die gleichzeitige Aufzeichnung eines Rechtecksignals bekannter Frequenz gewonnen werden. Die
Auswertung erfolgt als hexadezimale und binäre Anzeige und durch entsprechende Blockgraphikzeichen für Low (0) und High (1). Dabei lassen
sich zusätzlich bestimmte Bitmuster durch Marken kennzeichnen. Die Auswertung kann mehrmals in bestimmbaren Ausschnitten und mit wechseln-
den Marken durchgeführt werden. Die aufgezeichneten Daten lassen sich
für spätere Auswertungen, z.B. durch das Programm Bild 9-23, als Datendatei abspeichern. *Bild 9-25* zeigt die Aufzeichnung von Tastenprellungen.

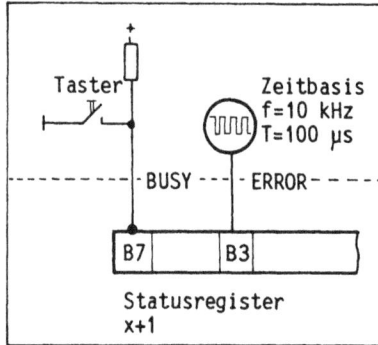

```
Eingabe an LPT 1, 2, 3 oder 4 -> 2
Speichertiefe (max 2048) -> 100
       Verzögerungszähler -> 2
  Interruptsperre j = ja -> J
  Maske (1 = Trigger) $xx -> $80
Vorgang am Druckerporteingang 2 starten!
Anfang der Ausgabe (min    1) -> 1
  Ende des Ausgabe (max  100) ->100
Anzahl der Marker (max   10 ) -> 2
 1.Muster $xx -> $80
 1.Marker  x  -> #
 2.Muster $xx -> $88
 2.Marker  x  -> #
```

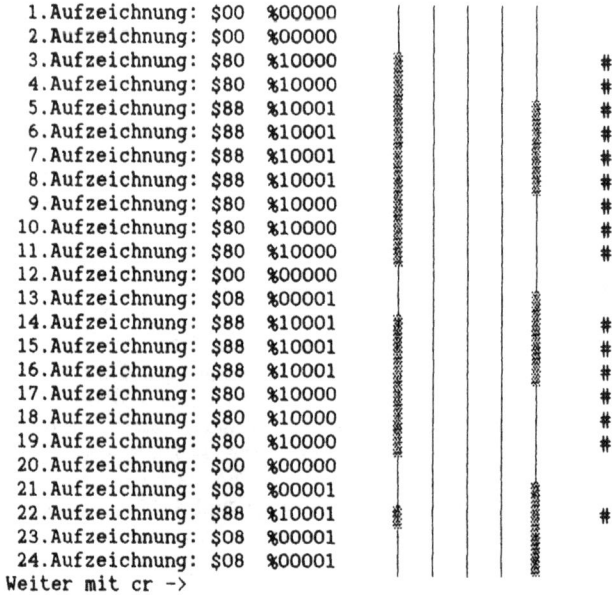

```
 1.Aufzeichnung: $00  %00000
 2.Aufzeichnung: $00  %00000
 3.Aufzeichnung: $80  %10000
 4.Aufzeichnung: $80  %10000
 5.Aufzeichnung: $88  %10001
 6.Aufzeichnung: $88  %10001
 7.Aufzeichnung: $88  %10001
 8.Aufzeichnung: $88  %10001
 9.Aufzeichnung: $80  %10000
10.Aufzeichnung: $80  %10000
11.Aufzeichnung: $80  %10000
12.Aufzeichnung: $00  %00000
13.Aufzeichnung: $08  %00001
14.Aufzeichnung: $88  %10001
15.Aufzeichnung: $88  %10001
16.Aufzeichnung: $88  %10001
17.Aufzeichnung: $80  %10000
18.Aufzeichnung: $80  %10000
19.Aufzeichnung: $80  %10000
20.Aufzeichnung: $00  %00000
21.Aufzeichnung: $08  %00001
22.Aufzeichnung: $88  %10001
23.Aufzeichnung: $08  %00001
24.Aufzeichnung: $08  %00001
Weiter mit cr ->
```

Bild 9-25: Die Aufzeichnung von Tastenprellungen

Der BUSY-Eingang (Bit B7) des Druckerports wurde durch einen Pull-Up-Widerstand auf High-Potential gehalten und nach dem Start des Programms mit einem Schalter auf Low-Potential gebracht. Diese erste Änderung der Eingabe wurde mit der Maske $80 (1000 0000) ausmaskiert und löste die Aufzeichnung aus. Tastenprellungen entstehen, wenn sich die Kontakte des Schalters kurzzeitig wieder voneinander entfernen und dadurch die Leitung wieder auf High liegt. Ein Rechteckgenerator von 10 kHz am Eingang ERROR (Bit B3) lieferte die Zeitbasis von 0.1 ms / Periode. Die Prellungen wurden mit dem Marker "#" gekennzeichnet. Sie treten in dem vorliegenden Beispiel innerhalb der ersten 300 μs nach der Betätigung des Schalters auf. Bei weiteren Untersuchungen zeigte es sich, daß bei der verwendeten Anordnung mit einer Prellzeit von maximal 1 ms je nach Betätigungweise des Schalters gerechnet werden muß.

9.2.2   Der Aufbau eines externen Peripheriebus

Ziel dieses Abschnitts ist, am Druckerport den Peripheriebus des PC so zu simulieren, daß normale PC-Peripheriekarten - allerdings mit verminderter Zugriffszeit - an ihm betrieben werden können. Dazu ist es erforderlich, die in Abschnitt 7.1 (Bilder 7-1 und 7-2) behandelten Signale des PC-Bus nachzubilden.

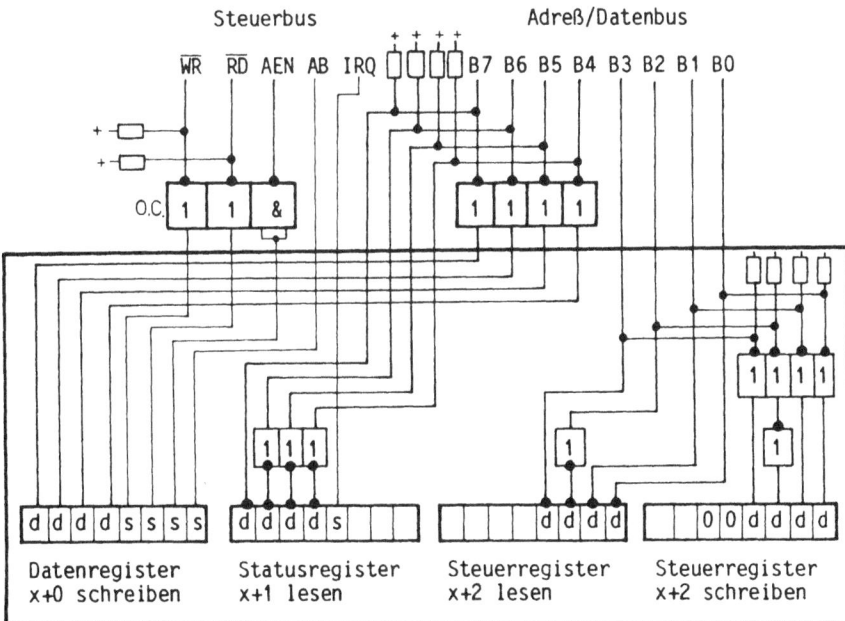

```
PROGRAM prog9p1;    (* Bild 9-26 Test Peripheriebus am Druckerport *)
USES   Crt;
VAR    nr,padr : WORD;         (* nr und padr sind global *)
       clk,i : INTEGER;        (* clk ist global          *)
       mode,daten : BYTE;      (* mode ist global          *)
       z : CHAR;
       irq : BOOLEAN;
PROCEDURE ausport(x : BYTE);
(* mode WR RD AEN AB und padr sind global *)
BEGIN
  Port[padr+0] := ((x xor $FB) AND $F0) OR mode; (* High-Teil*)
  Port[padr+2] := ((x XOR $FB) AND $0F)          (* Low-Teil *)
END;
PROCEDURE einport(VAR x : BYTE; VAR irq : BOOLEAN);
BEGIN
  x := ((Port[padr+1] AND $F0) OR (Port[padr+2] AND $0F)) XOR $8B;
  irq := BOOLEAN((Port[padr+1] SHR 3) AND $01)
END;
```

Bild 9-26: Bidirektionaler Bus am Druckerport

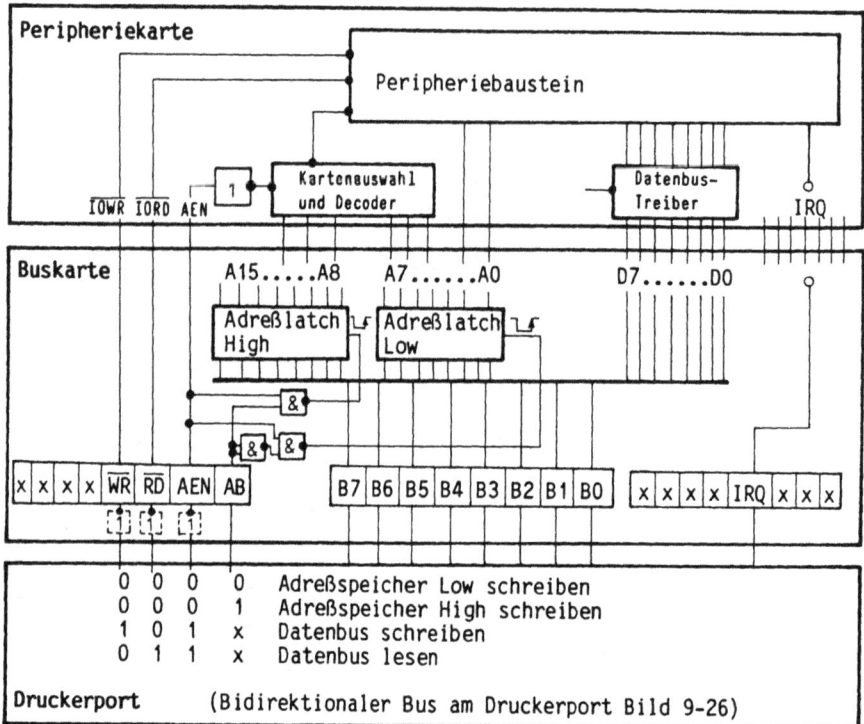

Bild 9-27: Externer Peripheriebus mit Adreßspeichern

Bei der in *Bild 9-26* dargestellten Beschaltung der Portleitungen mit zusätzlichen Open-Collector-Ausgängen und für die gewählte Anordnung der Leitungen entsteht am Druckerport ein 8-bit-Bus, der bidirektional, d.h. in beiden Richtungen betrieben werden kann. Zusätzlich bleiben vier Ausgänge für Steuersignale und eine Leitung für einen Steuereingang frei. Das Bild zeigt die beiden Prozeduren ausport und einport, die jeweils ein Byte (8 bit) über den Bus ausgeben bzw. einlesen. Dabei ist zu beachten, daß wegen der Open-Collector-Schaltungen ein Lesen nur dann möglich ist, wenn die Ausgänge auf High-Potential liegen. Zur Nachbildung der Adressen dienen die in *Bild 9-27* dargestellten Adreßspeicher.

Für die Adressierung eines Peripherieports wird zunächst die Portadresse über die Druckerschnittstelle ausgegeben und während der gesamten Zugriffszeit in den beiden Adreßspeicherbausteinen (74LS273) festgehalten. Das Signal AEN liefert das Freigabe- und Taktsignal für die flankengesteuerten Adreßspeicher. Ihre Auswahl erfolgt durch das Signal AB. Während der Datenübertragung sperrt das Signal AEN die Speicher und gibt die Peripheriekarten frei. Die beiden Signale RD und WR bestimmen auf der Peripheriekarte Zeitpunkt und Richtung der Datenübertragung. Für einen Peripheriezugriff sind also drei Schritte erforderlich:
- Low-Teil der Adresse aussenden,
- High-Teil der Adresse aussenden und
- Daten übertragen.

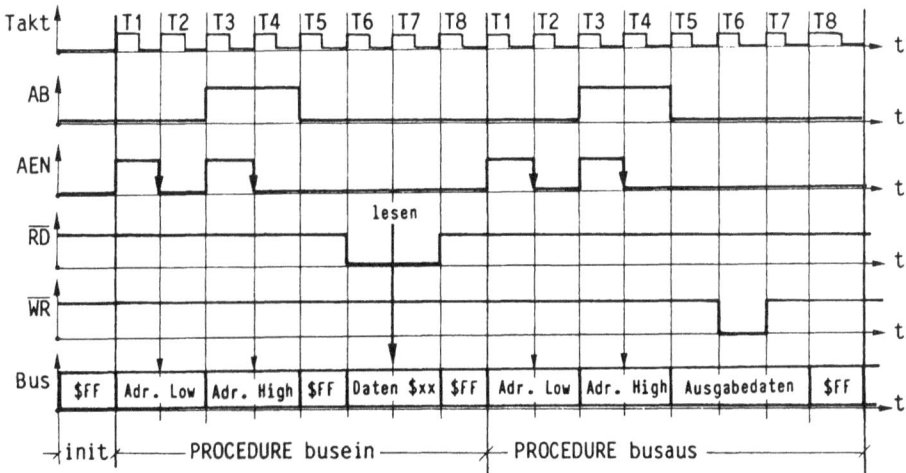

```
(* Bild 9-28: Buszugriffe Grundstellung  lesen  schreiben *)
PROCEDURE init;
(* clk, mode WR = High  RD = High  AEN = Low  AB = Low  global *)
BEGIN
z := #0; clk := 1; mode := $02; ausport($FF); (* alle Busleitungen High *)
WriteLn('Bustakt ',clk,' ms   Halt und neuer Takt mit Esc')
END;
```

```
PROCEDURE takt(rw : CHAR; i : INTEGER);
(* z und clk = Busttakt sind global *)
BEGIN
IF clk > 0 THEN Delay(clk);                     (* verzögern      *)
IF clk < 0 THEN
BEGIN WriteLn(rw,'-Zyklus  Takt T',i); z := UpCase(ReadKey) END;
IF (clk >= 0) AND KeyPressed THEN z := UpCase(ReadKey); (* neue clk*)
IF z = #$1B THEN BEGIN  Write('Takt [ms]:'); ReadLn(clk); z := #0   END
END;
PROCEDURE busein(adr : WORD; VAR x : BYTE; VAR irq : BOOLEAN);
(* mode ist global *)
BEGIN
mode := $00; ausport(Lo(adr)); takt('R',1); (* T1 = Adresse Low    *)
mode := $02; ausport(Lo(adr)); takt('R',2); (* T2 = übernehmen     *)
mode := $01; ausport(Hi(adr)); takt('R',3); (* T3 = Adresse High   *)
mode := $03; ausport(Hi(adr)); takt('R',4); (* T4 = übernehmen     *)
mode := $02; ausport($FF); takt('R',5);      (* T5 = Datenbus High  *)
mode := $06; ausport($FF); takt('R',6);      (* T6 = RD Low         *)
einport(x,irq); takt('R',7);                 (* T7 = Datenbus lesen *)
mode := $02; ausport($FF); takt('R',8);      (* T8 = RD High        *)
END;
PROCEDURE busaus(adr : WORD; x : BYTE);
(* mode ist global *)
BEGIN
mode := $00; ausport(Lo(adr)); takt('W',1);  (* T1 = Adresse Low    *)
mode := $02; ausport(Lo(adr)); takt('W',2);  (* T2 = übernehmen     *)
mode := $01; ausport(Hi(adr)); takt('W',3);  (* T3 = Adresse High   *)
mode := $03; ausport(Hi(adr)); takt('W',4);  (* T4 = übernehmen     *)
mode := $02; ausport(x); takt('W',5);        (* T5 = Daten auf Bus  *)
mode := $0A; ausport(x); takt('W',6);        (* T6 = WR = Low       *)
mode := $02; ausport(x); takt('W',7);        (* T7 = WR = High      *)
mode := $02; ausport($FF); takt('W',8);      (* T8 = Datenbus High  *)
END;
```

Bild 9-28: Prozeduren für Buszugriffe im Multiplexverfahren

Bild 9-28 zeigt das Zeitdiagramm der als Multiplexverfahren bezeichneten
zeitlichen Verschachtelung von Adressen und Daten auf dem Bus. Es wird
in ähnlicher Form bei den Prozessoren 8085, 8086 und 8088 verwendet. Die
Prozedur init bringt den Bus in einen definierten Grundzustand und
stellt den Bustakt auf 1 ms ein. Die Prozedur takt arbeitet als Zeitgeber
und bestimmt die Geschwindigkeit der Buszugriffe. Die Variable clk
bestimmt die Betriebsart:
- Für clk < 0 (z.B. -1) arbeitet der Bus im Einzelschritt.
- Für clk = 0 arbeitet der Bus mit maximaler Geschwindigkeit.
- Für clk > 0 arbeitet der Bus mit einer Verzögerungszeit [ms].

Durch Betätigen der Esc-Taste kann jederzeit eine neue Betriebsart bzw.
eine neue Verzögerungszeit eingestellt werden. Im Einzelschrittbetrieb
wird der nächste Takt erst nach Betätigen einer beliebigen Taste (außer
Esc) ausgeführt. Dadurch lassen sich die Bussignale z.B. durch Leuchtdioden anzeigen und Signale auf den Karten mit einem Voltmeter statisch
messen. Die beiden Prozeduren busein und busaus entsprechen dem
Aufruf des Pseudofeldes Port[..]. Beispiele:
busein(x,daten,i) entspricht daten := Port[x]
busaus(x,daten)   entspricht Port[x] := daten

Die Prozedur busein liefert als dritten Parameter zusätzlich den Zustand der Eingabeleitung, an die die Interruptleitungen des Peripheriebus angeschlossen sind. Das in *Bild 9-29* dargestellte Hauptprogramm zeigt als Beispiel ein Testprogramm für die in Abschnitt 7.2 beschriebene Peripheriekarte. Die an den Eingabeports anliegenden Daten werden auf den Ausgabeports wieder ausgegeben. Es arbeitet ähnlich wie das in Bild 7-9 dargestellte Testprogramm.

```
(* Bild 9-29: Testschleife Port lesen und ausgeben *)
BEGIN (* H a u p t p r o g r a m m *)
Write('LPT1, 2, 3, oder 4 >'); ReadLn(nr);
padr := MemW[$40 : nr*2 + 6];
WriteLn('Abbruch mit X ');
init;      (* clk und Bus initialisieren *)
busaus($303,$00);
REPEAT
  busein($300,daten,irq);
  WriteLn('Daten von $300 ',daten);
  busaus($301,daten);
  busaus($302,daten);
  busaus($304,daten);
UNTIL z = 'X'
END.
```

Bild 9-29: Testschleife für eine Peripheriekarte

9.2.3   Der Aufbau eines Hardware-Emulators (8085)

Die bei der Untersuchung von Mikrocomputerschaltungen auftretenden
Hardwareprobleme lassen sich oft nur durch den Einsatz von oft recht
teuren Entwicklungssystemen lösen. Dabei wird der Prozessor aus der
Schaltung entfernt und durch Software in Verbindung mit Interfaceschal-
tungen nachgebildet (emuliert). Die anderen Teile der Schaltung wie z.B.
Speicher- und Peripheriebausteine bleiben unverändert. Der Emulator
simuliert - meist mit verminderter Arbeitsgeschwindigkeit oder sogar im
Einzelschritt - das Verhalten des Prozessors. Dieser Abschnitt zeigt die
Arbeitsweise eines solchen Emulators am Beispiel des Prozessors 8085 in
einem Übungssystem. Eine vollständige Simulation der Hardware und aller
Befehle würde den Umfang dieses Buches sprengen. Daher ist dieser Simu-
lator nur als "Modell" zu verstehen. *Bild 9-30* zeigt die Hardware.

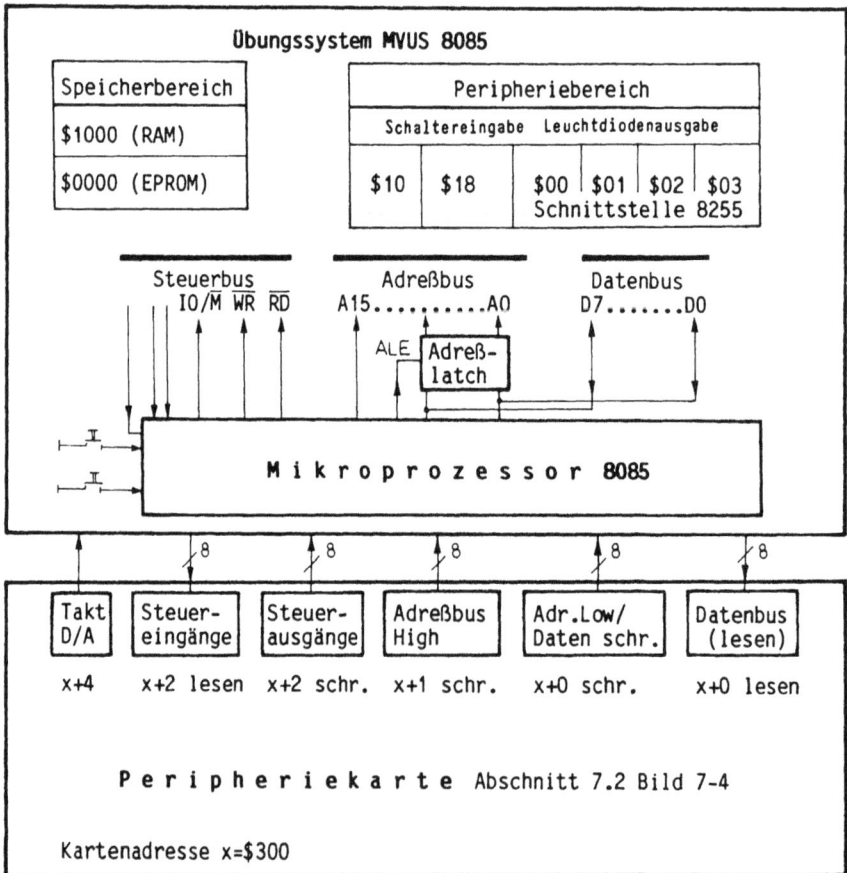

Bild 9-30: Die Hardware des 8085-Emulators

Als Interface dient die in Abschnitt 7.2 (Bild 7-4) behandelte Peripheriekarte. Für den Betrieb am Druckerport wären wieder besondere Speicher
für Adressen und Steuersignale erforderlich. Der mit dem Datenbus gemul-
tiplexte Low-Teil des Adreßbus wird am bidirektionalen Port 0 der Karte
betrieben, der High-Teil des Adreßbus nur in einer Richtung am Port 1. Die
beiden Teile des unidirektionalen Ports 2 dienen zum Lesen und Ausgeben
der Steuersignale. Mangels weiterer Leitungen mußte der D/A-Wandler für
den Takt verwendet werden, der jedoch in dem untersuchten Übungssystem nicht benötigt wird. Die wichtigste Aufgabe eines Emulators ist die
Nachbildung der Bussignale, die je nach Betriebsart und Befehl durchaus
unterschiedlich verlaufen können. *Bild 9-31* zeigt als Beispiel den Verlauf
des ersten Maschinenzyklus (M1), mit dem der Code eines Befehls über den
Datenbus in den Prozessor gelesen wird.

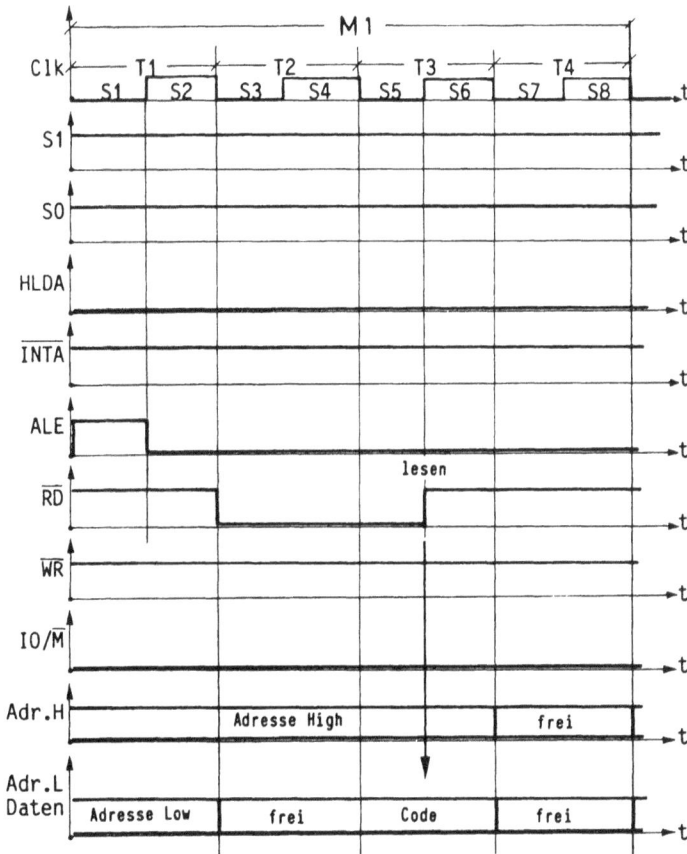

Bild 9-31: Das Bustiming in einem M1-Zyklus (Code lesen)

Ein M1-Zyklus verläuft in den vier Takten T1 bis T4, die in acht Schritte von S1 bis S8 unterteilt wurden. Anders als bei den Bussignalen des im vorigen Abschnitt behandelten Peripheriebuszugriffs werden bei dem vorliegenden Simulator die Steuersignale des Mikroprozessors und die Steuergrößen des Buszugriffs einer Tabelle entnommen. Das zweidimensionale Feld tab enthält in der 1. Indexposition die Nummer des Schrittes und in der 2. Indexposition für jeden Schritt drei Steuerbytes. Das erste Steuerbyte enthält in dem vorliegenden Beispiel nur den Takt, das zweite die Steuerausgänge des Prozessors und das dritte Simulatorsteuergrößen für den Adreß- und Datenbus. *Bild 9-32* zeigt ein vereinfachtes Modell des simulierten Mikroprozessors 8085.

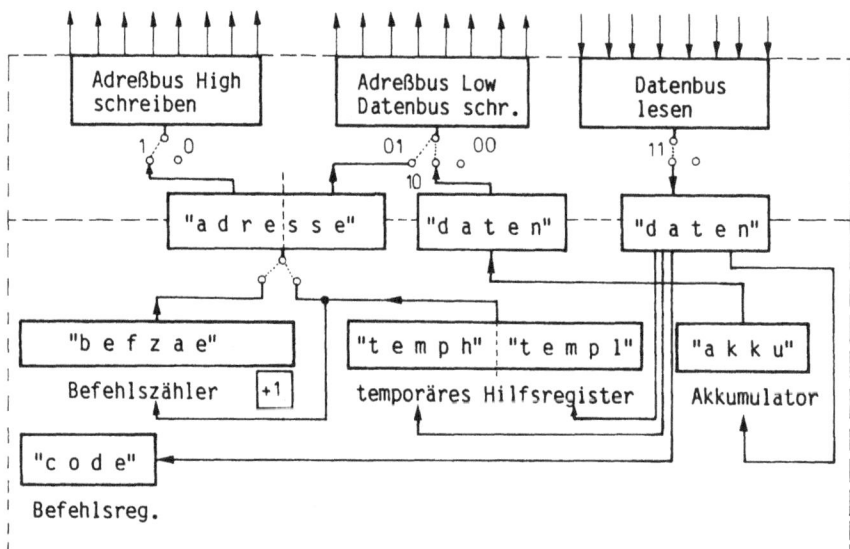

Bild 9-32: Registersatz und Bussteuerung

Von dem Registersatz des Prozessors werden in dem vorliegenden Beispiel nur der Befehlszähler, ein Hilfsregister, der Akkumulator und das Befehlsregister verwendet. Die einzelnen Bitpositionen des dritten Steuerbytes bestimmen beispielsweise in jedem Schritt, ob der Adreßbus eine Adresse oder Daten überträgt oder zum Lesen frei (tristate) geschaltet ist, und wann der Datenbus gelesen wird. Die Übergabe erfolgt in den Variablen adresse und daten. Die gelesenen Daten können je nach Art des Befehls in eins von vier Registern geschrieben werden. Die Auswahl könnte wieder durch eine Tabelle gesteuert werden. *Bild 9-33* zeigt als Beispiel den Aufbau der Tabelle für einen M1-Zyklus.

| | Clk | | S t e u e r s i g n a l e | | | | | | | | | Bussteuerung | |
Schritt	A/D	[i,1]	S1	S0	HLDA	INTA	ALE	RD	WR	IO/M	[i,2]	A_H D.A_L	[i,3]
S1	00000000	$00	1	1	0	1	1	1	1	0	$DE	00010001	$11
S2	10000000	$80	1	1	0	1	0	1	1	0	$D6	00010001	$11
S3	00000000	$00	1	1	0	1	0	0	1	0	$D2	00010000	$10
S4	10000000	$80	1	1	0	1	0	0	1	0	$D2	00010000	$10
S5	00000000	$00	1	1	0	1	0	0	1	0	$D2	00011100	$1C
S6	10000000	$80	1	1	0	1	0	1	1	0	$D6	00010000	$10
S7	00000000	$00	1	1	0	1	0	1	1	0	$D6	00000000	$00
S8	10000000	$80	1	1	0	1	0	1	1	0	$D6	00000000	$00
Endem.	11111111	$FF	1	1	1	1	1	1	1	1	$FF	11111111	$FF

Bild 9-33: Steuertabelle für einen M1-Zyklus

Da die Tabelle auch die Steuergrößen für die Buszustände "Speicher lesen (mrd)", "Speicher schreiben (mwr)", "Peripherie lesen (iord)" und "Peripherie schreiben (iowr)" enthält, wird jede Teiltabelle durch einen *Zeiger* mit dem Anfangsindex und eine *Endemarke* gekennzeichnet, die aus Einerbits ($FF) besteht. Dadurch können die Teiltabellen und damit die durch sie beschriebenen Befehlsabläufe beliebig lang sein. *Bild 9-34* zeigt die Gesamttabelle.

```
PROGRAM prog9p2; (* Bild 9-34: 8085 - Emulator *)
USES  Crt;
CONST fmax = 37;  x = $300;  (* Kartenadresse *)
TYPE  ftyp = ARRAY [1..fmax,1..3] OF BYTE;
CONST  tab : ftyp =                      (* Funktionstabelle *)
 (($00,$DE,$11),($80,$D6,$11),($00,$D2,$10),($80,$D2,$10),($00,$D2,$1C),
  ($80,$D6,$10),($00,$D6,$00),($80,$D6,$00),($FF,$FF,$FF),  (* M1-Zyklus *)
  ($00,$9E,$11),($80,$96,$11),($00,$92,$10),($80,$92,$10),
  ($00,$92,$1C),($80,$96,$10),($FF,$FF,$FF),              (* MRD-Zyklus *)
  ($00,$5E,$11),($80,$56,$11),($00,$54,$12),($80,$54,$12),
  ($00,$54,$12),($80,$56,$12),($FF,$FF,$FF),              (* MWR-Zyklus *)
  ($00,$9F,$11),($80,$97,$11),($00,$93,$10),($80,$93,$10),
  ($00,$93,$1C),($80,$97,$10),($FF,$FF,$FF),              (* IORD-Zyklus *)
  ($00,$5F,$11),($80,$57,$11),($00,$55,$12),($80,$55,$12),
  ($00,$55,$12),($80,$57,$12),($FF,$FF,$FF));             (* IOWR-Zyklus *)
  m1 = 1; mrd = 10; mwr = 17; iord = 24; iowr = 31;  (* Index Zyklen *)
  clk : INTEGER = 1;                (* Bustakt 1 ms vorbesetzt *)
VAR  padre, daten, status, akku, temph, templ, code, mzyk : BYTE;
     adresse, befzae : WORD;
     z : CHAR;  bef : STRING[3]; ende : BOOLEAN;
```

Bild 9-34: Tabelle der Steuersignale und Buszugriffe

Der Aufbau der Tabellen ist zunächst sehr mühsam, da alle Signale binär aufgestellt und dann hexadezimal zusammengefaßt werden müssen (Bild 9-33). Sie bieten jedoch den Vorteil, daß sie beliebig geändert und erweitert werden können, um Änderungen im Befehlsablauf durchzuführen oder um neue Befehle aufzunehmen oder sogar um Befehle zu erfinden, die der reale Prozessor nicht kennt.

```
(* Bild 9-35: Taktgenerator und hexadezimale Ausgabe *)
PROCEDURE takt;    (* Taktgenerator clk = Bustakt ist global *)
BEGIN
  IF clk > 0 THEN Delay(clk);           (* verzögern [ms]  *)
  IF clk < 0 THEN z := UpCase(ReadKey); (* warten auf Taste *)
  END;
PROCEDURE ausbyte(x:BYTE);         (* Byte hexadezimal ausgeben *)
VAR   nib : BYTE;
BEGIN
  nib := (x SHR 4) AND $0F;
  IF nib < 10 THEN Write(CHAR(nib + $30)) ELSE Write(CHAR(nib + $37));
  nib := x AND $0F;
  IF nib < 10 THEN Write(CHAR(nib + $30)) ELSE Write(CHAR(nib + $37))
END;
PROCEDURE anzeige; (* Prozessorzustand:  alle Variablen global *)
BEGIN
Write(' M',mzyk,': PC=$'); ausbyte(Hi(befzae)); ausbyte(Lo(befzae));
Write(' TempH=$'); ausbyte(temph); Write(' TempL=$'); ausbyte(templ);
Write(' Code=$'); ausbyte(code); Write(' Befehl:',bef,' Akku=$');
ausbyte(akku); WriteLn
END;
```

Bild 9-35: Taktsteuerung und Ausgabe des Prozessorzustandes

Die in *Bild 9-35* dargestellte Prozedur t a k t liefert den Prozessortakt und
bestimmt dadurch die Arbeitsgeschwindigkeit des Simulators. Dabei ist
neben einer Verzögerung in der Einheit Millisekunde ein Einzelschrittbetrieb möglich, bei dem nach jedem Schritt auf die Eingabe einer beliebigen
Taste gewartet wird. Die Prozedur a n z e i g e gibt die in dem vorliegenden
Simulator verwendeten Register des Prozessors aus, die nur eine Teil-
menge der tatsächlich vorhandenen Register darstellen. Sie genügen jedoch, den Ablauf einiger Befehle zu demonstrieren.

Das folgende Beispiel zeigt ein Programm in der Assemblerschreibweise des
Prozessors 8085; jedoch mit dem Zeichen "$" für hexadezimale Werte. Es
wird mit dem Busmonitor (Bild 9-38) eingegeben. Bild 9-42 zeigt den Ablauf
des Testprogramms.

Adresse	Inhalt	Name	Befehl	Operand	Bemerkung
			ORG	$1000	Startadresse
$1000	$DB	LOOP	IN	$10	Port $10 lesen
$1001	$10				
$1002	$D3		OUT	$18	Port $18 ausgeben
$1003	$18				
$1004	$C3		JMP	LOOP	springe immer
$1005	$00				
$1006	$10				
			END		

```
(* Bild 9-36: Tabellengesteuerte Buszugriffe *)
PROCEDURE init; (* Schnittstellenkarte initialisieren *)
BEGIN
  Port[x+0] := BYTE(NOT $FF);   (* Adreßbus-Low/Datenbus  High *)
  Port[x+1] := BYTE(NOT $FF);   (* Adreßbus-High  High         *)
  Port[x+2] := $16;             (* 0001 0110 Steuerbus inaktiv *)
  Port[x+4] := $00              (* Takt Low                    *)
END;
PROCEDURE bus(tab:ftyp; ta:INTEGER; adr:WORD; VAR daten,status:BYTE);
VAR   i,n : INTEGER;          (* Feldindex = Tabellenschritt *)
BEGIN
  status := Port[x+2];        (* Steuereingänge lesen        *)
  i := ta; n := 1;            (* Anfangsschritt Tabelle      *)
  WHILE tab[i,3] <> $FF DO     (* Endemarke der Tabelle       *)
  BEGIN
    Port[x+4] := tab[i,1];     (* Konstante Steuersignale     *)
    Port[x+2] := tab[i,2];     (* Konstante Steuersignale     *)
    IF (tab[i,3] AND $F0) = $10 THEN Port[x+1] := NOT Hi(adr);
    IF (tab[i,3] AND $F0) = $00 THEN Port[x+1] := BYTE(NOT $FF);
    IF (tab[i,3] AND $03) = $01 THEN Port[x+0] := NOT Lo(adr);
    IF (tab[i,3] AND $03) = $02 THEN Port[x+0] := NOT daten;
    IF (tab[i,3] AND $03) = $00 THEN Port[x+0] := BYTE(NOT $FF);
    IF clk < 0 THEN Write('S',n); takt;    (* Taktgenerator *)
    IF (tab[i,3] AND $0C) = $0C THEN daten := NOT Port[x+0];
    Inc(i); Inc(n)            (* Nächster Tabellenschritt *)
  END
END;
```

Bild 9-36: Tabellengesteuerte Buszugriffe

Die in *Bild 9-36* dargestellte Prozedur bus bildet den Kern des Emulators. Nach Übergabe der Anfangsadresse der Tabellenschritte über den Parameter t a arbeitet sie selbständig alle Schritte eines Buszyklus bis zur Endemarke $FF ab. Die Steuersignale in den Indexpositionen 1 und 2 werden direkt ausgegeben, lediglich für die Simulatorsteuerung in der Indexposition 3 sind IF-THEN-Abfragen erforderlich. Im Einzelschrittbetrieb (c l k < 1) wird zusätzlich die Nummer des Schrittes ausgegeben, damit bei einer Messung der Signale in der Schaltung der augenblickliche Buszustand und damit die zu erwartenden Meßwerte bekannt sind. In dem untersuchten Übungssystem werden die Zustände des Adreß- und Datenbus auf Siebensegmentanzeigen und die Steuersignale (z.B. RD und WR) durch Leuchtdioden binär angezeigt. *Bild 9-37* zeigt das Hauptprogramm zusammen mit der Struktur des Emulatorprogramms.

Die Auswahl der Betriebsarten erfolgt durch einen Kennbuchstaben. Der Kennbuchstabe "X" beendet das Programm. Mit dem Kennbuchstaben "T" wird der Takt eingestellt. Ein negativer Wert (z.B. -1) bedeutet Einzelschrittbetrieb, bei dem das Programm in jedem Schritt wartet, bis der Benutzer durch Eingabe einer beliebigen Taste den Zyklus fortsetzt. Bei maximaler Geschwindigkeit (Takt = 0) wurde ein Schritt in ca. 50 μs ausgeführt. Dies entspricht einer Taktperiode von 0.1 ms entsprechend einer Taktfrequenz von 10 kHz. Der echte Prozessor 8085 wird mit Taktfrequenzen von 2 bis 6 MHz betrieben. In der Betriebsart "G" (Programmausführung) wird jedoch nach jedem Buszyklus der Zustand der Prozessorregister ausgegeben. Dies dauert ca. 16 ms.

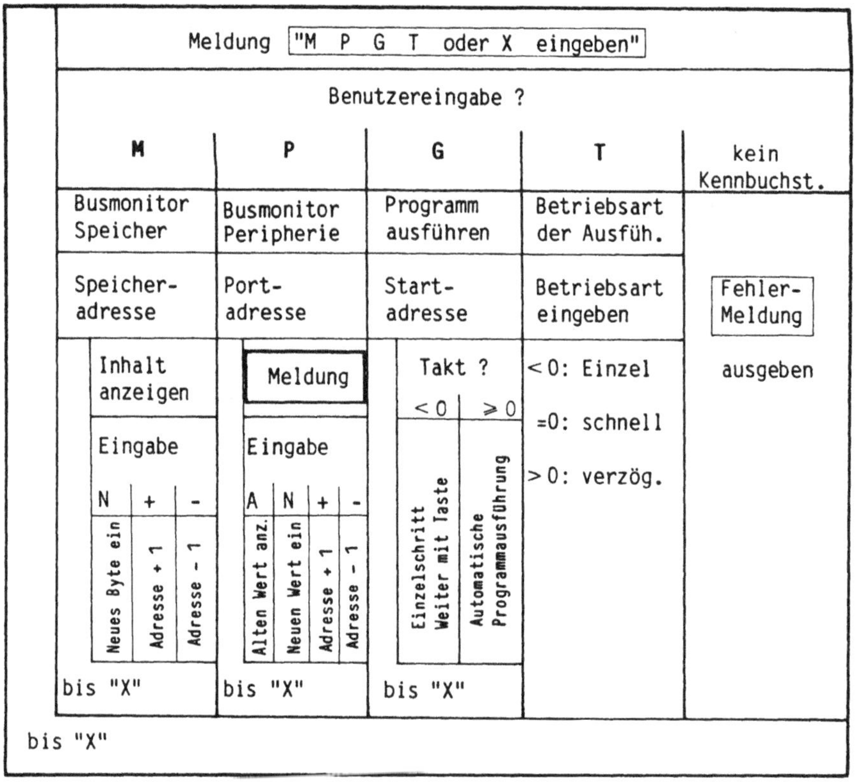

Meldung `"M  P  G  T  oder  X  eingeben"`				
Benutzereingabe ?				
M	**P**	**G**	**T**	kein Kennbuchst.
Busmonitor Speicher	Busmonitor Peripherie	Programm ausführen	Betriebsart der Ausfüh.	
Speicher- adresse	Port- adresse	Start- adresse	Betriebsart eingeben	Fehler- Meldung
Inhalt anzeigen	Meldung	Takt ? < 0 | ≥ 0	< 0: Einzel = 0: schnell > 0: verzög.	ausgeben
Eingabe N | + | − Neues Byte ein | Adresse + 1 | Adresse − 1	Eingabe A | N | + | − Alten Wert anz. | Neuen Wert ein | Adresse + 1 | Adresse − 1	Einzelschritt Weiter mit Taste | Automatische Programmausführung		
bis "X"	bis "X"	bis "X"		
bis "X"				

```
(* Bild 9-37: Hauptprogramm 8085-Emulator *)
BEGIN
init;           (* Prozessor initialisieren *)
REPEAT          (* Hauptschleife Funktionen Busmonitor Programm Takt *)
  ClrScr; ende := FALSE;
  Write('8085-Emulator (M = Memory  P = Port  G = Gehe  T = Takt  X = Ende');
  Write(' ->'); z := UpCase(ReadKey); WriteLn(z);
  CASE z OF
  'X' : ende := TRUE;
  'T' : BEGIN
        Write('Taktgenerator Takt [ms] (-1=Einzel) ->'); ReadLn(clk)
        END;
```

Bild 9-37: Die Betriebsarten des Emulators

```
(* Bild 9-38: Busmonitor für Speicherzugriffe *)
 'M' : BEGIN                        (* Busmonitor für Speicherzugriffe *)
       Write('Speicheradresse $xxxx ->'); ReadLn(adresse);
       WriteLn('Kommandos: N = neu  + = Adr.+1  - = Adr.-1  X = Ende');
       REPEAT                       (* Kommandoschleife bis Ende mit X *)
         Write('Adresse $'); ausbyte(Hi(adresse)); ausbyte(Lo(adresse));
         Write(' '); bus(tab,mrd,adresse,daten,status);
         Write('  Inhalt $'); ausbyte(daten);
         Write('  weiter ->'); z := UpCase(ReadKey); Write(z);
         CASE z OF
         'X' : WriteLn;
         'N' : BEGIN
                 Write(' Daten $xx ->'); ReadLn(daten);
                 bus(tab,mwr,adresse,daten,status); WriteLn; Inc(adresse)
               END;
         '+' : BEGIN  Inc(adresse); WriteLn  END;
         '-' : BEGIN  Dec(adresse); WriteLn  END;
         ELSE
             WriteLn('Kein Kommando !!!!')
         END
       UNTIL z = 'X';
       END;
```

```
8085-Emulator (M = Memory  P = Port  G = Gehe  T = Takt  X = Ende ->M
Speicheradresse $xxxx ->$1000
Kommandos: N = neu  + = Adr.+1  - = Adr.-1  X = Ende
Adresse $1000   Inhalt $50  weiter ->N Daten $xx ->$DB

Adresse $1001   Inhalt $9F  weiter ->N Daten $xx ->$10

Adresse $1002   Inhalt $00  weiter ->N Daten $xx ->$D3

Adresse $1003   Inhalt $FF  weiter ->N Daten $xx ->$18

Adresse $1004   Inhalt $00  weiter ->N Daten $xx ->$C3

Adresse $1005   Inhalt $FF  weiter ->N Daten $xx ->$00

Adresse $1006   Inhalt $00  weiter ->N Daten $xx ->$10

Adresse $1007   Inhalt $FF  weiter ->
```

Bild 9-38: Busmonitor für Speicherzugriffe

In der Betriebsart "M" (Memory) des Emulators können Speicherbausteine der untersuchten Schaltung adressiert und gelesen bzw. beschrieben werden. Nach der Eingabe der Speicheradresse wird zunächst der alte Inhalt angezeigt. Mit dem Kommando "N" können, falls es sich um einen RAM-Baustein handelt, neue Werte in den Baustein geschrieben werden. Damit ist es möglich, Testprogramme bestehend aus den in Bild 9-40 dargestellten Befehlen einzugeben.

```
(* Bild 9-39: Busmonitor Peripheriezugriffe *)
  'P' : BEGIN                          (* Busmonitor Peripheriezugriffe *)
        Write('Portadresse $xx ->'); ReadLn(padre);
        WriteLn('Kommandos: A = alt N = neu + = Adr.+1 - = Adr.-1 X = Ende');
        REPEAT                         (* Kommandoschleife bis Ende mit X *)
        Write('Port $'); ausbyte(padre); adresse := (padre SHL 8) OR padre;
        Write('  weiter ->'); z := UpCase(ReadKey); Write(z);
        CASE z OF
        'X' : WriteLn;
        'A' : BEGIN
                Write('  '); bus(tab,iord,adresse,daten,status);
                Write('  Inhalt $'); ausbyte(daten); WriteLn
              END;
        'N' : BEGIN
                Write(' Daten $xx ->'); ReadLn(daten);
                bus(tab,iowr,adresse,daten,status); WriteLn
              END;
        '+' : BEGIN  Inc(padre); WriteLn  END;
        '-' : BEGIN  Dec(padre); WriteLn  END;
        ELSE
          WriteLn(' Kein Kommando !!!')
        END;
        UNTIL z = 'X'
      END;
```

```
8085-Emulator (M = Memory  P = Port  G = Gehe  T = Takt  X = Ende ->P
Portadresse $xx ->$18
Kommandos: A = alt N = neu + = Adr.+1 - = Adr.-1 X = Ende
Port $18  weiter ->N Daten $xx ->$55

Port $18  weiter ->N Daten $xx ->$aa

Port $18  weiter ->A    Inhalt $FF
Port $18  weiter ->
```

Bild 9-39: Busmonitor für Peripheriezugriffe

Der in *Bild 9-39* dargestellte Busmonitor für Peripheriezugriffe (Kenn-buchstabe "P") gestattet die Untersuchung von Peripherieports, deren Adresse hexadezimal einzugeben ist. Das Kommando "N" dient zur Ausgabe von Daten, das Kommando "A" liest Daten von dem adressierten Port. Im Gegensatz zu einem Speicherzugriff wird dabei die Adresse nicht automatisch erhöht; dazu dienen die Kommandos "+" und "-".

Mit den beiden Betriebsarten für Speicher- und Peripheriezugriffe lassen sich die Steuerlogik und sowie die Bausteine einer Mikrocomputerschaltung statisch untersuchen. Für den dynamischen Test ist es jedoch oft erforderlich, Testprogramme ablaufen zu lassen, die z.B. in einer Schleife alle Bitmuster von $00 bis $FF auf einem Port ausgeben. Sie lassen sich in dem vorliegenden Beispiel aus den in *Bild 9-40* dargestellten Befehlen zu-sammensetzen.

Assembler		Befehlscodierung			Befehlsausführung			
Befehl	Operand	Länge	Code	2.Byte	3.Byte	M1	M2	M3	M4
NOP	-	1	$00	-	-	Code	-	-	-
INR	-	1	$3C	-	-	Code	-	-	-
DCR	-	1	$3D	-	-	Code	-	-	-
MVI	A,konst	2	$3E	konst	-	Code	MRD	-	-
IN	port	2	$DB	adr.	-	Code	MRD	IORD	-
OUT	port	2	$D3	adr.	-	Code	MRD	IOWR	-
LDA	adresse	3	$3A	adr.L	adr.H	Code	MRD	MRD	MRD
STA	adresse	3	$32	adr.L	adr.H	Code	MRD	MRD	MWR
JMP	adresse	3	$C3	adr.L	adr.H	Code	MRD	MRD	-
HLT	-	1	$76	-	-	Code	-	-	-

Bild 9-40: Tabelle der simulierten Befehle

Für die Befehle wurden die symbolischen Bezeichnungen sowie die hexadezimalen Codes des Prozessors 8085 verwendet. Jeder Befehl besteht aus
mindestens einem M1-Zyklus, in dem der Code des Befehls geholt wird. Der
Befehl NOP ("tu nix") besteht nur aus dem M1-Zyklus. Die Befehle INR und
DCR erhöhen bzw. vermindern den Inhalt des Akkus um 1 und führen keine
weiteren Buszugriffe durch. Der Befehl MVI lädt den Akku mit einer Konstanten, die in einem weiteren Lesezyklus von der auf den Code folgenden
Adresse geholt wird. Die Befehle IN und OUT holen in dem folgenden Buszyklus die Portadresse und lesen bzw. beschreiben den adressierten Peripherieport im dritten Maschinenzyklus M3, in dem die Portadresse sowohl
auf dem höheren als auch auf dem niederen Teil des Adreßbus ausgegeben
wird. Die beiden Befehle LDA und STA holen in einem zweiten und dritten
Maschinenzyklus eine Speicheradresse. Sie wird im vierten Zyklus auf den
Adreßbus gelegt. Der Befehl JMP führt einen unbedingten Sprung zu dem
Befehl aus, dessen Adresse in den Maschinenzyklen M2 und M3 gelesen
wurde. Für die Simulation von bedingten Sprungbefehlen wäre es erforderlich gewesen, auch noch die Arbeit des Rechenwerks zu simulieren, um
die Sprungbedingungen auswerten zu können. Der Befehl HLT bringt den
Prozessor in einen Wartezustand und führt keine weiteren Buszugriffe
durch.

```
(* Bild 9-41: Befehle LDA STA IN OUT JMP INR DCR MVI NOP HLT simulieren *)
  'G' : BEGIN                  (* 8085 - Programm ausführen        *)
        temph := 0; templ := 0; akku := 0; z := #0;
        Write('Startadresse $xxxx ->'); Readln(befzae);
        REPEAT
          WriteLn; mzyk := 1;      (* Maschinenzyklus M1 : Code holen *)
          bus(tab,m1,befzae,code,status);
          CASE code OF
          $3A : BEGIN   ` (* Befehl: LDA = Lade Akkumulator  *)
                  bef := 'LDA'; anzeige; Inc(befzae); Inc(mzyk);
                  bus(tab,mrd,befzae,templ,status); (* Adresse Low *)
                  anzeige; Inc(befzae); Inc(mzyk);
                  bus(tab,mrd,befzae,temph,status); (* Adresse High *)
                  anzeige; Inc(mzyk); adresse := (temph SHL 8) OR templ;
                  bus(tab,mrd,adresse,akku,status); (* Daten lesen *)
                  anzeige; Inc(befzae)
                END;
```

```
                    $32: BEGIN     (* Befehl: STA = Speichere Akkumulator *)
                         bef := 'STA'; anzeige; Inc(befzae); Inc(mzyk);
                         bus(tab,mrd,befzae,templ,status);   (* Adresse Low *)
                         anzeige; Inc(befzae); Inc(mzyk);
                         bus(tab,mrd,befzae,temph,status);   (* Adresse High *)
                         anzeige; Inc(mzyk); adresse := (temph SHL 8) OR templ;
                         bus(tab,mwr,adresse,akku,status);   (* Daten schreiben *)
                         anzeige; Inc(befzae)
                         END;
                    $C3: BEGIN     (* Befehl: JMP = Springe immer *)
                         bef := 'JMP'; anzeige; Inc(befzae); Inc(mzyk);
                         bus(tab,mrd,befzae,templ,status);   (* Adresse Low *)
                         anzeige; Inc(befzae); Inc(mzyk);
                         bus(tab,mrd,befzae,temph,status);    (* Adresse High *)
                         anzeige; befzae := (temph SHL 8) OR templ
                         END;
                    $DB: BEGIN     (* Befehl: IN = Lade Akku von Port  *)
                         bef := 'IN '; anzeige; Inc(befzae); Inc(mzyk);
                         bus(tab,mrd,befzae,templ,status); temph := templ;
                         anzeige; Inc(mzyk); adresse := (temph SHL 8) OR templ;
                         bus(tab,iord,adresse,akku,status);   (* Daten lesen *)
                         anzeige; Inc(befzae)
                         END;
                    $D3: BEGIN     (* Befehl: OUT = Speichere Akku nach Port *)
                         bef := 'OUT'; anzeige; Inc(befzae); Inc(mzyk);
                         bus(tab,mrd,befzae,templ,status); temph := templ;
                         anzeige; Inc(mzyk); adresse := (temph SHL 8) OR templ;
                         bus(tab,iowr,adresse,akku,status);   (* Daten schreiben *)
                         anzeige; Inc(befzae)
                         END;
                    $3E: BEGIN     (* Befehl: MVI = Lade Akku mit Konstanten *)
                         bef := 'MVI'; anzeige; Inc(befzae); Inc(mzyk);
                         bus(tab,mrd,befzae,akku,status);    (* Konstante laden *)
                         anzeige; Inc(befzae)
                         END;
                    $3C: BEGIN     (* Befehl: INR = Akku := Akku + 1 *)
                         bef := 'INR'; Inc(akku); anzeige; Inc(befzae)
                         END;
                    $3D: BEGIN     (* Befehl: DCR = Akku := Akku - 1 *)
                         bef := 'DCR'; Dec(akku); anzeige; Inc(befzae)
                         END;
                    $00: BEGIN     (* Befehl: NOP = Tu Nix *)
                         bef := 'NOP'; anzeige; Inc(befzae)
                         END;
                    $76: BEGIN     (* Befehl: HLT = Anhalten bis Interrupt *)
                         bef := 'HLT'; anzeige; Inc(befzae); WriteLn;
                         Write(' HLT-Befehl Abbruch mit X ->');
                         z := UpCase(ReadKey)
                         END
                    ELSE
                      Write(' $'); ausbyte(code); Write(' Unbekannter Code !!!');
                      Inc(befzae); Write(' Abbruch mit X ->'); z := UpCase(ReadKey)
                    END;
                    IF KeyPressed THEN z := UpCase(ReadKey)
                 UNTIL z = 'X'
             END;
      ELSE
         WriteLn('Eingabefehler')
      END
  UNTIL ende
END.
```

Bild 9-41: Die Simulation einiger Prozessorbefehle

Die in *Bild 9-41* dargestellte Befehlssimulation beginnt mit dem Lesen der Startadresse, d.h. mit der Adresse des Bytes, auf der sich der Code des ersten Befehls befindet. Dann läuft das Programm selbständig ab, bis es entweder mit der Taste "X" abgebrochen wird oder bei einem HLT-Befehl oder einem nicht simulierten Code anhält. Nach dem Lesen des Codes in einem M1-Zyklus folgt die Decodierung durch eine Fallunterscheidung CASE-OF. Die weitere Befehlsausführung erfolgt durch besondere Anweisungen, die zeigen, welche Register- und Buszugriffe erforderlich sind. Für die Simulation aller 256 möglichen Befehle des Prozessors wäre es jedoch vorteilhafter, den Befehlsablauf durch Tabellen ähnlich wie die Buszugriffe zu steuern. *Bild 9-42* zeigt den Ablauf des in Bild 9-38 eingegebenen Testprogramms einmal im Einzelschritt (Schritte S1..Sx) und dann freilaufend.

```
8085-Emulator (M = Memory  P = Port  G = Gehe  T = Takt  X = Ende ->G
Startadresse $xxxx ->$1000

S1S2S3S4S5S6S7S8 M1: PC=$1000 TempH=$00 TempL=$00 Code=$DB Befehl:IN    Akku=$00
S1S2S3S4S5S6 M2: PC=$1001 TempH=$10 TempL=$10 Code=$DB Befehl:IN    Akku=$00
S1S2S3S4S5S6 M3: PC=$1001 TempH=$10 TempL=$10 Code=$DB Befehl:IN    Akku=$F0

S1S2S3S4S5S6S7S8 M1: PC=$1002 TempH=$10 TempL=$10 Code=$D3 Befehl:OUT  Akku=$F0
S1S2S3S4S5S6 M2: PC=$1003 TempH=$18 TempL=$18 Code=$D3 Befehl:OUT  Akku=$F0
S1S2S3S4S5S6 M3: PC=$1003 TempH=$18 TempL=$18 Code=$D3 Befehl:OUT  Akku=$F0

S1S2S3S4S5S6S7S8 M1: PC=$1004 TempH=$18 TempL=$18 Code=$C3 Befehl:JMP  Akku=$F0
S1S2S3S4S5S6 M2: PC=$1005 TempH=$18 TempL=$00 Code=$C3 Befehl:JMP  Akku=$F0
S1S2S3S4S5S6 M3: PC=$1006 TempH=$10 TempL=$00 Code=$C3 Befehl:JMP  Akku=$F0

S1S2S3S4S5S6S7S8 M1: PC=$1000 TempH=$10 TempL=$00 Code=$DB Befehl:IN    Akku=$F0
S1
```

```
8085-Emulator (M = Memory  P = Port  G = Gehe  T = Takt  X = Ende ->G
Startadresse $xxxx ->$1000

M1: PC=$1000 TempH=$00 TempL=$00 Code=$DB Befehl:IN   Akku=$00
M2: PC=$1001 TempH=$10 TempL=$10 Code=$DB Befehl:IN   Akku=$00
M3: PC=$1001 TempH=$10 TempL=$10 Code=$DB Befehl:IN   Akku=$F0

M1: PC=$1002 TempH=$10 TempL=$10 Code=$D3 Befehl:OUT  Akku=$F0
M2: PC=$1003 TempH=$18 TempL=$18 Code=$D3 Befehl:OUT  Akku=$F0
M3: PC=$1003 TempH=$18 TempL=$18 Code=$D3 Befehl:OUT  Akku=$F0

M1: PC=$1004 TempH=$18 TempL=$18 Code=$C3 Befehl:JMP  Akku=$F0
M2: PC=$1005 TempH=$18 TempL=$00 Code=$C3 Befehl:JMP  Akku=$F0
M3: PC=$1006 TempH=$10 TempL=$00 Code=$C3 Befehl:JMP  Akku=$F0

M1: PC=$1000 TempH=$10 TempL=$00 Code=$DB Befehl:IN   Akku=$F0
M2: PC=$1001 TempH=$10 TempL=$10 Code=$DB Befehl:IN   Akku=$F0
M3: PC=$1001 TempH=$10 TempL=$10 Code=$DB Befehl:IN   Akku=$F0
```

Bild 9-42: Ablauf eines Testprogramms

9.2.4   Das Auslesen eines Speicheroszilloskops

Speicheroszilloskope sind besonders für Messungen in Mikrocomputerschaltungen geeignet. Sie tasten das anliegende Signal mit einem schnellen
Analog/Digitalwandler ab und speichern es in einem Schreib/Lesespeicher.
Die gespeicherte Aufzeichnung wird auf dem Bildschirm des Oszilloskops
durch Digital/Analogwandler periodisch wiederholt dargestellt. Dadurch
erscheinen einmalige Vorgänge wie z.B. Tastenprellungen als stehende
Anzeige auf dem Bildschirm. Für Dokumentationszwecke können die aufgenommenen Vorgänge auf besonderen Druckern ausgegeben oder über den
IEC-Bus ausgelesen und in einem Rechner weiterverarbeitet werden.
Dieser Abschnitt zeigt das Auslesen eines Speicheroszilloskops, das bereits für den Anschluß eines Druckers bzw. einer IEC-Bus-Schnittstelle
vorgesehen ist.

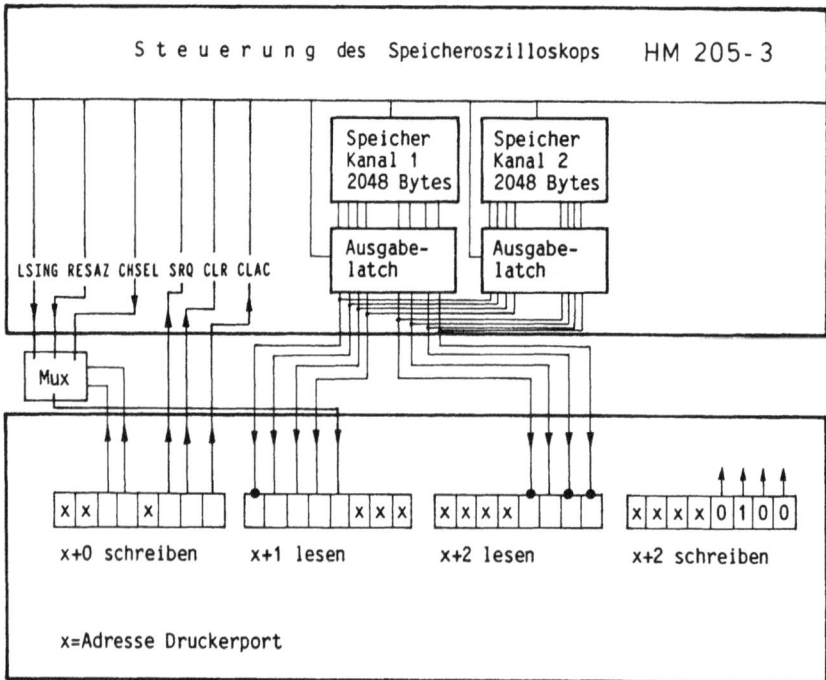

Bild 9-43: Speicheroszilloskop am Druckerport

Das untersuchte Zweikanal-Speicheroszilloskop (HM 205-3) arbeitet mit
einer maximalen Abtastfrequenz von 20 MHz (50 ns pro Abtastung) bei
einer Speichertiefe von 2048x8 bit/Kanal. Die Speicher lassen sich durch
Anlegen von Steuersignalen auslesen. *Bild 9-43* zeigt eine entsprechende
Schaltung am Druckerport. Der Steuereingang SRQ bringt das Gerät in den
Auslesebetrieb und gibt die Ausgangsspeicher frei. Da der Auslesetakt
CLAC von außen angelegt wird, werden an das auslesende Gerät, in diesem
Fall den PC, keine besonderen zeitlichen Anforderungen gestellt. Von den

drei Steuerausgängen wird bei der zur Verfügung stehenden Ausführung nur das Signal CHSEL verwendet, das anzeigt, welcher Kanal gerade ausgelesen wird. Daher ist der Kanalumschalter (Mux) zur Auswahl der Signale nicht unbedingt erforderlich. Das in *Bild 9-44* dargestellte Programm erlaubt neben dem Auslesen des Oszilloskops auch eine graphische Ausgabe auf dem Bildschirm mit Druckoption sowie die Möglichkeit, Aufzeichnungen als Datei abzuspeichern oder alte Aufzeichnungen zu laden, um sie mit den neuen zu vergleichen.

```
PROGRAM prog9p4;    (* Bild 9-44: Speicheroszilloskop auslesen *)
(*$M $2000,0,$10000 *)      (* 8 Kyte Stapel 0.. 40 KByte Heap *)
USES    Crt, Dos, Graph, Printer, Dgraph;   (* Prozedur druck *)
CONST   pmax = 2048;
VAR     k : ARRAY[1..pmax,0..1] OF BYTE;         (* 2 Kanäle *)
        x : WORD;               (* Adresse Druckerport global *)
        i,nr,xmax,ymax,xmitte,ymitte : INTEGER; (* x.. global *)
        k1a,k2a,k1f,k2f,k1m,k2m,xf,yf: INTEGER;
        z,az,zd : CHAR;
        daten : FILE OF BYTE;
        name,schrift : STRING;
FUNCTION wert : BYTE;  (* Datenwert lesen und zusammensetzen *)
BEGIN
  wert := ((Port[x+1] AND $F0) OR (Port[x+2] AND $0F)) XOR $8B
END;
FUNCTION kanal : BYTE ;  (* Kanalnummer lesen und aufbereiten *)
BEGIN kanal := (Port[x+1] SHR 3) AND $01 END;
PROCEDURE graphstart;  (* Einstellen und Start Graphikbetrieb *)
VAR  GraphDriver, Graphmode, ErrorCode : INTEGER;
(* xmax, ymax, xmitte, ymitte sind global *)
BEGIN
  GraphDriver := Detect;
  InitGraph(GraphDriver,Graphmode,'c:\turbop');
  IF Errorcode <> 0 THEN WriteLn('Fehler:',ErrorCode);
  xmax := GetMaxX; xmitte := xmax DIV 2;
  ymax := GetMaxY; ymitte := ymax DIV 2
END;
BEGIN (*  H a u p t p r o g r a m m  *)
REPEAT
  WriteLn; Write('HM 205-3  A = Auslesen  G = Grafik  D = Datei  X = Ende ->');
  az := UpCase(ReadKey); WriteLn(az);
  CASE az OF
  'X' : WriteLn('Auf Wiedersehen ');
```

Bild 9-44: Unterprogramme und Betriebsartauswahl

Die Funktion wert setzt die an den beiden Eingängen des Druckerports ankommenden Teile des ausgelesenen Wertes zu einem Byte zusammen und berücksichtigt dabei Komplementierungen, die sich aus der Schaltung des Druckerports ergeben. Die Funktion kanal liefert die Nummer des gerade ausgelesenen Kanals, eine Umschaltung des Multiplexers ist nicht erforderlich, da die beiden anderen Ausgänge nicht ausgewertet werden. Die Prozedur graphstart initialisiert den Graphikbetrieb für die Bildschirmanzeige. Das Hauptprogramm wählt über einen Kennbuchstaben eine von drei Betriebsarten aus.

```
(* Bild 9-45: Beide Kanäle auslesen und Daten nach Feld k speichern  *)
 'A' : BEGIN (* HM 205-3 auslesen *********************************)
       Write('HM205-3 bereit an LPT 1, 2, 3 oder 4 ->'); ReadLn(x);
       x := MemW[$40 : x*2 + 6];              (* Kartenadresse global  *)
       Port[x+0] := $06; Port[x+2] := $04;           (* initialisieren *)
       FOR nr := 0 TO 1 DO                 (* Für beide Kanäle 1 und 2 *)
       BEGIN
       REPEAT                         (* Warten auf Zustand CHSEL = 0 *)
         Port[x+0] := $07; Port[x+0] := $06           (* CLAC-Impuls *)
       UNTIL kanal = nr;
       REPEAT            (* Warten auf Flanke CHSEL 0 --> 1  Kanal nr *)
         Port[x+0] := $07; Port[x+0] := $06           (* CLAC-Impuls *)
       UNTIL kanal = ((nr+1) MOD 2);
       FOR i := 1 TO pmax DO         (* Kanal nr lesen und speichern *)
       BEGIN
         k[i,nr] := wert; Port[x+0] := $07; Port[x+0] := $06; (*CLAC*)
       END
       END;
       Port[x+0] := $02;             (* 0 0010  SRQ = 0  CLRSING = 1 *)
       WriteLn('Beide Kanäle erfolgreich gelesen ')
       END;
```

Bild 9-45: Betriebsart Oszilloskop auslesen

Die in *Bild 9-45* dargestellte Betriebsart liest beide Kanäle des Speicheroszilloskops und speichert sie in dem zweidimensionalen Feld k. Nach der
Initialisierung mit SRQ liest jede fallende Flanke von CLAC ein Byte aus.
Da am Beginn des Auslesens nicht sicher ist, mit welchem Byte und mit welchem Kanal begonnen wird, wird auf den entsprechenden Kanalwechsel am
Ausgang CHSEL gewartet, bevor die 2048 Bytes eines Kanals nacheinander
gelesen werden. *Bild 9-46* zeigt die Anzeige auf dem Bildschirm des PC.

Die 2048 Bildpunkte eines Kanals werden auf dem Schirm des Speicheroszilloskops auf einer Länge von 10 cm dargestellt. Bei der Ausgabe auf dem
Bildschirm des PC stehen bei einer Auflösung von 640 x 480 Bildpunkten
nur 640 Punkte zur Verfügung, die Aufzeichnung ist um das 3.2↑fache
länger als der Bildschirm. Da oft nur Teile einer Aufzeichnung interessie-
ren, lassen sich verschiedene Ausschnitte und Verkleinerungsfaktoren
angeben. Für die Ausgabe beginnend mit dem Anfangspunkt 1 und einem
Fenster von 3 Teilen wird nur jeder dritte Bildpunkt dargestellt, die Aufzeichnung erscheint jedoch bis auf einen Rest von 2/10 in voller Länge.
Der Ausschnitt kann durch die beiden Tasten "Cursor rechts" und "Cursor
links" verschoben werden. Die Lage der Nullinie läßt sich für beide Kanäle
einzeln festlegen. Für die Druckerausgabe wird die in Band 1 Bild 9-16
beschriebene Prozedur in der benutzerdefinierten Unit dgraph verwendet; sie ist jedoch auf den Drucker STAR LC24-10 zugeschnitten.

```
(* Bild 9-46: Graphische Bildschirmausgabe mit Druckoption         *)
 'G' : BEGIN (* Kanäle graphisch darstellen ***************************)
            Write('Kanal 1:    Anfangspunkt -> '); ReadLn(k1a);
            Write('Fenster 1 2 oder 3 Teile -> '); ReadLn(k1f);
            Write('Null-Linie 0  128  256   -> '); ReadLn(k1m);
            Write('Kanal 2:    Anfangspunkt -> '); ReadLn(k2a);
            Write('Fenster 1 2 oder 3 Teile -> '); ReadLn(k2f);
            Write('Null-Linie 0  350  478   -> '); ReadLn(k2m);
            Write('X-Faktor bei Druck 1  2  -> '); ReadLn(xf);
            Write('Y-Faktor bei Druck 1  2  -> '); ReadLn(yf);
            Write('Beschriftung bei Druck   -> '); ReadLn(schrift);
            Write('Bild drucken mit  D  löschen mit cr  weiter mit ->cr');
            ReadLn;
            graphstart; SetColor(15); (* Graphikbetrieb umschalten *)
            REPEAT
            Rectangle(0,0,xmax,ymax);
            Line(0,k1m,xmax,k1m); Line(0,k2m,xmax,k2m);
            MoveTo(0,256-k[k1a*k1f+1,0]);
            FOR i := 0 TO xmax DO LineTo(i,256 - k[(i+k1a)*k1f+1,0]);
            MoveTo(0,478-k[k2a*k2f+1,1]);
            FOR i := 0 TO xmax DO LineTo(i,478 - k[(i+k2a)*k2f+1,1]);
            zd := UpCase(ReadKey);
            IF zd = #0 THEN BEGIN zd := ReadKey; ClearViewPort END;
            IF zd = #77 THEN BEGIN Inc(k1a); Inc(k2a) END;
            IF zd = #75 THEN BEGIN Dec(k1a); Dec(k2a) END;
            IF zd = 'D' THEN druck(xf,yf);
            UNTIL (zd = 'D') OR (zd = #$0D);
            CloseGraph;
            IF zd = 'D' THEN WriteLn(Lst,schrift);
            WriteLn('Kanal 1: Anfang = ',k1a:4,' Bild: ',k1f,' Null: ',k1m);
            WriteLn('Kanal 2: Anfang = ',k2a:4,' Bild: ',k2f,' Null: ',k2m)
       END;
```

Bild 9-46: Graphische Bildschirmausgabe

Die in *Bild 9-47* dargestellte Betriebsart "D" (Dateiverwaltung) ermöglicht das Abspeichern von Aufzeichnungen, die dadurch auch von anderen Programmen ausgewertet werden können. Umgekehrt ist es möglich, Ergebnisse anderer Programme zu laden, auf dem Bildschirm darzustellen, mit Aufzeichnungen des Speicheroszilloskops zu vergleichen und auszudrukken. Von diesen Anwendungen wird in späteren Beispielen Gebrauch gemacht werden. Mit dem Kommando "M" gelangt der Benutzer, ähnlich wie im Turbo Pascal File Menü mit der Option OS Shell, auf die Kommandoebene des Betriebssystems, um Dateioperationen durchzuführen. Die Rückkehr erfolgt durch das Betriebssystemkommando exit. *Bild 9-48* zeigt eine Aufzeichnung von Tastenprellungen (Kanal 1 oben) zusammen mit einer Rechteckfrequenz von 10 kHz (Kanal 2 unten) als Zeitbasis. Derselbe Vorgang wurde gleichzeitig mit dem in Abschnitt 9.2.1 beschriebenen "Logikanalysator" am Druckerport aufgenommen. Ein Vergleich zeigt, daß vom "Logikanalysator" wegen der geringen Abtastrate von ca. *5.5 µs/Aufzeichnung* kurze Impulse nicht erkannt wurden, was durchaus auch für das Speicheroszilloskop mit einer Abtastrate von 50 ns/Aufzeichnung der Fall sein kann.

```
(* Bild 9-47: Dateiverwaltung Speichern und Laden von Aufzeichnungen *)
  'D' : BEGIN (* Dateiverwaltung ----------------------------------*)
        REPEAT
          WriteLn;
          Write('Datei S = Speichern  L = Laden  M = MS-DOS  X = Ende ->');
          zd := UpCase(ReadKey); WriteLn(zd);
          CASE zd OF
          'S' : BEGIN  (* Speichern Kanal nach Datei Byte DAten *)
                FOR nr := 0 TO 1 DO
                BEGIN
                Write('Kanal ',nr+1,' speichern j/n? ->'); zd := UpCase(ReadKey);
                IF zd = 'J' THEN
                BEGIN
                  Write('Dateiname xxxxxxxx.BDA:'); ReadLn(name);
                  Assign(daten,name); Rewrite(daten);
                  FOR i := 1 TO pmax DO Write(daten,k[i,nr]);
                  Close(daten)
                END
                END
                END;
          'L' : BEGIN  (* Laden Kanal von Datei Byte DAten *)
                FOR nr := 0 TO 1 DO
                BEGIN
                Write('Kanal ',nr+1,' laden j/n ->'); zd := UpCase(ReadKey);
                IF zd = 'J' THEN
                BEGIN
                  REPEAT
                    Write('Dateiname xxxxxxxx.BDA:'); ReadLn(name);
                    Assign(daten,name); (*$I-*) Reset(daten) (*$I+*);
                  UNTIL IOResult = 0;
                  i := 1;
                  REPEAT
                    Read(daten,k[i,nr]); Inc(i)
                  UNTIL Eof(daten) OR (i > pmax);
                  WriteLn(i-1,' Werte geladen'); Close(daten)
                END
                END
                END;
          'M' : BEGIN  (* Nach Dateiverwaltung MS-Dos *)
                WriteLn('*** MS-DOS-Kommandoebene zurück mit ..->exit cr');
                SwapVectors; Exec(GetEnv('COMSPEC'),''); SwapVectors;
                WriteLn('*** Wieder Pascal-Programm ***')
                END;
          'X' : WriteLn('Ende der Dateiverwaltung ')
          END
        UNTIL zd = 'X';
      END
    ELSE
      WriteLn('Eingabefehler !!!!')
    END
UNTIL az = 'X'
END.
```

Bild 9-47: Dateiverwaltung für Aufzeichnungen

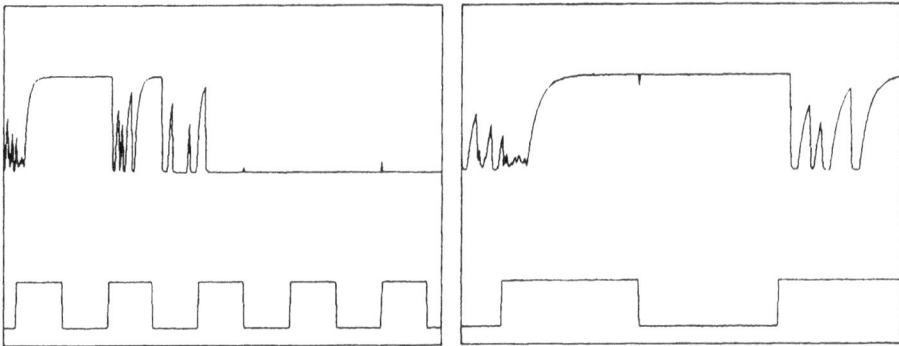

Gesamtaufzeichnung (Fenster 3 Teile)   Teilausschnitt (Fenster 1 Teil)

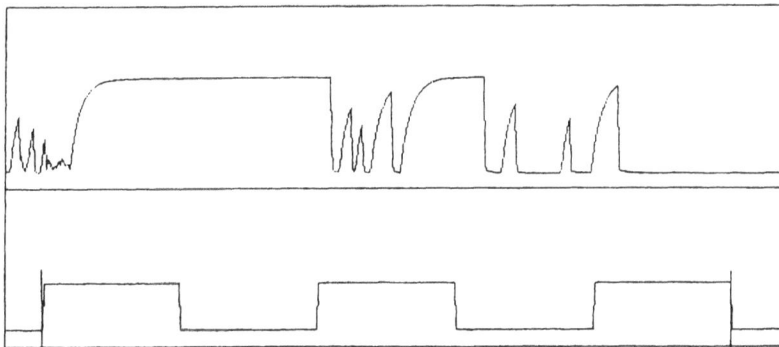

50 us/cm 1V/cm Kanal2: 10 kHz T = 100us

Tastenprellungen gemessen mit einem Speicheroszilloskop

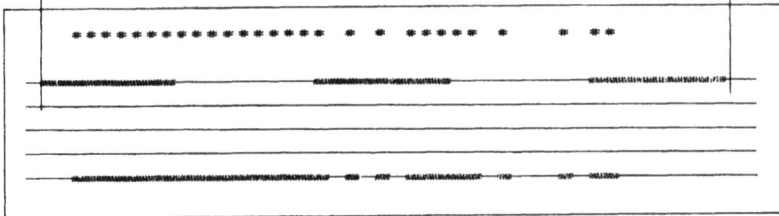

Tastenprellungen gemessen mit dem Programm Bild 9-25

Bild 9-48: **Aufzeichnungen von Tastenprellungen**

9.2.5   Die Ansteuerung von Schrittmotoren

Ein Schrittmotor besteht im Prinzip aus einem Rotor mit mehreren am Umfang verteilten Dauermagneten und einem Stator mit Magnetpolen, die von stromdurchflossenen Wicklungen erregt werden. Dabei folgen die Dauermagnete des Rotors dem Statorfeld. Bei jeder Ansteuerung der Statorwicklungen bewegt sich der Rotor um genau einen Winkelschritt weiter. Diese schrittgenaue Positionierung wird z.B. für die Steuerung von Plottern, Druckern, Scannern, Robotern und anderen elektromechanischen Antrieben verwendet. Durch Mitzählen der Schritte kann man jederzeit genau die Positionen des Antriebs bestimmen. *Bild 9-49* zeigt das Prinzip eines Zweiphasenschrittmotors mit vier Wicklungssträngen bei einer unipolaren Ansteuerung.

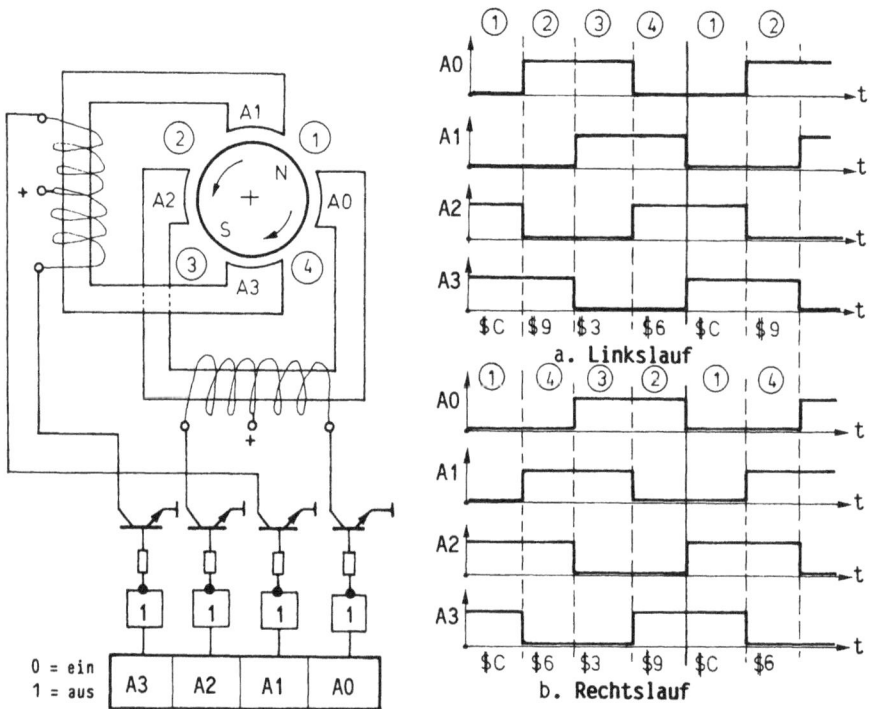

Bild 9-49: Ansteuerung eines Schrittmotors im Unipolarbetrieb

Ausgehend vom TTL-Pegel einer Schnittstelle werden über eine Treiberstufe Schalttransistoren angesteuert, die den Erregerstrom getrennt für jede Erregerwicklung liefern. Durch Umschaltung des Stromes in den Wicklungssträngen kehrt sich auch die Richtung des magnetischen Flußes an den Statorpolen um. Die Reihenfolge der Ansteuerung ist so zu wählen, daß im Stator ein rotierendes Magnetfeld entsteht, das die Dauermagneten des Rotors "mitzieht". Betrachtet man die Zeitdiagramme für den in Bild 9-49 dargestellten Vollschrittbetrieb, so bedeutet die Ansteuerung des

Motors programmtechnisch nichts weiter als die Ausgabe bestimmter Bit-
muster (0 = Strom ein, 1 = Strom aus):
Stellung 1: 1100 = $C
Stellung 2: 1001 = $9
Stellung 3: 0110 = $6
Stellung 4: 0011 = $3

Die Reihenfolge, in der die Bitmuster die Statorwicklungen ansteuern,
entscheidet über die Drehrichtung (Linkslauf bzw. Rechtslauf). *Bild 9-50*
zeigt als Demonstrationsbeispiel die Ansteuerung der Schrittmotoren eines
Trommelplotters.

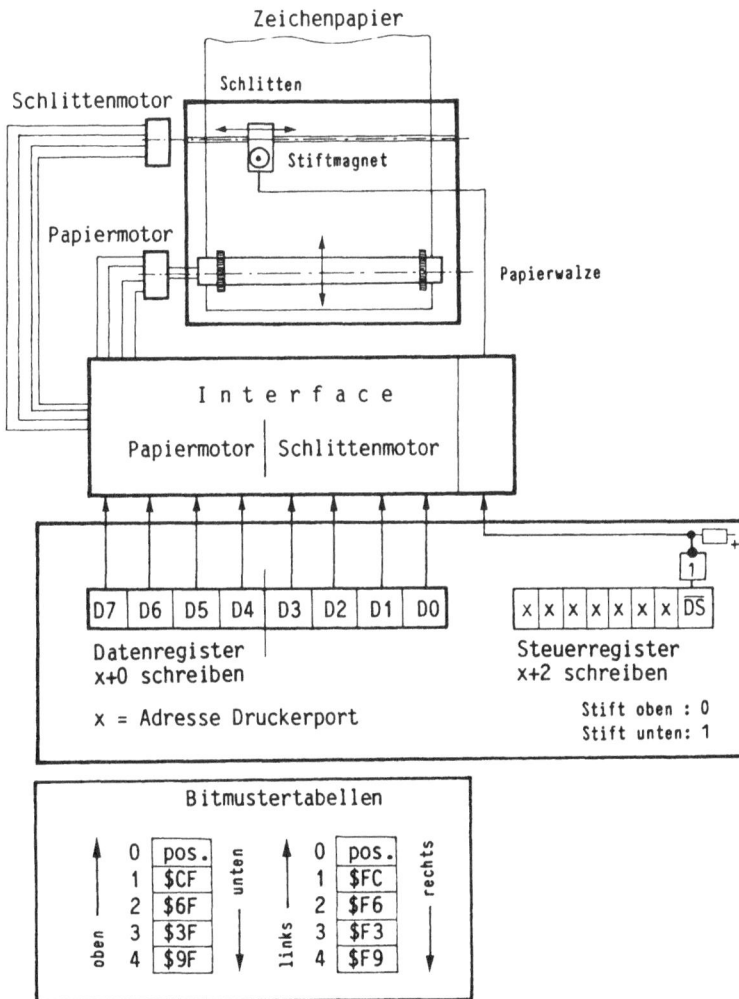

Bild 9-50: Ansteuerung der Schrittmotoren eines Plotters

Der "Papiermotor" bewegt die Antriebsachse für das Papier. Er wurde über ein Interface an die linke Hälfte des Druckerportausgangs angeschlossen. Der "Schlittenmotor" bewegt einen Schlitten für den Zeichenstift und liegt an der rechten Hälfte des Druckerports. Der Zeichenstift wird mit dem Ausgang DS des Steuerports angehoben und abgesenkt. Die Bitmustertabellen bestehen aus den vier Bitmustern für die Ansteuerung im Vollschrittbetrieb. Sie enthalten in einem zusätzlichen Element die zuletzt ausgegebene Indexposition der Tabelle, also die Position des Rotors. Die Zeit zwischen zwei Ansteuerungen bestimmt die Schrittfrequenz des Motors, also die Anzahl der Schritte in der Sekunde. Beim Anlaufen und beim Abbremsen muß der Motor zur Erhöhung des Drehmomentes mit verminderter Schrittfrequenz gegenüber dem kontinuierlichen Lauf betrieben werden. Dies bedeutet entsprechend *Bild 9-51* eine längere Wartezeit zwischen der Ausgabe der Steuermuster.

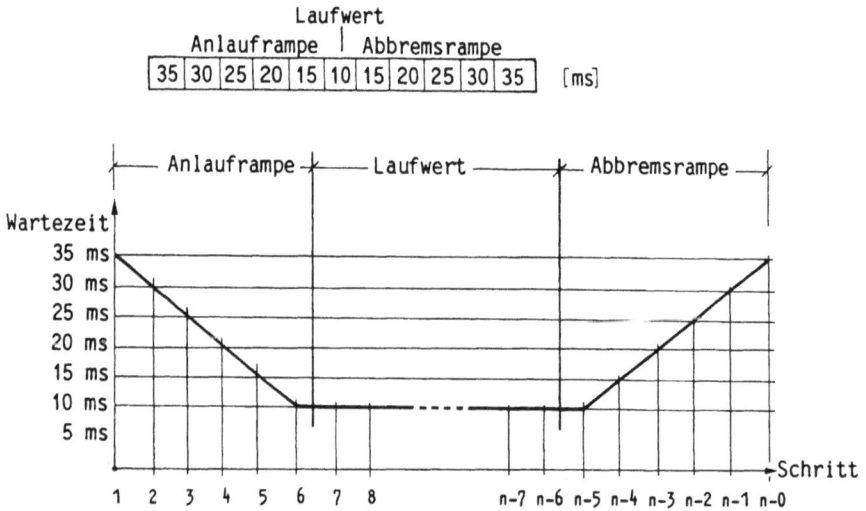

Bild 9-51: Hochlauf- und Abbremstabellen

Für die Untersuchung des Anlauf- und Abbremsverhaltens kann es zweckmäßig sein, die erforderlichen Rampen in Tabellenform abzuarbeiten. Die Tabelle des Beispiels enthält im vorderen Teil die Anlauframpe. Dann folgt die Verzögerungszeit für die Betriebsfrequenz und die Abbremsrampe in der Einheit Millisekunde. Die Rampentabelle kann zusammen mit den Ansteuertabellen der Motoren als konstantes Feld im Steuerprogramm abgelegt werden.

```
PROGRAM prog9p18;   (* Bild 9-52: Schrittmotorsteuerung *)
USES    Crt;
CONST   nmuster = 4; nrampe = 5; stift = 200;
        muster : ARRAY[0..nmuster,1..2] OF BYTE =
        ((1,1),($CF,$FC),($6F,$F6),($3F,$F3),($9F,$F9));
        rampe : ARRAY[1..2*nrampe+1] OF BYTE =
        (35,30,25,20,15,10,15,20,25,30,35);
VAR     nr, x : WORD;
        z1, z2 : CHAR;
        n : INTEGER;
PROCEDURE motor(ds:INTEGER; nr:BYTE);
VAR       sw, ns, nra, i, s : INTEGER;
BEGIN
  ns := Abs(ds); i := 1; s := 0;            (* Rampenpositionen *)
  nra := ns DIV 2; IF nra > nrampe THEN nra := nrampe;
  IF ds < 0 THEN sw := +1 ELSE sw := -1;  (* Drehrichtung      *)
  WHILE ds <> 0 DO
  BEGIN
    muster[0,nr] := muster[0,nr] + sw;
    IF muster[0,nr] < 1 THEN muster[0,nr] := nmuster;
    IF muster[0,nr] > nmuster THEN muster[0,nr] := 1;
    Port[x+0] := muster[ muster[0,nr] , nr]; (* Schrittausgabe *)
    Delay(rampe[i]); Inc(s);                  (* Rampenfunktion    *)
    IF s <= nra THEN Inc(i);
    IF s = (ns-nra) THEN i := (2*nrampe+2) - nra;
    IF s > (ns-nra) THEN Inc(i);
    ds := ds + sw                        (* Schrittzähler      *)
  END
END;
PROCEDURE bewege(dx, dy : INTEGER);
BEGIN
  IF dx <> 0 THEN motor(dx,1);   (* 1 = Papiermotor      *)
  IF dy <> 0 THEN motor(dy,2)    (* 2 = Schlittenmotor *)
END;
```

Bild 9-52: Tabellen und Ansteuerunterprogramme

Das in *Bild 9-52* dargestellte Programmbeispiel enthält die Ansteuer- und Rampentabellen für die Bewegung der Schrittmotoren eines Plotters. Die Wertparameter dx und dy bzw. ds enthalten die Anzahl der Schritte sowie im Vorzeichen die Richtung der Bewegung (rechts/links und oben/unten). Dadurch, daß die Steuerfunktionen in Tabellenform vorliegen, ist es möglich, durch eine Änderung der Eintragungen z.B. auf den Halbschrittbetrieb überzugeben oder die Anlauf- und Abbremsrampen zu verändern. Das in *Bild 9-53* dargestellte Hauptprogramm hat lediglich die Aufgabe, die Motor- und Stiftfunktionen über die Cursortasten zu überprüfen.

```
(* Bild 9-53: Handsteuerung des Plotters mit Cursortasten *)
BEGIN (* H a u p t p r o g r a m m *)
Write('Plotter bereit an LPT 1, 2, 3 oder 4 -> '); ReadLn(nr);
x := MemW[$40 : nr*2 + 6];
Port[x+0] := $FF;                        (* beide Motore  aus *)
Port[x+2] := $00;                        (* Stift oben        *)
Write('Schrittweite -> '); ReadLn(n);    (* n = Schrittweite  *)
WriteLn('Schleifenabbruch mit X ');
REPEAT
  z2 := #0; z1 := UpCase(ReadKey);
  If z1 = 'N' THEN BEGIN Write('Schrittweite -> '); ReadLn(n) END;
  IF z1 = #0 THEN z2 := UpCase(ReadKey);
  IF z2 = #81 THEN Port[x+2] := $01;     (* Stift senken    *)
  IF z2 = #73 THEN Port[x+2] := $00;     (* Stift heben     *)
  IF z2 = #77 THEN bewege(0,-n);         (* Schlitten links *)
  IF z2 = #75 THEN bewege(0,+n);         (* Schlitten rechts *)
  IF z2 = #80 THEN bewege(-n,0);         (* Papier oben      *)
  IF z2 = #72 THEN bewege(+n,0);         (* Papier unten     *)
UNTIL z1 = 'X'
END.
```

Bild 9-53: Handsteuerung der Motoren und des Stiftes

9.3   Beispiele aus der analogen Meßtechnik

Gegenüber der "digitalen" Meßtechnik birgt die "analoge" Meßtechnik eine
Fülle von zusätzlichen elektrotechnischen Problemen. Störungsfreie, lang-
zeitkonstante und reproduzierbare Ergebnisse lassen sich nur mit erheb-
lichem Aufwand erzielen. Dazu zählen z.B. die Messung mit Multimetern und
Speicheroszilloskopen über den IEC-Bus (Kapitel 8) oder der Einsatz von
speziellen abgeglichenen analogen Peripheriekarten (Abschnitt 7.3). Die
folgenden orientierenden Versuche werden mit analogen Schaltungen am
Druckerport durchgeführt. Für den Aufbau der Schaltungen sollten einige
Hinweise beachtet werden:
- Die Netzteile müssen genaue, konstante und ausreichend gesiebte Ver-
  sorgungsspannungen liefern.
- Digitale und analoge Erdung (Ground) sind zunächst zu trennen und an
  einem Punkt zusammenzuführen.
- Durch die Verwendung von Optokopplern lassen sich Rechner und das
  zu messende Objekt galvanisch trennen.
- Es sind Meßwiderstände und Kapazitäten genügender Genauigkeit und
  Konstanz zu verwenden!
- Die Schaltung sollte nicht in Stecktechnik oder Fädeltechnik, sondern
  möglichst als gedruckte Schaltung nach analogtechnischen Gesichtspunkten (Versorgungsleitungen, Masseflächen, Leitungsführung, Sieb-
  kondensatoren) aufgebaut werden.

9.3.1   Die Messung von Widerständen

Die Messung nichtelektrischer Größen läßt sich oft auf die elektrische Messung von Widerständen zurückführen. Ein Beispiel ist die Erfassung einer Temperatur über einen temperaturabhängigen Widerstand (NTC = Negativer Temperatur Coefficient), der seinen Widerstandswert mit steigender Temperatur verkleinert. Der Zusammenhang zwischen der physikalischen Meßgröße (z.B. der Temperatur) und dem Widerstandswert ist in vielen Fällen nicht linear, so daß es einer Korrektur bedarf, die zusammen mit der Kalibrierung der Anordnung von einem Programm durchgeführt werden kann. Dabei wird der Zusammenhang zwischen dem Widerstandswert und der Temperatur, gemessen mit einem Thermometer, in einer Tabelle festgehalten. Für erste orientierende Messungen ist es jedoch zweckmäßig, anstelle des Meßfühlers einen festen Widerstand oder ein Potentiometer im Einstellbereich der zu erwartenden Widerstandsänderung zu verwenden.

Für die Messung eines Widerstandes bietet sich zunächst entsprechend dem Ohmschen Gesetz eine Strom/Spannungsmessung an, für die jedoch Analog/Digitalwandler erforderlich sind. Im Kapitel 6 wurde am Beispiel des Spieleadapters (Gameport) gezeigt, daß sich eine Widerstandsmessung auf die Messung der Aufladezeit einer RC-Schaltung zurückführen läßt (Bild 6-1). Das in Bild 6-5 dargestellte Programmbeispiel führt am Spieleadapter eine Widerstandsmessung durch und läßt sich durch entsprechende Kalibrierung auch zur Messung physikalischer Größen wie z.B. einer Temperatur verwenden. *Bild 9-54* zeigt den Versuch, das Meßprinzip der Aufladung eines Kondensators durch den zu messenden Widerstand mit rein digitalen Bausteinen am Druckerport nachzuvollziehen.

$$\text{berechnet: } dt = T \cdot \ln \frac{U_0}{U_0 - U_s} = T \cdot \ln \frac{5}{5 - 1.6} = R \cdot C \cdot 0.38$$

$$= 0.38 \cdot 10 \cdot 10^3 \cdot 1 \cdot 10^{-6} = 3.8 \text{ ms}$$

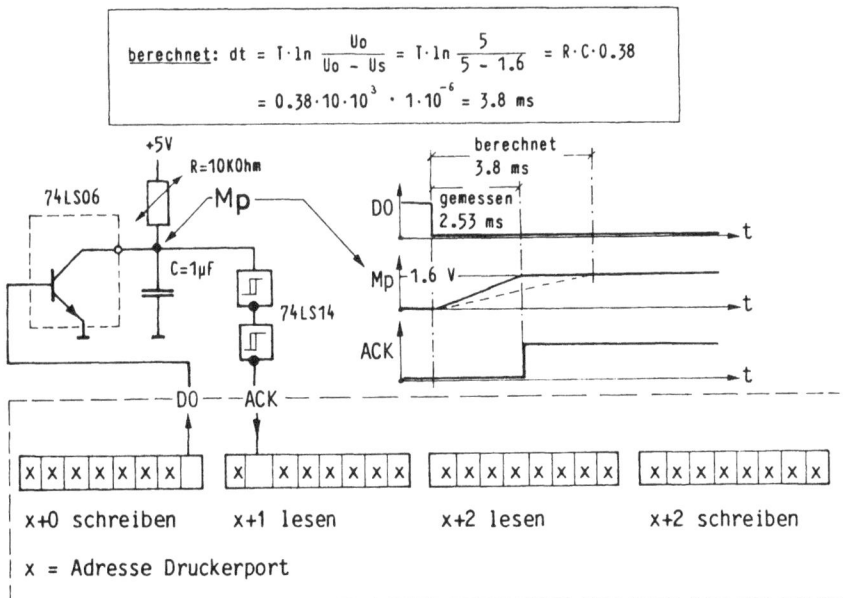

```
PROGRAM prog9p19;     (* Bild 9-54: Meßfühler am Druckerport   *)
USES    Crt;
CONST   ack = $40;     (* Maske 0100 0000 ACK-Eingang          *)
VAR     x,a : WORD;
        tic, t1l,t1h, t2l,t2h : BYTE;
        t1,t2 : LONGINT;
           dt : REAL;
            z : CHAR;
BEGIN
Write('Versuch bereit an LPT 1, 2, 3 oder 4 ->'); ReadLn(x);
x := MemW[$40 : 2*x + 6]; a := x+1;
Port[x+0] := $01;         (* Druckerport High Messpunkt Low *)
REPEAT
  tic := Mem[$40 : $6C];
  WHILE tic = Mem[$40 : $6C] DO;        (* bis Timerstart *)
  Port[x+0] := $00;       (* Druckerport Low Messpunkt High *)
  Port[$43]:=$00; t1l:=Port[$40]; t1h:=Port[$40];
  REPEAT  UNTIL (Port[a] AND ack) = ack; (* Flanke -> High *)
  Port[$43]:=$00; t2l:=Port[$40]; t2h:=Port[$40];  (* Ende *)
  t1 := WORD(t1h SHL 8) OR WORD(t1l);       (* Startzeit    *)
  t2 := WORD(t2h SHL 8) OR WORD(t2l);       (* Stopzeit     *)
  dt := (t1-t2)*0.419*1e-3;                 (* Zeit in msek  *)
  Write('t1=',t1:5,' t2=',t2:5,' Messzeit: ',dt:6:3,' msek ');
  Port[x+0] := $01;       (* Druckerport High Messpunkt Low *)
  Write(' weiter mit cr ->'); z := ReadKey; WriteLn
UNTIL z <> #$0D
END.

Versuch bereit an LPT 1, 2, 3 oder 4 ->2
t1=65324 t2=59248 Messzeit: 2.546 msek   weiter mit cr ->
```

Bild 9-54: "digitale" Widerstandsmessung am Druckerport

Am Druckerportausgang D0 liegt ein Treiber mit offenem Kollektor mit dem zu messenden Widerstand im Arbeitszweig gegen High und dem Ladekondensator gegen Low. Ist der Ausgang D0 zunächst High, so schaltet der Inverter durch (Low) und schließt den Kondensator kurz. Durch ein Low am Ausgang D0 und Sperren des Ausgangstransistors kann sich nun der Kondensator über den Widerstand aufladen. Erreicht die Ladespannung die obere Schwellspannung (ca. 1.6 V) des Inverters mit Schmitt-Trigger-Verhalten, so wird nach nochmaliger Invertierung der Eingang ACK des Druckerports High. Damit ist die Widerstandsmessung (oder Temperaturmessung) auf eine Zeitmessung zurückgeführt, für die in Abschnitt 9.1.1 mehrere Meßmethoden gezeigt wurden. Das Programmbeispiel arbeitet mit dem Systemtimer 0 ähnlich Bild 9-5. Bei der Auswertung der Ergebnisse zeigte es sich, daß statt der zu erwartenden Ladezeit von ca. 3.8 ms eine wesentlich geringere Zeit (ca. 2.53 ms) gemessen wurde. Ursache dafür sind das nicht-ideale Verhalten des Ausgangsschalters (74LS06) und des Pegelumschalters (74LS14). Eine Messung der Ladekurve ohne Belastung zeigte, daß die Schwellspannung von 1.6 V tatsächlich nach der zu erwartenden Zeit von ca. 3.8 ms erreicht wird. Trotz Wartens auf das Neuladen des Timers lieferte das erste Auslesen eine relativ große Streuung der Anfangswerte von 65 318 bis 65 334. Das in Bild 9-55 gezeigte Beispiel verzichtet daher auf das Auslesen des Startwertes und setzt ihn konstant auf einen Anfangswert von 65 320.

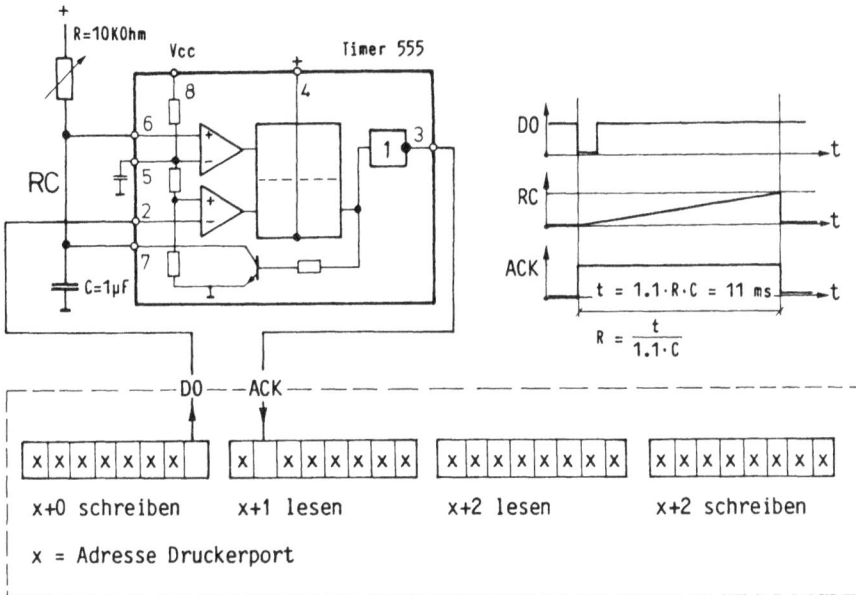

```
PROGRAM prog9p20;     (* Bild 9-55: Impulslängenmessung  *)
USES    Crt;
CONST   ack = $40;    (* Maske 0100 0000 ACK-Eingang          *)
VAR       x,a : WORD;
          tic, t1l,t1h, t2l,t2h : BYTE;
          t1,t2 : LONGINT;
            r,c : REAL;
              z : CHAR;
BEGIN
Write('Monoflopschaltung Ladekondensator [uF] ->'); ReadLn(c);
Write('Versuch bereit an LPT 1, 2, 3 oder 4   ->'); ReadLn(x);
x := MemW[$40 : 2*x + 6]; a := x+1;
Port[x+0] := $01;                         (* Trigger High *)
REPEAT
  tic := Mem[$40 : $6C];
  WHILE tic = Mem[$40 : $6C] DO;          (* bis Timerstart *)
  Port[x+0] := $00; Port[x+0] := $01;     (* Triggerimpuls  *)
  REPEAT  UNTIL (Port[a] AND ack) = $00;  (* Flanke -> Low  *)
  Port[$43]:=$00; t2l:=Port[$40]; t2h:=Port[$40];  (* Ende *)
  t1 := 65320;                            (* Startzeit korr.*)
  t2 := WORD(t2h SHL 8) OR WORD(t2l);     (* Stopzeit       *)
  r := (t1-t2)*0.419/(1.1*c);             (* Widerstand Ohm *)
  Write('t2 = ',t2:6,' Widerstand: ',r:6:3,' [Ohm]');
  Write(' weiter mit cr ->'); z := ReadKey; WriteLn
UNTIL z <> #$0D
END.

Monoflopschaltung Ladekondensator [uF] ->1
Versuch bereit an LPT 1, 2, 3 oder 4   ->2
t2 =  40092  Widerstand: 9609.575 [Ohm]  weiter mit cr ->
```

Bild 9-55: Widerstandsmessung mit Monoflop am Druckerport

Der in dem Beispiel *Bild 9-55* als Schalter verwendete Timer 555 enthält am Eingang zwei "hochohmige" Operationsverstärker. Im Ausgangszustand ist der interne Schalttransistor zunächst durchgeschaltet und schließt den Ladekondensator kurz. Ein Triggerimpuls am Ausgang DO des Druckerports schaltet das Flipflop um und sperrt den Transistor. Erreicht die Ladespannung des Kondensators den Schwellwert des oberen Operationsverstärkers, so kippt das Flipflop wieder in den Ausgangszustand zurück. Der Rechteckimpuls am Ausgang ist proportional dem zu messenden Widerstand. Seine Länge wurde mit dem Systemtimer 0 gemessen. Bei der praktischen Anwendung ist zu beachten, daß sich mit dem verwendeten Timer nur Zeiten bis zu 27.5 ms messen lassen. Dies läßt sich durch die Auswahl eines geeigneten Ladekondensators erreichen. Das in *Bild 9-56* gezeigte Verfahren verwendet wieder den gleichen Baustein 555 zur Widerstands-Frequenz-Umsetzung.

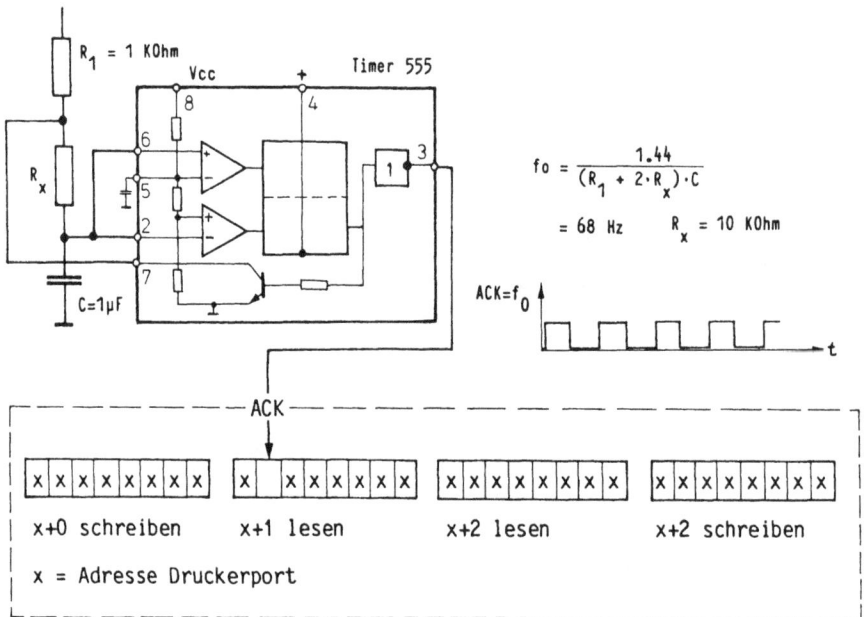

$$f_0 = \frac{1.44}{(R_1 + 2 \cdot R_x) \cdot C}$$

$$= 68 \text{ Hz} \qquad R_x = 10 \text{ KOhm}$$

```
PROGRAM prog9p21; (* Bild 9-56: Widerstands-Frequenzumsetzung *)
USES    Dos, Crt;
CONST   ntic = 18;                     (* faktor * 54.9254 ms *)
VAR     nr,x,a : WORD;
        zeit,alt,tic : BYTE;
        flanke : LONGINT;
        f,r1,rx,c : REAL;
PROCEDURE timer; INTERRUPT;
BEGIN Dec(zeit) END;
BEGIN (* H a u p t p r o g r a m m *)
Write('Multivibrator Widerstand R1 [kOhm]   ->'); ReadLn(r1);
Write('Ladekondensator Kapazität C [uF]     ->'); ReadLn(c);
Write('Versuch bereit an LPT 1, 2, 3 oder 4 ->'); ReadLn(nr);
x := MemW[$40 : 2*nr + 6]; a := x+1;
```

```
SetIntVec($1C,Addr(timer));   (* Timer Tic Benutzerinterrupt *)
ClrScr;
GotoXy(20,10); Write('Abbruch mit beliebiger Taste! ');
REPEAT
  flanke := 0;                      (* Flankenzähler löschen *)
  tic := Mem[$40 : $6C];
  WHILE tic = Mem[$40 : $6C] DO;    (* Warten auf Neuladen    *)
  zeit := ntic;                     (* Faktor *  55 ms        *)
  alt := Port[a] AND $40;           (* Ausgangszustand ACK    *)
  REPEAT
    IF alt <> (Port[a] AND $40) THEN   (* Flanken zählen      *)
    BEGIN  Inc(flanke); alt := Port[a] AND $40 END
  UNTIL zeit = 0;
  f := flanke * 0.5/(ntic*54.9254*1e-3);  (* Frequenz in Hz *)
  IF f = 0 THEN rx := 1e37 ELSE rx := 0.5*(1.44/(f*c*1e-6) - r1*1e3);
  GotoXY(25,15);
  IF rx < 1e6 THEN Write('f =',f:8:1,' Hz  Rx =',rx:8:1,' Ohm')
             ELSE Write('f =',f:8:1,' Hz  Rx =',rx:8,' Ohm')
UNTIL KeyPressed; ClrScr;
END.
```

```
┌────────────────────────────────────────────┐
│                                              │
│   Abbruch mit beliebiger Taste!              │
│                                              │
│                                              │
│                                              │
│      f =    80.9 Hz  Rx =  8397.9 Ohm        │
│                                              │
└────────────────────────────────────────────┘
```

Bild 9-56: Widerstands-Frequenz-Umsetzung am Druckerport

Die Schaltung arbeitet als Multivibrator (Frequenzgenerator). Der Widerstand Rx bestimmt die Entladezeit des Kondensators bis zur unteren Umschaltschwelle (1/3 Vcc). Die Reihenschaltung der beiden Widerstände (R1 + Rx) bestimmt die Ladezeit der Kondensators bis zur oberen Umschaltschwelle (2/3 Vcc). Am Ausgang ergibt sich eine Rechteckschwingung. Bei R1 klein gegen Rx ist das Tastverhältnis annähernd 1:1. Die Ausgangsfrequenz läßt sich mit einem der in Abschnitt 9.1.2 beschriebenen Verfahren messen. Sie ist proportional dem Widerstand Rx und damit der zu messenden physikalischen Größe (Temperatur). Das Beispiel verwendet das in Bild 9-10 dargestellte Frequenzmeßverfahren mit dem Systemtimer 0. Die obere Frequenzgrenze liegt je nach verwendetem Rechner bei 20 bis 40 kHz. Diese Bedingung läßt sich durch die Wahl eines geeigneten Ladekondensators erreichen. Der Vorwiderstand R1 sollte so gewählt werden, daß sich ein Tastverhältnis von annähernd 1:1 ergibt. Für eine rechnerunabhängige Messung müßte ein externer Timerbaustein (Bild 9-15) herangezogen werden.

Die Verfahren zur Messung von Widerständen mit RC-Schaltungen lassen sich auch für die Messung von Kapazitäten verwenden, wenn die Größe des Ladewiderstandes bekannt ist. Der nächste Abschnitt zeigt Widerstandsmessungen mit Analog/Digitalwandlern z.B. zur Aufnahme von Kennlinien nichtlinearer Widerstände.

9.3.2   Die Messung von Spannungen und Strömen

Orientierenden Versuche können mit der in *Bild 9-57* dargestellten Analogperipherie durchgeführt werden. Die Wandlerbausteine wurden bereits im
Abschnitt 4.3 (Bild 4-7) besprochen. Der Digital/Analogwandler dient zur
Erzeugung einer veränderlichen Betriebsspannung (-2.5 V bis +2.5 V), wie
sie z.B. für die Aufnahme von Kennlinien von Dioden und Transistoren benötigt wird. Die Spannung wird mit einem Analog/Digitalwandler ebenfalls
im Bereich von -2.5 V bis +2.5 V gemessen. Die Strommessung wird auf die
Messung der Spannung an einem bekannten Widerstand zurückgeführt.
Der Widerstandswert ist so zu wählen, daß sich eine genügend große Meß-
spannung ergibt. Sein Einfluß läßt sich rechnerisch eliminieren.

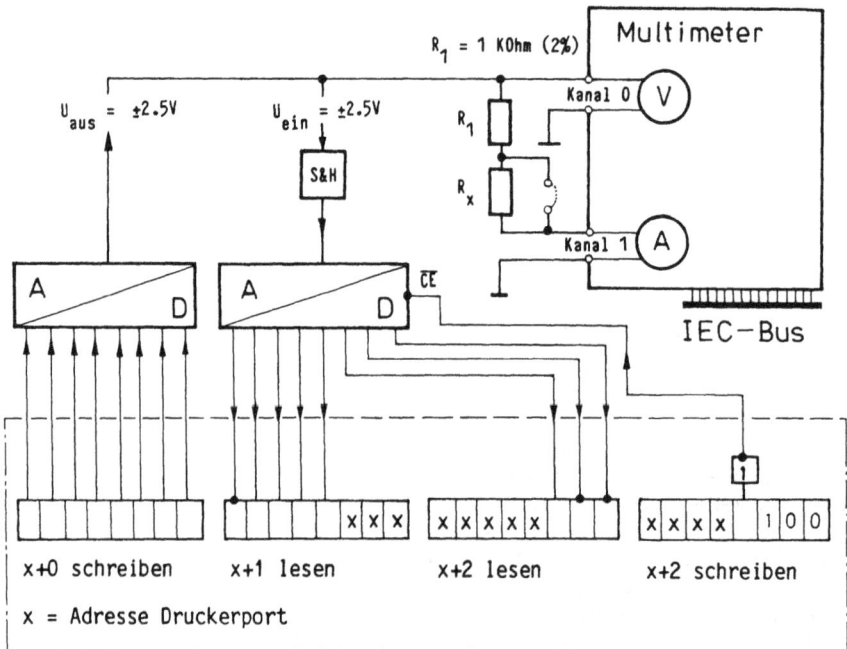

```
PROGRAM prog9p22;   (* Bild 9-57: Kalibrierung der Wandler *)
USES Iecbus;        (* Init, Auslist, Eintalk, Frei        *)
VAR  status,daten,x1,x2 : BYTE;
     nr,x : WORD;
     name, wert : STRING;
     tab : ARRAY[0..255,1..3] OF REAL;
     fehler,i,j : INTEGER;
     udaten,idaten : FILE OF REAL;
     z : CHAR;
BEGIN
Write('Multimeter bereit ? Mit cr bestätigen! -> '); ReadLn;
Init(status,daten);     (* IEC-Bus und Gerät initialisieren *)
Write('Wandler bereit an LPT 1, 2, 3 oder 4   -> '); ReadLn(nr);
x := MemW[$40 : nr*2 +6];
```

```
Port[x+2] := $04;                (* CS = High *)
Port[x+2] := $0C;                (* CS = Low  *)
x1 := Port[x+1]; x2 := Port[x+2]; (* auslesen *)
Port[x+2] := $04;                (* CS = High *)
WriteLn('Aus  Ein  Diff    Ugem        Igem          Rgem ');
FOR i := 0 TO 255 DO
BEGIN
  Port[x+0] := i;               (* Ausgangsspannung einstellen *)
  INLINE($FA);                  (* CLI = Interrupts gesperrt   *)
  Port[x+2] := $0C;             (* 0000 1100 B3 = CS = Low     *)
  FOR j := 1 TO 100 DO;         (* Warten auf Einstellung      *)
  x1 := Port[x+1]; x2 := Port[x+2];     (* AD/Wandler lesen *)
  tab[i,1] := ((x1 XOR $80) AND $F8) OR ((x2 XOR $03) AND $07);
  Port[x+2] := $04;             (* 0000 0100 B4 = CS = High    *)
  INLINE($FA);                  (* STI = Interrupts frei       *)
  Auslist(7,'VD A1 T3 S1 LO Q0 M0',#$0D); (* Kanal 0 Spannung *)
  Eintalk(7,wert,#$0A);         (* Vergleichsspannung messen   *)
  Val(wert,tab[i,2],fehler);    (* nach REAL umwandeln Tabelle *)
  IF fehler <> 0 THEN WriteLn('U-Umwandlungsfehler !!!!!!');
  Auslist(7,'ID A1 T3 S1 Q0 M1',#$0D);     (* Kanal 1 Strom *)
  Eintalk(7,wert,#$0A);              (* 1 kOhm Nennwert *)
  Val(wert,tab[i,3],fehler);    (* nach REAL umwandeln Tabelle *)
  If fehler <> 0 THEN WriteLn('I-Umwandlungsfehler !!!!!!! ');
  WriteLn(i:3,tab[i,1]:5:0,i-tab[i,1]:5:0,tab[i,2]:8:3,' [V]',
  tab[i,3]*1e3:8:3,' [mA]',tab[i,2]/tab[i,3]:10:3,' [Ohm]');
END;
Auslist(7,'VD A1 T3 S1 LO Q0 M0',#$0D);            (* Voltmeter *)
frei(7,status,daten);
Write('Kennlinien als Datei speichern?  ja = j cr ->'); ReadLn(z);
IF (z = 'J') OR (z = 'j') THEN
BEGIN
  Write('Spannungskennlinie Dateiname xxxxxxxx.RDA:'); ReadLn(name);
  Assign(udaten,name); Rewrite(udaten);
  FOR i := 0 TO 255 DO Write(udaten,tab[i,2]);
  Close (udaten);
  Write('Stromkennlinie Dateiname xxxxxxxx.RDA:'); ReadLn(name);
  Assign(idaten,name); Rewrite(idaten);
  FOR i := 0 TO 255 DO Write(idaten,tab[i,3]);
  Close(idaten)
END
END.


Multimeter bereit ? Mit cr bestätigen! ->
Wandler bereit an LPT 1, 2, 3 oder 4   -> 2
Aus  Ein  Diff    Ugem        Igem          Rgem
  0    0    0   -2.505 [V]  -2.490 [mA]  1006.064 [Ohm]
  1    0    1   -2.485 [V]  -2.470 [mA]  1006.219 [Ohm]
  2    0    2   -2.466 [V]  -2.450 [mA]  1006.445 [Ohm]
```

Bild 9-57: Die Kalibrierung der Wandler

Die Kalibrierung der Anordnung erfolgt in dem Beispiel Bild 9-57 mit einem Multimeter über den IEC-Bus (Kapitel 8), sonst wären die Ablesewerte von Meßgeräten über die Tastatur einzugeben. Die als Dateien abgelegten Kalibriertabellen bestehen jeweils aus einem Feld von 256 REAL-Größen. Der Wandlerwert vom Datentyp BYTE im Bereich von 0 bis 255 liefert dabei die Indexposition für den Spannungswert als REAL-Zahl im Bereich von -2.5

bis +2.5 Volt. Gleiches gilt für die Stromtabelle, die für jeden Strommeß-
widerstand neu aufgenommen werden muß. *Bild 9-58* zeigt ein Beispiel für
die Verwendung der Spannungstabelle bei der Messung der Kennlinie
eines "spannungsgesteuerten" Widerstandes.

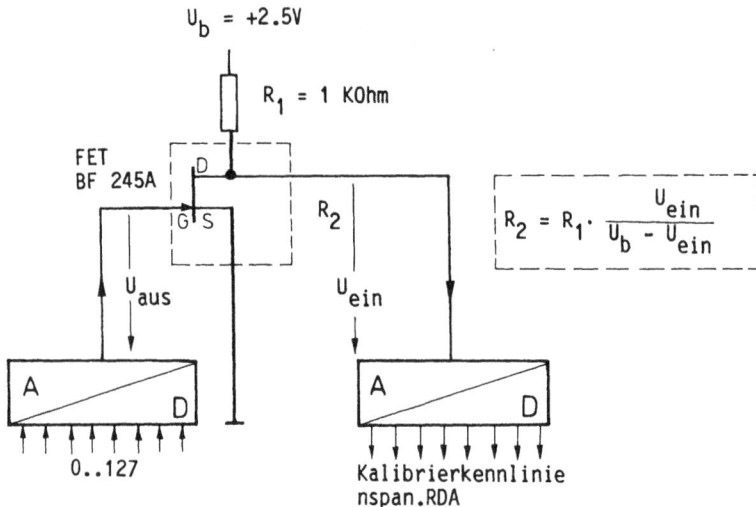

$$U_b = +2.5V$$

$$R_1 = 1\ KOhm$$

FET BF 245A

$$R_2 = R_1 \cdot \frac{U_{ein}}{U_b - U_{ein}}$$

U_{aus}

U_{ein}

0..127

Kalibrierkennlinie
nspan.RDA

```
PROGRAM prog9p23; (* Bild 9-58: Kennlinienaufnahme *)
VAR  wert,x1,x2 : BYTE;
     nr,x : WORD;
     spann : ARRAY[0..255] OF REAL;
     i,j,u,ua,ue,us : INTEGER;
     spandatei : FILE OF REAL;
     uaus,uein,r2,r1,uges : REAL;
     z : CHAR;
BEGIN
Assign(spandatei,'nspan.RDA');       (* Kalibrierung Bild 9-57 *)
(*$I-*) Reset(spandatei) (*$I+*);     (* Spannungen [V]         *)
IF IOResult <> 0 THEN WriteLn('Datei  >NSPAN.RDA< fehlt');
FOR i := 0 TO 255 DO Read(spandatei,spann[i]);
WriteLn(Filesize(spandatei),' Kalibrierwerte gelesen'); Close(spandatei);
Write('Versuch bereit an LPT 1, 2, 3 oder 4  -> '); ReadLn(nr);
x := MemW[$40 : nr*2 +6];
Port[x+2] := $04;                    (* CS = High *)
Port[x+2] := $0C;                    (* CS = Low  *)
x1 := Port[x+1]; x2 := Port[x+2];    (* auslesen  *)
Port[x+2] := $04;                    (* CS = High *)
Write('Uges [V]  Rvor [Ohm] ->'); ReadLn(uges,r1);
REPEAT
  WriteLn('0 = ',spann[0]:6:3,'[V]   255 = ',spann[255]:6:3,'[V]');
  Write('Ua Ue Us eingeben als Index (0..255) ->'); ReadLn(ua,ue,us);
  WriteLn('     Analog-Ausgang   Analog-Eingang     Widerstand');
  u := ua;                           (* Anfangswert Ausgangsspannung *)
```

```
WHILE u <= ue DO              (* Schleife bis Endwert        *)
BEGIN
  Port[x+0] := u;             (* Ausgangsspannung einstellen *)
  uaus := spann[u];           (* Spannungswert aus Tabelle   *)
  INLINE($FA);                (* CLI = Interrupts gesperrt   *)
  Port[x+2] := $0C;           (* 0000 1100 B3 = CS = Low     *)
  FOR j := 1 TO 100 DO;       (* Warten auf Einstellung      *)
  x1 := Port[x+1]; x2 := Port[x+2];    (* AD/Wandler lesen *)
  wert := ((x1 XOR $80) AND $F8) OR ((x2 XOR $03) AND $07);
  Port[x+2] := $04;           (* 0000 0100 B4 = CS = High    *)
  INLINE($FA);                (* STI = Interrupts frei       *)
  uein := spann[wert];        (* Spannungswert aus Tabelle   *)
  r2 := r1*uein/(uges - uein); (* Teilerformel               *)
  WriteLn('(',u:3,') Ua=',uaus:8:3,' [V]   Ue=',uein:8:3,' [V]',
          r2:10:3,' [Ohm]');
  u := u + us                 (* Neue Ausgangsspannung       *)
END;
Write('Noch eine Messung? ja = j cr ->'); ReadLn(z);
UNTIL (z <> 'j') AND (z <> 'J')
END.
```

```
256 Kalibrierwerte gelesen
Versuch bereit an LPT 1, 2, 3 oder 4   -> 2
Uges [V]  Rvor [Ohm] ->2.43 1000
0 = -2.505[V]   255 =  2.505[V]
Ua Ue Us eingeben als Index (0..255) ->0 127 10
         Analog-Ausgang    Analog-Eingang       Widerstand
(   0) Ua=  -2.505 [V]  Ue=  2.387 [V] 55696.220 [Ohm]
(  10) Ua=  -2.310 [V]  Ue=  2.387 [V] 55696.220 [Ohm]
(  20) Ua=  -2.113 [V]  Ue=  2.349 [V] 28848.913 [Ohm]
(  30) Ua=  -1.917 [V]  Ue=  2.270 [V] 14179.910 [Ohm]
(  40) Ua=  -1.723 [V]  Ue=  2.093 [V]  6205.978 [Ohm]
(  50) Ua=  -1.526 [V]  Ue=  1.839 [V]  3111.786 [Ohm]
(  60) Ua=  -1.330 [V]  Ue=  1.525 [V]  1685.475 [Ohm]
(  70) Ua=  -1.127 [V]  Ue=  1.165 [V]   920.716 [Ohm]
(  80) Ua=  -0.931 [V]  Ue=  0.910 [V]   598.696 [Ohm]
(  90) Ua=  -0.668 [V]  Ue=  0.734 [V]   432.796 [Ohm]
(100) Ua=  -0.537 [V]  Ue=  0.636 [V]   354.146 [Ohm]
(110) Ua=  -0.350 [V]  Ue=  0.538 [V]   284.430 [Ohm]
(120) Ua=  -0.155 [V]  Ue=  0.480 [V]   245.930 [Ohm]
Noch eine Messung? ja = j cr ->n
```

Bild 9-58: Kennlinie eines spannungsgesteuerten Widerstandes

Nach dem Einlesen der Kalibriertabelle für die Spannungen gibt der Benutzer den Bereich der Ausgangspanung nicht als Spannungswert, sondern nur als Index an. Dies hat den Vorteil, daß keine aufwendigen Tabellensuch- und Interpolationsverfahren erforderlich sind. Für die Berechnung des veränderlichen Widerstandes aus der Teilerformel sind Angaben über die konstante Betriebsspannung und den Vorwiderstand einzugeben. Der Bereich der Steuerspannung (Anfangswert, Endwert und Schrittweite) läßt sich beliebig oft verändern, bis ein für den Benutzer interessanter Ausschnitt aus der Kennlinie erreicht ist. Die aufgenommene Kennlinie ließe sich in einem Feld speichern und auch als Datei ablegen, um sie graphisch auszugeben (Programme Bilder 9-46 und 9-47) oder zur Linearisierung von Messungen zu verwenden.

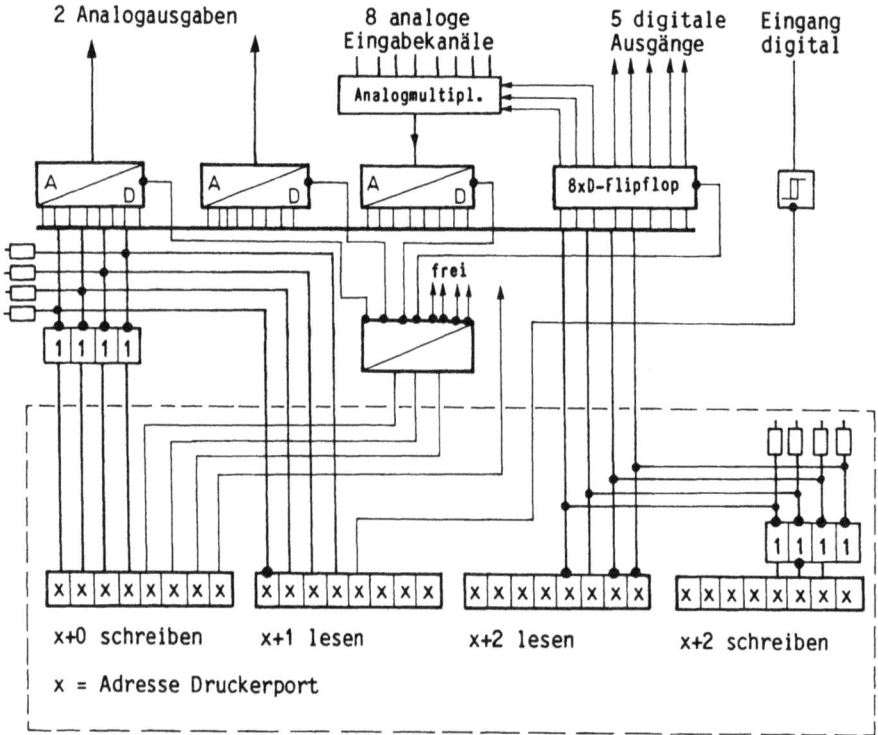

Bild 9-59: Erweiterte Analogperipherie am Druckerport

Die in *Bild 9-59* dargestellte Schaltung zeigt universell verwendbare Ana-
logschaltungen am bidirektionalen Bus des Druckerports (Bild 9-26). Sie
bestehen aus zwei Digital/Analogwandlern zur Ausgabe von Betriebs- und
Steuerspannungen, einem Analog/Digitalwandler, der sich durch einen
Analogmultiplexer auf mehrere Meßkanäle erweitern läßt, einem 8-bit-
Speicher für digitale Ausgangssignale und einem digitalen Eingang mit
Schmitt-Trigger-Verhalten.

9.3.3 Die Aufzeichnung analoger Größen

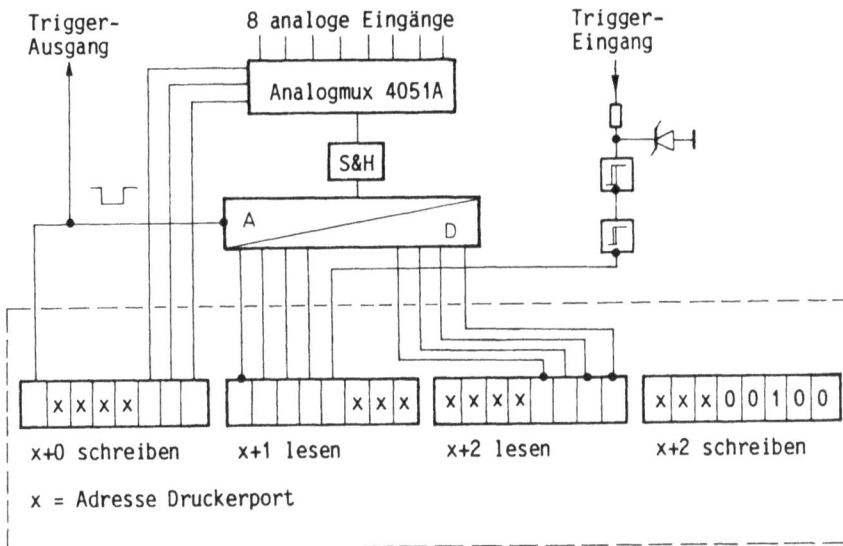

Bild 9-60: Mehrkanal-Analog/Digitalwandler am Druckerport

Die in *Bild 9-60* dargestellte Schaltung dient zur Aufzeichnung analoger Größen. Sie besteht aus dem bereits behandelten Analog/Digitalwandler mit Sample-And-Hold-Schaltung und einem zusätzlichen 8-Kanal-Multiplexer, der von den drei untersten Bitpositionen des Druckerportausgangs gesteuert wird. Die höchste Bitposition übernimmt das Auslesen des Wandlers und liefert gleichzeitig ein Steuersignal, daß die Aufzeichnung bereit ist. Dadurch entfällt jedoch der Analogausgang über den Digital/Analogwandler. Der Eingang ERROR des Steuerports liefert über einen Pegelumsetzer das Triggersignal für den Start der Aufzeichnung. Die Schaltung formt ein Analogsignal in ein TTL-Rechtecksignal um. Der Vorwiderstand (20 kOhm) muß gegebenenfalls der Amplitude des Analogsignals angepaßt werden, damit sich am Ausgang ein sauberes Rechteck ergibt. *Bild 9-61* zeigt die Aufzeichnung langsamer Vorgänge mit allen acht Kanälen, wie sie z.B. für die Messung der Temperaturverteilung in Räumen verwendet werden kann.

Die Ausgabe der Kanäle erfolgt in dem Beispiel als Ablesewert des Wandlerbausteins und müßte über eine Kalibriertabelle in eine Spannung oder einen Strom oder eine physikalische Meßgröße (z. B. eine Temperatur) umgeformt werden (Beispiel Bild 9-58). Durch Eingabe einer Wartezeit in der Einheit Millisekunde lassen sich auch langsame Änderungen im Zeitraffer aufnehmen. Die Aufzeichnung beginnt ohne externe Triggerung nach der Eingabe der Abtastrate. Das in Bild 9-46 dargestellte Programmbeispiel zeigt, wie sich die Ergebnisse auch als Kurven auf dem Graphikbildschirm darstellen lassen.

```
PROGRAM prog9p24; (* Bild 9-61: 8-Kanal-Analogaufzeichnung *)
USES    Crt;
VAR     x,nr,warte : WORD;
        kanal : ARRAY[1..8] OF BYTE;
        i,nmess,nkanal,j : INTEGER;
BEGIN
Write('8 Kanäle an LPT 1, 2, 3 oder 4 -> '); ReadLn(nr);
x := MemW[$40 : nr*2 + 6];
Port[x+0] := $80;          (* 1000 0000 CS High Kanal 000  *)
Port[x+2] := $04;          (* 0000 0100 Ausgänge High       *)
Write('    Anzahl der Aufzeichnungen -> '); ReadLn(nmess);
Write('      Aufzeichnungsrate [ms] -> '); ReadLn(warte);
WriteLn(' Nr. Kanal1 Kanal2 Kanal3 Kanal4 Kanal5 Kanal6 Kanal7 Kanal8');
FOR i := 1 TO nmess DO
BEGIN
  FOR j := 0 TO 7 DO
  BEGIN
    Port[x+0] := j OR $80;    (* CS = HIGH Kanalauswahl *)
    Port[x+0] := j;           (* CS = Low               *)
    kanal[j+1]:= ((Port[x+1] XOR $80) AND $F0) OR
                 ((Port[x+2] XOR $0B) AND $0F);
    Port[x+0] := j OR $80;    (* CS = High              *)
  END;
  Write(i:4); FOR j := 1 TO 8 DO Write(kanal[j]:7); WriteLn;
  Delay(warte);              (* Warten auf nächste Messung *)
END
END.
```

```
8 Kanäle an LPT 1, 2, 3 oder 4 -> 2
    Anzahl der Aufzeichnungen -> 19
      Aufzeichnungsrate [ms] -> 1
Nr. Kanal1 Kanal2 Kanal3 Kanal4 Kanal5 Kanal6 Kanal7 Kanal8
 1     55     55     54     55     54     54     54     54
 2    119    116    117    117    117    116    117    117
 3    181    178    179    178    178    178    178    179
 4    227    230    230    229    229    229    229    230
 5    165    166    166    165    166    165    166    165
 6    102    103    103    102    103    103    103    102
 7     39     41     40     40     41     40     41     40
 8     88     93     93     94     93     93     93     93
 9    158    155    155    155    155    155    156    155
10    219    218    218    218    219    218    218    218
11    186    190    189    189    190    189    190    189
12    125    142    128    128    112    142    128    112
13     79     64     65     65     65     65     49     79
14     65     70     70     71     70     69     71     69
15    135    132    133    133    133    132    133    132
16    197    194    194    194    194    194    194    194
17    211    214    214    214    214    213    214    213
18    150    151    151    151    151    151    151    150
19     87     88     89     89     89     90     89     88
```

Bild 9-61: Langsame 8-Kanal-Analogaufzeichnung

```
PROGRAM prog9p25; (* Bild 9-62: Schnelle Analogaufzeichnung *)
CONST    nmax = 2048;                  (* max. Speichertiefe        *)
VAR      x,a,b,nr,i,ia,ie,j,nmess : WORD;
         x1,x2,x3,x4 : ARRAY[1..nmax] OF BYTE;
         aus : ARRAY[0..63] OF CHAR;
         k : BYTE;
         name,schrift : STRING;
         z : CHAR;
         daten : FILE OF BYTE;
BEGIN
Write('Versuch: -> '); ReadLn(schrift);
Write('Vorgang an LPT 1, 2, 3 oder 4 -> '); ReadLn(nr);
x := MemW[$40 : nr*2 + 6]; a := x+1; b := x+2;
Port[b] := $04;                        (* 0000 0100 Ausgänge High      *)
REPEAT
Write('Anzahl der Aufzeichnungen (1..',nmax,') -> '); ReadLn(nmess);
UNTIL nmess <= nmax;
Port[x] := $80; Port[x] := $00; Port[x] := $80; (* Wandlerstart  *)
INLINE($FA);                           (* CLI Interrupt gesperrt *)
WHILE (Port[a] AND $08) = $08 DO; (* Warten bei Zustand      *)
WHILE (Port[a] AND $08) = $00 DO; (* Warten auf Flanke       *)
FOR i := 1 TO nmess DO            (* Aufzeichnungsschleife   *)
BEGIN
  Port[x]:= $00;Port[x]:=0;Port[x]:=0;(* 0000 0000 CS = Low *)
  x1[i] := Port[a]; x2[i] := Port[b];       (* Kanal 0       *)
  Port[x] := $81;                  (* 1000 0001 CS = High    *)
  Port[x] :=$01;Port[x]:=1;Port[x]:=1;(* 0000 0001 CS = Low  *)
  x3[i] := Port[a]; x4[i] := Port[b];       (* Kanal 1       *)
  Port[x] := $80;                  (* 1000 0000 CS = High    *)
END;
INLINE($FB);                       (* STI Interrupt frei     *)
FOR i := 1 TO nmess DO             (* Aufbereitungsschleife  *)
BEGIN
  k := (x1[i] SHL 4) AND $80;
  x1[i] := ((x1[i] XOR $80) AND $F0) OR ((x2[i] XOR $0B) AND $0F);
  x2[i] := k;                      (* Kanal 0 Rechteck  *)
  k := (x3[i] SHL 4) AND $80;
  x3[i] := ((x3[i] XOR $80) AND $F0) OR ((x4[i] XOR $0B) AND $0F);
  x4[i] := k;
END;
REPEAT                             (* Ausgabeschleife        *)
WriteLn(schrift);
Write('Anfangsindex und Endindex [1..',nmess,'] -> '); ReadLn(ia,ie);
WriteLn(' Nr. Trigger     Kanal_0: Marke Θ     Kanal_1: Marke *');
IF (ia<1)OR(ia>nmess) THEN ia:= 1; IF (ie<1)OR(ie>nmess) THEN ie:=nmess;
FOR i := ia TO ie DO
BEGIN
  Write(#$0A,#$0D,i:4);
  IF x2[i] = 0 THEN Write(#179:3) ELSE Write(#178:3); Write(' ':8);
  FOR j := 0 TO 63 DO aus[j] := #$20;
  aus[0]:= #186; aus[32] := #179; aus[63] :=#186;
  aus[(x1[i] DIV 4)] := #233;        (* Kanal 0   "Θ"    *)
  aus[(x3[i] DIV 4)] := '*';         (* Kanal 1   "*"    *)
  FOR j := 0 TO 63 DO Write(aus[j]);
  IF (i MOD 24) = 0 THEN BEGIN ReadLn END;
END;
Write(#$0A,#$0D,'Noch eine Ausgabe? n/j  cr -> '); ReadLn(z);
UNTIL (z <> 'j') AND (z <> 'J');
Write('Kanal_0 [Θ] als Datei speichern? n/j  cr -> '); ReadLn(z);
```

```
IF (z='j') OR (z='J') THEN
BEGIN
   Write('Dateiname xxxxxxxx.BDA -> '); ReadLn(name);
   Assign(daten,name); Rewrite(daten);
   FOR i := 1 TO nmess DO Write(daten,x1[i]); Close(daten);
END;
Write('Kanal_1 [*] als Datei speichern? n/j  cr -> '); ReadLn(z);
IF (z='j') OR (z='J') THEN
BEGIN
   Write('Dateiname xxxxxxxx.BDA -> '); ReadLn(name);
   Assign(daten,name); Rewrite(daten);
   FOR i := 1 TO nmess DO Write(daten,x3[i]); Close(daten);
END
END.
```

```
Versuch: -> Kanal0: 1 kHz Dreieck  Kanal1: TTL-Pegel und Trigger
Vorgang an LPT 1, 2, 3 oder 4 -> 2
Anzahl der Aufzeichnungen (1..2048) -> 2048
Kanal0: 1 kHz Dreieck  Kanal1: TTL-Pegel und Trigger
Anfangsindex und Endindex [1..2048] -> 1 24
  Nr. Trigger      Kanal_0: Marke Θ      Kanal_1: Marke *

    1  ▓          ‖                                          Θ                *
    2  ▓          ‖                                            Θ              *
    3  ▓          ‖                                              Θ            *
    4  ▓          ‖                                                Θ          *
    5  ▓          ‖                                                  Θ        *
    6  ▓          ‖                                                    Θ      *
    7  ▓          ‖                                                  Θ        *
    8  ▓          ‖                                                Θ          *
    9  ▓          ‖                                              Θ            *
   10  ▓          ‖                                            Θ              *
   11  ▓          ‖                                          Θ                *
   12  ▓          ‖                                        Θ                  *
   13  ▓          ‖                                      Θ                    *
   14  ▓          ‖                                    Θ                      *
   15             ‖                                  Θ     *
   16             ‖                                Θ       *
   17             ‖                              Θ         *
   18             ‖                            Θ           *
   19             ‖                          Θ             *
   20             ‖                        Θ               *
   21             ‖                      Θ                 *
   22             ‖                    Θ                   *
   23             ‖                      Θ                   *
   24             ‖                        Θ                 *
```

```
Noch eine Ausgabe? n/j  cr -> n
Kanal_0 [Θ] als Datei speichern? n/j  cr -> j
Dateiname xxxxxxxx.BDA -> test0.bda
Kanal_1 [*] als Datei speichern? n/j  cr -> j
Dateiname xxxxxxxx.BDA -> test1.bda
```

Bild 9-62: Schnelle 2-Kanal-Analogaufzeichnung

Das in *Bild 9-62* dargestellte Programmbeispiel dient zur Aufzeichnung analoger Vorgänge ähnlich einem Speicheroszilloskop, nur wesentlich langsamer! Es lassen sich sowohl periodische als auch einmalige Vorgänge aufzeichnen. Mit den beiden Kanälen wurde eine Abtastrate von ca. 15 µs/Kanal erreicht. Die Schaltung Bild 9-60 erlaubt die Abtastung von bis zu 8 Kanälen, jedoch vermindert sich dabei die Abtastrate. Bei dem verwendeten Rechner war es erforderlich, die Zugriffszeit auf den Wandlerbaustein künstlich zu verlängern (3 Anweisungen Port[x] := $00;)! Die gewandelten Daten werden für beide Kanäle zunächst in zwei Feldern getrennt nach den beiden Eingabeports abgespeichert und erst in einer Aufbereitungsschleife richtig zusammengesetzt. Dabei ergibt sich ein dritter "digitaler" Triggerkanal. Die Ausgabe erfolgt zunächst in einem groben Raster auf dem Zeichenbildschirm ähnlich Bild 9-25 mit Blockgraphikzeichen. Dabei läuft die Zeitachse senkrecht. Anhand dieser Darstellung kann der Benutzer entscheiden, ob die Aufzeichnungen als Dateien für eine weitere Auswertung abgespeichert werden sollen. *Bild 9-63* zeigt die Anzeige mit dem in den Bildern 9-44 bis 9-48 dargestellten Programm auf dem Graphikbildschirm mit Druckerausgabe. Dabei läuft die Zeitachse waagerecht.

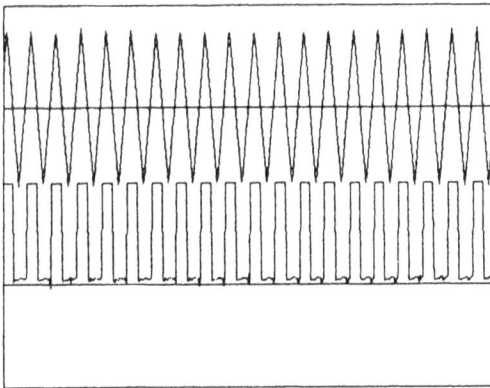

Auswertung Bild 9-62 1 kHz Dreieck / TTL-Pegel

Bild 9-63: Ausgabe der Aufzeichnung auf dem Graphikbildschirm

9.3.4   Die Ausgabe analoger Größen

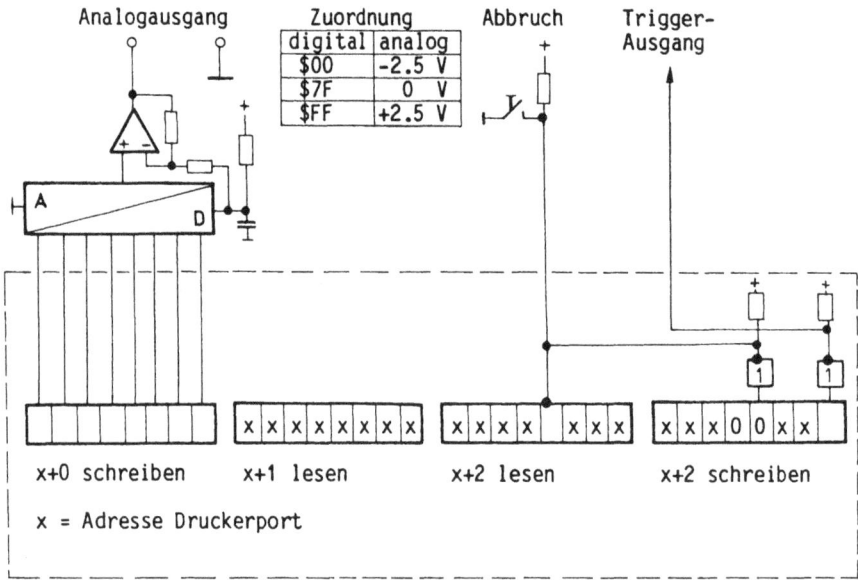

Analogausgang   Zuordnung   Abbruch   Trigger-
                                                   Ausgang

digital	analog
$00	-2.5 V
$7F	0 V
$FF	+2.5 V

A ⟋ D

x+0 schreiben   x+1 lesen   x+2 lesen   x+2 schreiben

x = Adresse Druckerport

Bild 9-64: Digital/Analogwandler am Druckerport

Mit der in *Bild 9-64* dargestellten Schaltung lassen sich analoge Werte an
der Druckerschnittstelle ausgeben. Der 8-bit-Digital/Analogwandler liegt
am Datenausgang und ist dauernd freigegeben. Alle Ausgabewerte werden
im Wandlerbaustein digital gespeichert und erscheinen nach einer Umsetzzeit von ca. 1 μs am analogen Ausgang. In der angegebenen Schaltung entspricht der digitale Wert $00 einer analogen Ausgangsspannung von -2.5
Volt, der Wert $7F entspricht 0 Volt und der Wert $FF liefert +2.5 Volt.
Anstelle des als Beispiel verwendeten einfachen Ausgangs ließen sich weitere Schaltungen anschließen wie z.B.:
- eine Leistungsendstufe (Operationsverstärker mit einem Ausgangsstrom
  von z.B. 4 A) bzw.
- ein unipolarer Ausgang (z.B. 0 bis + 10 Volt) bzw.
- ein Verstärker mit einstellbarer Amplitude z.B. über einen zweiten Digi-
  tal/Analogwandler bzw.
- ein Ausgangskondensators zum Abblocken des Gleichspannungsanteils
  bzw.
- ein analoges Tiefpassfilter zum Glätten der Kurvenform.

Die Ausgabe der analogen Funktionen erfolgt periodisch. Der Anfang einer
Ausgabeperiode wird durch ein Triggersignal am Ausgang DS angezeigt,
das zum Triggern eines Oszilloskops bzw. zur Messung der Frequenz des
Ausgangssignals verwendet werden kann. Der Eingang SLCT IN dient in
den Programmbeispielen zum Abbruch der Ausgabeschleife, da während
der Ausgabe alle Interrupts gesperrt werden.

```
PROGRAM prog9p26; (* Bild 9-65: Analoge Ausgabe am Druckerport *)
CONST   nmax = 20000;      (* max. Anzahl von Aufzeichnungen   *)
VAR     werte : ARRAY[1..nmax] OF BYTE;
        i,nwert,x,a,nr : WORD;
        name : STRING;
        daten : FILE OF BYTE;
BEGIN
Write('  Analoge Ausgabe an LPT 1, 2, 3 oder 4 -> '); ReadLn(nr);
x := MemW[$40 : nr*2 + 6]; a := x+2;
Port[a] := $01;(* 0000 0001 Abbruch: SLCT IN High  Trigger DS Low *)
REPEAT
Write('BYTE-Aufzeichnung Dateiname xxxxxxxx.BDA -> '); ReadLn(name);
Assign(daten,name); (*$I-*) Reset(daten) (*$I-*);
UNTIL IOResult = 0;
i := 1;
REPEAT
  Read(daten,werte[i]); Inc(i)
UNTIL Eof(daten) OR (i > nmax);
nwert := i-1; Close(daten);
WriteLn(nwert,' Werte geladen  Abbruch mit SLCT IN = Low ');
INLINE($FA);                          (* CLI Interrupt gesperrt    *)
REPEAT
  Port[a] := $00; Port[a] := $01;    (* Triggerimpuls an DS       *)
  FOR i := 1 TO nwert DO Port[x] := werte[i]
UNTIL (Port[a] AND $08)= $08;         (* Abbruch durch SLCT IN !!!*)
INLINE($FB);                          (* STI Interrupt frei        *)
END.
```

```
   Analoge Ausgabe an LPT 1, 2, 3 oder 4 -> 2
BYTE-Aufzeichnung Dateiname xxxxxxxx.BDA -> test0.bda
2048 Werte geladen  Abbruch mit SLCT IN = Low
```

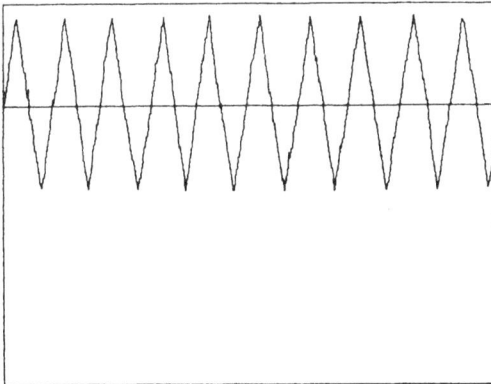

Ausgabe Bild 9-65 Aufnahme Bild 9-62

Bild 9-65: Ausgabe von Dateien am Druckerport

In den Programmbeispielen zum "Logikanalysator" (Bild 9-24) und zum
"Speicheroszilloskop" (Bild 9-62) war es möglich, die gespeicherten Werte
als Datendatei abzulegen. Sie können mit dem in *Bild 9-65* dargestellten
Programmbeispiel geladen, analog ausgegeben und auf einem Oszilloskop
sichtbar gemacht werden. Der Ausgang DS liefert einen kurzen Triggerimpuls am Beginn einer Ausgabeperiode. Die Ausgabe am Digital/Analog-
wandler erfolgt in dem gleichen Datenformat (Datentyp BYTE) wie bei der
Aufnahme am digitalen 8-bit-Port bzw. am Analog/Digitalwandler. Die Änderung des Zeitmaßstabs sowohl bei der Abtastung und als auch bei der
Ausgabe kann durch eine Kalibrierung mit einer bekannten Meßfrequenz
berücksichtigt werden.

```
PROGRAM prog9p27;   (* Bild 9-66: Analoger Funktionsgenerator *)
CONST   nwert = 360; (* Anzahl der Funktionswerte pro Periode *)
VAR     byteaus : ARRAY[1..nwert] OF BYTE;
        realaus : ARRAY[1..nwert] OF REAL;
        i,j,x,a,nr,verz : WORD;
        trigger : BYTE;
        rmax,rmin : REAL;
        name : STRING;
        bytedaten : FILE OF BYTE;
        realdaten : FILE OF REAL;
        z : CHAR;
(* ***************************************************************)
(* ***** Ausgabefunktion als FUNCTION vom Datentyp REAL **** *)
FUNCTION ausgabe(x : REAL) : REAL;
BEGIN
  ausgabe := sin(x*Pi/180) + sin(3*x*Pi/180)/3
END;
(****************************************************************)
BEGIN
Write('Analoge Ausgabe an LPT1, 2, 3 oder 4 -> '); ReadLn(nr);
x := MemW[$40 : nr*2 + 6]; a := x+2;
trigger := $01; Port[a] := trigger; (* SLCT IN = High  DS = Low  *)
(* Ausgabefunktion vom Datentyp REAL aufbauen FUNCTION ausgabe  *)
FOR i:= 1 TO nwert DO realaus[i] := ausgabe(i-1);
(* Umwandeln nach Datentyp BYTE für Ausgabe Digital/Analogwandler*)
rmax := realaus[1]; rmin := realaus[1];
FOR i := 2 TO nwert DO      (* Extremwerte suchen für Normierung *)
BEGIN
  IF realaus[i] < rmin THEN rmin := realaus[i];
  IF realaus[i] > rmax THEN rmax := realaus[i]
END;
FOR i := 1 TO nwert DO      (* Ausgabebereich 0..255 normieren *)
byteaus[i] := Round(255*(realaus[i] - rmin)/(rmax - rmin));
Write('Verzögerung pro Ausgabewert eingeben -> '); ReadLn(verz);
WriteLn('Abbruch der Ausgabe durch SLCT IN !!!! ');
INLINE($FA);                          (* CLI Interrupt gesperrt *)
REPEAT
  trigger := trigger XOR $01;        (* Trigger-Rechtecksignal *)
  Port[a] := trigger;                (* ausgeben an DS       *)
  FOR i := 1 TO nwert DO
  BEGIN
    Port[x] := byteaus[i];
    FOR j := 1 TO verz DO;                (* Verzögerung      *)
  END
UNTIL (Port[a] AND $08) = $08;            (* Abbruch SLCT IN  *)
INLINE($FB);                              (* STI Interrupt frei *)
```

```
Write('REAL-Funktionswerte als Datei speichern? j/n cr -> '); ReadLn(z);
IF (z = 'j') OR (z = 'J') THEN
BEGIN
  Write('Dateiname xxxxxxxx.RDA -> '); ReadLn(name);
  Assign(realdaten,name); Rewrite(realdaten);
  FOR i := 1 TO nwert DO Write(realdaten,realaus[i]);
  Close(realdaten)
END;
Write('BYTE-Wandlerausgabe als Datei speichern? j/n cr -> '); ReadLn(z);
IF (z = 'j') OR (z = 'J') THEN
BEGIN
  Write('Dateiname xxxxxxxx.BDA -> '); ReadLn(name);
  Assign(bytedaten,name); Rewrite(bytedaten);
  FOR i := 1 TO nwert DO Write(bytedaten,byteaus[i]);
  Close(bytedaten)
END
END.


Analoge Ausgabe an LPT1, 2, 3 oder 4 -> 2
Verzögerung pro Ausgabewert eingeben -> 0
Abbruch der Ausgabe durch SLCT IN !!!!
REAL-Funktionswerte als Datei speichern? j/n cr -> j
Dateiname xxxxxxxx.RDA -> analog.rda
BYTE-Wandlerausgabe als Datei speichern? j/n cr -> j
Dateiname xxxxxxxx.BDA -> analog.bda
```

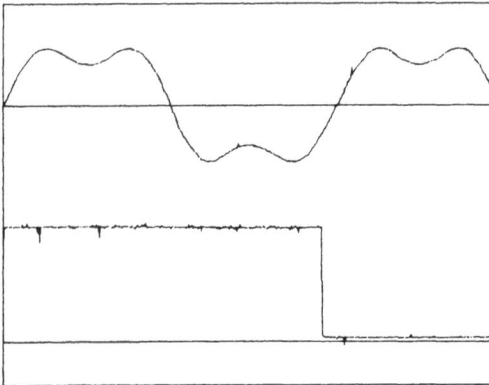

Bild 9-66: Kanal_1: Funktion   Kanal_2: Trigger-Rechteck

Bild 9-66: Analoger Funktionsgenerator am Druckerport

Mit dem in *Bild 9-66* dargestellten Programmbeispiel lassen sich als Formel
vorgebbare Funktionen analog ausgeben. Die Formel sowie die Anzahl und
der Bereich der Funktionswerte müssen jeweils im Programm geändert
werden. Das Beispiel gibt die Grundwelle der Sinusfunktion und die dritte
Oberwelle analog aus. Aus dem FUNCTION-Unterprogramm entsteht zunächst eine Funktionstabelle vom Datentyp REAL und dann nach einer
Normierung die eigentliche Ausgabetabelle für den Digital/Analogwandler

vom Datentyp BYTE. Beide Tabellen lassen sich auch als Datendateien für weitere Untersuchungen ablegen. Der Zeitmaßstab läßt sich durch die Eingabe eines Verzögerungswertes in Stufen einstellen. Als Triggersignal erscheint eine Rechteckfunktion mit der halben Ausgabefrequenz, mit der sich die Anordnung kalibrieren läßt. Bei dem verwendeten Rechner ergab sich bei einem Verzögerungswert von 0 eine Frequenz von ca. 370 Hz am Ausgang (Sinus mit 3. Oberwelle).

Die in den Bildern 9-63, 9-65 und 9-66 dargestellten Ergebnisse wurden mit einem "echten" Speicheroszilloskop aufgenommen, mit dem Programmbeispiel Abschnitt 9.2.4 ausgelesen und auf dem Drucker ausgegeben. Die deutlich erkennbaren Unregelmäßigkeiten zeigen die Schwierigkeiten, die an den Schnittstellen zwischen der analogen und der digitalen Welt auftauchen können.

9.3.5   Beispiel eines digitalen Filters

In der Analogtechnik werden passive Filter aus Induktivitäten und Kapazitäten sowie aktive Filter aus Kapazitäten, Widerständen und Operationsverstärkern aufgebaut. Ein Beispiel für ein Filter ist ein Tiefpaß, der die tiefen Frequenzanteile eines Signals durchläßt und die höheren Frequenzanteile oberhalb der Grenzfrequenz stark dämpft. Bei einem digitalen Filter wird das analoge Eingangssignal mit einem Analog/Digitalwandler abgetastet, einem **Berechnungsverfahren** unterworfen und mit einem Digital/Analogwandler wieder analog ausgegeben. Bei einem *rekursiven* Filter werden für die Berechnung eines Ausgangswertes sowohl der aktuelle Abtastwert als auch alte Abtast- und Ausgangswerte verwendet. Für ein Filter 1. Ordnung gilt:

$$Y(k) = D1 \cdot X(k) + D0 \cdot X(k-1) - C0 \cdot Y(k-1)$$

$Y(k)$ = Ausgangswert der Abtastung k
$X(k)$ = Abtastwert der Abtastung k
$Y(k-1)$ = Ausgangswert der vorhergehenden Abtastung k-1
$X(k-1)$ = Abtastwert der vorhergehenden Abtastung k-1
$D1, D0, C0$ = Koeffizienten (Filtertyp, Güte, Grenzfrequenz)

Die Koeffizienten lassen sich aus dem Filtertyp (Tiefpaß), der gewünschten Grenzfrequenz, der Abtastfrequenz und der Filtergüte berechnen. Rekursive digitale Filter höherer Ordnung berücksichtigen noch weiterzurückliegende Ausgangs- und Abtastwerte. *Bild 9-67* zeigt eine Schaltung mit Wandlern am Druckerport sowie ein Beispielprogramm, mit dem sich die Arbeitsweise eines digitalen Filters demonstrieren läßt.

A   D

S&H   &

A   D

1 1 1 1

x x x

x x x x x

x x x 0 0 1 0 0

x+0 schreiben   x+1 lesen   x+2 lesen   x+2 schreiben

x = Adresse Druckerport

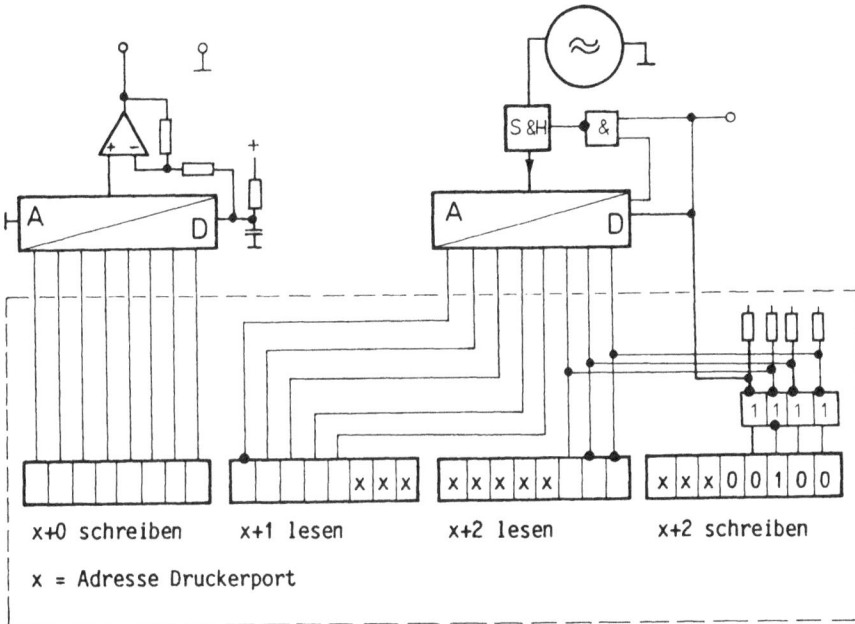

```
PROGRAM prog9p30;   (* Bild 9-67: Digitaler Tiefpass   *)
(*$N+*)              (* Numerikprozessor                *)
VAR     xp,a,b,nr,i,abt : WORD;
        x1,x2,ein,aus : BYTE;
        alt,d0,d1,c0,x,y : EXTENDED;
        z : CHAR;
BEGIN
Write('Signal an LPT 1, 2, 3 oder 4 ->'); ReadLn(nr);
xp := MemW[$40 : nr*2 + 6]; a := xp + 1; b := xp + 2;
Port[b] := $04;            (* 0000 0100   CS = High   *)
REPEAT
  WriteLn('Filter 1. Ordnung y(k) = D1*X(k) + D0*X(k-1) - C0*Y(k-1)');
  Write(' D1  D0  C0  eingeben -> '); ReadLn(d1,d0,c0);
  Write('    Abtastverzögerung -> '); ReadLn(abt);
  WriteLn('Abbruch durch Signal SLCT IN = Low !!!!!');
  INLINE($FA);             (* CLI Interrupt gesperrt *)
  x := 1; y := 1;          (* Startwerte             *)
  REPEAT
    alt := d0*x - c0*y;       (* alter Anteil           *)
    FOR i := 1 TO abt DO;     (* Abtastverzögerung      *)
    Port[b] := $0C;           (* 0000 1100   CS = Low   *)
    x1 := Port[a]; x2 := Port[b];     (* Wandler lesen *)
    Port[b] := $04;           (* 0000 0100   CS = High  *)
    ein := ((x1 XOR $80) AND $F8) OR ((x2 XOR $03) AND $07);
    x := ein - 127;           (* Eingabewert -127..+127 *)
    y := d1*x + alt;          (* Ausgabewert -127..+127 *)
    Port[xp]:=Round(y) + 127; (* Wandlerausgabe $00..$FF*)
  UNTIL (Port[b] AND $08) = $08;      (* Abbruchsignal ? *)
  INLINE($FB);              (* STI  Interrupt frei    *)
  Write('Neue Koeffizienten? ja = j  cr -> '); ReadLn(z);
UNTIL (z <> 'J') AND (z <> 'j')       (* Programmabbruch *)
END.
```

```
Signal an LPT 1, 2, 3 oder 4 ->2
Filter 1. Ordnung y(k) = D1*X(k) + DO*X(k-1) - CO*Y(k-1)
 D1  DO  CO  eingeben -> 0.1 0.1 -0.98
    Abtastverzögerung -> 0
Abbruch durch Signal SLCT IN = Low !!!!!
Neue Koeffizienten? ja = j  cr -> n
```

Bild 9-67: Schaltung und Programm für ein digitales Filter

Die Schaltung besteht aus einem Analog/Digitalwandler mit Abtast- und Halteglied (Sample-And-Hold) zur Abtastung des Analogsignals sowie einem Analog/Digitalwandler zur Ausgabe des gefilterten Signals. Die Abtastrate wird im Programm durch eine programmierbare Verzögerungsschleife eingestellt und muß durch eine oszilloskopische Messung kalibriert werden. Der in dem Beispiel verwendete Rechner lieferte mit Arithmetikprozessor bei einem Verzögerungswert von 0 eine Abtastrate von ca. 100 μs (10 kHz). Durch Eingabe der Filterkoeffizienten und der Abtastrate lassen sich verschiedene Filter programmieren. Das Beispiel zeigt ein Tiefpaßfilter mit den Koeffizienten D1 = 0.1, D0 = 0.1 und C0 = -0.98 bei einer Abtastfrequenz von 10 kHz (Verzögerung 0) und einer Grenzfrequenz von ca. 100 Hz. Der als Meßsender verwendete Wobbelgenerator lieferte eine Anfangsfrequenz von ca. 50 Hz und eine Endfrequenz von ca. 200 Hz (Oberer Kanal). Das im unteren Kanal dargestellte Ausgangssignal zeigt bei höheren Frequenzen eine starke Dämpfung (Tiefpaß). Das Verhalten des digitalen Filters läßt sich durch analoge Tiefpaßfilter zur Bandbegrenzung am Eingang bzw. Ausgang der Wandler sowie durch Programmierung eines Filterverfahrens höherer Ordnung weiter verbessern.

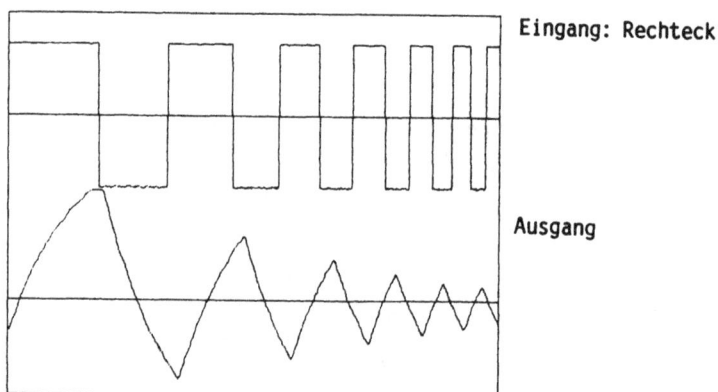

Eingang: Rechteck

Ausgang

Bild 9-67 Tiefpass

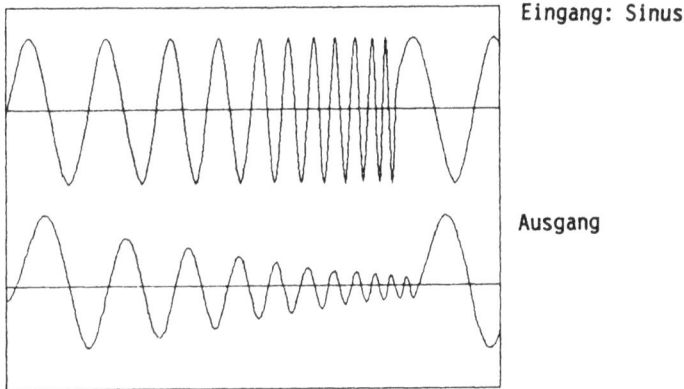

Eingang: Sinus

Ausgang

Bild 9-67 Tiefpass

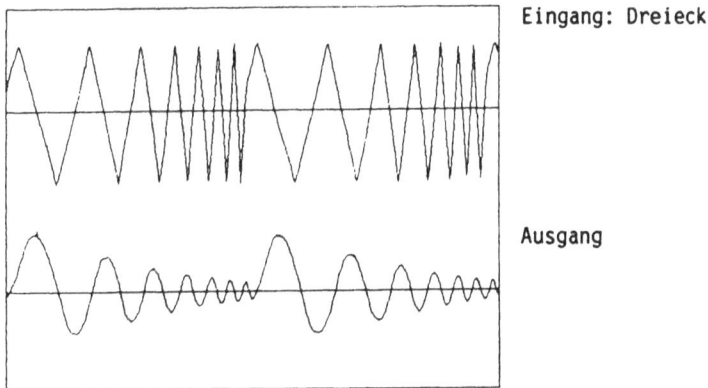

Eingang: Dreieck

Ausgang

Bild 9-67 Tiefpass

9.4   Beispiele für die Auswertung von Meßergebnissen

Dieser Abschnitt beschränkt sich auf die Untersuchung von Funktionen, die in Tabellenform in einer Datei enthalten sind. Durch die Trennung von Aufzeichnung und Auswertung ist es möglich, Ergebnisse nach verschiedenen Gesichtspunkten auszuwerten und miteinander zu vergleichen. Für den Test der Verfahren ist es zweckmäßig, zunächst aus Formeln berechnete Funktionstabellen zu verwenden, von denen die Ergebnisse als geschlossene Lösungen existieren. Erst dann sollten auch Aufzeichnungen physikalischer Vorgänge mit Analog/Digitalwandlern untersucht werden. *Bild 9-68* zeigt das bei der Auswertung verwendete Integrationsverfahren.

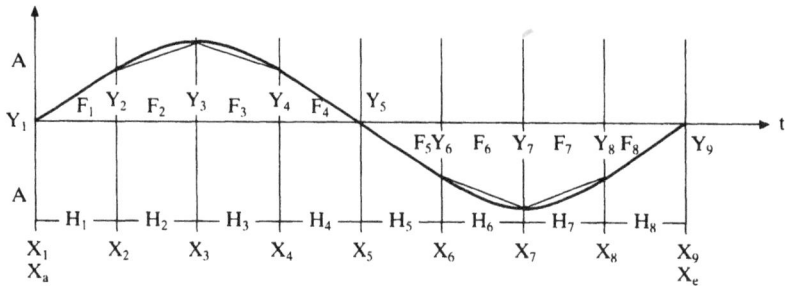

Flächenberechnung:

$$F_1 = (X_2 - X_1) \cdot \frac{y_1 + y_2}{2} = \frac{H_1}{2} \cdot (y_1 + y_2) \qquad F_7 = (X_8 - X_7) \cdot \frac{y_7 + y_8}{2} = \frac{H_7}{2} \cdot (y_7 + y_8)$$

$$F_2 = (X_3 - X_2) \cdot \frac{y_2 + y_3}{2} = \frac{H_2}{2} \cdot (y_2 + y_3) \qquad F_8 = (X_9 - X_8) \cdot \frac{y_8 + y_9}{2} = \frac{H_8}{2} \cdot (y_8 + y_9)$$

$$F = \int_{X_1}^{X_9} f(x)\, dx = F_1 + F_2 + \cdots F_7 + F_8 = \frac{H}{2}\left[y_1 + y_9 + 2 \cdot \sum_{k=2}^{8} y_k\right] \qquad H = \frac{X_9 - X_1}{8}$$

Allgemein bei n Stützstellen:

$$\int_{X_a}^{X_e} f(x)\, dx = \frac{H}{2}\left[y_1 + 2 \cdot \sum_{i=2}^{n-1} y_i + y_n\right] \qquad H = \frac{X_e - X_a}{n - 1}$$

Für periodische Funktionen ($y_1 = y_n$) und eine Periode:

$$\int_{X_a}^{X_e} f(x)\, dx = \frac{X_e - X_a}{n - 1} \cdot \sum_{i=1}^{n-1} y_i = \frac{X_e - X_a}{N} \sum_{i=1}^{N} y_i \qquad \begin{array}{l} N = \text{Zahl der Flächen} \\ n = \text{Zahl der Stützstellen} \end{array}$$

Arithmetischer Mittelwert:

$$X_m = \frac{1}{T} \int_0^T f(x)\, dx = \frac{1}{X_e - X_a} \cdot \frac{X_e - X_a}{N} \sum_{i=1}^{N} y_i = \frac{1}{N} \sum_{i=1}^{N} y_i$$

Quadratischer Mittelwert:

$$X_q = \sqrt[2]{\frac{1}{T} \int_0^T f(x)^2\, dt} = \sqrt[2]{\frac{1}{N} \sum_{i=1}^{N} (y_i)^2}$$

Fourieranalyse:

$$f(x) = a_0 + a_1 \cdot \cos x + a_2 \cdot \cos 2x + \cdots b_1 \cdot \sin x + b_2 \cdot \sin 2x + \cdots$$

$$a_k = \frac{2}{T} \int_0^T f(x) \cdot \cos k\, \omega x\, dx = \frac{2}{N} \sum_{i=1}^{n} y_i \cdot \cos\left[\frac{2 \cdot \pi}{N}(i - 1) \cdot k\right]$$

$$a_0 = \frac{1}{T} \int_0^T f(x)\, dx = \frac{1}{N} \sum_{i=1}^{N} y_i \qquad k = 1, 2, 3 \cdots \frac{N}{2} - 1$$

$$b_k = \frac{2}{T} \int_0^T f(x) \cdot \sin k\, \omega x\, dx = \frac{2}{N} \sum_{i=1}^{n} y_i \cdot \sin\left[\frac{2 \cdot \pi}{N}(i - 1) \cdot k\right]$$

Bild 9-68: Numerische Integration nach der Trapezregel

Das einfachste Verfahren zur numerischen Integration ist die Trapezregel, die die Fläche unter der Kurve durch Trapeze ersetzt. Dabei wird die durch n Stützstellen gegebene Funktion linear interpoliert. Ist die X-Achse linear geteilt, so genügt es, die Y-Funktionswerte aufzusummieren. Dabei sind die erste und die letzte Stützstelle gesondert zu addieren. Dies entfällt, wenn bei periodischen Funktionen über eine Periode integriert wird, da dann die beiden außen liegenden Funktionswerte gleich sind. Dieses Verfahren wird in dem folgenden Programmbeispiel zur Berechnung der Mittelwerte und der Fourierkoeffizienten verwendet.

```
PROGRAM prog9p29; (* Bild 9-69: Auswertung von Meßergebnissen *)
USES    Crt, Graph, Printer, Dgraph;          (* Prozedur Druck *)
CONST   pmax = 2048;                  (* Max. Zahl der Meßwerte  *)
VAR     rx : ARRAY[1..pmax] OF REAL;   (* Funktionstabelle       *)
        bx : ARRAY[1..pmax] OF BYTE;   (* Ausgabetabelle         *)
        aus : ARRAY[0..63] OF CHAR;    (* Ausgabezeile           *)
        i,ia,ie,j,k,n,ni,m,x,xmax,ymax,xmi,ymi,null:INTEGER;
        GraphDriver, Graphmode, ErrorCode, fak, d : INTEGER;
        min,max,sa,sq,ha,hq,fa,fq,ma,mq : REAL;
        sum,suma,sumb,t,a0 : REAL;
        name : STRING;
        z,zs : CHAR;
        rdaten : FILE OF REAL;
        bdaten : FILE OF BYTE;
        ende : BOOLEAN;
BEGIN
ende := FALSE;
REPEAT
  WriteLn(#$0A,#$0A,#$0D,' Auswertung von Meßergebnissen ':45);
  WriteLn('L = Laden der Datei   T = Tabellenausgabe  G = Graphikausgabe');
  WriteLn('S = Spitzenwerte      M = Mittelwerte       F = Fourierkoeff. ');
  Write('E = Ende','L/T/G/S/M/F/E -> ':30);zs:=UpCase(ReadKey);WriteLn(zs);
  CASE zs OF
  'E' :  ende := TRUE;
```

```
               Auswertung von Meßergebnissen
L = Laden der Datei   T = Tabellenausgabe  G = Graphikausgabe
S = Spitzenwerte      M = Mittelwerte       F = Fourierkoeff.
E = Ende              L/T/G/S/M/F/E ->
```

Bild 9-69: Auswahlmenü zur Auswertung von Meßergebnissen

Das in *Bild 9-69* dargestellte Programmbeispiel ermöglicht die Auswertung von Meßergebnissen anderer Programme nach verschiedenen Gesichtspunkten. Die einzelnen Möglichkeiten werden in einem Menü ausgewählt und in den folgenden Bildern näher erläutert. Da das Programm weder Meßwerte direkt einliest noch aus Funktionen berechnet, muß zunächst eine Datendatei entsprechend *Bild 9-70* geladen werden.

```
(* Bild 9-70: Laden der Funktionen von Datendateien *)
 'L' :
  BEGIN
    FOR i := 1 TO pmax DO
    BEGIN  rx[i] := 0; bx[i] := 127  END; n := 0;
    WriteLn('REAL-Dateien werden im Bereich von 0 .. 255  ausgegeben');
    WriteLn('BYTE-Dateien werden im Bereich von -1 .. +1  ausgewertet');
    Write('REAL- oder BYTE-Format? R/B -> ');
    z := UpCase(ReadKey); WriteLn(z,'DA');
    IF z = 'R' THEN
    BEGIN
      REPEAT
        Write('Dateiname xxxxxxxx.RDA:'); ReadLn(name);
        Assign(rdaten,name); (*$I-*) Reset(rdaten) (*$I+*);
      UNTIL IOResult = 0;
      i := 1;
      REPEAT
        Read(rdaten,rx[i]); Inc(i)
      UNTIL Eof(rdaten) OR (i > pmax);
      n := i-1; WriteLn(n,' Werte geladen'); ia := 1; ie := n;
      Close(rdaten);
      max := rx[1]; min := rx[1]; (* Umwandlung nach BYTE 0..255 *)
      FOR i := 2 TO n DO
      BEGIN
        IF rx[i] > max THEN max := rx[i];
        IF rx[i] < min THEN min := rx[i]
      END;
      FOR i := 1 TO n DO bx[i] := Round(255*(rx[i] - min)/(max - min));
    END;
    IF z = 'B' THEN
    BEGIN
      REPEAT
        Write('Dateiname xxxxxxxx.BDA:'); ReadLn(name);
        Assign(bdaten,name); (*$I-*) Reset(bdaten) (*$I-*);
      UNTIL IOResult = 0;
      i := 1;
      REPEAT
        Read(bdaten,bx[i]); rx[i] := (bx[i]-127.5)/127.5; Inc(i)
      UNTIL Eof(bdaten) OR(i > pmax);
      n := i-1; WriteLn(n,' Werte geladen'); ia := 1; ie := n;
      Close(bdaten)
    END;
    IF (z <> 'R') AND (z <> 'B') THEN WriteLn('Eingabefehler!!')
  END;
```

```
              L/T/G/S/M/F/E -> L
REAL-Dateien werden im Bereich von 0 .. 255  ausgegeben
BYTE-Dateien werden im Bereich von -1 .. +1  ausgewertet
REAL- oder BYTE-Format? R/B -> RDA
Dateiname xxxxxxxx.RDA:sinus.rda
360 Werte geladen
```

Bild 9-70: Laden der auszuwertenden Datendatei

Beim Laden der Dateien muß zwischen den Datenformaten BYTE und REAL
unterschieden werden. Beim Auslesen des Speicheroszilloskops (Abschnitt
9.2.4) und bei der Abtastung von Signalen mit einem A/D-Wandler (Bild
9-62) ergaben sich die Meßwerte als vorzeichenlose Dualzahlen vom Datentyp BYTE. Die in diesem Datenformat aufgebauten Dateidateien erhielten

den Zusatz .BDA (Byte DAten). Entsprechend Bild 9-64 gilt folgende Zuordnung:

digital	analog
0 = $00	-2.5 Volt
127 = $7F	0 Volt
255 = $FF	+2.5 Volt

BYTE-Dateien .BDA können direkt für die graphische Ausgabe verwendet
werden. Für eine numerische Auswertung (Extremwerte, Mittelwerte, Fou-
rieranalyse) werden sie nach dem Einlesen zusätzlich in REAL-Zahlen im
Bereich von -1.0 ($00) bis +1.0 ($FF) umgewandelt.

In dem Programmbeispiel Bild 9-66 (Analoger Funktionsgenerator) wurde
eine als Formel gegebene Funktion zunächst als REAL-Tabelle berechnet.
Die Ausgabe erfolgte aus einer umgewandelten BYTE-Tabelle auf dem Digi-
tal/Analogwandler. Die Funktion konnte in der REAL-Darstellung als Datei
mit dem Zusatz .RDA gespeichert werden. Datendateien mit dem Zusatz
.RDA (Real DAten) enthalten REAL-Zahlen und werden nach dem Laden zusätzlich für die graphische Ausgabe der beiden folgenden Bilder in das
BYTE-Format im Bereich von $00 (Minimalwert) bis $FF (Maximalwert) umgeformt.

Bei der Ausgabe der Funktionswerte *(Bild 9-71)* erscheint neben dem
REAL-Zahlenwert auch der Index und zur Orientierung eine graphische
Darstellung in einem groben Raster von 64 Positionen. Dabei kann der Benutzer den Anfangs- und Endindex der auszugebenden Funktionswerte
verändern. Die Zeitachse verläuft von oben nach unten. Mit dieser Darstellung ist es möglich, den Bereich einer Funktion zu festzulegen, für den die
Mittelwerte oder die Fourierkoeffizienten berechnet werden sollen. Für
eine Beurteilung des Funktionsverlaufes ist die in *Bild 9-72* dargestellte
Feingraphik besser geeignet.

```
(* Bild 9-71: Ausgabe der Funktion als Tabelle mit Blockgraphik *)
  'T' :
  BEGIN
  IF n = 0 THEN WriteLn('Keine Funktion geladen !') ELSE
  BEGIN
  REPEAT
    Write(#$0A,#$0D,'Anfangsindex [',1,'..] -> '); ReadLn(ia);
    Write('Endindex [..',n,'] -> '); ReadLn(ie);
    Write('Index REAL-Wert'); ni := 1;
    IF (ia<1) OR (ia>n) THEN ia:=1; IF (ie<1) OR (ie>n) THEN ie := n;
    FOR i := ia TO ie DO
    BEGIN
      Write(#$0A,#$0D,i:3,rx[i]:11:6,' ');
      FOR j := 0 TO 63 DO aus[j] := ' ';
      aus[0] := #186; aus[31] := #179; aus[63] := #186;
      aus[bx[i] DIV 4] := #233;
      FOR j := 0 TO 63 DO Write(aus[j]); Inc(ni);
      IF(ni MOD 24) = 0 THEN ReadLn
    END;
    Write(#$0A,#$0D,'Noch eine Ausgabe? Ja = j -> ');z:=UpCase(ReadKey);
  UNTIL z <> 'J'
  END
  END;
```

```
                    L/T/G/S/M/F/E -> T

Anfangsindex [1..] -> 1
Endindex [..360] -> 19
Index REAL-Wert
    1   0.000000 ||                         Θ
    2   0.017452 ||                        |Θ
    3   0.034899 ||                         Θ
    4   0.052336 ||                         Θ
    5   0.069756 ||                          Θ
    6   0.087156 ||                          Θ
    7   0.104528 ||                           Θ
    8   0.121869 ||                           Θ
    9   0.139173 ||                            Θ
   10   0.156434 ||                            Θ
   11   0.173648 ||                             Θ
   12   0.190809 ||                              Θ
   13   0.207912 ||                              Θ
   14   0.224951 ||                               Θ
   15   0.241922 ||                               Θ
   16   0.258819 ||                                Θ
   17   0.275637 ||                                Θ
   18   0.292372 ||                                 Θ
   19   0.309017 ||                                 Θ
Noch eine Ausgabe? Ja = j ->
```

Bild 9-71: Ausgabe der Funktionswerte mit Blockgraphik

```
(* Bild 9-72: Ausgabe der Funktion auf dem Graphikbildschirm    *)
  'G' :
    BEGIN
      IF n = 0 THEN WriteLn('Keine Funktion geladen !') ELSE
      BEGIN
        Write('Null-Linie  (50 .. 239 ..  429)     -> '); ReadLn(null);
        fak := (n DIV 639) + 1;
        Write('Bereichsfaktor (1 .. ',fak,') -> '); ReadLn(fak);
        Write('Dehnungsfaktor (1 .. 2  -> '); ReadLn(d);
        Write('Anfangsindex (1 .. ',n,') -> '); ReadLn(ia);
        WriteLn('Bild verschieben -->     "->": + 1    "+": + 15');
        WriteLn('Bild verschieben <--     "<-": - 1    "-": - 15');
        WriteLn('Bereich verändern:       "F1": - 1  "F2": + 1 ');
        WriteLn('Dehnung verändern:       "F3": - 1  "F4": + 1 ');
        Write('Bild drucken mit  D  weiter mit  cr -> '); z := ReadKey;
        GraphDriver := Detect;
        InitGraph(GraphDriver,GraphMode,'c:\turbop');
        IF ErrorCode <> 0 THEN WriteLn('Initialisierungsfehler:',ErrorCode);
        xmax:=GetMaxX; ymax:=GetMaxY; xmi:=xmax DIV 2; ymi:=ymax DIV 2;
        SetColor(15);
        REPEAT
          Rectangle(0,50,xmax,ymax-50); Line(0,null,xmax,null);
          x := 0; IF (ia < 1) OR (ia >= n) THEN ia := 1; i := ia;
          IF fak < 1 THEN fak := 1; IF d < 1 THEN d := 1;
          MoveTo(0,ymi+127 - bx[i]);
          REPEAT
            LineTo(x,(ymi + 127)- bx[i]);
            Inc(x,d); Inc(i,fak)
          UNTIL (x > xmax) OR (i > n);
```

```
    z := UpCase(ReadKey);
    IF z = #0 THEN
    BEGIN
        z := ReadKey; ClearViewPort;
        IF z = #77 THEN Inc(ia,fak);        (* Cursor rechts *)
        IF z = #75 THEN Dec(ia,fak);        (* Cursor links  *)
        IF z = #59 THEN Dec(fak);           (* F1: fak - 1    *)
        IF z = #60 THEN Inc(fak);           (* F2: fak + 1    *)
        IF z = #61 THEN Dec(d);             (* F3: d - 1      *)
        IF z = #62 THEN Inc(d)              (* F4: d + 1      *)
    END;
    IF z = '+' THEN BEGIN ClearViewPort; Inc(ia,15*fak) END;
    IF z = '-' THEN BEGIN ClearViewport; Dec(ia,15*fak) END;
    IF z = 'D' THEN Druck(1,1);
  UNTIL (z = 'D') OR (z = #$0D);
  CloseGraph;
  IF z = 'D' THEN WriteLn(Lst,'Datei: ',name)
 END
END;
```

```
                    L/T/G/S/M/F/E -> G
Null-Linie   (50 .. 239 ..  429)       -> 239
Bereichsfaktor (1 .. 1) -> 1
Dehnungsfaktor (1 .. 2  -> 1
Anfangsindex (1 .. 360) -> 1
Bild verschieben -->     "->": + 1    "+": + 15
Bild verschieben <--     "<-": - 1    "-": - 15
Bereich verändern:       "F1": - 1   "F2": + 1
Dehnung verändern:       "F3": - 1   "F4": + 1
Bild drucken mit  D  weiter mit  cr ->
```

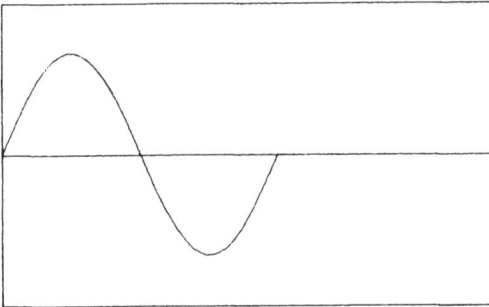

```
    Datei: sinus.rda
```

Bild 9-72: Ausgabe der Funktion auf dem Graphikbildschirm

Das Programmbeispiel für die Graphikausgabe beschränkt sich auf ein Bildschirmformat von 640 x 480 Punkten und zeigt einfache Möglichkeiten zur Ausgabe von Funktionsbereichen (Bereichsfaktor), zur Dehnung (Dehnungsfaktor) und zum Verschieben des Funktionsausschnitts (Cursortasten). Dies genügt, um einen Überblick über die Meßergebnisse zu gewinnen. Anstelle des Druckprogramms der benutzerdefinierten Unit Dgraph, das auf einen bestimmten Drucker zugeschnitten ist, kann das Graphikdruckprogramm des Betriebssystems (Hardcopy) verwendet werden. Auf eine Beschriftung der Achsen wurde verzichtet, da sowohl die Amplituden- als auch die Zeitmaßstäbe je nach Aufzeichnung unterschiedlich sein können und von Fall zu Fall durch besondere Kalibrierungen ermittelt werden müssen. Die folgenden numerischen Auswertungen verwenden das REAL-Datenformat. *Bild 9-73* zeigt die Ausgabe der beiden Extremwerte.

```
(* Bild 9-73: Ausgabe des positiven und des negativen Spitzenwertes *)
 'S' :
  BEGIN
    IF n = 0 THEN WriteLn('Keine Funktion geladen !') ELSE
    BEGIN
    max := rx[1]; min := rx[1];
    FOR i := 2 TO n DO
    BEGIN
      IF rx[i] > max THEN max := rx[i];
      IF rx[i] < min THEN min := rx[i]
    END;
    WriteLn('Maximalwert: ',max:8:4);
    WriteLn('Minimalwert: ',min:8:4)
    END
  END;
```

```
              L/T/G/S/M/F/E -> S
Maximalwert:    1.0000
Minimalwert:   -1.0000
```

Bild 9-73: Ausgabe der Extremwerte

Für die Berechnung der Mittelwerte und der Fourierkoeffizienten wird die in Bild 9-68 erläuterte Trapezregel für periodische Funktionen verwendet, die über eine Periode integriert werden. Die Summenformel entspricht der in Bild 9-66 (Analoger Funktionsgenerator) verwendeten Funktionsdarstellung, die eine Periode z.B. von 0° bis 359° (Schrittweite 1°) ausgibt. Dies ist bei der Auswahl der Integrationsgrenzen von Funktionen zu berücksichtigen, die mit Analog/Digitalwandlern aufgenommen wurden. Für die in Bild 9-68 dargestellte Funktion wären beispielsweise nur die Stützstellen mit den Indizes $Y[1]$ bis $Y[8]$ zu verwenden, da die Stützstelle $Y[9]$ wieder dem Wert von $Y[1]$ entspricht. *Bild 9-74* zeigt die Ausgabe des arithmetischen und des quadratischen Mittelwertes durch numerische Integration.

```
(* Bild 9-74: Ausgabe der Mittelwerte                        *)
  'M' :
  BEGIN
    IF n = 0 THEN WriteLn('Keine Funktion geladen !') ELSE
    BEGIN
      ia := 1; ie := n;      (* Index der geladenen Stützstellen *)
      Write('Anfangsindex [',ia,'..] -> '); ReadLn(ia);
      Write('Endindex [..',ie,'] -> '); ReadLn(ie);
      sa := 0; sq := 0;
      FOR i := ia TO ie DO
      BEGIN
        sa := sa + rx[i];              (* Summe Stützstellen *)
        sq := sq + Sqr(rx[i]);         (* Summe der Quadrate *)
      END;
      ma := sa/(ie-ia+1);             (* Arithmetisches Mittel *)
      mq := Sqrt(sq/(ie-ia+1));       (* Quadratisches Mittel  *)
      WriteLn('Arithmetisches Mittel: ',ma:8:4);
      WriteLn(' Quadratisches Mittel: ',mq:8:4)
    END
  END;
```

```
                    L/T/G/S/M/F/E -> M
Anfangsindex [1..] -> 1
Endindex [..360] -> 360
Arithmetisches Mittel:    0.0000
 Quadratisches Mittel:    0.7071
```

Bild 9-74: Ausgabe der Mittelwerte

Die zunächst vorgegebenen Integrationsgrenzen erstrecken sich über den gesamten Bereich der geladenen Funktion. Wurden mehrere Perioden aufgezeichnet, so muß über die Tabellenausgabe (Bild 9-71) der zu integrierende Bereich festgelegt werden. Gleiches gilt für die Berechnung der Fourierkoeffizienten *(Bild 9-75)*. Dabei ist der Zusammenhang zwischen dem maximal möglichen Grad der Koeffizienten (k) und der Anzahl der Teilflächen bzw. Stützstellen (N) zu beachten. Versucht man, mehr Koeffizienten zu berechnen, als nach der Formel möglich ist, so liefert das Verfahren Oberwellen, die real nicht existieren.

```
(* Bild 9-75: Ausgabe der Fourierkoeffizienten                    *)
  'F' :
    BEGIN
      IF n = 0 THEN WriteLn('Keine Funktion geladen !') ELSE
      BEGIN
      ia := 1; ie := n;       (* Index der geladenen Stützstellen *)
      WriteLn('Integration über eine Periode von 0 bis 2π!');
      Write('Anfangsindex [',ia,'..] -> '); ReadLn(ia);
      Write('Endindex [..',ie,'] -> '); ReadLn(ie);
      Write('Höchster Koeffizient (1..',(ie-ia) DIV 2 - 1,') -> ');
      ReadLn(m); t := 2*Pi/(ie-ia+1); sum := 0;
      FOR i := ia TO ie DO sum := sum + rx[i];
      a0 := sum/(ie-ia+1);
      WriteLn('  A0 = ',a0:7:3);
      FOR k := 1 TO m DO
      BEGIN
        suma := 0; sumb := 0;
        FOR i := ia TO ie DO
        BEGIN
          suma := suma + rx[i]*cos(t*(i-1)*k);
          sumb := sumb + rx[i]*sin(t*(i-1)*k)
        END;
        Write('A(',k,') = ',2*suma/(ie-ia+1):7:3,' {COS(',k,'·X)}   ');
        WriteLn('B(',k,') = ',2*sumb/(ie-ia+1):7:3,' {SIN(',k,'·X)}')
      END
      END
    END;
  ELSE
  WriteLn('Unbekannter Kennbuchstabe !!!! ')
  END
UNTIL ende;
ClrScr
END.
```

```
                L/T/G/S/M/F/E -> F
Integration über eine Periode von 0 bis 2π!
Anfangsindex [1..] -> 1
Endindex [..360] -> 360
Höchster Koeffizient (1..178) -> 5
  A0 =    0.000
A(1) =   -0.000 {COS(1·X)}   B(1) =    1.000 {SIN(1·X)}
A(2) =    0.000 {COS(2·X)}   B(2) =   -0.000 {SIN(2·X)}
A(3) =   -0.000 {COS(3·X)}   B(3) =    0.000 {SIN(3·X)}
A(4) =   -0.000 {COS(4·X)}   B(4) =    0.000 {SIN(4·X)}
A(5) =    0.000 {COS(5·X)}   B(5) =   -0.000 {SIN(5·X)}
```

Bild 9-75: Ausgabe der Fourierkoeffizienten

10. Einführung in die Objektorientierte Programmierung

Dieses Kapitel beschäftigt sich schwerpunktmäßig mit der Beschreibung von logischen Schaltungen durch den Datentyp OBJECT, der erst ab Version 5.5 des Turbo Pascal zur Verfügung steht. Objekte bestehen aus Daten und aus Unterprogrammen, die sie bearbeiten. Als Anwendungsbeispiele dienen in diesem Kapitel Speicherschaltungen und ihre Darstellung auf dem Bildschirm mit Blockgraphikzeichen. Dabei wird der Druckerport (Kapitel 4) durch ein Objekt beschrieben und in Pascal simuliert.

Die Objektorientierte Programmierung (OOP) ist ein wichtiger Bestandteil der modernen Programmiertechnik. Eine ausführliche Darstellung würde jedoch den Rahmen dieses Buches sprengen. Daher kann an dieser Stelle nur auf die im Kapitel 11.1.1 zusammengestellte ergänzende und weiterführende Literatur verwiesen werden.

10.1 Variablen in Unterprogrammen

In den bisher behandelten Programmiertechniken, also *ohne* Objekte, wurden Prozeduren und Funktionen dazu verwendet, Daten des aufrufenden Hauptprogramms zu bearbeiten. *Bild 10-1* zeigt dazu ein Beispiel. Es beschreibt das logische Verhalten eines RS-Flipflops, das aus zwei rückgekoppelten NAND-Schaltungen besteht. Die Unterscheidung der formalen Parameter der Prozedur durch den Buchstaben "x" von den Bezeichnern des Hauptprogramms ist nicht erforderlich und soll nur den Unterschied zwischen formalen und aktuellen Parametern verdeutlichen. Die Prozedur übernimmt vom Hauptprogramm den alten Speicherzustand q bzw. nq sowie den Zustand der Eingänge ns und nr des Flipflops und liefert das Ergebnis im neu berechneten Speicherzustand q bzw. nq wieder zurück. Bei den durch VAR gekennzeichneten *Referenzparametern* xq und xnq greift die Prozedur durch Adreßübergabe direkt auf die entsprechenden Speicherstellen des Hauptprogramms zu. Für die *Wertparameter* xns und xnr werden nur die aktuellen Werte über den Stapel an die Prozedur übergeben; eine Änderung der entsprechenden aktuellen Parameter des Aufrufs ist daher nicht möglich.

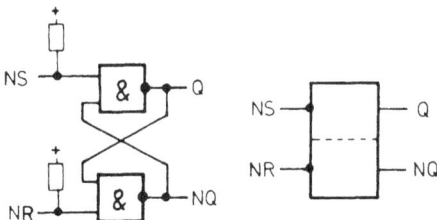

NS	NR	Q	NQ	Zustand
0	0	1	1	instabil
0	1	1	0	setzen
1	0	0	1	rücksetzen
1	1	Q	NQ	speichern

```
PROGRAM prog10p0;   (* Bild 10-1: Simulation eines Flipflops *)
(* Logische Variablen vereinbaren     *)
VAR     ns,nr,q,nq : BOOLEAN;
(* Prozedur beschreibt Verhalten eines RS-Flipflops *)
PROCEDURE rsff(VAR xq,xnq:BOOLEAN; xns,xnr : BOOLEAN);
BEGIN
  xq  := NOT(xns AND xnq);        (* Oberes NAND       *)
  xnq := NOT(xnr AND xq);         (* Unteres NAND      *)
  xq  := NOT(xns AND xnq)         (* Rückführung       *)
END;
(**** H a u p t p r o g r a m m ***** *)
BEGIN
WriteLn(' NS NR   Q NQ');
FOR ns := FALSE TO TRUE DO
  FOR nr := FALSE TO TRUE DO
  BEGIN
    rsff(q,nq,ns,nr);
    WriteLn(BYTE(ns):3,BYTE(nr):3,BYTE(q):3,BYTE(nq):3)
  END
END.

NS NR  Q NQ
  0  0  1  1
  0  1  1  0
  1  0  0  1
  1  1  0  1
```

Bild 10-1: Die Simulation eines RS-Flipflops

Noch deutlicher wird die Bearbeitung von Variablen des Hauptprogramms durch Funktionen und Prozeduren, wenn man im Unterprogramm auf (globale) Variablen des Hauptprogramms zugreift:

```
VAR  ns,nr,q,nq : BOOLEAN ;  (* global           *)
PROCEDURE rsff;  (* Definition ohne Parameter *)
BEGIN
  q  := NOT(ns AND nq);
  nq := NOT(nr AND q);
  q  := NOT(ns AND nq)
END;
(* Hauptprogramm *)
BEGIN
WriteLn(' NS NR   Q NQ');
FOR ns := FALSE TO TRUE DO
  FOR nr := FALSE TO TRUE DO
  BEGIN
    rsff;           (* Aufruf ohne Parameter *)
    WriteLn(BYTE(ns):3,BYTE(nr):3,BYTE(q):3,BYTE(nq):3)
  END
END.
```

Unterprogramme haben kein Gedächtnis! Die in ihnen definierten *lokalen* Variablen werden im Stapel angelegt und sind nur *temporär* während der Abarbeitung des Unterprogramms vorhanden. Bei jedem Aufruf eines Unterprogramms werden die lokalen Variablen neu angelegt. Das folgende Beispiel setzt beim ersten Aufruf einer Prozedur eine lokale Variable auf einen Anfangswert und versucht, diesen bei den folgenden Aufrufen um 1 zu erhöhen:

```
VAR    a : INTEGER;
PROCEDURE zaehl(x : INTEGER);
VAR    y : INTEGER;    (* lokal und temporär *)
BEGIN
  IF x = 1 THEN y := 1 ELSE y := y + 1;
  WriteLn(x,'.Aufruf y = ',y)
END;
(* Hauptprogramm *)
BEGIN
  a := 1; zaehl(a);    (* 1. Aufruf *)
  a := 2; zaehl(a);    (* 2. Aufruf *)
  a := 3; zaehl(a)     (* 2. Aufruf *)
END.
```

Der erste Aufruf ergibt richtig "y = 1"; alle folgenden Aufrufe liefern ein zufälliges Ergebnis, weil der Anfangswert "y = 1" des ersten Aufrufs später nicht mehr verfügbar ist. Bei lokalen Variablen ist es durchaus möglich, daß bei jedem Aufruf ein anderes Wort auf dem Stapel verwendet wird. Unterprogramme besitzen daher keine eigenen Variablen, die Daten zwischen den Aufrufen speichern könnten.

10.2 Der Datentyp OBJECT

Ein *Objekt* besteht aus Daten und aus Funktionen und Prozeduren, die diese Daten bearbeiten. Diese Unterprogramme werden *Methoden* genannt. Zunächst wird ein *Datentyp* für einen bestimmten Typ von Objekten vereinbart.

```
TYPE   objekttypbezeichner = OBJECT
                 datenfeld : datentyp;
                           :

  PROCEDURE prozedurbezeichner(parameterliste);


  FUNCTION funktionsbezeichner(parameterliste):datentyp;

            END;
```

Für Objekte muß ein besonderer benutzerdefinierter Datentyp mit dem
Kennwort OBJECT angelegt werden, eine direkte Vereinbarung mit VAR ist
nicht möglich. Die Beschreibung des Datenbereiches entspricht dem Aufbau eines Records; ein *Datenfeld* besteht aus einer Liste von Bezeichnern
gefolgt von einem Doppelpunkt und dem Datentyp. Ein Objekt kann Daten
verschiedener Datentypen enthalten. Dann folgen die *Kopfzeilen* der Funktionen und Prozeduren, die als sogenannte *Methoden* die Datenfelder des
Objektes bearbeiten. Die *Definition* der Methoden folgt wie bei FORWARD-
Erklärungen oder dem Interfaceteil von Units erst später im Vereinbarungsteil des Programms. Das Kennwort END beendet die Aufzählung der
Komponenten des Objektes, also der Daten und Methoden. Das folgende
Beispiel beschreibt einen Objekttyp maustyp. Dieser besteht nur aus der
INTEGER-Variablen y und der Prozedur zaehl.

```
TYPE   maustyp = OBJECT
                 y : INTEGER;
                 PROCEDURE zaehl(x:INTEGER);
                 END;
```

Die *Methoden* (Unterprogramme) des Objekttyps werden bei ihrer Definition durch Vorsetzen des Objekttypbezeichners und einen Punkt gekennzeichnet.

```
PROCEDURE objekttypbezeichner.prozedurbezeichner(liste);
    lokale und temporäre Vereinbarungen
BEGIN

    Anweisungen

END;
```

```
FUNCTION objekttypbezeichner.funktionsbezeichn(liste):typ;
    lokale und temporäre Vereinbarungen
BEGIN

    Anweisungen
    funktionsbezeichner :=

END;
```

Die Parameterliste kann bei der *Definition* der Methoden entfallen, da sie
bereits bei der Beschreibung des Objekttyps erklärt wurde. Durch das
Vorsetzen des Objekttypbezeichners gehört die Funktion bzw. Prozedur
als Methode zu einem *bestimmten* Objekttyp. Das folgende Beispiel definiert
die Methode zaehl des Objekttyps maustyp:

```
PROCEDURE maustyp.zaehl(x:INTEGER);
BEGIN
   IF x = 1 THEN y := 1 ELSE y := y+1;
   WriteLn(x.'Aufruf y = ',y)
END;
```

Die Objekte, die entsprechend der Objekttypbeschreibung aufgebaut sind, werden auch als *Instanzen* bezeichnet. Sie werden wie alle anderen Variablen mit einer VAR-Vereinbarung definiert.

```
VAR instanzbezeichner : objekttypbezeichner
```

Es gelten die gleichen Regeln wie bei den üblichen Variablendefinitionen. Das folgende Beispiel definiert eine Instanz micky des bereits definierten Objekttyps maustyp:

```
VAR    micky : maustyp;
```

Die *Datenfelder* einer Instanz lassen sich im Anweisungsteil des Programms direkt ansprechen.

```
instanzbezeichner.datenfeld
```

Das folgende Beispiel spricht in der Instanz micky das Datenfeld y an:

```
VAR    micky : maustyp;
BEGIN
micky.y := 0;
```

Normalerweise werden jedoch die Daten eines Objektes nicht direkt, sondern nur über die Parameterlisten der Methoden (Unterprogramme) angesprochen. Dies bezeichnet man dann als *Botschaften*, die über die Methoden an die Daten geschickt werden bzw. die von ihnen zurückgeliefert werden. Die Daten sind dann von außen nicht mehr sichtbar. Dies bezeichnet man als *Kapselung.*

```
instanzbezeichner.methodenbezeichner(parameter)
```

Das folgende Beispiel schickt über die Methode zaehl mehrere Botschaften an die Instanz micky:

```
VAR    micky : maustyp;
         a : INTEGER;
BEGIN
   a := 1; micky.zaehl(a);    (* 1. Aufruf *)
   a := 2; micky.zaehl(a);    (* 2. Aufruf *)
   a := 3; micky.zaehl(a)     (* 3. Aufruf *)
END.
```

Es folgt nochmals das vollständige Beispiel für die Vereinbarung eines Objekttyps, einer Methode und einer Instanz sowie deren Bearbeitung durch Botschaften. Die erste Botschaft setzt das Datenfeld y auf den Anfangswert 1, der durch die folgenden Botschaften jeweils um 1 erhöht und ausgegeben wird. Diese Aufgabe ließ sich im vorigen Abschnitt mit lokalen Variablen von einfachen Funktionen und Prozeduren nicht lösen.

```
(* Objekttyp beschreiben *)
TYPE maustyp = OBJECT
              y : INTEGER;                    (* Daten    *)
              PROCEDURE zaehl(x:INTEGER); (* Methode *)
              END;
(* Methode des Objekttyps definieren *)
PROCEDURE maustyp.zaehl(x:INTEGER);
BEGIN
  IF x = 1 THEN y := 1 ELSE y := y+1;
  WriteLn(x,'.Aufruf y = ',y)
END;
(* Instanz des Objekttyps vereinbaren *)
VAR  micky : maustyp;
         a : INTEGER;  (* nur für Test *)
(* Hauptprogramm schickt Botschaften     *)
BEGIN
  a := 1; micky.zaehl(a); (* 1. Botschaft *)
  a := 2; micky.zaehl(a); (* 2. Botschaft *)
  a := 3; micky.zaehl(a)  (* 3. Botschaft *)
END.
```

Die drei Botschaften geben richtig für den Wert der Objektvariablen nacheinander die Zahlen 1, 2 und 3 aus. Objekte haben in ihrem Aufbau eine
große Ähnlichkeit mit dem Datentyp RECORD. Daher ist es möglich, durch
eine WITH-Anweisung einen Instanzbezeichner festzulegen, der für alle
folgenden Direktzugriffe und Botschaften verwendet werden soll. Der Gül-
tigkeitsbereich wird in den meisten Fällen als Verbundanweisung zwischen
BEGIN und END angegeben.

WITH instanzbezeichner **DO** anweisung;

WITH instanzbezeichner **DO**
BEGIN

anweisungsfolge

END;

Das folgende Beispiel verkürzt den Zugriff auf die Instanz micky durch
Verwendung einer WITH-Anweisung:

```
WITH micky DO
BEGIN
  a := 1; zaehl(a);
  a := 2; zaehl(a);
  a := 3; zaehl(a)
END
```

Der Datentyp OBJECT kann wie die anderen Datentypen als Komponente eines zusammengesetzten Datentyps wie z.B. ARRAY, RECORD oder auch wieder OBJECT verwendet werden. Das folgende Beispiel beschreibt einen Objekttyp katztyp mit einem Datenfeld z vom bereits als Beispiel behandelten Objekttyp maustyp. Wie bei geschachtelten Records erfolgt der Zugriff auf Daten und Methoden mit einer Kombination von Instanzbezeichner und Datenfeldbezeichner:

```
(* maustyp definiert  Daten "y" Methode "zaehl" *)
TYPE   katztyp = OBJECT
            z : maustyp;      (* schon definiert *)
            END;
VAR    eugen : katztyp;       (* Instanz          *)
            a : INTEGER;      (* Hilfsvariable    *)
BEGIN
eugen.z.y := 1;               (* Direkter Zugriff *)
a := 2; eugen.z.zaehl(a);     (* Botschaft        *)
```

Der Datentyp OBJECT kann Daten und Methoden von einem bereits definierten Objekttyp *erben*. Der Erbe kann dann auf alle Datenfelder und Methoden des Vorfahren zugreifen und zusätzlich eigene Datenfelder und Methoden vereinbaren. Dann steht hinter dem Kennwort OBJECT der Objekttypbezeichner des Vorfahren.

```
TYPE   objekttypbezeichner = OBJECT(vorfahr)
            eigene Datenfelder
            eigene Methoden
            END;
```

In dem folgenden Beispiel erbt der Objekttyp katztyp alle Eigenschaften (Komponenten) des bereits als Beispiel behandelten Objekttyps maustyp.

```
(* maustyp definiert  Daten "y"  Methode "zaehl" *)
TYPE   katztyp = OBJECT(maustyp)
            z : REAL;
            PROCEDURE eigen(x:BOOLEAN);
            END;
PROCEDURE eigen(x:BOOLEAN);
BEGIN  WriteLn(x)  END;
(* Hauptprogramm *)
VAR    pussi : katztyp;
            a : INTEGER;
BEGIN
pussi.y := 1;
a := 1; pussi.zaehl(a);
pussi.eigen(TRUE)
END.
```

Die Eigenschaften von Objekttypen lassen sich beliebig weitervererben; jedoch kann ein Objekttyp immer nur einen direkten Vorfahren haben. Bei der Beschreibung der Datenfelder darf ein Nachfolger nicht die Bezeichner der Vorfahren verwenden. Bei der Beschreibung der eigenen Methoden kann ein Nachfolger die Methode eines Vorfahren ersetzen. Dann erhält eine eigene Methode den Bezeichner einer Methode eines Vorfahren. Geschieht dies bereits zur Übersetzungszeit des Programms, so spricht man von einer *statischen* Ersetzung. Bei einer *dynamischen* Ersetzung wird eine Methode eines Vorfahren erst zur Laufzeit des Programms ersetzt. Dazu dienen die Kennwörter VIRTUAL, CONSTRUCTOR und DESTRUCTOR.

10.3   Die Beschreibung von Schaltwerken durch Objekte

Schaltwerke bestehen aus logischen Verknüpfungsschaltungen und aus Speicherschaltungen. Die Speicher lassen sich durch die Datenfelder eines Objektes beschreiben, die logischen Verknüpfungen durch Methoden (Unterprogramme). *Bild 10-2* zeigt als einfaches Beispiel ein RS-Flipflop, das bereits in Abschnitt 10.1 (Bild 10-1) mit einer Prozedur und einfachen Variablen behandelt wurde.

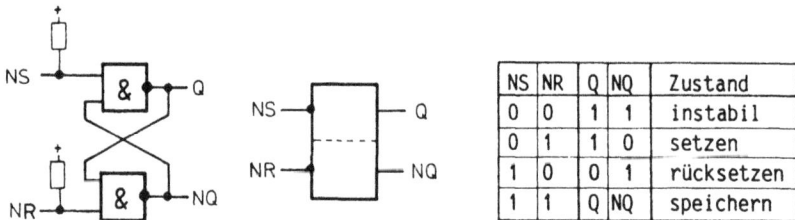

NS	NR	Q	NQ	Zustand
0	0	1	1	instabil
0	1	1	0	setzen
1	0	0	1	rücksetzen
1	1	Q	NQ	speichern

```
PROGRAM prog10p1;  (* Bild 10-2: Simulation eines RS-Flipflops *)
(* Objekttyp vereinbaren *)
TYPE   rstyp = OBJECT
          q, nq : BOOLEAN;                 (* Datenfelder      *)
          PROCEDURE rs(ns,nr : BOOLEAN); (* Methoden erklären *)
          FUNCTION ausq : BOOLEAN;
          FUNCTION ausnq : BOOLEAN
          END;
(* Methoden vereinbaren  *)
PROCEDURE rstyp.rs(ns,nr : BOOLEAN);  (* Flipflop schalten *)
BEGIN
  q := NOT(ns AND nq);               (* Oberes NAND      *)
  nq:= NOT(nr AND q);                (* Unteres NAND     *)
  q := NOT(ns AND nq)                (* Rückkopplung     *)
END;
FUNCTION rstyp.ausq : BOOLEAN;       (* Inhalt Q ausgeben *)
BEGIN
  ausq := q
END;
FUNCTION rstyp.ausnq : BOOLEAN;      (* Inhalt NQ ausgeben*)
BEGIN
  ausnq := nq
END;
```

```
(* Objektvariable = Instanz vereinbaren *)
VAR   x : rstyp;        (* Flipflop vom rstyp         *)
      ns, nr : BOOLEAN; (* Hilfsvariablen für Eingänge *)
(* *****     H a u p t p r o g r a m m    ****** *)
BEGIN
WriteLn(' NS NR  Q  NQ');
FOR ns := FALSE TO TRUE DO
  FOR nr := FALSE TO TRUE DO
  BEGIN
    x.rs(ns,nr);
    WriteLn(BYTE(ns):3,BYTE(nr):3,BYTE(x.ausq):3,BYTE(x.ausnq):3)
  END
END.
```

```
NS NR  Q  NQ
 0  0  1  1
 0  1  1  0
 1  0  0  1
 1  1  0  1
```

Bild 10-2: Die Simulation eines RS-Flipflops als Objekt

Die beiden Datenfelder q und nq beschreiben die beiden Ausgänge der
Schaltung, also den Speicherinhalt. Die beiden Eingänge ns und nr erscheinen als Wertparameter der Prozedur rs, die aus ihnen den neuen
Speicherzustand berechnet. Die beiden Funktionen ausq und ausnq liefern den Speicherzustand des Flipflops. In der Prozedur rs, die die Schaltung beschreibt, ist zu beachten, daß das zuerst geschaltete NAND (z.B.
oben) nach dem Schalten des anderen NAND (z.B. unten) nochmals geschaltet werden muß. Weitere Schaltvorgänge liefern kein neues Ergebnis mehr.
Nach dem Muster des Objekttyps rstyp wird nun das eigentliche Flipflop
unter der Bezeichnung x in der Variablenvereinbarung VAR   x : rstyp
als Instanz angelegt. Das Hauptprogramm gibt für alle vier Eingangskom-
binationen den Speicherzustand des Flipflops aus. Bei der Auswertung der
Ergebnisse ist zu beachten, daß die Eingänge des RS-Flipflops Low-aktiv
sind. Eine 0 am Eingang ns setzt das Flipflop auf 1; eine 0 am Eingang
nr setzt es auf 0 zurück. Das D-Flipflop entsteht gemäß *Bild 10-3* aus dem
RS-Flipflop durch Vorsetzen einer Eingangsschaltung.

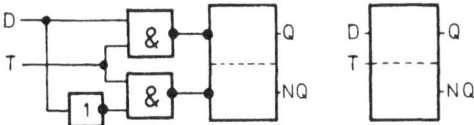

T	D	Q	NQ	Zustand
0	0	Q	NQ	bleibt
0	1	Q	NQ	bleibt
1	0	0	1	löschen
1	1	1	0	setzen

```
PROGRAM prog10p2;   (* Bild 10-3: Simulation eines D-Flipflops *)
(* Objekttypen vereinbaren *)
TYPE   rstyp = OBJECT
         q, nq : BOOLEAN;                  (* Datenfelder        *)
         PROCEDURE rs(ns,nr : BOOLEAN); (* Methoden erklären *)
         FUNCTION ausq : BOOLEAN;
         FUNCTION ausnq : BOOLEAN
         END;
         dtyp = OBJECT(rstyp)          (* dtyp erbt von rstyp *)
         PROCEDURE dff(t,d : BOOLEAN);(* zusätzliche Methode *)
         END;
(* Methoden für rstyp vereinbaren  *)
PROCEDURE rstyp.rs(ns,nr : BOOLEAN);  (* Flipflop schalten *)
BEGIN
   q := NOT(ns AND nq);               (* Oberes NAND       *)
   nq:= NOT(nr AND q);                (* Unteres NAND      *)
   q := NOT(ns AND nq)                (* Rückkopplung      *)
END;
FUNCTION rstyp.ausq : BOOLEAN;        (* Inhalt Q ausgeben *)
BEGIN
   ausq := q
END;
FUNCTION rstyp.ausnq : BOOLEAN;       (* Inhalt NQ ausgeben*)
BEGIN
   ausnq := nq
END;
(* Zusätzliche Methode für dtyp vereinbaren *)
PROCEDURE dtyp.dff(t,d : BOOLEAN);
VAR ns, nr : BOOLEAN; (* lokale und temporäre Hilfsvariablen *)
BEGIN
   ns := NOT(t AND d);
   nr := NOT(t AND NOT(d));
   rs(ns,nr)
END;
(* Objektvariable = Instanz vereinbaren *)
VAR   y : dtyp;          (* Flipflop vom dtyp          *)
      t, d : BOOLEAN;  (* Hilfsvariablen für Eingänge *)
(* *****     H a u p t p r o g r a m m     ****** *)
BEGIN
y.q := BOOLEAN(1); y.nq := NOT(y.q); (* Direktzugriff *)
WriteLn(' T  D  Q  NQ');
FOR t := FALSE TO TRUE DO
  FOR d := FALSE TO TRUE DO
  BEGIN
    y.dff(t,d);
    WriteLn(BYTE(t):3,BYTE(d):3,BYTE(y.ausq):3,BYTE(y.ausnq):3)
  END
END.
```

```
    T  D  Q  NQ
    0  0  1  0
    0  1  1  0
    1  0  0  1
    1  1  1  0
```

Bild 10-3: Die Simulation eines D-Flipflops

Der Objekttyp rstyp beschreibt das RS-Flipflop gemäß Bild 10-2. Er ver-
erbt seine Komponenten an den Objekttyp dtyp zur Beschreibung der Eigenschaften eines D-Flipflops. dtyp beschreibt die Eingangsschaltung mit
der zusätzlichen Methode dff. Sie führt die logische Verknüpfung des
Taktes t mit den Eingangsdaten d dem Eingang des RS-Flipflops zu. Dabei
verwendet die Prozedur dtyp.dff die beiden lokalen und temporären
Hilfsvariablen ns und nr als aktuelle Parameter für den Aufruf der Vor-
gängerprozedur rs. Das Beispiel vereinbart zunächst die beiden Objekttypen mit einer TYPE-Vereinbarung und dann erst die Methoden beider
Objekttypen. Die Zuordnung zwischen dem Objekttyp und der Methode ist
durch den Vorsatz des Objekttyps gewährleistet. Oft ist es jedoch übersichtlicher, die Methoden direkt nach dem Objekttyp anzuordnen. Dabei ist
jedoch eine neue TYPE-Vereinbarung erforderlich. Die Reihenfolge lautet
dann:

```
(* Objekttyp und Methoden eines RS-Flipflops *)
TYPE     rstyp = OBJECT

         END;
PROCEDURE rstyp.rs(ns,nr : BOOLEAN);

FUNCTION rstyp.ausq : BOOLEAN;

FUNCTION rstyp.ausnq : BOOLEAN;

(* Objekttyp und Methoden eines D-Flipflops *)
TYPE     dtyp = OBJECT(rstyp)

         END;

PROCEDURE dtyp.dff(t,d : BOOLEAN);

(* Objektvariable = Instanz vereinbaren    *)
VAR   y : dtyp;
```

10.4 Graphische Darstellungen durch Objekte

Die Objektorientierte Programmierung wird oft im Zusammenhang mit
graphischen Darstellungen verwendet. Für das Beispiel eines D-Flipflops
kommen zu den *logischen* Eigenschaften Speicherinhalt und Schaltverhal-
ten noch die *graphischen* Eigenschaften Schaltsymbol und Position des
Symbols auf dem Bildschirm. Das in den Bildern 10-4 bis 10-9 dargestellte
Beispiel simuliert das logische Verhalten des Druckerportausgangs und
gibt die Schaltung auf dem Bildschirm im Textmodus mit Blockgraphikzeichen aus. Es beschreibt den linken Teil der in Bild 4-4 dargestellten
Schaltung (Druckerportausgaberegister mit Leuchtdiodenanzeige). *Bild
10-4* zeigt die Beschreibung eines D-Flipflops als Baustein für den Aufbau
des Ausgaberegisters.

```
PROGRAM prog10p3; (* Bild 10-4: Simulation der Druckerportausgabe *)
USES   Crt;
(* Objekt und Methoden für D-Flipflop vereinbaren *)
TYPE    dfftyp = OBJECT              (* Objekt D-Flipflop      *)
                 q : BOOLEAN;        (* Logischer Zustand      *)
                 xp,yp : BYTE;       (* Bildschirmposition     *)
                 PROCEDURE zeich(x,y : BYTE); (* Symbol zeichnen       *)
                 PROCEDURE eind(d : BOOLEAN); (* Eingeben u. anzeigen*)
                 FUNCTION ausq : BOOLEAN      (* Inhalt auslesen       *)
                 END;
PROCEDURE dfftyp.zeich(x,y : BYTE);  (* Symbol zeichnen        *)
CONST    sym : ARRAY[1..5] OF STRING[5] =
           ('  |   ',
            ' _Q_  ',
            '| x | ',
            '|_D_| ',
            '  |   ');
VAR    i : INTEGER;
BEGIN
  xp := x; yp := y;                             (* Positionierung *)
  FOR i := 1 TO 5 DO BEGIN GotoXY(x-2,y-3+i);WriteLn(sym[i]) END
END;
PROCEDURE dfftyp.eind(d : BOOLEAN);  (* Zustand D-Eingang*)
BEGIN
  q := d;                            (* Logischer Zustand*)
  GotoXY(xp,yp); Write(BYTE(q))      (* Anzeige Inhalt    *)
END;
FUNCTION dfftyp.ausq : BOOLEAN;      (* Inhalt Q auslesen*)
BEGIN   ausq := q END;
```

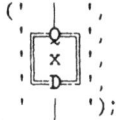

Bild 10-4: Die Simulation eines D-Flipflops

Der logische Teil des Objektes wurde stark vereinfacht, obwohl es durch-
aus möglich gewesen wäre, die in Bild 10-3 dargestellten Eigenschaften des
Objekttyps dtyp zu erben. Das Flipflop hat jetzt nur noch den logischen
Speicherzustand *q*. Mit der Prozedur eind kann der Speicherinhalt verändert und mit der Funktion ausq wieder ausgegeben werden. Dazu kommen
die graphischen Eigenschaften. Die Datenfelder xp und yp beschreiben die
Position des Symbols auf dem Bildschirm. Die Prozedur zeich zeichnet das
Symbol an der gewünschten Position auf dem Bildschirm. Die Prozedur
eind gibt zusätzlich den logischen Inhalt des Symbols graphisch aus. *Bild
10-5* zeigt die Anzeigeeinheit.

Auf eine Simulation des logischen bzw. elektrischen Verhaltens wurde aus
Platzgründen verzichtet. Es wird lediglich der am Eingang anliegende
logische Zustand graphisch angezeigt. Dazu kommt noch die Ausgabe des
Schaltsymbols an der übergebenen Bildschirmposition. Es wäre sicherlich
reizvoll, die Anzeigeeinheit aus den Komponenten Negierer, Leuchtdiode
und Widerstand sowohl bei der Simulation als auch bei der graphischen
Anzeige zusammenzusetzen. *Bild 10-6* zeigt die Beschreibung der Verbindungsleitung zwischen dem Ausgabeflipflop und der Anzeigeeinheit.

```
(* Bild 10-5: Objekt und Methoden für LED-Anzeige vereinbaren *)
TYPE     atyp = OBJECT            (* Objekt LED-Anzeige    *)
           xp,yp : BYTE;          (* Bildschirmposition    *)
           PROCEDURE zeich(x,y : BYTE);  (* Symbol zeichnen   *)
           PROCEDURE aus(a : BOOLEAN);   (* LED-Anzeige ausgeben*)
         END;
PROCEDURE atyp.zeich(x,y : BYTE);        (* Symbol zeichnen   *)
CONST  sym : ARRAY [1..5] OF STRING[5] =
         ('   |   ',
          '   |   ',
          ' +---+ ',
          ' | x | ',
          ' +---+ ',
          '   |   ');
VAR    i : INTEGER;
BEGIN
   xp := x ; yp := y;                    (* Positionierung    *)
   FOR i := 1 TO 5 DO BEGIN GotoXY(x-2,y-3+i);WriteLn(sym[i]) END
END;
PROCEDURE atyp.aus(a : BOOLEAN);         (* Wert anzeigen     *)
BEGIN
GotoXY(xp,yp); IF a THEN Write('▓') ELSE Write(' ')
END;
```

Bild 10-5: Die Simulation einer Anzeigeinheit

```
(* Bild 10-6: Objekt und Methoden für Leitung vereinbaren    *)
TYPE     lstyp = OBJECT           (* Objekt Leitung senk.*)
           xp,yp : BYTE;          (* Bildschirmposition  *)
           PROCEDURE zeich(xa,ya : BYTE);   (* Symbol zeichnen*)
           FUNCTION logik(x:BOOLEAN):BOOLEAN; (* Logikverhalten *)
         END;
PROCEDURE lstyp.zeich(xa,ya : BYTE);     (* Symbol zeichnen   *)
VAR i : BYTE;               (* Lokale und temporäre Hilfsvariable *)
BEGIN
xp := xa; yp := ya;
FOR i := 1 TO 5 DO BEGIN  GotoXY(xa,ya-3+i); Write('|')  END
END;
FUNCTION lstyp.logik(x:BOOLEAN):BOOLEAN;  (* Logiksimulation  *)
BEGIN  logik := x  END;                   (* Ausgang = Eingang*)
```

Bild 10-6: Die Simulation der Verbindungsleitung

Die Verbindungseinheit hat die logische Eigenschaft, den am Eingang anliegenden Zustand an den Ausgang weiterzureichen. Dies geschieht in der
Funktion logik. Sie besitzt keine Speichereigenschaften und ein stark
vereinfachtes Schaltbild. *Bild 10-7* baut aus den Objekttypen dfftyp für
ein D-Flipflop, atyp für eine Anzeigeeinheit und lstyp einen neuen
Objekttyp ptyp auf, der die Eigenschaften des Druckerports beschreibt.

```
(* Bild 10-7: Objekt und Methoden für Druckerport vereinbaren *)
TYPE    ptyp = OBJECT                  (* Objekt Port          *)
        r : ARRAY[0..7] OF dfftyp;     (* 8 D-Flipflops        *)
        a : ARRAY[0..7] OF atyp;       (* 8 LED-Anzeigen       *)
        l : ARRAY[0..7] OF lstyp;      (* 8 Linien senkrecht   *)
        PROCEDURE zeich(xa,ya : BYTE); (* Symbole zeichnen     *)
        PROCEDURE ein(x : BYTE);       (* Datenbyte ausgeben   *)
        END;
PROCEDURE ptyp.zeich(xa,ya : BYTE);          (* Symbol zeichnen *)
VAR  i : BYTE;
BEGIN                    (* Lokale und temporäre Hilfsvariable *)
FOR i := 0 TO 7 DO       (* Port besteht aus 8 Einheiten        *)
BEGIN
  a[i].zeich(xa+i*6,ya);     (* LED - Anzeigeeinheiten        *)
  l[i].zeich(xa+i*6,ya+5);   (* Senkrechte Verbindungslinien  *)
  r[i].zeich(xa+i*6,ya+10)   (* Register aus D-Flipflops      *)
END
END;
PROCEDURE ptyp.ein(x : BYTE); (* In 8 Bits teilen und anzeigen *)
VAR i : INTEGER;           (* Lokale und temporäre Hilfsvariable *)
BEGIN
  FOR i := 0 TO 7 DO r[7-i].eind(BOOLEAN((x SHR i) AND $01));
  FOR i := 0 TO 7 DO a[i].aus(l[i].logik(r[i].ausq))
END;
```

Bild 10-7: Die Simulation des Druckerports

Das Ausgaberegister r besteht aus einem Feld von acht D-Flipflops, die
durch acht Verbindungsleitungen l mit acht Ausgabeeinheiten a verbunden sind. Die Prozedur z e i c h zeichnet das gesamte Schaltbild und ruft
dabei die Methoden der drei Objekttypen auf. Die Prozedur e i n übernimmt
das am Register anliegende Datenbyte, zerlegt es in acht Bits, speichert
diese in den acht D-Flipflops des Ausgaberegisters ab, simuliert das logische Verhalten der Schaltung und zeigt das Ergebnis auf den acht Anzei-
geeinheiten an. Mit diesem *Muster* einer Portbeschreibung wird nun in
Bild 10-8 die Objektvariable (Instanz) port vereinbart.

```
(* Bild 10-8: Instanz des Objektes ptyp = Druckerausgabeport *)
VAR   port : ptyp;
      z : CHAR;
      xa,ya,daten : BYTE;
(* ***** H a u p t p r o g r a m m ***** *)
BEGIN
Write('Linke obere Ecke des Bildes xa  ya eingeben -> '); ReadLn(xa,ya);
ClrScr;
WriteLn(' Simulation des Druckerportausgangs':55);
port.zeich(xa,ya);              (* Druckerport zeichnen        *)
REPEAT                          (* Testdaten auf Druckerport ausgeben *)
  Gotoxy(1,24); Write('Ausgabedaten $xx ->'); ReadLn(daten);
  port.ein(daten);              (* Daten auf Druckerport ausgeben *)
  GotoXY(40,24); Write('Ende mit esc  weiter mit cr -> '); z := ReadKey
UNTIL z = #$1B;                 (* esc = Schleifenabbruch      *)
Clrscr
END.
```

Bild 10-8: Test der Druckerportausgabe

Nach den umfangreichen Vereinbarungen (Bilder 10-4 bis 10-7) wird die Handhabung des Druckerports sowohl von der logischen als auch von der graphischen Seite außerordentlich einfach. In dem Objekttyp ptyp stekken alle logischen und graphischen Eigenschaften des Druckerports. Mit dem Aufruf der Methode port.zeich(xa,ya) wird die Lage der Schaltung als Botschaft an das Objekt übergeben und die Schaltung auf dem Bildschirm dargestellt. Durch den Aufruf der Methode port.ein(daten) übergibt man dem Objekt port die am Eingang anliegenden Daten. Dies entspricht der Anweisung Port[x+0] := daten bei der Datenausgabe auf dem tatsächlichen Druckerport. *Bild 10-9* zeigt das Schaltbild an den eingegebenen Koordinaten xa=10 und ya=10 sowie die Darstellung des Datenbytes $55.

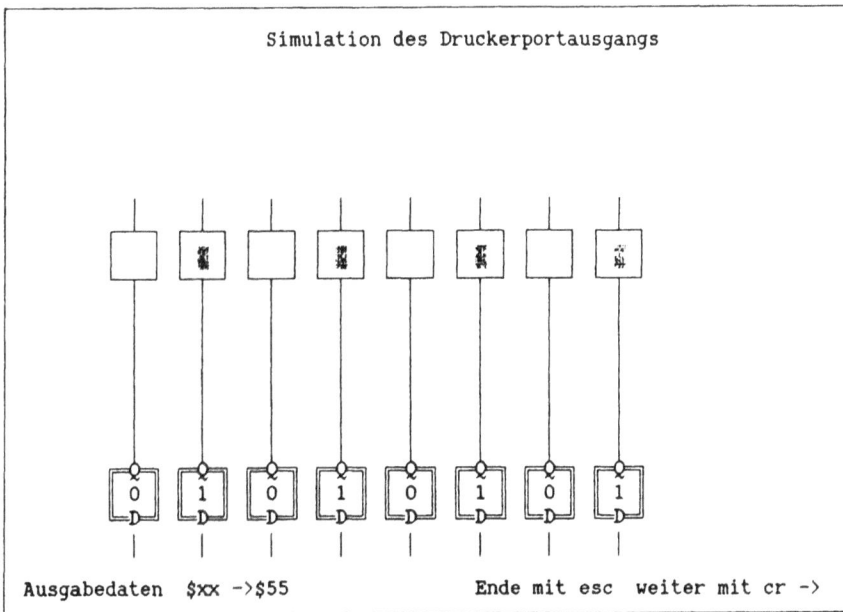

Bild 10-9: Die Bildschirmausgabe der Druckerportsimulation

11. Ergänzende und weiterführende Literatur

11.1 Bücher und Sammelwerke

11.1.1 Schwerpunkt Pascal

[1] Turbo Pascal 6.0
    Handbücher
    Heimsoeth & Borland
    1. Auflage München 1990

[2] Arne Schäpers
    Turbo Pascal 5.0
    Konzepte, Analysen, Tips & Tricks
    Addison-Wesley Bonn 1989

[3] Arne Schäpers
    Turbo Pascal 4.0/5.0 Band 2
    Konzepte, Analysen, Tips & Tricks
    Addison-Wesley Bonn 1989

[4] Hans-Georg Joepgen
    Fortgeschrittene Programmiertechniken
    mit Turbo Pascal 3-5
    Carl Hanser Verlag München 1989

[5] Hans-Georg Schumann
    Programmierkurs Objektorientiertes Programmieren
    Sybex Verlag Düsseldorf 1990

[6] Martin Aupperle
    Objektorientierte Programmierung mit Turbo Pascal
    Vieweg Verlag Braunschweig 1990

11.1.2 Schwerpunkt Hardware und Maschinensprache

[7] Günter Schmitt
    Mikrocomputertechnik mit dem 16-bit-Prozessor 8086
    Oldenbourg Verlag München 2.Auflage 1989

[8] Günter Schmitt
    Assemblerprogrammierung für die Prozessoren
    der 8086-Familie unter dem Betriebssystem MS-DOS
    Heim Verlag Darmstadt 1986

[9] H.-J. Blank/H. Bernstein
    PC-Schaltungstechnik in der Praxis
    Verlag Markt&Technik Haar bei München 1989

[10] IBM
Technical Reference Manual
zu den Modellen XT bzw. PC bzw. AT
IBM Firmenschriften

11.1.3 Schwerpunkt Betriebssystem MS-DOS

[11] Michael Tischer
PC Intern 2.0 Systemprogrammierung
Data Becker Verlag Düsseldorf 1989

[12] Martin Althaus
Das PC Profibuch
Sybex Verlag Düsseldorf 1989

11.1.4 Schwerpunkt Schnittstellen

[13] J.Elsing/A.Wiencek
Schnittstellenhandbuch
IWT Verlag Vaterstetten bei München 1987

[14] Preuß/Musa
Computerschnittstellen
Carl Hanser Verlag München 1989

[15] Burkhard Kainka
Messen, Steuern und Regeln über die RS232-Schnittstelle
Franzis Verlag München 1989

[16] Anton Piotrowski
IEC-Bus
Franzis Verlag München 1987

[17] Anton Piotrowski
IEC-Bus Software
Franzis Verlag München 1989

11.1.5 Schwerpunkt Anwendungen

[18] P. Wratil/R. Schmidt
PC/XT/AT: Messen Steuern Regeln
Markt&Technik Verlag Haar bei München 1987

[19] H. Maier/A. Piotrowski (Herausgeber)
Messen, Steuern, Regeln mit IBM-kompatiblen PCs
Interest-Verlag Kissing 1990

[20] H. Schmidt/W. Weber
Messen und Experimentieren mit IBM-PC's und Kompatiblen
Ferd. Dümmlers Verlag Bonn 1989

[21] R. J. Brandenburg
     Messen und Auswerten mit dem Computer Teil I und II
     Ferd. Dümmlers Verlag Bonn 1989

[22] Günter Schmitt
     Mikrocomputertechnik mit dem Prozessor 8085
     Oldenbourg Verlag München 4.Auflage 1989

[23] Intel
     Microprocessor and Peripheral Handbook
     Volume I - Microprocessor
     Volume II - Peripheral
     Datenbücher der Firma Intel

[24] National Semiconductor
     Series 32000 Handbook
     Serienschnittstelle 8250
     Datenbuch der Firma National Semiconductor

11.2 Zeitschriften

[25] c't Magazin für Computertechnik
     Verlag H. Heise Hannover

[26] mc Magazin für Computerpraxis
     Franzis Verlag München

[27] Elektronik Fachzeitschrift für
     Entwickler und industrielle Anwender
     Franzis Verlag München

[28] DOS International (Zeitschrift)
     DOS EXTRA (Sonderhefte)
     Daten und Medien Verlag Eschwege

[29] Reihe CHIP SPECIAL
     Turbo-Pascal Programmier-Praxis
     Ausgaben 1 bis 17
     Vogel Verlag Würzburg

11.3 Aufsätze

11.3.1 Schwerpunkt PC-Hardware

[30] Andreas Stiller
     PC-Bausteine -
     Was Sie schon immer . . (Systemübersicht)
     c't 1988 H.3 S.90..99

[31] M. Ernst, A. Stiller
     PC-Bausteine -
     In den Tiefen der Systemsteuerung
     c't 1988 H.7 S.164..171

[32] Martin Ernst
     PC-Bausteine -
     Chip-Sätze: Die neuen Arbeitstiere der PCs
     Teil 1: c't 1989 H.7 S.240..242
     Teil 2: c't 1989 H.8 S.232..237
     Teil 3: c't 1989 H.11 S.360..366

[33] M. Ernst, A. Stiller
     RAM-Checker -
     Testprogramm für dynamische RAMs im PC
     c't 1988 H.7 S.172..177

[34] Andreas Stiller
     Im Zugriff - moderne Techniken im Umgang
     mit dynamischen Speichern
     c't 1989 H.3 S.98..100

[35] Harald Albrecht
     Odyssee im Adreßraum
     Die wichtigsten Verfahren zur PC-Speichererweiterung
     c't 1989 H.11 S.336..353

[36] Peter Wollschlaeger
     Speicherbedarf des PC
     mc 1989 H.9 S.98..100

[37] Andreas Stiller
     PC-Timing
     Vom Kampf mit den Nanosekunden
     c't 1987 H.10 S.98..104

[38] Andreas Stiller
     PC-Bausteine -
     Direkter Zugriff auf den Speicher (DMA)
     c't 1988 H.9 S.178..189

[39] Dieter Strauß
     Der gläserne PC-Bus -
     Dem PC-Bus auf die Signale geschaut
     mc 1987 H.2 S.30..32

[40] Andreas Stiller
     PC-Bausteine –
     Rund um den Timer
     c't 1988 H.4 S.196..203

[41] Andreas Stiller
     Microseconds for Microsoft
     Mehr Präzision für die DOS-Zeit
     c't 1988 H.12 S.222..224

[42] Martin Gerdes
     PC-Bausteine –
     Raster und Pixel mit dem altbewährten 6845
     c't 1988 H.10 S.212..226

[43] Jens Kardoeus
     Die Zeit ist reif –
     Timer in Pascal
     mc 1988 H.3 S.99..102

[44] Andreas Stiller
     PC-Bausteine –
     Von Zeit und RAM (Uhrenbaustein)
     c't 1988 H.12 S.196..210

[45] PC-Bausteine –
     Mathe-Nachhilfe für die CPU
     c't 1989 H.3 S.264..288

[46] Ingo Eickmann
     Trigonometrie mit dem 80x87: sehr effektiv
     mc 1989 H.9 S.86..96

[47] M. Ernst, A. Stiller
     PC-Bausteine –
     Interrupts: Der lange Weg einer Anforderung bis zur Bedienung
     c't 1988 H.8 S.174..187

[48] Patrick Fäh
     Schnelligkeit von PCs
     mc 1987 H.10 S.158..161

11.3.2 Schwerpunkt MS-DOS Betriebssystem

[49] Mario Sonntag
     MS-/PCDOS-Funktionen im Überblick
     Teil 1: c't 1988 H.5 S.239..246
     Teil 2: c't 1988 H.6 S.199..204

[50] Josef Spangler
     Maßanfertigung
     Installieren und Konfigurieren eigener Anwenderprogramme
     c't 1989 H.5 S.142..147

[51] Erich Esders
     Treiberimplementationen in MS-DOS
     mc 1987 H.12 S.132..140

[52] Markus Fischer
     Drucker unter Kontrolle
     c't 1987 H.6 S.138..143

[53] Harald Großauer
     System aushorchen
     c't 1987 H.4 S.136..137

[54] Andreas Stiller
     PC-BIOS-Variable
     Der RAM-Bereich der ROM-BIOSse von PC, AT und PS/2
     c't 1989 H.6 S.247..250

[55] Frank Schmidt
     Anschluß gewinnen -
     COM3 und COM4 im PC nutzen
     c't 1989 H.10 S.222..226

[56] Martin Gerdes
     Knöpfchen, Knöpfchen -
     PC-Tastaturen und -Treiber
     Teil 1: c't 1988 H.6 S.148..164
     Teil 2: c't 1988 H.7 S.178..199

[57] Christian Brunner
     Der Maus-Interrupt 33H
     mc 1988 H.9 S.94..100

[58] Bernhard Stütz
     MaNager
     Turbo-Pascal 4.0 unterstützt die Maus
     c't 1988 H.10 S.196..207

[59] Ingo Eickmann
     Turbo Pascal mit Komfort
     Maustreiber für Turbo-Pascal-Editoren
     mc 1989 H.12 S.123..130

[60] Dieter Michel
     Digitale Nager -
     Von der Mausbewegung zum elektrischen Signal
     c't 1989 H.12 S.136..142

[61] Martin Gerdes
     In die Karten geschaut - (Maus)
     Teil 1: Vom elektrischen Signal zur Anwendung
     c't 1989 H.12 S.146..150
     Teil 2: Neues von den Maustreibern
     c't 1990 H.1 S.268..280

[62] Hans-Georg Joepgen
     Systemnahes Programmieren in Beispielen
     Teil 1: Zeiger-Objekte und absolute Variablen
     Elektronik 1989 H.12 S.77..80
     Teil 2: Ein-/Ausgabe-Gerät-Treiber und System-Tuning
     Elektronik 1989 H.13 S.110..113
     Teil 3: Direktzugriff auf BIOS- und DOS-Routinen
     Elektronik 1989 H.14 S.104..108
     Teil 4: "Maus-Treiber-Suche" und Virus-Jagd
     Elektronik 1989 H.15 S.76..81
     Teil 5: Interrupts und Schnittstellen-Treiber
     Elektronik 1989 H.16 S.52..55
     Teil 6: Pascal-Text und externe Assembler-Bausteine
     Elektronik 1989 H.17 S.69..72
     Teil 7: Betriebssystem-Erweiterung per DOS-Treiber
     Elektronik 1989 H.18 S.90..94

[63] Martin Ernst
     Big Blue und die wilde Dreizehn -
     Der Interrupt 13h beim IBM PC
     c't 1987 H.5 S.183..186

[64] M. Ernst, A.Stiller
     Special Interest Interrupt
     Der PC-Interrupt 15h im Wandel der Zeiten
     c't 1988 H.1 S.233..238

11.3.3 Schwerpunkt PC-Schnittstellen

[65] M. Ernst, A. Stiller
     PC-Bausteine -
     Details über die Centronics-Parallel-Schnittstelle
     c't 1988 H.6 S.166..176

[66] Gerhard Rubel
     Automatischer Drucker-Umschalter
     mc 1987 H.4 S.98..99

[67] Uwe Gerlach
     Drucker-Treiber
     c't 1988 H.10 S.134..139

[68] W. Hartung, M. Felsmann, A. Stiller
     PC-Bausteine -
     Der UART 8250 als Tor zur seriellen Welt
     c't 1988 H.5 S.204..210

[69] Günter Klotz
     Bits im Gänsemarsch
     Die RS-232-C-Schnittstelle
     c't 1986 H.12 S.185..190

[70] Stefan Demmig
     Schnelle serielle Schnittstelle
     mc 1988 H.8 S.68..72

[71] Thomas Cantzler
RS232C-Umschalter
mc 1989 H.2 S.114..116

[72] R. Weitkunat, M. Bührer, B. Sparrer, F. Fuchs
Asynchrone digitale Echtzeit-Steuerung
mc 1990 H.2 S.134..137

[73] Hans Rauch
Welt am Draht - Einfach-Netzwerk zum Selbstbau
Teil 1: c't 1990 H.2 S.166..174
Teil 2: c't 1990 H.3 S.308..314
Teil 3: c't 1990 H.4 S.344..348
Teil 4: c't 1990 H.5 S.338..342

[74] Hans-Günter Vosseler
Die mc-Port-Karte
mc 1987 H.11 S.120..126

[75] Günter Schmidt
Verbindung über Ein/Ausgabeport spart Kosten
Elektronik 1986 H.10 S.60..63

[76] Andreas Burgwitz
Preiswerte Freude -
PC-Joystick selbstgebaut
c't 1989 H.5 S.141

[77] Andreas Burgwitz
Knüppellage -
PC-Joysticks in Hochsprache abfragen
c't 1990 H.2 S.290

[78] Otmar Feger
Nicht nur für Spiele -
Programmierbarer Joystick für XT/AT
Elektronik 1988 H.5 S.145..147

[79] Robert Kress
Eigene Hardware im PC
Prototyp-Karte für PCs
c't 1986 H.9 S.78..79

[80] O. Häußler, D. Strauß
PC-Erweiterungskarten -
Eine aktuelle Marktübersicht
mc 1987 H.4 S.49..59

[81] Rolf-Dieter Klein
PC intern - Hintergründiges über Erweiterungskarten
mc 1990 H.5 S.28..30

[82] Peter Wollschlaeger
PC-Steckkarten - Abenteuer im Dschungel der Jumper
mc 1990 H.5 S.32..35

[83] R. Keller, H. Hurling
     IEC-Bus - im Labor bewährt
     c't 1987 H.9 S.187..192

[84] Frank Keldenich
     Eine IEEE-488-PC-Karte
     Teil 1: Kurzlehrgang IEEE-488-Bus
     mc 1989 H.6 S.56..64
     Teil 2: Hardware
     mc 1989 H.7 S.92..100
     Teil 3: Die Software und ihr Einsatz
     mc 1989 H.8 S.122..126

[85] Frank Keldenich
     IEEE-488-Bus-Druckertreiber für IBM-PCs
     mc 1990 H.6 S.50..56

[86] Günter Schmitt
     Den IEC-Bus abgehört -
     Einfacher Mikrocomputer als Protokoll-Analysator
     Elektronik 1990 H.13 S.58..62

11.3.4 Schwerpunkt Anwendungsbeispiele

[87] Jürgen Stampfl
     Benchmark einmal anders
     PC berechnet e und Pi beliebig genau
     c't 1988 H.9 S.70..72

[88] Guido Krüger
     Complexe Rechenhilfe
     Simulation eines programmierbaren Taschenrechners
     c't 1987 H.6 S.144..149

[89] Claus Schneider
     PC minimiert Schaltfunktionen
     mc 1987 H.11 S.94..105

[90] J. Jie, M. Weiss, G. Schoffa
     Schnelle 64-Kanal-Datenerfassung (am Druckerport)
     mc 1988 H.1 S.96..111

[91] J. Jie, M. Weiss, G. Schoffa
     Simulation eines Digitaloszilloskops
     mc 1988 H.2 S.72..81

[92] Smaragda Denton
     Digitale Signalaufzeichnung
     Elektronik 1988 H.3 S.61..62

[93] H. Hipp, CH. Siemers
     Auf Geschwindigkeit getrimmt -
     Konzept eines schnellen Meßwertaufnehmers am PC
     Elektronik 1989 H.20 S.126..144

[94] Klaus Schnurr
DMA-Meßtechnik mit einem PC
Elektronik 1990 H.8 S.90..102

[95] Ulrich Gärtner
Professioneller A/D-Umsetzer für den PC
mc 1988 H.3 S.104..115

[96] Hartmut Fischer
Dynamische Analyse von A/D-Wandlern
mc 1988 H.11 S.127..129

[97] H. Assig, W. L. Giesler
D/A-Umsetzer für den PC
mc 1987 H.3 S.121..128

[98] Klaus Olewicki
Mittler zwischen den Welten -
Arbeitsweise von D/A- und A/D-Wandlern
c't 1988 H1. S.114..119

[99] Gerd Graf
Der PC zwischen Analog und Digital - Kombinationsinterface
Teil 1: Prinzipielles
mc 1990 H.5 S.58..63
Teil 2: die Schaltung
mc 1990 H.7 S.68..73
Teil 3: die Software
mc 1990 H.8 S.107..113

[100] Ralf Bauer
Frequenzen wegrechnen -
Digitale Filter
c't 1987 H.12 S.92..100

[101] Ralf Bauer
Signale im Computer -
Digital filtern in Echtzeit
c't 1988 H.1 S.148..160

[102] Josef Hoffmann
Gefiltertes Amplituden Gephasel -
Klassische Näherungsformeln als digitale Filter
mc 1991 H.1 S.82..91

[103] Wolfgang Sturm
Also sprach der PC -
Verbales ohne Zusatz-Hardware
c't 1988 H.8 S.74..87

[104] Gerhard Beuschel
Mikrocomputer steuert Schrittmotoren an
Elektronik 1981 H.18 S.71..74

[105] Harald Peter
      Schritt für Schritt (Schrittmotoren)
      c't 1984 H.10 S.34..37

[106] Rudolf Hofer
      Der mc-Plotter
      mc 1985 H.2 S.104..109

[107] Rudolf Hofer
      C-64 steuert mc-Plotter
      mc 1985 H.3 S84..86

[108] Reinhold Blank
      Schrittmotorsteuerung
      c't 1988 H.4 S.217..

[109] H.-J. Voß, B. Heinbockel
      Alles geregelt -
      Regler-Simulationsprogramm in Turbo-Pascal 4/5
      c't 1989 H.8 S.140..160

[110] Klaus Zerbe
      Pascal Plus Plus
      Objektorientierte Erweiterungen in Pascal
      c't 1989 H.9 S.128..134

[111] Norbert Dohmen
      Objekt mit Zukunft
      Objektorientierte Programmierung mit Turbo-Pascal 5.5
      mc 1989 H.9 S.52..57

[112] Hendrik Mortier
      Centronics-Port -
      nicht nur zum Drucken da
      Elektronik 1991 H.5 S.114..117

[113] Ulrich Gärtner
      Experimente im PC -
      PC-Steckkarte für Versuchsaufbauten
      mc 1991 H.3 S.108..109

[114] Tim Aschmoneit
      Einfacher geht's nicht -
      Ein-Chip-A/D-Wandler am Centronics-Stecker
      mc 1991 H.3 S.104..107

[115] Otmar Feger
      Kontrolliert nach draußen -
      Die mc-Microcontroller-Karte
      Teil 1: Hardware mc H.4 S.96..103

12. Anhang

12.1 Stiftbelegung des PC/XT-Erweiterungssteckers

		B-Reihe	A-Reihe		
GND	B01			A01	I/O CHCK
RESET	B02			A02	D7 Daten
+5V	B03			A03	D6
IRQ2	B04			A04	D5
-5V	B05			A05	D4
DREQ2	B06			A06	D3
-12V	B07			A07	D2
frei	B08			A08	D1
+12V	B09			A09	D0
GND	B10			A10	I/O CHRDY
$\overline{\text{MEMW}}$	B11			A11	AEN
$\overline{\text{MEMR}}$	B12			A12	A19 Adressen
$\overline{\text{IOWC}}$	B13			A13	A18
$\overline{\text{IORC}}$	B14			A14	A17
$\overline{\text{DACK3}}$	B15			A15	A16
DREQ3	B16			A16	A15
$\overline{\text{DACK1}}$	B17			A17	A14
DREQ1	B18			A18	A13
$\overline{\text{DACK0}}$	B19			A19	A12
CLK	B20	4.77 MHz		A20	A11
IRQ7	B21			A21	A10
IRQ6	B22			A22	A9
IRQ5	B23			A23	A8
IRQ4	B24			A24	A7
IRQ3	B25			A25	A6
$\overline{\text{DACK2}}$	B26			A26	A5
T/C	B27			A27	A4
ALE	B28			A28	A3
+5V	B29			A29	A2
OSC	B30	14.3 MHz		A30	A1
GND	B31			A31	A0

12.2 Stiftbelegung der Paralleldruckerschnittstelle

```
      Druckerportausgang           Kabel            Druckereingang

        STROBE (1)                   STROBE /1/    /19/ GND
                 (14) AUTO FEED   DO (Data1) /2/   /20/ GND
    DO (Data1) (2)                D1 (Data2) /3/   /21/ GND
                 (15) ERROR       D2 (Data3) /4/   /22/ GND
    D1 (Data2) (3)                D3 (Data4) /5/   /23/ GND
                 (16) INIT        D4 (Data5) /6/   /24/ GND
    D2 (Data3) (4)                D5 (Data6) /7/   /25/ GND
                 (17) SLCT IN     D6 (Data7) /8/   /26/ GND
    D3 (Data4) (5)                D7 (Data8) /9/   /27/ GND
                 (18) GND               ACK /10/   /28/ GND
    D4 (Data5) (6)                     BUSY /11/   /29/ GND
                 (19) GND                PE /12/   /30/ GND
    D5 (Data6) (7)                     SLCT /13/   /31/ INIT
                 (20) GND         AUTO FEED /14/   /32/ ERROR
    D6 (Data7) (8)                          /15/   /33/
                 (21) GND                   /16/   /34/
    D7 (Data8) (9)                          /17/   /35/
                 (22) GND                   /18/   /36/ SLCT IN
         ACK (10)
                 (23) GND
        BUSY (11)
                 (24) GND
          PE (12)
                 (25) GND
        SLCT (13)
```

Stiftbelegung Druckerport - Kabel - Drucker

12.3 Stiftbelegung der seriellen Schnittstelle

9poliger Portausgang

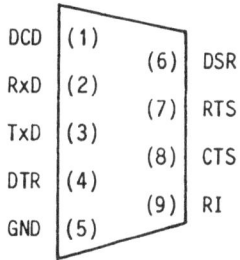

```
DCD | (1)
    |     (6) | DSR
RxD | (2)
    |     (7) | RTS
TxD | (3)
    |     (8) | CTS
DTR | (4)
    |     (9) | RI
GND | (5)
```

25poliger Portausgang

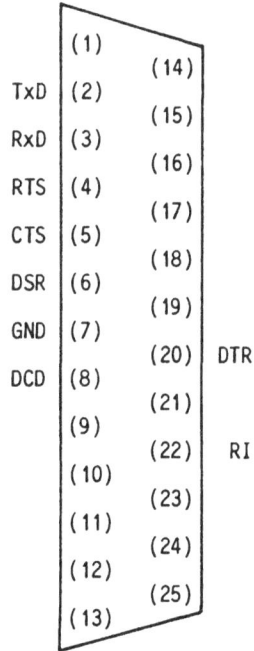

```
    | (1)
    |        (14)
TxD | (2)
    |        (15)
RxD | (3)
    |        (16)
RTS | (4)
    |        (17)
CTS | (5)
    |        (18)
DSR | (6)
    |        (19)
GND | (7)
    |        (20) | DTR
DCD | (8)
    |        (21)
    | (9)
    |        (22)   RI
    | (10)
    |        (23)
    | (11)
    |        (24)
    | (12)
    |        (25)
    | (13)
```

Stiftbelegung der seriellen Schnittstelle

12.4 Stiftbelegung des IEC-Bus-Steckers

(Bit D0) **DIO1**	/1/	/13/	**DIO5** (Bit D4)	
(Bit D1) **DIO2**	/2/	/14/	**DIO6** (Bit D5)	
(Bit D2) **DIO3**	/3/	/15/	**DIO7** (Bit D6)	
(Bit D3) **DIO4**	/4)	/16/	**DIO8** (Bit D7)	
(Ende oder Ident.) **EOI**	/5/	/17/	**REN** (Fernst.)	
(Daten gültig) **DAV**	/6/	/18/	Masse(DAV)	
(Gerät nicht bereit) **NRFD**	/7/	/19/	Masse/(NRFD)	
(Daten nicht übern.) **NDAC**	/8/	/20/	Masse(NDAC)	
(Grundzustand) **IFC**	/9/	/21/	Masse(IFC)	
(Bedienungsanford.) **SRQ**	/10/	/22/	Masse(SRQ)	
(Befehle/Daten) **ATN**	/11/	/23/	Masse(ATN)	
Abschirmung	/12/	/24/	Masse/GND	

Stiftbelegung der IEEE-Steckverbindung

12.5   Schaltplan der Paralleldruckerschnittstelle

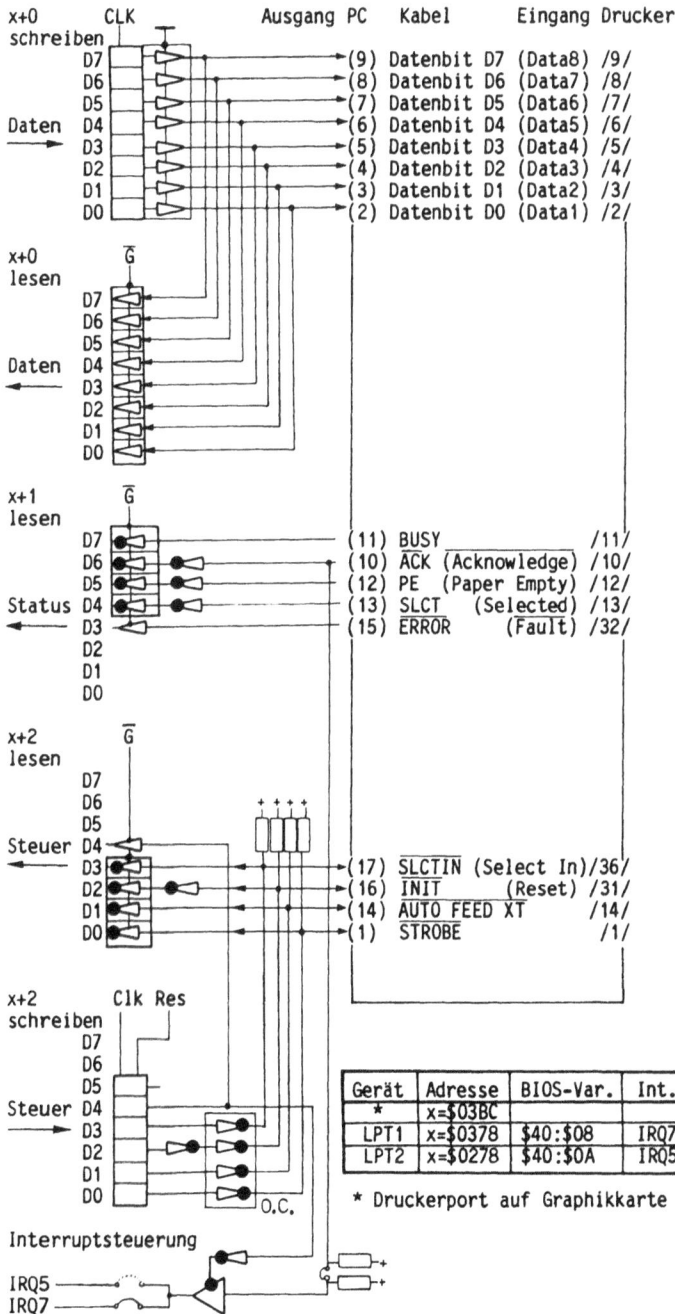

x+0 schreiben	CLK	Ausgang PC	Kabel	Eingang Drucker

```
x+0        CLK       Ausgang PC   Kabel      Eingang Drucker
schreiben
    D7                (9) Datenbit D7  (Data8) /9/
    D6                (8) Datenbit D6  (Data7) /8/
    D5                (7) Datenbit D5  (Data6) /7/
Daten D4              (6) Datenbit D4  (Data5) /6/
    D3                (5) Datenbit D3  (Data4) /5/
    D2                (4) Datenbit D2  (Data3) /4/
    D1                (3) Datenbit D1  (Data2) /3/
    D0                (2) Datenbit D0  (Data1) /2/

x+0        G
lesen
    D7
    D6
    D5
Daten D4
    D3
    D2
    D1
    D0

x+1        G
lesen
    D7               (11) BUSY                  /11/
    D6               (10) ACK (Acknowledge)     /10/
    D5               (12) PE  (Paper Empty)     /12/
Status D4            (13) SLCT    (Selected)    /13/
    D3               (15) ERROR      (Fault)    /32/
    D2
    D1
    D0

x+2        G
lesen
    D7
    D6
    D5
Steuer D4
    D3               (17) SLCTIN (Select In)/36/
    D2               (16) INIT       (Reset) /31/
    D1               (14) AUTO FEED XT        /14/
    D0               (1)  STROBE              /1/

x+2        Clk Res
schreiben
    D7
    D6
    D5
Steuer D4
    D3
    D2
    D1
    D0                                    O.C.

Interruptsteuerung

IRQ5
IRQ7
```

Gerät	Adresse	BIOS-Var.	Int.
*	x=$03BC		
LPT1	x=$0378	$40:$08	IRQ7
LPT2	x=$0278	$40:$0A	IRQ5

* Druckerport auf Graphikkarte

12.6 Programm zur Ausgabe der Interruptvektoren

```
PROGRAM prog1p10;   (* Anhang: Ausgabe der Interruptvektoren *)
USES  Dos, Aushexbi;(* Ausbhex, Auswhex                      *)
VAR   i : INTEGER;
      adresse,segment,abstand : WORD;
CONST nbem = 33; bemerkung : ARRAY[0..nbem] OF STRING[45] =
      ('Prozessor: Division durch Null',
       'Prozessor: Einzelschrittsteuerung',
       'NMI-Interrupt: Systemfehler',
       'Haltepunkt durch Code $CC',
       'Befehl INTO (Interrupt bei Overflow)',
       'BIOS: Hardcopy durch Druck-Taste',
       'Prozessor (80286: unbekannter Code)',
       'Prozessor (80286: Speicherschutz)',
       'Gerät IRQ0: Timer',
       'Gerät IRQ1: Tastatur',
       'Gerät IRQ2: AT: 2.PIC-Baustein XT:Bildschirm',
       'Gerät IRQ3: COM2 (Serienschnittstelle)',
       'Gerät IRQ4: COM1 (Serienschnittstelle)',
       'Gerät IRQ5: AT: LPT2 (Drucker) XT: Festplatte',
       'Gerät IRQ6: Diskettenlaufwerke',
       'Gerät IRQ7: LPT1 (Drucker)',
       'BIOS: Bildschirmfunktionen',
       'BIOS: Ausgabe der Konfigurationsdaten',
       'BIOS: Ausgabe der Speichergröße',
       'BIOS: Disketten- und Festplattenfunktionen',
       'BIOS: Serielle Schnittstellenfunktionen',
       'BIOS: AT: Echtzeituhr XT: Kassettenlaufwerk',
       'BIOS: Tastatur- und Druckerfunktionen',
       'BIOS: Parallelschnittstelle (Drucker)',
       'BIOS: Start des ROM-BASIC (wenn vorhanden)',
       'BIOS: Systemneustart (Strg + Alt + Entf)',
       'BIOS: Systemuhrenfunktionen',
       'BIOS: Unterbrechung (Strg + Pause)',
       'BIOS: Timer-Interrupt (18.2 mal pro sek)',
       'BIOS: Zeiger auf Videotabelle',
       'BIOS: Zeiger auf Laufwerktabelle',
       'BIOS: Zeiger auf Grafikzeichentabelle',
       'DOS:  Rücksprung nach DOS',
       'DOS:  Betriebssystemfunktionen MsDos(register)'
       );
BEGIN
WriteLn(' Aktuelle Interrupt - Vektortabelle':42);
WriteLn(' Nummer Adresse Segment Offset Anwendung');
FOR i := 0 TO 63 DO
BEGIN
  adresse := i * 4;
  abstand := MemW[0:adresse];
  segment := MemW[0:adresse+2];
  Write(i:3,' ');Ausbhex(i);
  Write(' '); Auswhex(adresse);
  Write(' '); Auswhex(segment);
  Write(': '); Auswhex(abstand);
  IF i <= nbem THEN WriteLn(' ',bemerkung[i]) ELSE WriteLn;
```

```
  BEGIN
    Write('Weiter mit Taste -> '); ReadLn;
  END
END;
Write('Weiter mit Taste -> '); ReadLn
END.
```

12.7 Programm der Unit Aushexbi

```
UNIT aushexbi; (* Anhang:  Ausgabe-UNIT binaer und hexa *)
INTERFACE
USES Dos;
PROCEDURE ausnib (x : BYTE);
PROCEDURE ausbyte (x : BYTE);
PROCEDURE ausbhex (x : BYTE);
PROCEDURE auswhex (x : WORD);
PROCEDURE ausdhex (x : LONGINT);
PROCEDURE ausmem (p : POINTER; s : WORD);
PROCEDURE ausbin (x : BYTE);
PROCEDURE ausbbin (x : BYTE);
PROCEDURE auswbin (x : WORD);
PROCEDURE ausdbin (x : LONGINT);
PROCEDURE ausreg (x : Registers);
IMPLEMENTATION

PROCEDURE ausnib(x : BYTE); (* Halbbyte (nibble) ausgeben *)
BEGIN
  x := x AND $0F;
  IF x <= $09 THEN Write(CHAR(x+$30)) ELSE Write(CHAR(x+$37))
END; (* Prozedur ausnib *)

PROCEDURE ausbyte(x:BYTE);  (* Byte hexadez. ausgeben *)
BEGIN
  ausnib(x SHR 4); ausnib(x)
END; (* Prozedur ausbyte *)

PROCEDURE ausbhex (x : BYTE);   (* $ Byte lz ausgeben *)
BEGIN
  Write('$'); ausbyte(x); Write(' ')
END; (* Prozedur ausbhex *)

PROCEDURE auswhex(x : WORD);    (* $ Wort lz ausgeben *)
BEGIN
  Write('$'); ausbyte(Hi(x)); ausbyte(Lo(x)); Write(' ')
END; (* Prozedur ausbhex *)

PROCEDURE ausdhex(x : LONGINT);   (* $ Doppelwort lz  *)
VAR y : LONGINT;
BEGIN
  Write('$'); ausbyte(x SHR 24); ausbyte(x SHR 16);
  ausbyte(x SHR 8); ausbyte(x); Write(' ')
END; (* Prozedur ausdhex *)
```

```
PROCEDURE ausmem(p : POINTER; s : WORD);   (* Speicher *)
TYPE  btyp = ARRAY[1..1] OF BYTE;
VAR  f : ^btyp; i : INTEGER;
BEGIN
f := p;
auswhex(Seg(f^)); Write(': '); auswhex(Ofs(f^)); Write('= ');
FOR i := 1 TO s DO
BEGIN
  Write('$'); ausbyte(f^[i]); Write(' ');
END
END; (* Prozedur ausmem *)

PROCEDURE ausbin(x : BYTE);     (* Byte binär ausgeben *)
VAR i : INTEGER; m : BYTE;
BEGIN
  m := $80;
  FOR i := 1 TO 8 DO
  BEGIN
    IF (x AND m) = 0 THEN Write('0') ELSE Write('1');
    m := m SHR 1
  END
END; (* Prozedur ausbin *)

PROCEDURE ausbbin(x : BYTE);     (* % Byte lz ausgeben *)
BEGIN
  Write('%'); ausbin(x); Write(' ');
END; (* Prozedur ausbbin *)

PROCEDURE auswbin(x : WORD);     (* % Wort lz ausgeben *)
BEGIN
  Write('%'); ausbin(Hi(x)); ausbin(Lo(x)); Write(' ');
END; (* Prozedur auswbin *)

PROCEDURE ausdbin(x : LONGINT);  (* % Doppelwort lz  *)
BEGIN
  Write('%'); ausbin(x SHR 24); ausbin(x SHR 16);
  ausbin(x SHR 8); ausbin(x); Write(' ');
END; (* Prozedur ausdbin *)

PROCEDURE ausreg(x : Registers);   (* Registerausgabe *)
BEGIN
  WITH x DO
  BEGIN
  Write('ax=');auswhex(ax); Write('bx=');auswhex(bx);
  Write('cx=');auswhex(cx); Write('dx=');auswhex(dx);
  Write('SP=');auswhex(SPtr); Write('bp=');auswhex(bp);
  Write('si=');auswhex(si); Write('di=');auswhex(di);
  WriteLn;
  Write('DS=');auswhex(DSeg); Write('es=');auswhex(ES);
  Write('SS=');auswhex(SSeg); Write('CS=');auswhex(Cseg);
  Write('IP=$xxxx '); Write('Flags= '); ausbbin(Hi(Flags));
  ausbbin(Lo(Flags)); WriteLn; Write('----ODIT  SZ-A-P-C':71);
  WriteLn;
  END;
END; (* Prozedur ausreg *)
BEGIN END.
```

12.8   Programm der Unit Komplex

```
UNIT Komplex; (* Anhang: Komplexe Rechnung *)
(*$N+,E-*)
INTERFACE
TYPE  Complex = RECORD re : EXTENDED; im : EXTENDED END;
FUNCTION Cwink(x:Complex):EXTENDED;
PROCEDURE Ckwrite(s1:STRING; x:Complex; s2:STRING);
PROCEDURE Cewrite(S1:STRING; x:Complex; S2:STRING);
PROCEDURE Cadd(VAR a:Complex; b,c:Complex);
 INLINE
 ($55/             (* PUSH BP                            *)
  $8B/$EC/          (* MOV  BP,SP                         *)
  $C4/$7E/$06/      (* LES  DI,[BP+6]         ; adr(y)    *)
  $9B/              (* WAIT                   ; warten    *)
  $26/$DB/$2D/      (* FLD  ES:TBYTE PTR[DI]  ; push y.re *)
  $9B/              (* WAIT                   ; warten    *)
  $26/$DB/$6D/$0A/  (* FLD  ES:TBYTE PTR[DI+10]; push y.im *)
  $C4/$7E/$02/      (* LES  DI,[BP+2]         ; adr(z)    *)
  $9B/              (* WAIT                   ; warten    *)
  $26/$DB/$2D/      (* FLD  ES:TBYTE PTR[DI]  ; push z.re *)
  $9B/              (* WAIT                   ; warten    *)
  $26/$DB/$6D/$0A/  (* FLD  ES:TBYTE PTR[DI+10]; push z.im *)
  $C4/$7E/$0A/      (* LES  DI,[BP+10]        ; adr(x)    *)
  $DE/$C2/          (* FADDP ST(2),ST         ; y.im+z.im pop *)
  $DE/$C2/          (* FADDP ST(2),ST         ; y.re+z.re pop *)
  $9B/              (* WAIT                   ; warten    *)
  $26/$DB/$7D/$0A/  (* FSTP ES:TBYTE PTR[DI+10]; x.im pop  *)
  $9B/              (* WAIT                   ; warten    *)
  $26/$DB/$3D/      (* FSTP ES:TBYTE PTR[DI]  ; x.re pop  *)
  $9B/              (* WAIT                   ; warten    *)
  $8B/$E5/          (* MOV  SP,BP                         *)
  $5D/              (* POP  BP                            *)
  $83/$C4/$0C);     (* ADD  SP,12    ; SP wiederherstellen *)

PROCEDURE Csub(VAR a:Complex; b,c:Complex);
 INLINE
 ($55/             (* PUSH BP                            *)
  $8B/$EC/          (* MOV  BP,SP                         *)
  $C4/$7E/$06/      (* LES  DI,[BP+6]         ; adr(y)    *)
  $9B/              (* WAIT                   ; warten    *)
  $26/$DB/$2D/      (* FLD  ES:TBYTE PTR[DI]  ; push y.re *)
  $9B/              (* WAIT                   ; warten    *)
  $26/$DB/$6D/$0A/  (* FLD  ES:TBYTE PTR[DI+10]; push y.im *)
  $C4/$7E/$02/      (* LES  DI,[BP+2]         ; adr(z)    *)
  $9B/              (* WAIT                   ; warten    *)
  $26/$DB/$2D/      (* FLD  ES:TBYTE PTR[DI]  ; push z.re *)
  $9B/              (* WAIT                   ; warten    *)
  $26/$DB/$6D/$0A/  (* FLD  ES:TBYTE PTR[DI+10]; push z.im *)
  $C4/$7E/$0A/      (* LES  DI,[BP+10]        ; adr(x)    *)
  $DE/$EA/          (* FSUBP ST(2),ST         ; y.im-z.im pop *)
  $DE/$EA/          (* FSUBP ST(2),ST         ; y.re-z.re pop *)
  $9B/              (* WAIT                   ; warten    *)
  $26/$DB/$7D/$0A/  (* FSTP ES:TBYTE PTR[DI+10]; x.im pop  *)
```

```
$9B/                   (* WAIT                              ; warten       *)
$26/$DB/$3D/           (* FSTP ES:TBYTE PTR[DI]            ; x.re pop     *)
$9B/                   (* WAIT                              ; warten       *)
$8B/$E5/               (* MOV  SP,BP                                       *)
$5D/                   (* POP  BP                                          *)
$83/$C4/$0C);          (* ADD  SP,12     ; SP wiederherstellen *)
```

PROCEDURE Cmul(VAR a:Complex; b,c:Complex);
 INLINE
```
($55/                  (* PUSH BP                                          *)
$8B/$EC/               (* MOV  BP,SP                                       *)
$C4/$7E/$06/           (* LES  DI,[BP+6]        ; adr(y)      *)
$9B/                   (* WAIT                 ; warten       *)
$26/$DB/$2D/           (* FLD  ES:TBYTE PTR[DI] ; push y.re   *)
$9B/                   (* WAIT                 ; warten       *)
$26/$DB/$6D/$0A/       (* FLD  ES:TBYTE PTR[DI+10]; push y.im *)
$C4/$7E/$02/           (* LES  DI,[BP+2]        ; adr(z)      *)
$9B/                   (* WAIT                 ; warten       *)
$26/$DB/$2D/           (* FLD  ES:TBYTE PTR[DI] ; push z.re   *)
$9B/                   (* WAIT                 ; warten       *)
$26/$DB/$6D/$0A/       (* FLD  ES:TBYTE PTR[DI+10]; push z.im *)
$C4/$7E/$0A/           (* LES  DI,[BP+10]       ; adr(x)      *)
$D9/$C3/               (* FLD  ST(3)           ; push y.re    *)
$D8/$CA/               (* FMUL ST,ST(2)        ; y.re*z.re    *)
$D9/$C3/               (* FLD  ST(3)           ; push y.im    *)
$D8/$CA/               (* FMUL ST,ST(2)        ; y.im*z.im    *)
$DE/$E9/               (* FSUBP ST(1),ST       ; x.re         *)
$9B/                   (* WAIT                 ; warten       *)
$26/$DB/$3D/           (* FSTP ES:TBYTE PTR[DI] ; x.re pop    *)
$DE/$CB/               (* FMULP ST(3),ST       ; z.im*y.re    *)
$DE/$C9/               (* FMUL  ST(1),ST       ; z.re*y.im    *)
$DE/$C1/               (* FADDP ST(1),ST       ; x.im         *)
$9B/                   (* WAIT                 ; warten       *)
$26/$DB/$7D/$0A/       (* FSTP ES:TBYTE PTR[DI+10]; x.im pop  *)
$9B/                   (* WAIT                 ; warten       *)
$8B/$E5/               (* MOV  SP,BP                          *)
$5D/                   (* POP  BP                             *)
$83/$C4/$0C);          (* ADD  SP,12     ; SP wiederherstellen *)
```

PROCEDURE Cdiv(VAR a:Complex; b,c:Complex);
 INLINE
```
($55/                  (* PUSH BP                                          *)
$8B/$EC/               (* MOV  BP,SP                                       *)
$C4/$7E/$06/           (* LES  DI,[BP+6]        ; adr(y)      *)
$9B/                   (* WAIT                 ; warten       *)
$26/$DB/$2D/           (* FLD  ES:TBYTE PTR[DI] ; push y.re   *)
$9B/                   (* WAIT                 ; warten       *)
$26/$DB/$6D/$0A/       (* FLD  ES:TBYTE PTR[DI+10]; push y.im *)
$C4/$7E/$02/           (* LES  DI,[BP+2]        ; adr(z)      *)
$9B/                   (* WAIT                 ; warten       *)
$26/$DB/$2D/           (* FLD  ES:TBYTE PTR[DI] ; push z.re   *)
$9B/                   (* WAIT                 ; warten       *)
$26/$DB/$6D/$0A/       (* FLD  ES:TBYTE PTR[DI+10]; push z.im *)
$C4/$7E/$0A/           (* LES  DI,[BP+10]       ; adr(x)      *)
$D9/$C1/               (* FLD  ST(1)           ; push z.re    *)
$D8/$C8/               (* FMUL ST,ST           ; z.re*z.re    *)
$D9/$C1/               (* FLD  ST(1)           ; push z.im    *)
$D8/$C8/               (* FMUL ST,ST           ; z.im*z.im    *)
$DE/$C1/               (* FADDP ST(1),ST       ; N pop        *)
$D9/$C4/               (* FLD  ST(4)           ; push y.re    *)
$D8/$CB/               (* FMUL ST,ST(3)        ; y.re*z.re    *)
```

```
$D9/$C4/            (* FLD  ST(4)                   ; push y.im *)
$D8/$CB/            (* FMUL ST,ST(3)                ; y.im*z.im *)
$DE/$C1/            (* FADDP ST(1),ST               ; x.re/ pop *)
$D8/$F1/            (* FDIV  ST,ST(1)               ; x.re      *)
$9B/               (* WAIT                          ; warten    *)
$26/$DB/$3D/        (* FSTP ES:TBYTE PTR[DI]        ; x.re pop  *)
$D9/$CB/            (* FXCH ST(3)                   ; y.im      *)
$DE/$CA/            (* FMULP ST(2),ST               ; y.im*z.re pop *)
$DE/$CB/            (* FMULP ST(3),ST               ; y.re*z.im pop *)
$DE/$E2/            (* FSUBRP ST(2),ST              ; x.im/ pop *)
$DE/$F9/            (* FDIVP ST(1),ST               ; x.im      *)
$9B/               (* WAIT                          ; warten    *)
$26/$DB/$7D/$0A/    (* FSTP ES:TBYTE PTR[DI+10]; x.im pop   *)
$9B/               (* WAIT                          ; warten    *)
$8B/$E5/            (* MOV  SP,BP                            *)
$5D/               (* POP  BP                               *)
$83/$C4/$0C);       (* ADD  SP,12      ; SP wiederherstellen *)

FUNCTION Cabs(a:Complex):EXTENDED;
 INLINE
 ($55/              (* PUSH BP                               *)
 $8B/$EC/           (* MOV  BP,SP                            *)
 $C4/$7E/$02/       (* LES  DI,[BP+2]            ; adr(a)    *)
 $9B/              (* WAIT                       ; warten    *)
 $26/$DB/$2D/       (* FLD  ES:TBYTE PTR[DI]     ; push a.re *)
 $D8/$C8/           (* FMUL ST,ST                ; a.re*a.re *)
 $9B/              (* WAIT                       ; warten    *)
 $26/$DB/$6D/$0A/   (* FLD  ES:TBYTE PTR[DI+10]; push a.im *)
 $D8/$C8/           (* FMUL ST,ST                ; a.re*a.re *)
 $DE/$C1/           (* FADDP ST(1),ST            ; radik pop *)
 $D9/$FA/           (* FSQRT                     ; sqrt      *)
 $9B/              (* WAIT                       ; warten    *)
 $8B/$E5/           (* MOV  SP,BP                            *)
 $5D/              (* POP  BP                               *)
 $83/$C4/$04);      (* ADD  SP,4     ; SP wiederherstellen *)

PROCEDURE Cpar(VAR a:Complex; b,c:Complex);
 INLINE
 ($55/              (* PUSH BP                               *)
 $8B/$EC/           (* MOV  BP,SP                            *)
 $C4/$7E/$06/       (* LES  DI,[BP+6]            ; adr(y)    *)
 $9B/              (* WAIT                       ; warten    *)
 $26/$DB/$2D/       (* FLD  ES:TBYTE PTR[DI]     ; push y.re *)
 $9B/              (* WAIT                       ; warten    *)
 $26/$DB/$6D/$0A/   (* FLD  ES:TBYTE PTR[DI+10]; push y.im *)
 $C4/$7E/$02/       (* LES  DI,[BP+2]            ; adr(z)    *)
 $9B/              (* WAIT                       ; warten    *)
 $26/$DB/$2D/       (* FLD  ES:TBYTE PTR[DI]     ; push z.re *)
 $9B/              (* WAIT                       ; warten    *)
 $26/$DB/$6D/$0A/   (* FLD  ES:TBYTE PTR[DI+10]; push z.im *)
 $C4/$7E/$0A/       (* LES  DI,[BP+10]           ; adr(x)    *)
(* Zaehler: y.re# + j y.im#    Nenner: z.re# + j z.im#    *)
 $D9/$C3/           (* FLD  ST(3)                ; push y.re *)
 $D8/$CA/           (* FMUL ST,ST(2)             ; y.re*z.re *)
 $D9/$C3/           (* FLD  (ST(3)               ; push y.im *)
 $D8/$CA/           (* FMUL ST,ST(2)             ; y.im*z.im *)
 $DE/$E9/           (* FSUBP ST(1),ST            ; y.re# pop *)
 $D9/$C4/           (* FLD  ST(4)                ; push y.re *)
 $D8/$CA/           (* FMUL ST,ST(2)             ; y.re*z.re *)
 $D9/$C4/           (* FLD  ST(4)                ; push y.im *)
```

```
    $D8/$CC/            (* FMUL  ST,ST(4)             ; y.im*z.re *)
    $DE/$C1/            (* FADDP ST(1),ST             ; y.im# pop *)
    $D9/$CC/            (* FXCH  ST(4)                ; y.im      *)
    $DE/$C2/            (* FADDP ST(2),ST             ; z.im# pop *)
    $D9/$CC/            (* FXCH  ST(4)                ; y.re      *)
    $DE/$C2/            (* FADDP ST(2),ST             ; z.re# pop *)
(* Division  y# / z#                                             *)
    $D9/$C1/            (* FLD   ST(1)                ; push z.re *)
    $D8/$C8/            (* FMUL  ST,ST                ; z.re*z.re *)
    $D9/$C1/            (* FLD   ST(1)                ; push z.im *)
    $D8/$C8/            (* FMUL  ST,ST                ; z.im*z.im *)
    $DE/$C1/            (* FADDP ST(1),ST             ; N pop     *)
    $D9/$C4/            (* FLD   ST(4)                ; push y.re *)
    $D8/$CB/            (* FMUL  ST,ST(3)             ; y.re*z.re *)
    $D9/$C4/            (* FLD   ST(4)                ; push y.im *)
    $D8/$CB/            (* FMUL  ST,ST(3)             ; y.im*z.im *)
    $DE/$C1/            (* FADDP ST(1),ST             ; x.re/ pop *)
    $D8/$F1/            (* FDIV  ST,ST(1)             ; x.re      *)
    $9B/               (* WAIT                        ; warten    *)
    $26/$DB/$3D/        (* FSTP  ES:TBYTE PTR[DI]     ; x.re pop  *)
    $D9/$CB/            (* FXCH  ST(3)                ; y.im      *)
    $DE/$CA/            (* FMULP ST(2),ST             ; y.im*z.re pop *)
    $DE/$CB/            (* FMULP ST(3),ST             ; y.re*z.im pop *)
    $DE/$E2/            (* FSUBRP ST(2),ST            ; x.im/ pop *)
    $DE/$F9/            (* FDIVP ST(1),ST             ; x.im      *)
    $9B/               (* WAIT                        ; warten    *)
    $26/$DB/$7D/$0A/    (* FSTP  ES:TBYTE PTR[DI+10]  ; x.im pop  *)
    $9B/               (* WAIT                        ; warten    *)
    $8B/$E5/            (* MOV   SP,BP                             *)
    $5D/               (* POP   BP                                *)
    $83/$C4/$0C);      (* ADD   SP,12    ; SP wiederherstellen *)


PROCEDURE Cmplx(VAR a:Complex; b,c:EXTENDED);
  INLINE
  ($55/                (* PUSH  BP                                *)
    $8B/$EC/            (* MOV   BP,SP                             *)
    $C4/$7E/$16/        (* LES   DI,[BP+22]           ; adr(a)    *)
    $9B/               (* WAIT                        ; warten    *)
    $DB/$6E/$0C/        (* FLD   TBYTE PTR [BP+12]    ; push b    *)
    $9B/               (* WAIT                        ; warten    *)
    $26/$DB/$3D/        (* FSTP  ES:TBYTE PTR [DI]    ; a.re pop  *)
    $9B/               (* WAIT                        ; warten    *)
    $DB/$6E/$02/        (* FLD   TBYTE PTR [BP+2]     ; push c    *)
    $9B/               (* WAIT                        ; warten    *)
    $26/$DB/$7D/$0A/    (* FSTP  ES:TBYTE PTR[DI+10]  ; a.im pop  *)
    $9B/               (* WAIT                        ; warten    *)
    $8B/$E5/            (* MOV   SP,BP                             *)
    $5D/               (* POP   BP                                *)
    $83/$C4/$18);      (* ADD   SP,24    ; SP wiederherstellen *)


FUNCTION Creal(x:Complex):EXTENDED;
  INLINE
  ($55/                (* PUSH  BP                                *)
    $8B/$EC/            (* MOV   BP,SP                             *)
    $C4/$7E/$02/        (* LES   DI,[BP+2]            ; adr(x)    *)
    $9B/               (* WAIT                        ; warten    *)
    $26/$DB/$2D/        (* FLD   ES:TBYTE PTR[DI]     ; push x.re *)
    $9B/               (* WAIT                        ; warten    *)
    $8B/$E5/            (* MOV   SP,BP                ;           *)
    $5D/               (* POP   BP                                *)
    $83/$C4/$04);      (* ADD   SP,4     ; SP wiederherstellen *)
```

```
FUNCTION Cimag(x:Complex):EXTENDED;
  INLINE
  ($55/            (* PUSH BP                               *)
  $8B/$EC/         (* MOV  BP,SP                            *)
  $C4/$7E/$02/     (* LES  DI,[BP+2]       ; adr(x)         *)
  $9B/             (* WAIT                 ; warten         *)
  $26/$DB/$6D/$0A/ (* FLD  ES:TBYTE PTR[DI+10]; push x.im   *)
  $9B/             (* WAIT                 ; warten         *)
  $8B/$E5/         (* MOV  SP,BP           ;                *)
  $5D/             (* POP  BP                               *)
  $83/$C4/$04);    (* ADD  SP,4     ; SP wiederherstellen   *)


PROCEDURE Crei(VAR a:Complex; b,c:Complex);
  INLINE
  ($55/            (* PUSH BP                               *)
  $8B/$EC/         (* MOV  BP,SP                            *)
  $C4/$7E/$06/     (* LES  DI,[BP+6]       ; adr(y)         *)
  $9B/             (* WAIT                 ; warten         *)
  $26/$DB/$2D/     (* FLD  ES:TBYTE PTR[DI]   ; push y.re   *)
  $9B/             (* WAIT                 ; warten         *)
  $26/$DB/$6D/$0A/ (* FLD  ES:TBYTE PTR[DI+10]; push y.im   *)
  $C4/$7E/$02/     (* LES  DI,[BP+2]       ; adr(z)         *)
  $9B/             (* WAIT                 ; warten         *)
  $26/$DB/$2D/     (* FLD  ES:TBYTE PTR[DI]   ; push z.re   *)
  $9B/             (* WAIT                 ; warten         *)
  $26/$DB/$6D/$0A/ (* FLD  ES:TBYTE PTR[DI+10]; push z.im   *)
  $C4/$7E/$0A/     (* LES  DI,[BP+10]      ; adr(x)         *)
  $DE/$C2/         (* FADDP ST(2),ST       ; y.im+z.im pop  *)
  $DE/$C2/         (* FADDP ST(2),ST       ; y.re+z.re pop  *)
  $9B/             (* WAIT                 ; warten         *)
  $26/$DB/$7D/$0A/ (* FSTP ES:TBYTE PTR[DI+10]; x.im pop    *)
  $9B/             (* WAIT                 ; warten         *)
  $26/$DB/$3D/     (* FSTP ES:TBYTE PTR[DI]   ; x.re pop    *)
  $9B/             (* WAIT                 ; warten         *)
  $8B/$E5/         (* MOV  SP,BP                            *)
  $5D/             (* POP  BP                               *)
  $83/$C4/$0C);    (* ADD  SP,12    ; SP wiederherstellen   *)


IMPLEMENTATION
FUNCTION Cwink(x:Complex):EXTENDED; (* Winkel im Bogen *)
BEGIN
 IF (x.re=0.0) AND (x.im=0.0) THEN Cwink := 0.0;
 IF (x.re=0.0) AND (x.im>0.0) THEN Cwink := +90.0;
 IF (x.re=0.0) AND (x.im<0.0) THEN Cwink := -90.0;
 IF (x.re>0.0) THEN Cwink := Arctan(x.im/x.re)*180.0/Pi;
 IF (x.re<0.0) AND (x.im=0.0) THEN Cwink := +180.0;
 IF (x.re<0.0) AND (x.im>0.0) THEN
   Cwink :=  180.0 - Arctan(x.im/Abs(x.re))*180.0/Pi;
 IF (x.re<0.0) AND (x.im<0.0) THEN
   Cwink := -(180.0 - Arctan(Abs(x.im/x.re))*180.0/Pi);
END;


PROCEDURE Ckwrite(s1:STRING; x:Complex; s2:STRING); (* a + jb *)
BEGIN
 Write(s1,x.re:11);
 IF x.im < 0.0 THEN Write(' -j',Abs(x.im):11)
 ELSE Write(' +j',x.im:11); Write(s2)
END;
```

```
PROCEDURE Cewrite(s1:STRING; x:Complex; s2:STRING); (* r*e(j phi) *)
BEGIN
 Write(s1,Cabs(x):8:4,'*Exp(');
 IF Cwink(x) < 0.0 THEN Write('-j',Abs(Cwink(x)):6:2,'°)')
 ELSE Write('+j',Cwink(x):6:2,'°)'); Write(s2)
END;
BEGIN END.
```

12.9   Programm der Unit Iecbus

```
UNIT Iecbus; (* IEC-Bus Interface Karte Abschnitt 7.2 *)
INTERFACE
CONST   karte = $300;  (* Kartenadresse    *)
          ren = $80;   (* Maske 1000 0000 REN  *)
          ifc = $40;   (* Maske 0100 0000 IFC  *)
         sqre = $20;   (* Maske 0010 0000 SRQ  *)
          atn = $10;   (* Maske 0001 0000 ATN  *)
          eoi = $08;   (* Maske 0000 1000 EOI  *)
          dav = $04;   (* Maske 0000 0100 DAV  *)
         nrfd = $02;   (* Maske 0000 0010 NRFD *)
         ndac = $01;   (* Maske 0000 0001 NDAC *)
          dcl = $14; unl = $3F; unt = $5F; gtl = $01;
VAR     mode : BYTE; (* Globales Zustandsbyte *)
PROCEDURE maus;
FUNCTION mein : BYTE;
PROCEDURE daus (x : BYTE);
FUNCTION dein : BYTE;
PROCEDURE res;
PROCEDURE analog (x : BYTE);
PROCEDURE ledaus (x : BYTE);
FUNCTION schaltein : BYTE;
PROCEDURE empf (VAR x:BYTE; VAR mark : BOOLEAN);
PROCEDURE send (x : BYTE);
PROCEDURE init (VAR status,daten:BYTE);
PROCEDURE auslist (adr:BYTE; wert:STRING; mark:CHAR);
PROCEDURE eintalk (adr:BYTE; VAR wert:STRING; mark:CHAR);
PROCEDURE frei (adr:BYTE; VAR status,daten:BYTE);
IMPLEMENTATION
(*      Hardwareabhängige Ein/Ausgabe-Prozeduren      *)
PROCEDURE maus;      (* mode = Steuerleitungen ausgeben *)
BEGIN  Port[karte+1] := NOT mode  END;
FUNCTION mein : BYTE; (* Zustand Steuerleitungen lesen *)
BEGIN  mein := NOT Port[karte+1] END;
PROCEDURE daus(x : BYTE);     (* Datenleitungen ausgeben *)
BEGIN  Port[karte+0] := x  END;
FUNCTION dein : BYTE;             (* Datenleitungen lesen *)
BEGIN  dein :=  Port[karte+0] END;
PROCEDURE res; (* Reset Speicher löschen Ausgänge High *)
BEGIN  Port[karte+3] := 0  END;
PROCEDURE analog(x : BYTE);     (* Ausgabe D/A-Wandler *)
BEGIN  Port[karte+4] := x  END;
PROCEDURE ledaus(x : BYTE);    (* Ausgabe Leuchtdioden *)
BEGIN  Port[karte+2] := x  END;
FUNCTION schaltein : BYTE;  (* Eingabe Schiebeschalter *)
BEGIN  schaltein := Port[karte+2]  END;
```

```
(*   Prozeduren Zeichen empfangen und senden *)
(* mode = Zustand des Steuerports ist global *)
PROCEDURE empf(VAR x:BYTE; VAR mark : BOOLEAN);
BEGIN
  mode := mode AND NOT ndac; maus;          (* NDAC = 0 *)
  mode := mode OR nrfd; maus;               (* NRFD = 1 *)
  REPEAT  UNTIL (mein AND dav) = 0;      (* bis DAV = 0 *)
  mode := mode AND NOT nrfd; maus;          (* NRFD = 0 *)
  x := dein;
  mark:=((mein AND eoi)=0) AND ((mein AND atn)=atn);
  mode := mode OR ndac; maus;               (* NDAC = 1 *)
  REPEAT  UNTIL (mein AND dav) = dav;    (* bis DAV = 1 *)
  mode := mode OR nrfd; maus;               (* NRFD = 1 *)
END;
PROCEDURE send(x : BYTE);
BEGIN
  mode := mode OR dav; maus;                (* DAV = 1  *)
  REPEAT  UNTIL ((mein AND nrfd)=nrfd) AND ((mein AND ndac)=0);
  daus(x);
  mode := mode AND NOT dav; maus;           (* DAV = 0  *)
  REPEAT  UNTIL (mein AND ndac) = ndac;(* bis NDAC = 1 *)
  mode := mode OR dav; maus;                (* DAV = 1  *)
  daus($00);                                (* Daten 1  *)
END;
(*  Intitialisierung aller IEC-Bus-Einheiten *)
PROCEDURE init(VAR status,daten : BYTE);
(* mode = Zustand des Steuerports ist global *)
CONST  warte = 1000;    (* anstelle von Delay  Crt!!! *)
VAR    i : INTEGER;
BEGIN
  res;  mode := $FF;    (* Reset Ports Leitungen High *)
  FOR i := 1 TO warte DO;          (* ca 1 ms warten *)
  mode := mode AND NOT ren; maus;  (* REN = 0 Remote *)
  FOR i := 1 TO warte DO;          (* ca 1 ms warten *)
  mode := mode AND NOT ifc; maus;  (* IFC = 0 Clear  *)
  FOR i := 1 TO warte DO;          (* ca 1 ms warten *)
  mode := mode OR ifc; maus;       (* IFC = 1        *)
  FOR i := 1 TO warte DO;          (* ca 1 ms warten *)
  status := mein; daten := dein;   (* Zustand lesen  *)
  mode := mode AND NOT atn; maus;  (* ATN = 0 Interf *)
  FOR i := 1 TO warte DO;          (* ca 1 ms warten *)
  send(dcl);                       (* Device Clear   *)
  send(unl);                       (* Entadr. Listen *)
  send(unt)                        (* Entadr. Talker *)
END;
(*  Nachricht an Listener ausgeben *)
PROCEDURE auslist(adr:BYTE; wert:STRING; mark:CHAR);
VAR  i : BYTE;
BEGIN
  mode := mode AND NOT atn; maus;  (* ATN = 0 Interf *)
  send(unl);                       (* Entadr. Listen *)
  send($20 + adr);                 (* Listener adr.  *)
  mode := mode OR atn; maus;       (* ATN = 1 Gerät  *)
  FOR i := 1 TO BYTE(wert[0]) DO  send(BYTE(wert[i]));
  mode := mode AND NOT eoi; maus;  (* EOI = 0 Signal *)
  send(BYTE(mark));                (* Endemarke      *)
  mode := mode OR eoi;             (* EOI = 1        *)
  mode := mode AND NOT atn; maus;  (* ATN = 0 Interf *)
  send(unl)                        (* Entadr. Listen *)
END;
```

```
(*  Nachricht vom Talker aufnehmen *)
PROCEDURE eintalk(adr:BYTE; VAR wert:STRING; mark:CHAR);
VAR  x,i : BYTE; ende : BOOLEAN;
BEGIN
  mode := mode AND NOT atn; maus;      (* ATN = 0 Interf *)
  send(unt);                           (* Entadr. Talker *)
  send($40 + adr);                     (* Talker adress. *)
  mode := mode OR atn;                 (* ATN = 1 Gerät  *)
  i := 0;
  REPEAT                               (* Leseschleife   *)
    empf(x,ende); Inc(i);              (* Zeichen lesen  *)
    wert[i] := CHAR(x)                 (* speichern      *)
  UNTIL ende OR (x = BYTE(mark));      (* bis Endemarke  *)
  wert[0] := CHAR(i);                  (* Zahl der Zeich *)
  mode := mode AND NOT atn; maus;      (* ATN = 0 Interf *)
  send(unt)                            (* Entadr. Talker *)
END;
(*  Gerät freigeben und IEC-Bus freigeben      *)
PROCEDURE frei(adr : BYTE; VAR status,daten : BYTE);
BEGIN
  mode := mode AND NOT atn; maus;      (* ATN = 0 Interf *)
  send(unl);                           (* Entadr. Listen *)
  send($20 + adr);                     (* Listener adr.  *)
  send(gtl);                           (* Go To Local    *)
  send(unl);                           (* Entadr. Listen *)
  mode := $FF; maus;  (* 1111 1111 alle Ausgänge High *)
  status := mein; daten := dein        (* Zustand lesen  *)
END;
BEGIN END.
```

13. Register

Pascal-Kurs

technisch orientiert
Band 1: Grundlagen
ISBN 3-486-23258-4

Aus dem Inhalt:

Einführung
- Die Darstellung von Daten und Zeichen
- Die Darstellung von ganzen Zahlen
- Die Darstellung von reellen Zahlen
- Das Rechnen mit ganzen Dualzahlen
- Das Rechnen mit reellen Dualzahlen

Grundlagen
- Systemvoraussetzungen
- Der Aufbau eines Pascalprogramms
- Die einfache Ein-/Ausgabe von Daten
- Die einfachen Datentypen
- Die Wertzuweisung

Programmstrukturen
- Die Verbundanweisung
- Vergleichsoperationen
- bedingte Anweisungen
- Programmschleifen
- Die Sprunganweisung

Funktionen und Prozeduren
- Vordefinierte Funktionen und Prozeduren
- Benutzerdefinierte Funktionen und Prozeduren
- Anwendungsbeispiele für Unterprogramme
- Sonderfragen der Unterprogrammtechnik

Felder (Arrays)
- Eindimensionale Felder
- Mehrdimensionale Felder

- Ein- und Ausgabe von Feldern
- Anwendungen von Feldern
- Felder als Parameter in Unterprogrammen

Textverarbeitung (Strings)
- Texte und Textfelder
- Strings in Unterprogrammen
- Nullterminierte Strings

Verbunde (Records) und Dateien
- Datendateien
- Textdateien
- Typdateien

Benutzerdefinierte Datentypen und Mengen

Zeiger und verkettete Listen
- Aufbau und Vereinbarung von Zeigern
- Verkettete Listen

Objektorientierte Programmierung
- Was ist ein Objekt?
- Die Vererbung von Eigenschaften
- Virtuelle Methoden und dynamische Bindung
- Dynamische Objekte mit Zeigern

Anwendungen
- Komplexe Rechnung
- Bitoperationen und Logische Schaltungen
- Der Bildschirm im Textbetrieb
- Der Bildschirm im Graphikbetrieb

Turbo Pascal unter Windows

Günter Schmitt

Mikrocomputertechnik

Maschinenorientierte Programmierung
Grundlagen – Schaltungstechnik – Anwendungen

Didaktisch ausgefeilte Lehrbücher, die eine systematische Einführung in die Mikrocomputertechnik bieten. Viele Beispiele und Übungsaufgaben mit Lösungen vertiefen den Stoff. Die Werke sind sowohl zur Unterrichtsbegleitung als auch für das Selbststudium geeignet für alle, die sich mit Technik und Anwendungen der Mikrocomputer befassen.

Mikrocomputertechnik
mit den Prozessoren der 68000-Familie

3. Auflage 1994. 393 Seiten, 286 Abbildungen, 29 Tabellen
ISBN 3-486-23089-1

Mikrocomputertechnik
mit dem Prozessor 8085 A

6., verbesserte und erweiterte Auflage 1994. 373 Seiten,
400 Abbildungen, 17 Tabellen
ISBN 3-486-22802-1

Mikrocomputertechnik
mit 8086-Prozessoren

3., verbesserte und erweiterte Auflage 1994. 382 Seiten,
280 Abbildungen, 52 Tabellen
ISBN 3-486-22938-9

Mikrocomputertechnik
mit dem Prozessor 6809 und den
Prozessoren 6800 und 6802

3. Auflage 1994. 387 Seiten, 374 Abbildungen, 25 Tabellen
ISBN 3-486-23103-0

R. Oldenbourg Verlag
Rosenheimer Straße 145, 81671 München

Oldenbourg

www.ingramcontent.com/pod-product-compliance
Lightning Source LLC
Chambersburg PA
CBHW081530190326
41458CB00015B/5509